存在論と宙吊りの教育学

ボルノウ教育学再考

井谷信彦 著

プリミエ・コレクションの創刊に際して

「プリミエ」とは、初演を意味するフランス語の「première」から転じた「初演する、主演する」を意味する英語です。本コレクションのタイトルには、初々しい若い知性のデビュー作という意味がこめられています。

いわゆる大学院重点化によって博士学位取得者を増強する計画が始まってから十数年になります。学界、産業界、政界、官界さらには国際機関等に博士学位取得者が歓迎される時代がやがて到来するという当初の見通しは、国内外の諸状況もあって未だ実現せず、そのため、長期の研鑽を積みながら厳しい日々を送っている若手研究者も少なくありません。

しかしながら、多くの優秀な人材を学界に迎えたことで学術研究は新しい活況を呈し、領域によっては、既存の研究には見られなかった溌剌とした視点や方法が、若い人々によってもたらされています。そうした優れた業績を広く公開することは、学界のみならず、歴史の転換点にある21世紀の社会全体にとっても、未来を拓く大きな資産になることは間違いありません。

このたび、京都大学では、常にフロンティアに挑戦することで我が国の教育・研究において誉れある幾多の成果をもたらしてきた百有余年の歴史の上に、若手研究者の優れた業績を世に出すための支援制度を設けることに致しました。本コレクションの各巻は、いずれもこの制度のもとに刊行されるモノグラフです。ここでデビューした研究者は、我が国のみならず、国際的な学界において、将来につながる学術研究のリーダーとして活躍が期待される人たちです。関係者、読者の方々共々、このコレクションが健やかに成長していくことを見守っていきたいと祈念します。

第25代　京都大学総長　松本　紘

目次

第二部　存在論と「宙吊り」の教育学
――ボルノウ教育学の再興に向けて

凡　例

○邦語以外の文献からの引用は引用者の翻訳によるが、邦訳書のあるものはこれを参照させていただいた。引用文中の傍点は原典のイタリックを、〔亀甲括弧〕は引用者による補足その他を、〈山括弧〉は引用者による強調を示している。また、文頭のスラッシュ（／）は原典の段落の変わり目を示している。

○ボルノウの著作からの引用に際しては、下記の略号を用いて〔略号：頁数〕として引用箇所を記載した。

・ABP = *Die anthropologische Betrachtungsweise in der Pädagogik* (Essen: Neue Deutsche Schule Verlagsgesellschaft), 1965.

・AP = *Pädagogik in anthropologischer Sicht* (Tokyo: Tamagawa University Press), Rev. ed. as: *Anthropologische Pädagogik*, 1973 (c1971).

・DOW = Die Dichtung als Organ der Welterfassung, in: *Forschungsberichte zur Germanistik* XIV, 1973 (http://www.otto-friedrich-bollnow.de/index.html).

・DW = *Das Doppelgesicht der Wahrheit: Philosophie der Erkenntnis. Zweiter Teil* (Stuttgart: Kohlhammer), 1975.

・EF = *Erziehung zur Frage* = 森田孝・大塚恵一訳編（一九七八）『問いへの教育：「都市と緑と人間と」ほか10

篇』増補版（一九八八）川島書店

- EiP = Der Erfahrungsbegriff in der Pädagogik in: *Zeitschrift für Pädagogik*, 14. Jg., Nr. 3, 1968.
- ES = *Einfache Sittlichkeit: kleine philosophische Aufsätze* (Göttingen: Vandenhoeck & Ruprecht), 3. Aufl., 1962 (c1947).
- EuP = *Existenzphilosophie und Pädagogik: Versuch über unstetige Formen der Erziehung* (Stuttgart: Kohlhammer), 1959.
- Exp = *Existenzphilosophie* (Stuttgart: Kohlhammer), 4. erw. Aufl., 1955 (c1943).
- FG = Die Frage und das Gespräch in philosophischer Sicht, in: *Universitas*, 32 Jg., 1977 (http://www.otto-friedrich-bollnow.de/index.html).
- GÜ = *Vom Geist des Übens: Eine Rückbesinnung auf elementare didaktische Erfahrung*, 2. durchgesehene und erweiterte Aufl. (Oberwil: Kugler), 1987 (c1978).
- HVK = Über Heideggers Verhältnis zu Kant, in: *Neue Jahrbücher für Wissenschaft und Jugendbildung*, 9. Jg., 1933.
- KnA = *Krise und neuer Anfang. Beiträge zur Pädagogischen Anthropologie* (Heidelberg: Quelle & Meyer), 1966.
- MR = *Mensch und Raum* (Stuttgart: Kohlhammer), 1963.
- NASP = Ein neuer Ansatz zur systematischen Pädagogik, in: *Zeitschrift für Pädagogik*, 10. Jg., 1964.
- NG = *Neue Geborgenheit: das Problem einer Überwindung des Existentialismus* (Stuttgart: Kohlhammer), 3. überarb. Aufl., 1972 (c1955).

・PA＝*Die pädagogische Atmosphäre: Untersuchungen über die gefühlsmäßigen zwischenmenschlichen Voraussetzungen der Erziehung* (Heidelberg: Quelle & Meyer), 1964.

・WS＝*Das Wesen der Stimmungen*, 8. Aufl. (Frankfurt a. M.: Klostermann), 1995 (c1941).

○Vittorio Klostermann 社刊行の『ハイデガー全集』（Gesamtausgabe）からの引用に際しては、〔GA 巻数：頁数〕として引用箇所を記載した。

GA 1＝*Frühe Schriften* (1978).

GA 2＝*Sein und Zeit* (1977).

GA 4＝*Erläuterungen zu Hölderlins Dichtung* (1981).

GA 5＝*Holzwege* (1977).

GA 6-1＝*Nietzsche I* (1996).

GA 6-2＝*Nietzsche II* (1997).

GA 7＝*Vorträge und Aufsätze* (2000).

GA 8＝*Was heißt Denken?* (2002).

GA 9＝*Wegmarken* (1976).

GA 12＝*Unterwegs zur Sprache* (1985).

GA 13＝*Aus der Erfahrung des Denkens, 1910–1976* (1983).

GA 15＝*Seminare* (1986).

GA 24＝*Die Grundprobleme der Phänomenologie* (1975).

GA 26 = *Metaphysische Anfangsgründe der Logik im Ausgang von Leibniz* (1978).
GA 29/30 = *Die Grundbegriffe der Metaphysik: Welt, Endlichkeit, Einsamkeit* (1983).
GA 34 = *Vom Wesen der Wahrheit: zu Platons Höhlengleichnis und Theätet* (1988).
GA 39 = *Hölderlins Hymnen "Germanien" und "Der Rhein"* (1980).
GA 41 = *Die Frage nach dem Ding: zu Kants Lehre von den transzendentalen Grundsätzen* (1984).
GA 44 = *Nietzsches metaphysische Grundstellung im abendländischen Denken: die ewige Wiederkehr des Gleichen* (1986).
GA 45 = *Grundfragen der Philosophie: ausgewählte "Probleme" der "Logik"* (1984).
GA 52 = *Hölderlins Hymne "Andenken"* (1982).
GA 60 = *Phänomenologie des religiösen Lebens* (1995).
GA 61 = *Phänomenologische Interpretationen zu Aristoteles: Einführung in die phänomenologische Forschung* (1985).
GA 65 = *Beiträge zur Philosophie: vom Ereignis* (1989).

○『ハイデガー全集』以外のハイデガーの著作からの引用に際しては、下記の略号を用いて〔略号：頁数〕として引用箇所を記載した。
・GL = *Gelassenheit* (Pfullingen: Neske), 1959.
・ZS = *Zollikoner Seminare: Protokolle, Zwiegespräche, Briefe*, 2. Aufl. (Frankfurt a. M.: Klosterman), 1994

(c1987).

○上記以外の文献からの引用に際しては、〔著者名 刊行年：頁数〕として引用箇所を記載した。
（本書末尾の「文献一覧」を併せて参照）

序論

本書の課題は、現代ドイツを代表する教育学者ボルノウ（O. F. Bollnow）の教育理論の再考を軸として、彼の思想形成に深い影響を与えたドイツの哲学者ハイデガー（M. Heidegger）の哲学思想から示唆を得ながら、有用性と価値の連関に束縛されることのない、教育／教育学の両義性に満ちた局面を打ち開くことにある。ここにいう教育／教育学の両義性に満ちた局面とは、「学ぶこと」が学ぶことを控えることを含み、「教えること」が教えることを控えることを含んでいるような、あからさまな矛盾と緊張を抱えた局面のことを指している。「役に立つか否か」という有用性の尺度の偏重や、「良いか悪いか」という価値判断への拘泥から、教育／教育学を解き放つには、この両義性に満ちた局面を開き保っておくことが欠かせない。ボルノウの教育哲学とハイデガーの存在論のあいだの対話を推し進めることで、有用性と価値の連関に束縛された教育学の問題点を解き明かすと同時に、現代の教育／教育学がこの問題点を克服するための指針を示すことが、本書に与えられた中心課題である。これによって、単にボルノウ教育学の問題点を批判してこれを再考するだけでなく、現代教育の諸課題に寄与しうるものとしてボルノウ教育学を再興するための、端緒を築くことにもつながると期待される。

こうした課題を受けて、本書は第一部・第二部の二つに区分される。

第一部　ボルノウ教育学の再考
――ハイデガー哲学との関係を軸に

第二部　存在論と「宙吊り」の教育学
――ボルノウ教育学の再興に向けて

ディルタイ（W. Dilthey）の弟子ミッシュ（G. Misch）とノール（H. Nohl）に教えを受けたボルノウの教育理論は、「生の哲学」（die Lebensphilosophie）からの強い影響のもと、人間の生にまつわる諸現象の解釈を導きとして、生の本質に関する洞察に基づいて教育という営みを問い直そうとするものだった。二度の世界大戦によって人間理性や社会発展への素朴な信奉が失われ、旧来の楽観視された人間性への信頼に基づく教育観が根拠を奪われた「不信の時代」にあって、ボルノウは、改めて個々の現象のほうから人間の生の本質を問い直すことで、新しい時代の要請に答えうる教育理論を打ち立てようとした。ボルノウ教育学の最も重要な特徴は、危機、出会い、覚醒、希望、信頼、被護性など、従来の教育学が十全に取り扱ってこなかった生の諸現象を、人間形成にとって不可欠の機能を持った現象として解釈してみせたことにある。ディルタイから受け継がれた解釈学の方法を鍛え直すことによって、ボルノウは、個々の現象が人間の生のなかで果たすべき役割を解き明かし、この役割に照らして人間の本質と教育の課題を捉え返してみせた。これによってボルノウの教育理論は、あらかじめ人間の生の外に固定された理想や理念に依拠するのではなく、あくまでも人間の生の裡から人間の生に即して、混迷極まる「不信の時代」を生き抜くための教育の羅針盤を提供しようとしたのである。

生の哲学と並んで、ボルノウの理論形成に大きな影響を与えた思潮として、「実存哲学」(die Existenzphilosophie) の思想がある。上掲の危機、出会い、覚醒、希望、信頼、被護性などの諸現象に関するボルノウの理論は、実存哲学との批判的対話に基づいて構築された。絶望や不安の最中に到達されるという「実存」に人間存在の核心を見て取った実存哲学を、ボルノウは、人間の生の重要な特徴を明らかにした思想として高く評価していた。この実存哲学の思想を教育学に架橋することで生まれたのが、危機、出会い、覚醒などを人間形成の重要な契機として捉えた、ボルノウ一流の教育理論だった。しかしながら、ボルノウにとって実存哲学は、実存を絶対視するあまり絶望や不安のような生の「暗い」不安定な側面にばかり目を向けており、日常の生の「明るい」安定した側面を軽視しているという点で、深刻な限界を孕んだものと映った。このような問題意識から実存哲学との対決を通して提起されたのが、希望、信頼、被護性などを人間の生と教育に不可欠の契機として捉えた、ボルノウ教育学の核心を占める諸理論にほかならない。人間の生と教育を導く確実な拠り所が失われた「不信の時代」にあって、個々の実存に重きを置いた実存思想の意義を認めたうえで、なおも希望や信頼に基づく生の営みの重要性を説いたボルノウの教育理論は、洋の東西を問わず国境を越えて広く読まれ、人間の生と教育の営みに不可欠の基礎を解き明かした思想として評価されてきた。

しかしながら、このように現代教育学のなかで重要な位置を占めるボルノウの理論が、「役に立つか否か」

という有用性の尺度や、「良いか悪いか」という価値判断によって束縛されており、このために無視することの許されない深刻な問題を抱えていることは、これまで注目されることがなかった。というのも、これら有用性と価値の連関は、教育学の伝統のなかになかば自明なものとして受け継がれてきたものであり、これに何か問題が孕まれていると疑われることは稀にしかなかったからである。ところが、従来の教育理論のなかではことさら前景に現れることのなかったこの問題が、ボルノウの教育理論のなかでは明確な問題として浮かび上がってきているのだ。このことは、危機、希望、被護性のように従来の教育理論とは疎遠であった種々の現象を、ボルノウの教育理論が進んで取り扱っていることと無関係ではない。したがって、ボルノウの教育理論が示唆するところを十全に読み解き、ボルノウ教育学の意義と限界を精確に解き明かそうとするのであれば、この有用性と価値の連関による束縛を原因とする問題点の検証作業を、避けて通ることはできない。

このため本書の第一部においては、上掲の危機、希望、被護性などの諸現象に関するボルノウの理論を、有用性と価値の連関による束縛の問い直しという観点から、改めて丁寧に読み直すことが試みられる。ボルノウの教育理論を詳しく検証することによって、有用性と価値の連関に規定された彼の理論の特徴が明らかになると同時に、この理論に内在している問題点もまた露呈してくることになるだろう。この探究に重要な導きの糸を与えてくれるのが、ボルノウが直接教えを乞うたハイデガーの哲学思想である。『存在と時間』に代表されるハイデガーの思想が、ボルノウの理論形成に与えた影響は、これを受容するにせよ非難するにせよ、極めて大きなものだった。ボルノウによる実存哲学との対決は、なかば以上、ハイデガーの哲学思想との対決だったともいえる。このように密接な関係にあるハイデガーの思想を映し鏡として、両者の影響関係を改めて精査しながら、ボルノウの教育理論の意義と限界を丁寧に再考することが、本書第一部に与えられた課題である。

各章の探究を通して解き明かされるのは、有用性と価値の連関に束縛されたボルノウの教育理論が、危機、希望、被護性といった諸現象の特徴を、核心に関わる箇所において取り逃しているという問題である。とはいえこれは、単にボルノウの教育理論の不備を責めて済ませてしまえる問題ではない。なぜならこの問題は、教育／教育学の伝統のなかに暗黙裡に受け継がれてきた、有用性と価値の連関による束縛を原因とする問題だからである。有用性と価値の連関に規定された世界観／人間観に基づく教育理論は、危機、希望、被護性などの諸現象の特徴を十全に捉えることができない。というのも、これらの諸現象はいずれも、「役に立つか否か」「良いか悪いか」といった素朴な観点を逸脱してしまう性格を持っているからである。したがって、もしボルノウのいうようにこれらの諸現象が人間の生と教育にとって重要な意味を帯びているとすれば、有用性と価値の連関に束縛された従来の教育理論の概念枠組みを打ち破り、教育／教育学の新しい局面を打ち開くことが求められることになる。

この要請に答えるべく本書第二部は、第一部に引き続き、ハイデガーの哲学思想を導きの糸とする。というのも、存在者の存在をめぐるハイデガーの思想は、有用性と価値の連関を越えた世界と人間の在り方を射程に収めて、これを損なうことのない教育／教育学を構想するための、貴重な示唆を与えてくれるものだからである。「現象学」(die Phänomenologie) の提唱者フッサール (E. Husserl) に薫陶を受けたハイデガーは、この現象学に独特の解釈を加えて、存在者の存在をめぐる「存在論」(die Ontologie) の探究を推し進めた。存在論の探究にとって重要なのは、従来の諸科学が対象としてきた個々の存在者ではなく、この存在者を存在者たらしめている存在であり、そもそも「存在者が存在するとはいかなることか」を問うことにほかならない。この存在者の存在に向けて問うために、ハイデガーは、存在者が存在することを理解している、私たち人間の在り方に目を向けた。いつも何らかのかたちで存在者が存在することを理解しており、自己の存在を気にかけている私たち人間という存在者のことを、ハイデガーは、他の存在者と区別して「現存在」(das Dasein)と呼んでいる。この現存在の在り方に注目しながら、現存在の有している存在理解の構造を解き明かすことで、存在者の存在をめぐる問いを問い深めようとしたのが、『存在と時間』を中心として遂行された現存在の分析論だった。

この存在者の存在をめぐる探究は、一九三〇年代の後半以降さらに徹底されて、「存在の真理」をめぐる探究へと引き継がれることになる。諸々の特徴を付与された存在者が、存在者として立ち現れてくる出来事のことを、ハイデガーは「存在の真理」と呼んだ。この「存在の真理」をめぐる探究は、主体としての人間を存在者の中心に置いた概念枠組みを持つ、古代ギリシャ以来の形而上学の伝統との対決を通して遂行される。全ての存在者を人間中心の価値判断へと絡め取ってしまう形而上学の伝統に対して、ハイデガーは、この人間中心主義こそが現代のニヒリズムが生まれた産屋であることを看破した。ハイデガーによれば、この形而上学の伝統によって「存在の真理」が覆い隠されているために、私たちは存在者が存在することの由来を忘れ去り、現存在としての人間の在り方を見失っているのだという。こうして、存在者の存在をめぐる存在論の探究は、人間中心主義としての形而上学の伝統を問いに付すことで、有用性と価値の連関を越えた世界と人間の在り方を告示しようとする探究と、並行して推し進められることになる。ハイデガーによれば、存在者が存在者として立ち現れてくる瞬間とは、逆に言えば、存在者が自明な諸規定を奪い去られた、「全き疑わしさ」が支配している瞬間でもあるという。この「全き疑わしさ」に支配された出来事の最中において、人間を含めた存在者が諸々の特徴を与えられて立ち現れ、これに照らして倫理や規範などの種々の価値が改めて生い立ってくるのだ。こうした洞察に基づいてハイデガーは、「存在の真理」という出来事をめぐでいる。

周知のように、このように存在者の存在をめぐるハイデガーの哲学思想は、現代思想の諸領域に極めて大きな影響をもたらした。教育哲学の領域においても、バラウフ（Th. Ballauff）やニーセラー（A. Nießeler）、スタンディッシュ（P. Standish）やトムソン（I. D. Thomson）などが、存在論に依拠した教育理論を構築してきた。彼らの教育理論に共通しているのは、主体としての人間を中心とする世界観／教育観の限界を指摘して、有用性と価値の連関を越えた人間の生と教育の在り方を提唱しようとしたところである。しかし、有用性と価値の連関による束縛を克服しようとしたこれらの理論も、結局は、有用性と価値の連関による支配を逃れることはできなかった。というのも、存在論に基づく従来の教育理論は、人間中心主義としての形而上学から解き放たれた人間の在り方を、一定の価値を帯びた理想・目標として掲げており、教育を初めとする他者との関係や種々の出来事を、この理想・目標を実現するために役立つ手段として把握しているからである。このような問題が生じてきた背景には、従来の教育哲学がハイデガー哲学の探究内容にばかり目を向けており、これと密接な関係を持っている探究方法を軽視してきたことがある。形而上学の伝統に絡め取られている教育／教育学を、人間中心の有用性と価値の連関から解き放つには、ハイデガー哲学を規定している探究方法に示唆を得ながら、従来の教育学の方法論を問い直すのでなければならないのだ。

このため本書の第二部においては、存在者の存在をめぐるハイデガーの思想形成のプロセスと、存在論に基づいて構築された従来の教育理論の特徴を解き明かしたうえで、ハイデガー哲学を規定している探究方法の特徴を詳しく検証することで、有用性と価値の連関に束縛されることのない、教育／教育学の新たな局面を打ち開くことが試みられる。ハイデガーの残した諸論稿を丁寧に読み解くことで解き明かされるのは、「形ばかりの告示」や「予感」「黙示」などの耳慣れない言葉によって提示された、存在論を規定している探究方法の風変わりな特徴である。この探究方法を精査することによって本書は、学ぶことが学ぶことを控えることを含み、教えることが教えることを控えることを含んでいるような、教育／教育学の両義性に満ちた局面に逢着させられることになるだろう。このあからさまな矛盾と緊張を孕んだ局面を開き保っておくことで初めて、有用性と価値の連関による束縛を打ち破り、元来これらの基準に収まることのない教育／教育学の課題を、改めて浮かび上がらせることができるようになる。これにより、本書第一部において問題点を指摘されたボルノウの教育理論に関しても、存在論に基づいた新しい観点からこれを読み直し、再興するための端緒が築かれることになるだろう。存在者の存在をめぐるハイデガーの哲学思想に示唆を得ながら、有用性と価値の連関に捕われない教育／教育学の両義性に満ちた局面を打ち開き、ボルノウの教育理論を改めて再興するための端緒を築くことが、本書第二部に与えられた課題である。

第一部　ボルノウ教育学の再考

——ハイデガー哲学との関係を軸に

第一部の課題設定

第一部の課題は、ボルノウの提唱した教育理論を、ハイデガーの哲学思想と並べて紐解くことによって、特に前者を改めて精査することにある。危機、希望、被護性といった生の現象に関するボルノウの理論が、この成立に浅からぬ影響を与えたハイデガーの思想を映し鏡として、詳細に問い直されることになる。これにより、これまで見逃されてきたボルノウの教育理論に内在している問題点もまた、明確に浮かび上がってくるに違いない。ボルノウとハイデガー双方の論稿を併せて読み解くことによって、両者の思想上の関係を捉え返すと同時に、教育／教育学の両義性に満ちた局面へ探究を進めるための端緒を築くことが、本書の前半を占める第一部の課題である。

周知のように、ボルノウの教育理論の成立には、ハイデガーの哲学思想に対する批判意識が深く関係している。けれども従来のボルノウ研究は、この関係をあまりにも単純なものとして把握してきたように思われる。確かに、実存哲学を教育学へと橋渡ししたことは、ボルノウの功績として高く評価されている。あるいは、この架橋に満足することなく、実存主義思想の不備を指摘してその「克服」を提唱したことのほうが、ボルノウの重要な仕事として受け取られることも多い。いずれにしても、このように、実存哲学としてのハイデガー哲学とボルノウ教育学との関係は、後者による前者の継承と克服という文脈のなかで説明されてきた。ハイデガーとしては自身の思想が「実存哲学」として解釈されることに不満もあるだろうが、少なくともボルノウの論旨に引き寄せて考えるかぎり、こうした理解はそれほど的外れというわけではない。このとき、存在者の「存在」を問うハイデガーの存在論に関しては、ボルノウに倣って、これを批判または拒否するのが通例となっている。

例えば、日本のボルノウ研究の第一人者である岡本英明は、ボルノウの理論とハイデガーの思想の関係を、次のように注釈している。

> ハイデッガーがここから、世界を存在的なもの（das Ontische）と存在論的なもの（das Ontologische）に分離した時、ボルノウはハイデッガーの思考と袂を分かったのである。〔岡本 1972: 6〕
>
> ボルノウはすでにこの論文〔一九三一年脱稿の大学教授資格論文〕で、不安と対立する敬虔な至福（gläubige Seligkeit）の気分を分析して、ハイデッガーによって展開された本来性と非本来性との鋭い対立に基づく人間の本質規定とは相入れないところの、人間の本質とその世界への関係に関する洞察を獲得したのである。〔ibid.: 7〕

こうした注釈は、ハイデガーの思想との緊張関係のなかでボルノウの理論が形成されてくる過程を、明確に伝えてくれる。ハイデガーの哲学思想に関してボルノウは、存在論としてはこれを批判／拒否して、実存哲学としてはこれを継承／克服したと見るのが、今日の教育学研究の「常識」となっている。

しかしながら、こうした「常識」に基づく議論においては、ボルノウ教育学にとってのハイデガー哲学という視点はあっても、ハイデガー哲学にとってのボルノウ教育学という視点は皆無だといってよい。実際に、ハイデガーによる存在論の探究を丁寧に読み解いたうえで、そこからボルノウの教育理論を問い直そうとした研究は稀にしかない。[*1] 従来のボルノウ研究は、ボルノウの解釈によって濾過されたハイデガー哲学を、疑うことなくハイデガーの思想として受け取ってきている。このため、ボルノウによるハイデガー解釈の問題点が論及されることなど滅多にない。無論本書が問題としたいのは、ハイデガー哲学の継承／批判にボルノウによる解釈が加わっていることではなくて、ボルノウによる解釈が検証されることもなく無批判に甘受されてきたことのほうである。実存哲学としてのハイデガーの思想を継承／克服するに当たって、ボルノウはそこから何を採り入れて何を切り捨ててきたのか。さらにまた、存在論としてのハイデガーの思想が批判／拒否される折には、ハイデガーによる論稿のなかで何が強調されており何が捨象されているのか。

今日の教育学研究にあっては、ハイデガーの哲学思想は、他の実存思想諸共ボルノウによって乗り越えられた、と見られて軽視されることも少なくない。ところが、双方の論稿を並べて紐解いてみると、両者のあいだには単純な継承／克服や批判／拒否といった図式では捉えることのできない、極めて錯綜した関係が演じられていることが読み取れる。誤解を恐れずに書き留めておけば、実存哲学としてのハイデガー哲学は、ボルノウによって継承／克服されることを徹底して拒み去っているように思われる。また、存在論としてのハイデガー哲学に対して、ボルノウによる批判／拒否は完全な肩透かしを食わされているようである。ボルノウは本当に、実存哲学としてのハイデガー哲学に関してはこれを継承／克服し、存在論としてのハイデガー

＊1　例えば、本書第二章に援用されるヴェーナーの論稿などは、こうした観点に基づく研究の先駆けだということができる〔cf. Wehner 2002〕。

哲学に関してはこれを批判／拒否することができたのだろうか。ボルノウによるハイデガー解釈に不備が見られるというばかりではない。ボルノウによる教育学と実存哲学の「橋渡し」が、対岸のハイデガー哲学のほうから拒み去られることによって、ハイデガーが示唆しようとした人間存在をめぐる容易ならざる事態が、却ってまさに容易ならざる事態として立ち現れているとすればどうだろうか。さらにこうした錯綜した関係に注意を払うことによって、これまで見落とされてきたボルノウの教育理論に内在している問題点が、明確に浮かび上がってくるとすればどうだろうか。本書の探究はこうした問題意識に導かれている。

右に「内在している」と書いたことの意味は、本書が指摘しようとしているボルノウ教育学の問題点が、何処か「外部に」設立された新しい視座によって暴露されると同時に補完されうるような、単純な欠陥のようなものではないということである。以下の議論を先取りしておくなら、危機、希望、被護性などの現象に関するボルノウの理論は、この理論自体を破綻させてしまいかねないような錯綜した点を、各々の理論の「内部に」抱えているというのが、本書が提示しようとする論点である。これは、ボルノウの教育理論の問題点であると同時にこの問題の突破口でもあるのだが、このことが明らかになるのは本書の終盤に至ってからのことである。いずれにしても、これまで多くの場合に見逃されてきた、ボルノウの教育理論に内在しているこの問題点の所在を明らかにすることが、本書の最初の課題となることに変わりはない。優れた先行研究が複数存在しているにもかかわらず、本書がボルノウの諸論稿を詳細に検証する作業を省略することができないのは、こうした理由からである。*2

ボルノウの教育理論に対する批判として、これまでに提起されたなかで最も厳しいものは、「歴史的教育人間学」の創始者ヴルフ（Ch. Wulf）によるものだろう。著書『教育人間学入門』のなかでヴルフは、主に「二重の歴史性」に対する課題意識の欠如または不足という点を突いて、ボルノウの理論を含めた従来の教育人間学の諸理論を批判している〔Wulf 1994: 11ff.〕。ヴルフのいう「二重の歴史性」とは、各々の理論が扱っている主題とこれを論じている著者の両方に課せられた、歴史的・社会的な条件による制約のことである。私たちが「人間」や「教育」について探究しようとするとき、どのような主題を選択するのか、どのような観点から議論するのか、用いられる諸概念がどのような意味を持つのか、といったことは、全て歴史的な状況や社会的な背景によって避けがたい制約を受けている。したがって教育人間学の論者は、自分たちが属している時代や社会の制約を越えて、人間「一般」や教育「一般」に関する問いに答えることを、断念せざるをえない。ところが、ボルノウを含めた従来の教育人間学の論者たちは、元来拭い去ることのできないこの「二重の歴史性」に対して、たとえこれを一定の程度まで自覚していた場合でも、十全に注意を払ってきたとはいえない、とヴルフは指摘している。教育人間学は人間一般や教育一般に向けた問いを捨て去り、件の「二重の歴史性」を出発点として人間や教育の在り方を問い直そうとする、歴史的教育人間学として再出発しなければならないという点に、ヴルフによる提言の要点がある〔ibid.〕[*3]。

従来の教育人間学一般に向けられたこの批判は、ボルノウの教育理論に該当しているだろうか。二〇世紀後半の人文諸科学の理論の大半がそうであったように、ボルノウの教育理論もまた、二度の大戦の終結後という過酷な時代状況の影響を受けている。ボルノウの教育理論は、戦後ドイツという一種独特の時代状況・社会状況のなかで編まれたものであり、この背景を無視して彼の論稿を読み解くことなどできない。ボルノ

＊2　日本におけるボルノウ研究としては、上に引用された岡本の論稿〔1972〕を初めとして、川森康喜〔1991〕や広岡義之〔1998〕らの論稿が先駆的である。本書の執筆にさいしても随時参照させていただき貴重な示唆を得た。
＊3　ヴルフを先導者とする「歴史的人間学」の最初の到達点を記した書として、氏の編纂した『歴史的人間学事典』がある〔Wulf 1997〕〔井谷 2009b 参照〕。

ウ自身もこのことは明確に自覚していた。しかし、それではボルノウが提示しようとした「人間」や「教育」の本質は、時代を越えた人間「一般」や教育「一般」の本質を指していなかったと、躊躇なく断言することができるだろうか。あるいはそれどころか、ボルノウの教育理論は、近代以降に育まれてきた特定の「教育観」や「人間観」を、最初から暗黙の前提としてはいなかっただろうか。以下の各章の議論によって明らかになるように、こうした問いは一定の権利を有しており、ボルノウの教育理論を問い直すさいに欠くことのできない視座を与えてくれるものである。

実際に、ヴルフとも親交のある今井康雄も、ボルノウの教育理論に対する拭い去れない違和感を、自著のなかで次のように書き留めている。

ところが、まことに奇妙なことに――と私には思われるのだが――、哲学的であることを自称するこの教育人間学の構想は〔……〕そこで言う「教育」がそもそも何を意味するのかを問いの対象にしてはいない。それを自明のこととして不問に付したまま、人間の諸現象全体に「教育」的なるものが浸透させられていくのである。〔今井 2004: 106〕

こうした事態を今井は「生活全体の教育学化」とも呼んでいる〔ibid.: 7〕。このような批判が先の「二重の歴史性」に関する議論と密接な関係にあることは明白だろう。特定の「教育観」や「人間観」がどれも自明性を奪い去られた現代の思潮のただなかにあって、こうした違和感が生じてくるのは至極当然だといえる。もちろん、ボルノウの提示した教育人間学の方法原理に従うなら、「人間」への問いと「教育」への問いが循環関係に置かれることになるため、常に一方から他方を問い直すことが求められることになる。このため、「教育」の本質と「人間」の本質のいずれかが固定されているということはなく、両者は常に「開かれた問い」へと差し向けられているはずである。[*4] しかしながら、ひとたびボルノウの論稿を紐解いてみるなら、そこでは「人間」や「教育」が何か自明の所与として扱われているかのように推察されることも事実なのだ。本書もまたこのような問題意識を引き継ぎながら、これを出発点としてさらに未開拓の領域まで探究を推し進めようとするものである。

とはいえ、本書の課題に照らしてみれば、ヴルフや今井によるこうした批判は、ボルノウの教育理論の不備を「外側から」指摘するものであり、ボルノウの理論に「内在している」問題点に迫ってはいない。極論するなら、ボルノウの教育理論が歴史性を帯びたものであって、時代・社会を越えた普遍妥当性を付与することができないものだと認めれば ―― おそらくボルノウは進んでこれを承認するだろうが ―― 問題は解決するのだろうか。ボルノウの教育理論が、人間の生を取り巻くあらゆる現象を、教育／教育学の圏域に取り込もうとするものだったことは間違いないが、実際のところこの計画は首尾よく成功したのだろうか。逆に問うなら、人間の生に関わる諸現象あるいは「生活全体」は、特定の偏狭な教育／教育学の連関のなかに絡め取られてしまうほど、取り扱いやすい単純なものなのだろうか。むしろ、種々の現象に孕まれている多様性・重層性が、これを教育／教育学に回収しようとする意図に抵抗して、ボルノウの教育理論に目立たない亀裂を刻んではいないか。ヴルフや今井の問題意識を引き継いだうえで、本書が問うてみたいのはこうした問題なのだ。

ボルノウの教育理論に内在している問題点に注目することによって、「教育」的なるものによって抑圧さ

＊4　ボルノウの提唱した方法原理については本書第一章に詳しく論じる。

れていた種々の現象の多様性・重層性が、再び息を吹き返すことになるとすればどうだろうか。これにより、従来の教育人間学が自明の前提としていた「人間」や「教育」なるものを問い直すための、新しい視座が与えられることになるのではないか。第二部の議論を先取りして書き留めるなら、ボルノウの教育理論に内在している問題点に関する論考によって、本書は「学ぶこと」「教えること」という従来の「教育」の根幹に関わる事象を問い直す探究へと誘われることになる。しかし、このためには少しばかり紙幅を割いて、準備を整えなければならない。ボルノウの教育理論に内在している問題点を浮かび上がらせるには、どこか余所に立てた尺度によってこれを裁断するのではなくて、ボルノウの諸理論に丁寧に寄り添いこれを推し進めることによって、各々の理論をその限界に触れる地点にまで導くことが求められる。並べて紐解かれるハイデガーの哲学思想は、妥協を許さないその厳格さと真摯さによって、この探究に貴重な指針を与えてくれるだろう。

以上の課題を受けて第一部の探究は次の四つの章に区分される。

第一章　有用性の尺度に規定された方法論
　　――O・F・ボルノウ「教育学における人間学的な考察方法」再考

第二章　生の危機と生の成熟
　　――O・F・ボルノウ「生と教育の非連続的な形式」再考

第三章　希望と不安の相互連関
　　――O・F・ボルノウ「希望の哲学」再考

第四章　「住まうこと」と世界の奥行き

――O・F・ボルノウ「新しい被護性」再考

第一章　有用性の尺度に規定された方法論

——O・F・ボルノウ「教育学における人間学的な考察方法」再考

本章の概要

本章においては、ボルノウの教育理論の内実を詳しく検証するに先立って、ボルノウ教育学の全体を規定している「教育学における人間学的な考察方法」の特徴が精査される。これにより、確立された「人間の本質」を提供することを拒否していたはずのボルノウの理論が、実は一定の世界観／人間観によって規定されていたことが判明するだろう。ボルノウ教育学の全体を規定している方法論の特徴を検証することによって、ボルノウが暗黙裡に依拠している一定の世界観／人間観に光を当てることで、ボルノウの教育理論の内実を問い直すための準備を整えることが、本章に与えられた課題である。

こうした課題を受けて本章は以下の四つの節に区分される。

第一節　「人間学的な考察方法」の諸原理
第二節　教育学における人間学的な考察方法
第三節　方法論を規定している世界観／人間観
第四節　有用性に規定された方法論の問題点？

第一節においては、ボルノウが教育学の探究へと援用することを提唱した、哲学的人間学の方法原理が詳しく検証される。ボルノウが列挙しているのは、「人間学的な還元の原理」「オルガノンの原理」「個々の現象の人間学的な解釈の原理」という三つの原理である。これらの方法原理はいずれも、個々の現象が人間の生に対して果たしている「機能」に注目する点において、共通の特徴を有している。これに加えてボルノウは、「開かれた問いの原理」という原理を導入している。この原理が要求しているのは、完結した人間像を提供することの不可能性を、正面から引き受けることである。これにより、哲学的人間学の探究は、確定された出発点も終着点も持たないまま、「個々の現象」のほうから人間の本質を問い直す、問いの継起として規定されることになる。

これら四つの方法原理を教育学へと援用したものが、ボルノウの提唱した、「教育学における人間学的な考察方法」である。この方法論の特徴を明らかにすることが第二節の課題である。ボルノウによれば、哲学的人間学の教育学に対する貢献というのは、例えば心理学の研究成果を教育学へと援用するときのように、確立された研究成果を貸し与えることにあるのではないのだという。そうではなくて、「人間の本質全体」を主題とする問題設定と、これを探究するための方法原理そのものが、教育学研究に直接の示唆をもたらすのだというのである。こうした観点から、ボルノウの提唱した教育学の探究方法は、哲学的人間学の方法原理を直接に受け継いだものとして明らかにされる。

以上の検証作業を受けて第三節においては、ボルノウ教育学の方法論を規定している世界観／人間観が、詳しく検討される。これにより、「開かれた問い」を重要視しているはずのボルノウの教育理論が、実は固定された特定の世界観／人間観によって、全体として規定されていることが明らかになる。議論を先取りして書き留めておくなら、ボルノウ教育学の方法論を規定しているのは、「役に立つか否か」という有用性の尺度に絡め取られた世界観／人間観である。ボルノウが提唱した教育学の探究方法を採択することは、この有用性の尺度に絡め取られた世界観／人間観を受け入れ、これを基礎として人間の生と教育に関わる探究に臨むことを意味しているのだ。

こうした問題意識に導かれて、次章以降では、ボルノウ教育学の中心概念を詳しく検証することによって、このように有用性の尺度に規定された探究方法が、ボルノウの教育理論にどのような問題を生み落としているのかが精査されることになる。これに先立って本章の第四節においては、危機、希望、被護性など後の各章の主題となる諸概念について、これが上に検証された方法原理とどのように接続されているのかを確認しておきたい。従来の教育学研究が軽視してきた危機、希望、被護性などの現象を、改めて「教育」理論のなかで分析することの意義について、ボルノウの見解を概観しておくことは無駄ではないだろう。ボルノウ教育学の方法論に関する本章の議論を総括しながら、これを次章以降の議論に橋渡しすることが、第四節に与えられた課題である。

第一節　「人間学的な考察方法」の諸原理

ボルノウによれば、教育が私たち人間の生に密接に関わる営みである以上、教育／教育学は人間学の探究から重要な示唆を受け取ることができるという。とはいえそれは、人間学が、心理学、生物学、社会学、民俗学といった個別諸科学と同じように、教育学の補助科学として一定の「成果」を提供してくれるということではない。「なぜ教育学は哲学的人間学に興味を抱くのだろうか？」と自問したうえで、ボルノウは、人間学は「全体として直接に教育学上の意義を有しているのだ」と答えている。このとき「全体として直接に」という言葉が表現しているのは、人間学の探究から導かれた個別の成果ではなく、人間学の探究に特有の「問題設定と考察方法」自体が、教育学にとって「実り豊かな」意義を有しているのだ、というボルノウの洞察である。哲学的人間学が掲げる「人間の本質全体」への問いという「問題設定」と、この探究を規定している「考察方法」こそが、同じく人間の生に深く関わる教育学の探究に、不可欠の重要な視座を提供してくれるのだというのである〔ABP: 44〕。

こうした洞察に基づいてボルノウは、哲学的人間学の探究方法の特徴を解き明かしたうえで、これを教育学に援用しようとする。人間学の探究方法の特徴は、さしあたり、次の三つの原理に集約されて説明される。「人間学的な還元の原理」（das Prinzip der anthropologischen Reduktion）、「オルガノンの原理」（das Organon-Prinzip）、「個々の現象の人間学的な解釈の原理」（das Prinzip der anthropologischen Interpretation der Einzelphänomene）の三つである。まずは、これら三つの原理の内実を検証することから始めよう。

最初に挙げられた「人間学的な還元の原理」は、ドイツの哲学者プレスナー（H. Plessner）の思想に由来するものである。ボルノウの注釈によれば、人間を「文化の生まれる生産的な『場所』」として把握したプレスナーは、あらゆる文化領域を「人間の創造的な功績として生み出されたもの」であると考えた。文化は「人間がそれに従わねばならない」ような「独自の規則性」を持つものではない、とプレスナーはいう。文化というのは「人間の特定の欲求に」依拠して成り立つものであり、したがって「これらの欲求のほうから、人間の生のなかで果たすべき機能のほうから、理解されなければならない」というのだ。ボルノウが「人間学的な還元の原理」と呼んだのは、文化の理解に関するこのような考え方のことであった〔AP: 30ff.〕。

このように、文化をその起源である「人間の特定の欲求」から把握しようとする「人間学的な還元の原理」に対して、二番目の「オルガノンの原理」は、全く反対の手続きを取るものである。人間の「内的な必要性」から文化が作り出されたのだとすれば、その事実から「人間へと立ち戻って」何が推論されるのかを問うこともできる、とボルノウは考えた。第一の原理が人間の「欲求」を手がかりとして文化現象を理解しようとするものだったのに対して、第二の原理は文化現象のほうを手がかりとして人間の本質を理解しようとするのだ。ボルノウも確認しているように、この原理は「人間は内省によってではなく、自分を客観化するという回り道によってのみ自身を学び知ることができる」というディルタイ（W. Dilthey）の考え方が、「包括的な人間学の原理へと拡大」されたものであるということができる〔ibid: 34ff.〕。

このように対称的な二つの原理に対して、第三の原理は、最初の二つの原理が有していた方針を統合すると同時に、これをより一般的な生の現象へと敷衍する視座を提供するものである。ボルノウによれば、人間の生に関わる全ての現象を、文化として把握できるわけではないのだという。例えば気分、感情、衝動など「人間の身体的構造や精神的構造の多くの特徴」は、人間の生に密接な関係を有しているが、「文化という世界」からは独立した現象だというのだ。このため、「何らかの理由から特別な興味を引くような、人間の生における当面は任意の現象〔……〕から出発して、そこから人間の全体の理解を獲得しようと試みる」ような、探究の方途が求められることになる。ボルノウが「不安」「歓喜」「羞恥」「仕事や祝祭」「正しい歩き方」「手の用い方」と具体例を列挙しているように、この探究は、人間の生に関わるあらゆる現象を対象とする。「観察された現象」が「必要不可欠な・無くして済ませることのできない機能を獲得する」ように、「人間の全体の理解に特別に磨きをかける」ことが、この探究の課題である〔ibid.: 36f.〕。このように、人間の生の全体に関わる探究の要請を満たす方法原理こそ、ボルノウが「個々の現象の人間学的な解釈の原理」と呼んだ第三の原理にほかならない。「人間学的な考察方法」の核心をなすこの方法原理を、ボルノウは次のような問いとして定式化している。

生の事実のなかに与えられたこの特殊な現象が、人間の本質全体のなかで目的合理的〔sinnvoll〕・必要不可欠〔notwendig〕な部分として把握されるためには、人間の本質全体はどのような性質を持たなければならないか?[*5]〔ibid.: 37〕

「人間とは何か?」という問いを引き受ける哲学的人間学は、特定の人間観を前提として探究を始めることができない。このため、「固定した本質から」ではなく「個々の現象から」問い始めることが重要になる。ボルノウによれば、この探究に指針を与えてくれるのは、「この具体的現象は人間の生の連関のなかで偶然のもの・欠陥を孕んだものではまるでない」という「さしあたり慎重に適用された作業仮説」なのだという。この「作業仮説」に基づいて、この特定の現象が「目的合理的・必要不可欠なものとして把握されうるように」、人間の「本質を解き明かす」ことが求められるのだ〔ABP: 36〕。このように「個々の現象の人間学的な解釈の原理」は、人間の生に関わる全ての現象を探究の対象とする包括的な方法原理であって、個々の現象が人間の生のなかで果たすべき機能と、この現象のほうから眺めた人間の本質の両方を問い直すものである。この第三の原理が第一・第二の原理を統合・敷衍するものであり、ボルノウのいう「人間学的な考察方法」の核心をなしている、といわれたのは、こうした内実を想定してのことだった。

ところで、これら三つの原理についてボルノウは、それをさらに別の重要な原理へと結びつけている。やはりプレスナーの思想に依拠して導き出された、「開かれた問いの原理」(das Prinzip der offenen Frage) がそれである。この「開かれた問いの原理」はその名の通り、人間の本質に関する探究において、問題提起の段階に結論を前提することの不可能性を告げ知らせている。哲学的人間学は「あらかじめ与えられた人間の本質を拒否しなければならない」。これは人間の「計り知れなさ」(die Unergründlichkeit) と生の諸現象の「果てしなさ」(die Unabsehbarkeit) を、「真剣に受け取る」ことに向けた要請である。

> 人間の生の諸可能性の見渡すことのできない多様性の背後に、これらよりも先に整えられていた共通の基盤へと遡行して、そのように確定したもののように獲得される基礎から諸現象の多様性を把握しようとする全ての試みは、それゆえ、容認することのできない単純化を演じるのであって、それ自体として必然的に挫折を言い渡されているのだ。〔ibid.: 37〕

「個々の現象」の解釈を方法原理とするかぎりにおいて、哲学的人間学の探究は、いつも新たな生の現象へと開かれたままに留まるのでなければならない。新たに注目された現象に関する探究のなかで、これまで

＊5　ボルノウによって用いられた「sinnvoll」「notwendig」という術語に関して、特に文脈が大きく異なる場合以外、本書はこれを「目的合理的」「必要不可欠」と翻訳したい。この理由は本章の後半に詳しく論じることになるだろう。

共有されていた独断的な「人間」の理念が転覆されることもあるだろう。こうした洞察に基づいて、ボルノウは、「我々はまさに、人間の全ての諸可能性の汲み尽くしえない多様性に向けて、開き保たれていることを望むのである」と宣言している〔ibid.〕。このように、人間の生に関わる「個々の現象」から出発して、そのつど新たに人間の本質を問い直そうとする姿勢こそ、「開かれた問いの原理」によって示唆された、哲学的人間学の探究に求められる根本態度なのだ。

この「開かれた問いの原理」から導かれる哲学的人間学の諸特徴に関して、ボルノウの弟子に当たる教育学者ブロイアー（G. Bräuer）は、これを五つの論点へと要約して明らかにしている〔Bräuer 1997: 122f.〕。

① 哲学的人間学の探究は、あらかじめ構築された人間全体の理解から着手することができるものではない。人間の本質に関する理解と個々の現象に関する解釈とは、「相互に循環的に依存しあっている」のである。

② このため哲学的人間学は、明確な始まりや終わりを持たない。とはいえそれは、解答を与えることができない諸問題について、「遺憾ながら問われたままにしておかなくてはならない」ということを意味しているのではない。哲学的人間学の探究は、「示唆的である」という意味において、その「原理」からして「方法的－発見的な意味において」開かれたものなのである。

③ このことは、哲学的人間学が「予測のつかない新しい可能性の豊かさに向かって開き保たれて」いなければならない、ということを意味している。この要求は、たとえその「新しい」生の可能性が、それまでの人間観を根本から改変することを迫るものであったとしても、変わることがない。

④ このように「開き保たれた」態度を要求する「開かれた問いの原理」は、閉塞された態度に対する

「批判的な機能」を備えている。端的にいうなら、それは「独断的な規定を撤回することを強制して、反論を遠ざけておこうとする閉鎖的な人間観を問いに付す」ような原理なのだといえる。

⑤ 最後に、この「開かれた問いの原理」は、それ以外の方法上の諸原理との密接な連関において熟慮されなければならない。

こうした五つの論点からは、「循環的」(zirkular)「発見的」(heuristisch)「開放的」(offen)「批判的」(kritisch) という、哲学的人間学を規定する四つの特徴を読み取ることができるだろう。ボルノウの「人間学的な考察方法」を主題とする従来の研究も、重点の置き方に違いはあるにせよ、多くはこれら四つの特徴に注目している。これらの方法上の諸特徴は、ボルノウの理論形成の背景にある二重の緊張関係(=「解釈学／現象学」「生の哲学／実存哲学」)のなかから、生じてきたものであると推察される。

以上の検証作業を通して本書は、哲学的人間学の方法原理に関するボルノウの論稿に基づいて、「人間学的な考察方法」の特徴を明らかにすることができた。ボルノウのいう「人間学的な考察方法」の核心を占めているのは、「個々の現象の人間学的な解釈の原理」と「開かれた問いの原理」という二つの原理である。前者が特に哲学的人間学の探究の戦略を規定するものであるとすれば、後者はこの探究に携わる研究者の取るべき姿勢を規定するものであるといえるだろう。これを踏まえて、次節では引き続き、これらの方法原理が教育学研究に与える示唆を明らかにするべく、ボルノウの論考を辿り直すことにしよう。

第二節　教育学における人間学的な考察方法

人間学の問題設定を教育学に適用した先駆者として、ボルノウは、同時代の教育学者デップ＝フォアバルト（H. Döpp-Vorwald）の論稿を紹介している。「人間の本質において、またその本質から、教育がその可能性に即して全ての人間的な存在にとって必要不可欠の特徴として把握されうるためには、人間はその本質において、すなわちその存在様式において、どのように理解されなければならないのか？」というデップ＝フォアバルトの問いかけを、ボルノウは「人間学的な問題設定の教育学的な側面」に関する最初の言表として引用している。これは後に、ボルノウの弟子の一人であるロッホ（W. Loch）によってさらに先鋭化されて、「人間の本質全体のなかで、この教育現象が目的合理的・必要不可欠な部分として把握されるには、人間の本質全体はどのような性質を持たなければならないか？」という問いかけへと定式化された〔AP: 41ff.〕。しかし、これらはあくまで、「教育という事実が人間の理解のために」どのように貢献するのかを探究するものであり、教育という現象のほうから、人間の生の本質を問い直そうとする試みだった。ボルノウの言葉を借りるなら、これらの問いかけは「教育という目的のための人間学」ではなく、「教育のほうからの教育という基盤を踏まえた人間学」だということになる。このためボルノウはこれを、あくまでも教育学ではなく哲学的人間学に帰属するものとして捉え、「教育の（哲学的）人間学」（philosophische）Anthropologie der Erziehung）という呼称を用いることを提案したのである。それにより、これと区別された「教育人間学」（die pädagogische Anthropologie）という呼称は、前節に触れたような個別諸科学の「成果」を、教育学に応用しようとする研究領域の名称として、改めてその内実を規定されることになる〔ABP: 45ff.〕。

しかしながら、前節の冒頭にも触れたように、ボルノウ自身が構築しようとする方法論は、これら「教育の（哲学的）人間学」および「教育人間学」のいずれとも異なるものである。再びボルノウの言葉を引用するなら、何より「哲学的人間学において形成された考察方法を教育学に置き移すことが重要」だからである。哲学的人間学の研究成果を「後から」教育学へと応用することでも、教育という現象を素材として哲学的人間学に貢献することでもなくて、「哲学的人間学の問題設定を受け入れることが」重要なのである。

> 厳密に考えるなら、ここで明確な境界線を引くことはできない。なぜなら哲学的人間学の認識は各々全て、すでに同時に直接に、教育学的な意義をも有しているからである。人間に関する知識に関係のある事柄は、同時に人間の本質の実現にも当て嵌まるのであり、それによって同時に、教育に対する示唆をも与えるのだ。〔……〕そうであるから、同時に直接に教育学的な意義を持たないような人間学的な問題は、絶対に生じない。たとえこうした教育学的な意義が、ある場合にはより強く、別の場合にはより弱く、現れてくるものだとしてもである。〔ABP: 48f.〕

教育とは人間の教育にほかならないのだから、程度の差異はあるにしても、人間の生に関わる現象は全て教育学上の意義を持っている――このような見識に基づいた方法論を指して、ボルノウは「教育学における人間学的な考察方法」（eine anthropologische Betrachtungsweise in der Pädagogik）あるいは手短に「人間学的教育学」（eine anthropologische Pädagogik）と呼んだのである〔ibid.: 49〕〔cf. AP: 46〕。いずれにせよ、ここでは教育学研究の新しい対象の定立や新しい分野の開拓ではなくて、「教育学全体を貫通する一つの考察方法」が問題とされていることが、看過されてはならない。

哲学的人間学の方法原理を取り入れることは、「人間の本質全体」の探究へと教育学の視界を開かせるだろう。ここで重要になるのは、「教育学の全体を一つの（いまのところは哲学的に理解されている）人間学的な視座から新しく詳細に解明すること」である〔ibid.〕。ボルノウによれば、それは「あらゆる個々の問いを新たな光のもとに見ること」や「新たな深みのもとに開示すること」を「約束する」探究なのだという〔ABP: 49f.〕。こうした観点から、例えば、「危機の意味」が「人間の生の総合連関のなかで」問われることになる。この探究は、「個々の現象（この場合は危機）が、外部から生へと入り込んだ偶然や妨害では全くなくて、その本質からして生に帰属するものであり、生のなかで目的合理的・必要不可欠な機能を果たさなければならない」ということを前提（die Voraussetzung）としている〔KnA: 11〕。ボルノウも認めているように、この前提はさしあたり「かなり広範囲に及ぶもの」であり「『無批判』な前提」である。「しかし」これに続いてボルノウは次のように主張している。

> しかしこの前提はこうした性格〔無批判な前提という性格〕を失うだろう。ひとがそれを形而上学的な前提として受け取るのではなく、ただ慎重に導入された作業仮説として受け取るならば、すなわち、慎重に解釈しながらこの連関に接近して、後から初めてその成果によって――その成果が現れる場合にはということだが――正当なものとして証明されるような、発見的な原理として受け取るならば。〔ibid.〕

このように、危機、希望、被護性のような個々の現象に着目して、これらが「目的合理的・必要不可欠な機能」を有するという「さしあたり」「無批判な」前提を立てるところから、ボルノウの教育理論は出発する。ここから「慎重な」解釈によってこの前提を「証明」することで、個々の現象の「機能」を明らかにすると同時に、この「機能」のほうから人間の本質全体を照らし返すことによって、教育／教育学に対する「直接の」示唆を得ようとする点に、ボルノウ教育学の全体を規定している方法論の特徴がある。

とはいえボルノウによれば、「人間学的な考察方法」は、「個々の教育学上の問いを一つの全体へと、新しい仕方で組み合わせることを許すような、新しい秩序の図式をみずから提供することはできない」という。「人間学的な考察方法」は「それ自体として何ら体系を構成する機能を持たない」というのだ。この点においてボルノウは、「人間学的な考察方法」に内在する「内的な限界」あるいは「機能上の特徴」を認めている〔ABP: 50〕。

> おそらく人間学的な考察は、全くのところ、それほど体系に関心を抱いているわけではなく、それよりむしろ新しい予想外の諸現象の解明に関心を抱いているのであって、新しいものを発見する喜びのなかで、好んで見渡し難いものへと突き進んで行くのだ。〔ibid.〕

いつも「新しいもの」へと開かれているというこの特徴は、哲学的人間学を規定していた「開かれた問いの原理」に由来している。この特徴をボルノウは「完結した人間像の不可能性」と呼んでいる。

ボルノウによれば、一般に流布した教育理論においては、確立された人間像が必要不可欠と考えられており、「この人間像からのみ教育は信頼できる仕方で基礎を与えられる」と信じられているという。「人間とは何か?」という問題への明確な回答が欠けている場所では、人間形成としての教育が成功する見込みはない。「導きとなる像」がなければ「教育は避け難く道に迷うことになる」。ボルノウも承認しているように、こうした見解は確かに一定の説得力を持っているし、また「その強迫から逃れることは困難である」といえる〔ibid.: 51〕。だからこそ、古代ギリシャ以来、教育に関する言説は多くの場合に理想となるべき人間像を描いてきたし、人間を「本当の」人間たらしめる営みとして教育を捉えてきたのだ。このように確立された人間像を提供することこそ、まさに教育学の伝統を規定している中心課題だったわけだ。

しかしこれに反してボルノウは、「実際のところ人間学はこのような完結した人間観を供給することはできない」と忠告している。人間学の探究は、いつもただ「個々の局面」あるいは「一定の観点から生じてくる人間学上の諸連関」だけを、強調するにすぎないというのである。「完結した人間像の不可能性」というこの特徴は、「教育学における人間学的な考察方法」の「欠陥」ではなく、「人間の現存在の本性から内的必然性に伴われて生じてくる」のだとボルノウはいう〔ibid.〕。こうした忠告には、先に検証した「開かれた問いの原理」の注釈が、言葉を換えて反復されているのを見ることができるだろう。[*6]

第三節　方法論を規定している世界観／人間観

以上本書は、ボルノウ教育学の基盤をなしている方法論の内実を、その由来まで遡りながら詳しく検証してきた。これにより、ボルノウが構築した教育学の方法論とは、哲学的人間学における「個々の現象の人間学的な解釈の原理」と「開かれた問いの原理」を、教育学研究に直接に導入したものであるという事実が浮かび上がってきた。これら二つの原理に従うかぎり、ボルノウの教育理論は、確立された人間「一般」の本質や教育「一般」の本質を前提することは許されない、ということになる。人間と教育の「本質」は、共に新たに探究の主題となるべき個々の現象へと「開かれて」いなければならず、また新たな探究によって問い直され訂正されることを余儀なくされているからだ。実際に従来のボルノウ研究にあっては、ボルノウの教育理論全体を規定している確固たる世界観／人間観が問題となったことはほとんどない。第二次世界大戦後という特殊な時代状況によって、取り扱われる現象や論調が一定の傾向を示していることはあるにしても、ボルノウの教育理論は、特定の世界観／人間観に基づいて構成されたものではない、というのが大方の見解なのだ。何より、人間の生に関わる現象全てに開かれた「個々の現象の人間学的な解釈の原理」と、まさに完結した人間像を提供することを拒否した「開かれた問いの原理」が、その確固たる証拠だというわけである。

しかしながら、実のところボルノウの教育理論は、「開かれた問いの原理」が拒否しているはずの特定の世界観／人間観によって、「囚われている」とまではいえないにしても確実に規定されている。ボルノウが最初に提示していた三つの方法原理が、いずれも、個々の現象が人間の生に対して果たすべき「機能」(die Funktion) に注目したものであったことを想起しよう。ボルノウの教育理論の探究方法を全体として規定しているのは、個々の現象を解釈するための指針として全く疑われることもなく採用されている、「機能」あるいは有用性の尺度に規定された世界観／人間観である。[*7]

人間学を規定している原理のうち、一番目の「人間学的な還元の原理」は、全ての文化は「人間の生のなかで果たすべき機能のほうから」捉えられなければならない、というプレスナーの命題に基づいて説明され

＊6　「人間像」と翻訳したのは「ein Bild vom Menschen」であり、「人間観」と翻訳したのは「ein Menschenbild」である。ボルノウは、これらの概念を区別することなく、ほとんど同じ意味で用いていると思われる。

＊7　なお、ボルノウは「役割からの自由」(Freiheit von der Rolle) という論稿を著しているが、ここでいう「役割」(die Rolle) は「仮面」にも喩えられているように、「意識を持って他者の前で繰り広げる本来の役割演技」を意味しており、「機能」(die Funktion) からは区別されなければならない。ボルノウの議論に従うなら、「役割」も「役割からの自由」も同じように、人間の生の役に立つ「機能」を果たしているということになる〔cf. EF: 23ff.〕。

ていた。この背景にあるのは、一般に文化とは「人間の欲求から」生まれたものであって、人間の生に対して果たしている「機能」に注目することでしか、文化を把握することはできないという前提だった。このような前提に依拠するなら、人間が持っている「欲求」に照らして「役に立つか否か」という有用性を尺度として捉える以外に、「文化という世界」を理解する術はないということになる。

二番目の「オルガノンの原理」に関しても事情は同じである。一番目の原理の方針を反転させたこの原理は、文化が果たしている「機能」のほうから振り返って、人間の本質全体を問い直そうとする。文化というのは人間の「欲求」や「必要性」から生まれたものであるという件の命題は、ここでも当然のように前提に置かれている。このように人間の「欲求」を満たす「機能」だけに注目して把握された文化は、やはり「役に立つか否か」という有用性の尺度によって規定された人間の姿だけを映すことになるだろう。

このような世界観／人間観は、三番目に掲げられた「個々の現象の人間学的な解釈の原理」において、さらに普遍的なものとして展開されることになる。この原理が他の二つの原理を統合・敷衍するものであるとすれば、これは当然の成り行きだといえる。「人間学的な考察方法」の特徴が集約されたこの原理は、個々の現象が「人間の本質全体」のなかで「目的合理的・必要不可欠な部分」として把握されるように、「人間の本質全体」を問い直すことを要請する。主題となった現象が「必要不可欠な・無くして済ませることのできない機能」を獲得するように、人間の本質に関する理解に「磨きをかける」ことが求められる。人間学の探究に指針を与える三番目の原理もまた、やはり「役に立つか否か」という有用性の尺度によって規定されているのだ。

確かにボルノウは、個々の現象が「目的合理的・必要不可欠な機能」を持つという前提が、さしあたり「慎重に適用された」「作業仮説」にすぎないことを明確に認めていた。とはいえこれは、最終的に「正当な」

ものとして「証明」されるべき仮説であった。したがって、教育学研究がこの「作業仮説」を背景とする人間学の問題設定を採用するかぎり、有用性の尺度に規定された世界観／人間観は、全く問い直されないままに留まることになるだろう。ボルノウの提唱した人間学の方法原理を採択するということは、人間の生に関わる現象の全てを「役に立つか否か」という指針に基づいて捉え返し、さらにはこうして有用性を尺度として把握された現象のほうから、人間の本質全体を問い直すということを意味している。これによって、人間の生とこれを取り巻く世界は、あくまでも「役に立つか否か」という有用性の尺度に規定されたものとして、この有用性のみを尺度として捕捉されることになるのだ。

だとすればしかし、「完結した人間像」を提供することの不可能性を主張するはずの「開かれた問いの原理」は、何故この有用性の尺度に規定された世界観／人間観を咎めることがないのだろうか。多種多様な現象を扱ったボルノウの教育理論であるが、この「機能」あるいは有用性の尺度に規定された方法論だけは、問い直されることがない。それどころか実のところボルノウは、研究者自身を規定している世界観／人間観に関しては、これを問い直すこと禁止するような忠告さえ残しているのだ。「開かれた問いの原理」に基づいて、「完結した人間像の不可能性」を提唱した箇所で、例えばボルノウは次のように主張している。

それゆえ、後代の歴史記述が我々の時代の〔詩作者・思索者・教育者の〕業績のなかに、そうした暗黙の人間観を見て取ることがあるかもしれない。しかし、今日の我々はその人間観を気にかけていてはならない。なぜなら、そのような人間観に定位することは全て、いつも新しい経験へと準備をしている研究の開放性を、すなわち、いつも新しい未知のものへと突き進む研究の開放性を立て塞いでしまうからである。〔……〕基礎を成している人間観への探究自体、未知なるものへと突き進む真正な経験による研究の努力と危険からの逃避によって生じてくる、災いに満ちた倒錯なのだ。〔ibid.: 52〕

もちろん、この箇所でボルノウは、完結した人間観に固執することよって、「未知のもの」へと向かう研究が閉塞されてしまうことを、問題視しているのである。しかし、このような弊害を危惧するあまり、「我々の」研究の背景を成している特定の世界観／人間観を問い直す機会まで拒否してしまうとしたら、それは本末転倒ではないだろうか。「我々の時代の」「暗黙の人間観」を明らかにするという作業を、「後代の歴史記述」に任せてしまってもよいのだろうか。むしろ、各々の研究の基盤となっている「暗黙の人間観」を振り返って、この人間観をそのつど批判的に問い直すことこそが、「開かれた問いの原理」に立脚する研究者の取るべき指針であるはずではないか。ボルノウも認めているように、この「開かれた問いの原理」は、研究者が特定の世界観／人間観から完全に解き放たれていることを、必ずしも保証しているわけではないからである。ボルノウの教育理論が前提としている世界観／人間観を明らかにしたうえで、ここに孕まれた問題点を問い直すという作業は、ボルノウ本人がその作業に背を向けている以上、私たち後代の研究者の課題であると考えられる。

このように、ボルノウが唱えた「教育学における人間学的な考察方法」は、個々の現象が果たしている「機能」にのみ注意を払うものであり、世界と人間を「役に立つか否か」という有用性の尺度に基づいて把握しようとするものであった、ということができる。ところが管見によるかぎり、従来の教育学研究は、ボルノウ教育学を全体として規定しているこの世界観／人間観に対して、ほとんど無頓着だった。もちろんボルノウ教育学の方法論を説明する折には、当然本章前半のような議論が繰り返されてきたわけだが、このときボルノウが依拠している確固たる世界観／人間観が、「開かれた問いの原理」に反するものとして問題視された例は稀である。本書としてはいま確信を持って、ヴルフや今井による教育人間学批判・ボルノウ批判が、ボルノウ教育学の核心にまで届くものであったことに思い至ることになる。

第四節　有用性に規定された方法論の問題点？

従来こうした問題意識が希薄だったことを証立てる事実として、ボルノウの提唱した方法原理を翻訳するさいの訳語の問題に論及しておくことも、無駄ではないだろう。これまで本書は、ボルノウによって用いられた「sinnvoll」「notwendig」という二つの概念を、各々「目的合理的」「必要不可欠」と翻訳してきた。それは何もこれらの語義が、代表的な独独辞典・独和辞典の各項目の冒頭に記載されているから、という理由によるのではない。

ドイツ語の「sinnvoll」という単語は、さしあたり「意味」と翻訳することができる「Sinn」と、「満ちている」「まんまるの」などを意味する「voll」とから成り立っている。それゆえ「意味に満ちた」と翻訳しておけば、ひとまずこの単語の内実を日本語に置き換えたことになる。実際に、ボルノウの著書の日本語訳や日本の研究書では、「sinnvoll」の訳語には「意味深い」という言葉が用いられていることが多い。しかし、問題は「Sinn」(意味)という言葉の内実の多様性であり、いま試みに『Duden deutsches Universalwörterbuch』を紐解いてみると、以下のように多種多様な項目が記されている。

① (a) 知覚と感覚の能力、(b) 性的な感覚・欲求
② 或るものに対する感情・理解力、或るものへの内心の関係
③ (a) 或る人の思想・思考、(b) 考え方・思考方法
④ 意味内実・思想内容・意義
⑤ 事柄に内在した目標・目的・価値

これに比べると「sinnvoll」の語義は幾らか限定されているが、やはり以下のように幾つかの項目が記されている。

①　考え抜かれ目的に適した・合理的な
②　或る人にとって意味⑤を持っている、満足のいく
③　意味④をもたらす

個々の現象の果たすべき「機能」に注目したボルノウの探究にあっては、この「sinnvoll」は特に「考え抜かれ目的に適した」「合理的な」という最初の語義に重点を置いて用いられていた、と考えるのが自然だろう。従来用いられてきた「意味深い」という訳語は便利であるが、上に並べたような多種多様な内実を整理しないままに、なんとなく「重要らしい」という漠然とした印象を与えかねない危険性を孕んでいる。

「notwendig」という概念は、さしあたり「苦境」や「必要」と翻訳される名詞の「Not」と、「裏返す」「方向を変える」「消費する」などの語義を有する動詞の「wenden」から構成される。『Duden deutsches Universalwörterbuch』を開くと、以下のような項目を見ることができる。

①　(a)　或るものとの関連において避けられない、事柄自体から要求された、絶対に必要な、不可欠の、(b)　無条件の、どんな事情があっても
②　或る事柄の本質に存している、やむをえない

このため一般にこの単語には、「必要不可欠な」「必然的な」「避けがたい」などの訳語が当てられている。実際に、ボルノウの著作の日本語訳や日本の研究書は、ほとんどの場合に「必然的な」という訳語を用いて

いる。これは、人間の生に関わる個々の現象が「偶然のもの・欠陥を孕んだものではまるでない」という、ボルノウの注釈に基づいていると思われる〔cf. ABP: 36〕。とはいえ、この場合もやはり、個々の現象が果たすべき「機能」に注目したボルノウ教育学の方法原理に関しては、むしろ「絶対に必要な」「不可欠の」といった語義に焦点をあわせるほうが自然だろう。「必然的な」という訳語も完全な間違いではないが、ボルノウの提唱した方法原理を規定している世界観／人間観を、見え難くしてしまうという弊害を無視することはできない。

訳語の問題一つを取ってみてもわかるように、ボルノウ教育学の探究方法を規定している世界観／人間観の問題は、従来の教育学研究のなかでは驚くほど軽視されてきた。この問題を明らかにすることができたことは、本書にとって一つの大きな発見だったといえる。しかし、たとえこうした問題提起が一定の権利を有しているとしても、この有用性の尺度に規定された方法原理の、どこが一体問題になるというのだろうか。人間の生に関わる個々の現象を、各々が果たしている「機能」に注目することで捉え直し、そこから人間の本質を捉え返すという探究の戦略は、どのような問題を内包しているというのか。この問いに答えることができないかぎり、本書はただヴルフや今井による批判の当否を確認しただけに終わるだろう。「役に立つか否か」という有用性の尺度に規定された探究方法は、ボルノウの教育理論のなかでどのように展開されており、またこれを規定している世界観／人間観からどのような問題が生じてくるのか。ボルノウの教育理論に内在しているという問題点が、方法論に由来するものであるとして、それは一体どのような問題点だというのか。こうした疑問に一定の回答を示すことが次章以降の重要な課題となる。

これに先立って本節は、ボルノウが提唱した方法論に関する検証作業の締めくくりに代えて、本章に検証された探究の方法と、次章以降に精査される探究の内実との、橋渡しをしておくことにしたい。次章以降の議論が主題として取り扱うのは、ボルノウ教育学の中心を占めている、「危機」(die Krise)「希望」(die Hoffnung)「被護性」(die Geborgenheit) という三つの鍵概念である。これらの概念が指している個々の現象は、ボルノウ以前の教育学にあっては、およそ教育と関係のある現象として捉えられることがなく、したがって探究の主題となることも稀だったとされる。確かに、ここに挙げた現象が教育と一体どのような関係があるのか、これらの現象を分析することがどうして教育学に寄与するのか、といった疑問が浮かんだとしても不思議ではない。このような疑問に対してボルノウは、各々の現象に関する議論のなかで、上に検証された方法原理に基づいて、以下のような答えを書き留めている。

> 教育学が一般に、教育的行為の技術論から教育現実の解釈的研究へと展開すればするほど、教育学はますます、次のような諸事象をもその考察の範囲に取り入れなければならない。すなわち、人間の発達のなかで影響を及ぼしており、それゆえ同時に、教育のプロセスのなかでも熟慮されなければならないが、だからといって意識的な教育計画の対象にはすることができない、そのような諸現象である。〔EuP: 38〕

これは危機と生の成熟との関係を主題とした論稿のなかの一節である。危機のように人間が計画することのできない出来事であっても、人間の生に密接な関係を持った現象であるかぎり、教育学研究はこれを無視することができないという点に、ボルノウの主張の核心がある。

次に引用するのは、後年希望に関する探究を振り返ったボルノウが、これが教育学に与えるべき示唆について書き留めたものである。

明確な教育学上の作用は、当時の私にはまだ遠い関心事だったが、しかし一瞥すれば示されるように、この人間学的な諸連関は、個々に貫徹されなければならない、充実した教育学的な諸可能性を有している。〔ABP: 55〕

希望のように取りとめもなく曖昧なものとして捉えられがちな現象もまた、ボルノウにとってみれば、教育／教育学と無関係ではありえない。人間の生に深く関わる諸現象に関する探究は、教育／教育学に重要な示唆を与えるという件の方法意識が、ここにも生きているのがわかる。

さらに「被護性」に関する論考についても、ボルノウは、それが教育学研究にとって直接に豊かな意義を有していることを強調している。

〔……〕ここでは、後から初めて教育学へと応用することが必要とされるのではなくて、こうした領域においては、哲学的人間学が直接にそれ自体で教育学に関わる意義を獲得するのだ。なぜなら、こうした諸連関は、教育に対して直接に何かを言い当てているからである。〔ABP: 55〕

また、ボルノウの空間論が「教育学上の側面をあまりにも疎かにしている」と弟子たちのほうから「非難」されたことに対しても、ボルノウは、次のように断定することによって返答に代えている。

〔……〕ここにおいて私にとっては、哲学的 - 人間学的な熟慮そのものが直接に、教育学的なものになるように思われるのであって、特定の教育学上の観点を際立たせるのは余計なことなのだ。〔ibid.: 58〕

以上の引用からも推察されるように、ボルノウは、危機、希望、被護性などの現象に関する分析論が、何ら「改変」や「応用」を必要とすることもなく、各々それだけで、教育／教育学に対する重要な示唆をもたらすと考えている。次章以降の本書の議論が、世間一般の教育言説や教育論議から「あまりにも」離れたものに見えるとすれば、それは「教育学における人間学的な考察方法」の核心を占めているこの方法意識が、ボルノウの教育理論を貫いているからである。有用性の尺度に規定された世界観/人間観は、ボルノウ教育学を規定している探究方法を制約することによって、ボルノウの教育理論にどのような問題を生み落としているのだろうか。ボルノウ教育学の問い直しに関わる本書の探究は、いまようやく出発点に辿り着いたばかりである。

第二章　生の危機と生の成熟

――O・F・ボルノウ「生と教育の非連続的な形式」再考

本章の概要

本章は、数あるボルノウの教育理論のなかでも、主に成熟の機会としての「危機」の機能に関する論稿に光を当てる。このとき重要な視座を与えてくれるのは、主著『存在と時間』を中心として展開された、ハイデガーの哲学思想である。ハイデガーの思想を映し鏡にすることにより、実存哲学と教育学を「橋渡し」したボルノウの理論の内実が再確認されると同時に、この理論に内在している問題点もまた浮かび上がってくることになるだろう。

この課題を受けて本章は以下の四つの節に区分される。

第一節　ボルノウ教育学における「危機」の概念
第二節　ボルノウ教育学への問いかけ（1）
第三節　現存在の分析論――「本来性」と「非本来性」
第四節　危機の機能に関する理論の限界

危機のような艱難辛苦の体験が人格形成にとって重要な意義を有している、という洞察自体は古くから言い伝えられている。例えば哲学者の中村雄二郎は自著のなかで、「受苦せしものは学びたり」という古代ギリシャの格言を紹介している〔中村 1992: 136f.〕。ことわざ辞典を紐解けば、「艱難汝を玉にす」などの類似の表現が、幾つも見つかることだろう。しかしながら、こうした格言に見られる危機と人格形成との関係に関する洞察が、教育／教育学のなかに明確な位置を与えられるには、ボルノウの著書『実存哲学と教育学』（一九五九年）を待たなければならなかった。本章の探究は、この『実存哲学と教育学』の読解と、ここに提唱された理論の再考を中心として進められる。

第一節においては、危機やこれに類する出来事に関するボルノウの理論を、特に生の成熟との関係に目を向けながら、精査することが試みられる。危機、覚醒、出会いなどの出来事に関するボルノウの理論の背景には、キルケゴール（S. Kierkegaard）を嚆矢とする実存哲学の思想がある。[*8] ボルノウによれば、一九五〇年代当時の教育学は、実存哲学を教育の理論・実践とは相容れないものと考えており、これを排斥・無視していたのだという。教育学のこうした傾向に対して、ボルノウは、危機のように個々人の実存に関わる出来事と生の成熟の関係に注目することで、実存哲学と教育学を相互に橋渡しすることを試みた。このような課題意識に基づいて展開されたのが、危機やそれに類する出来事に見られるような生の断絶をも視野に入れた、

「生と教育の非連続的な形式」に関するボルノウ一流の探究であった。

これに対して、第二節では、危機やそれに類する出来事に関するボルノウの理論に、この理論の根幹に関わる幾つかの問いが投げかけられる。危機のような出来事を生の成熟の機会として捉えるボルノウの理論は、果たしてこれらの出来事によって開かれてくる生の局面を、十全に解き明かすことができているのだろうか。成熟のために「役に立つ」機会として把握された、危機、覚醒、出会いなどの出来事は、むしろ、個々の実存に関わる出来事としての性格を奪い去られてしまうのではないか。危機のような出来事と生の成熟の関係を提唱したボルノウの理論は、却って、生と教育の「非連続的な形式」の「非連続的」たる由縁を、立て塞いでしまうのではないか。こうした問題意識に導かれて、以下の各節では、生と教育の「非連続的な形式」に関するボルノウの理論を、改めて問い直すことが試みられることになる。

この問題意識を洗練するべく、第三節では、ハイデガーによる現存在の分析論が紐解かれることになる。『存在と時間』を中心とするハイデガーの哲学思想は、上に指摘された問題を問題として浮かび上がらせるための、重要な視座を提供してくれるだろう。危機と生の成熟との関係を解明するために、ボルノウは、人間存在の「本来性／非本来性」という、ハイデガー哲学に由来する術語を借用している。ところが、この「本

＊8　実存哲学の思想については、ボルノウの著作『実存哲学』に、詳細な見取り図が示されている〔cf. Exp〕。そこでは、キルケゴールのほかにも、ヤスパース（K. Jaspers）やハイデガーなどの思想家、リルケ（R. M. Rilke）やカフカ（F. Kafka）などの文学者が、実存哲学の潮流に連なる人物として取り上げられている。ここに挙げた哲学者・文学者の思想・作品を、「実存哲学」という枠組みで一括することには、もちろん無理がある。しかし、そのことを承知のうえでボルノウは、この時代に特徴的な思潮を同定し、実存哲学の一つの像を提示して見せている。実存哲学の思想に向きあう際のこうした態度の取り方については、上掲書の序言におけるボルノウ自身の記述を参照。

来性／非本来性」という術語についてのボルノウの解釈は、ハイデガーの用語法とは、重要な点で相違している。この相違に注目しながら、ハイデガーによる現存在の分析論を丁寧に読み解くことによって、危機やこれに類する出来事に関するボルノウの理論を問い直すための、準備を整えることができると期待される。

こうして浮かび上がらされた、ボルノウとハイデガー両者の思想上の差異に注目することによって、ボルノウの教育理論に内在している問題点の所在を突き止めることが、第四節の課題となる。これによって、個々の現象を「機能」または有用性へと還元してしまう件の探究方法が、一体どのような問題を内包しているのかが明白になるだろう。有用性の尺度に規定されたボルノウの教育理論は、実際に、危機という現象を教育学の圏域へと回収することができたのだろうか。あるいは、教育学の圏域に収めることのできない危機の過剰さが、ボルノウの教育理論に錯綜した亀裂を刻んでいるのではないか。成熟の機会としての危機の機能に関するボルノウの教育理論を、これが参照したハイデガーの哲学思想にまで遡及して問い直すことによって、ボルノウ教育学に内在している問題点を追究することが、本章に与えられた探究課題である。

第一節　ボルノウ教育学における「危機」の概念

本節は、ボルノウ教育学における「危機」の概念を、特に生の成熟との関係に注目しながら精査する。この論考は次の四つの項に区分される。

(1) 危機に関する問いの転換

(2) 生の成熟に関わる危機の機能
(3) 危機と「本来の自己‐存在」
(4) 人間の生と教育の非連続的な形式

(1) 危機に関する問いの転換

『実存哲学と教育学』の導入部分においてボルノウは、教育学の伝統を規定してきた教育観を、二つの類型に区別している。一方は手工芸をモデルとした教育観である。手工芸に携わる人々は、与えられた材料を用いて、必要な道具を使って、作品を作り上げる。それと同じように、教育者は子どもを一定の目標に向けて形作らねばならない、とするのが、手工芸的な教育観の特徴である。これに対して、他方の教育観は有機的な教育理解と呼ばれる。この教育理解においては、植物が環境に応じて自然と生長するように、子どもたちもまた自己の内面的な本性に従って成長させられるのでなければならない、といわれる。教育者は子どもを任意に形作ることができるわけではなくて、その成長に適した環境を整えることが許されているにすぎない、というのである〔EuP: 16ff.〕。これら二つの教育理解はそれぞれ、啓蒙主義とロマン主義という異なる起源をもつと考えられる。しかしボルノウによれば、これら二つの伝統的教育観は、教育を連続的な形成の過程として把握しようとする点においては、本質的に一致するものであるという。手工芸的な教育観も有機的な教育観も、教育を漸進的な「陶冶」(die Bildung: 形成)の営みとして把握するという点では、同じく連続的な成長発達の理念に基づいており、その点において変わりはないのだ、というのである〔ibid.: 18〕。

こうして明らかにされた連続的・漸進的な教育観に対してボルノウは、偶然による予測不能な要素をも含みこんだ、人間の生と教育の「非連続的な形式」(die unstetige Form) に着目する必要を唱える。

これまで、単に一側面へと固定されていた教育理論の眼差しからは外れていた、もう一つの形式、すなわち生と教育との非連続的な形式があるのではないか、ということが問われなければならない。〔ibid.: 19〕

これによってボルノウは、「教育学は実存哲学の提案から何を学びうるのか」という問題に答えようとした〔ibid.: 21〕。連続的な陶冶の概念に基づいた教育理論は、実存哲学が提示する非連続的な生の諸形式を受け入れることができずにいたのだ、とボルノウは指摘する。教育学内部のそうした事情に対抗して、ボルノウは、実存哲学の提示した人間観に依拠することで、人間の生と教育の新しい可能性を切り拓くことを要求した。とはいえそれは、単に伝統的な教育観を否定して塗り替えることを求めるものではない。

一般的に、連続的な教育事象に関わる古典的な教育学を、それに対応する非連続的な形式に関わる教育学によって、拡大することが重要なのである。〔ibid.: 20〕

したがって、実存哲学のように「人間の生は完全に非連続的に経過する」と仮定する必要はない、とボルノウは忠告する。右の提言が要求しているのは、「人間の生には、連続的なプロセスと並んで、それと同じように、折に触れて一定の仕方でそれを中断させるような、非連続的な部分がある」という事実を理解することである〔ibid.: 22〕。人間の生と教育の「非連続的な形式」という概念によってボルノウは、それまで相対立する関係にあった教育学と実存哲学とを、相互に「橋渡し」することを試みたのだった。

この生と教育の「非連続的な形式」について考察するに当たって、ボルノウが最初に取り上げているのが

「危機」（die Krise）という契機である。病気による危機や発達に付随する危機、信仰の危機や道徳上の危機、共同体の危機や経済の危機などが、その例として挙げられている。「覚醒」（die Erweckung）や「出会い」（die Begegnung）など他の諸契機についての考察も、多くはこの危機に関する見識に依拠する仕方で行われることになる。ボルノウによれば、危機とは「通常の生の経過の攪乱」であり、生の存続を脅かすような出来事であるという〔ibid.: 27〕。唐突に襲いかかってくる危機により、これまで当然と見做されていた秩序は破綻してしまい、安定した日常生活を続けることは困難になる。日常生活を支持していた基盤を揺るがせにし、人間の生を一種の混乱状態に陥れることこそ、危機という出来事の特徴だというのだ。

危機に襲われるとき、人々は自分の生活が「破滅に脅かされている」ことを感じて、まるで「深淵に転落しなくてはならない」かのような気持ちになる。これは、危機が上に述べたような特徴を持つとすれば、当然のことであろう。だからこそ、危機は一般に「残念な突発事故」として、避けて通るべき災難として忌避されている。危機は「もっとよく用心していれば避けることができたかもしれない」・「和らげてできるだけすぐに除去するように試みなければならない」出来事だといわれる〔AP: 88f.〕。しかしながら、危機に関するこうした否定的な見方に対して、ボルノウは、むしろ反対に、危機は人間の生において不可欠の重要な機能を果たすものではないのか、という問いを立てた。

> 人間学的考察は、ここでも問いの立て方を反対にして、もしかすると危機は、人間の生に必要不可欠に〔notwendig〕帰属していて、生のなかで全く特定の機能〔eine ganz bestimmte Funktion〕を果たさなければならないのではないか、と問わなければならない。〔ibid.: 89〕

このように、危機に関する転換された問いを提起したところに、人間の生と教育の「非連続性」(die Unstetigkeit) に関するボルノウの理論の、独創的な端緒を見ることができるだろう〔岡本 1972: 40 参照〕。この問いに答えるべくボルノウは、人間の生のなかで危機が果たすべき機能を解き明かそうとした。こうして提示された危機の機能は、次の三つに区別することができる。

(A) 「堕落した状態」からの再出発としての「新しい始まり」への跳躍
(B) 大衆の意見・規範に対する批判に基づく「自立した判断」の形成
(C) 自分の力量の限界に対する見識を含んだ「経験の豊かさ」の獲得

(2) 生の成熟に関わる危機の機能

(A) 「新しい始まり」への跳躍

上に挙げた三つの役割に関するボルノウの議論に、共通の背景を与えているのは、「危機の本質」に関するボルノウの洞察である。語源学の成果に依拠しながら、ボルノウは、「浄化」(eine Reinigung) と「決断」(eine Entscheidung) という二つの契機に、「危機の本質」を見て取っている。これによれば、浄化とは「諸々の汚れた状態から解き放たれる」ことを、そして「新しい清らかさへと生まれ出る」ことを指しているという。また決断とは、異なる二つの可能性からの選択を、特に「正か誤か」「善か悪か」といった非対称な諸可能性からの選択を意味しているのだという。危機という「苦痛に満ちたプロセス」を潜り抜けることによって、人間は浄化されるべき (sollen) であり、決断をしなければならない (müssen)、とボルノウは指摘している〔EuP: 28〕。この浄化・決断の機会としての「危機の本質」に関する洞察が、以下に検証される危機の機能に関するボルノウの理論を、全体として支えている。

この浄化・決断に関する議論と最も関連が深いのは、危機を潜り抜けることによる、人間の生の「新しい始まり」(der neue Anfang)という論点である。ボルノウにとって人間とは、硬直した「習慣」と蓄積した「疲労」とによって「消耗させられて」しまい、「一種の堕落した状態へと耽溺してしまう」傾向を持った生き物である。したがって、人間は「一定の高さに身を保つこと」も、「安定して上方へと発達すること」もできないとされる〔AP: 92〕。こうした観点から、ボルノウは、人間がこの「衰弱した状態」から身を引き離すための「新しい発端」(ein neuer Ansatz)が、繰り返し要求されるのだと主張する。「危機の本質」に関する議論からも推察されうるように、ボルノウにとって、この「新しい発端」となるのが危機にほかならない。「通常の生の経過の攪乱」としての危機は、古い秩序や習慣への執着を捨て去って、新しい生活様式を選び取るための機会として捉え直される。こうして、日常生活の基盤を揺るがせにする出来事としての危機は、「失敗した発達」や「堕落した状態」から身を引き離して、改めて「新しい衝動と共に新たに始める」ための機会として、その機能を与え返されることになる〔ibid.〕。

> それゆえ我々は、新しい始まりを可能にするものとして、危機を把握することができる。危機がいっそう過酷なものであるほど、またそれがいっそう誠実に最後まで耐え抜かれるほど、危機が終結した後に訪れる新しい始まりの朝のような感情は、いっそう解放的なものになるのだ。〔ibid.〕

加えて興味深いのは、この「新しい始まり」についての議論が、「文化批判」(die Kulturkritik)や「始原への回帰」（die Rückführung zum Ursprung）などの論点へと接続されていることである。前者は、「頽廃した文化」に対する「闘争」を、それゆえ、「新しく・真正な・活きいきとした文化」に向けた努力を表現している。また後者は、「取り扱い方」や「使用方法」のような「浅薄な」「習慣の体系」を突破した、「純粋で・偏見のない・事物を偽りのない外観において把握するような直観」への回帰として理解されている〔ibid.: 94ff.〕。件の「新しい始まり」との関連のなかで、ボルノウは、これら「文化批判」と「直観への回帰」とを、「若返り」（die Verjüngung）という言葉によって規定している。例えば、文化批判とは「文化の更新と若返り」であり、「人間がいつも繰り返し新たに着手しなければならない課題」である、といった具合である〔ibid.: 95〕。また、直観への回帰に関する議論においても、総じて「子どもは老いて生まれてくる」といわれ、「まずは自分の若さへと発達しなければならない」とされている〔ibid.: 96〕。「新しい始まり」の機会としての危機とは、頽廃した文化が新たに活力を取り戻し、また個々の人間が日常の習慣を突破した直観へと回帰する、広い意味での「若返り」の機会なのだというわけである。

(B)「自立した判断」の形成

「危機と新しい始まり」という観点から、ボルノウが特に重要視しているのは、危機を潜り抜けることによる「自立した判断」（das selbständige Urteil）の形成、という論点である。ボルノウによれば、「本来の意味における教育」の課題は、「既存の社会への適応」などではなくて、この「自立した判断」の形成にあるという。外部からの影響力に対する「自立性」（die Selbständigkeit）を身につけさせ、「自立して自分の責任において立場を決める」能力を与えることが、「教育の決定的な課題」だというのである〔AP: 168〕。

「自立した判断」の形成に関するこうした課題設定の背景には、大衆に浸透した「世論の操作」に対する、ボルノウの厳しい問題意識がある。新聞、雑誌、ラジオ、テレビといったマスメディアは、人々の「見解・信念・感情に基づく態度・意志に基づく心構え」に「終始変わらず影響を与えている」。さらには、「経済におけるコマーシャル」や「政治的なプロパガンダ」といった「巧妙に発展させられた意見操作の技術」がこれに加わる。ボルノウが危惧しているのは、こうした「世論の操作」によって、人々が「もはや自立的に自分の意見を形成することもなく、自分の責任から決断することもなく、自分の思考と行為について外部から指示を受けている」という状況である〔ibid.: 169〕。

とはいえ、ボルノウによれば、人々が「自立した判断」をなしえないというこの状況は、マスメディアによって初めて作り出されたものではないという。「人間が自分の見解や信念を完全に自分自身だけで作り上げる」というのは、「一種の先入観」にすぎないとボルノウは忠告する。子どもが「自明なものとして受け取られた環境のなかへと成長して慣れていく」ように、総じて人間は「自分の意見や見解」または「世界に関する理解の全体」を、それと知らずに「当たり前のような仕方で環境から受け取るのだ」というのである〔ibid.〕。大人であれ子どもであれ、個々人の意見や見解というものは、多かれ少なかれ環境に依存して環境のほうから形成される、とボルノウは考える。こうして、「自立した判断」の形成という件の教育課題は、人間の教育一般にとって避けることのできない課題として提示されることになる。

ここでボルノウは、ハイデガーの「ひと」(man)やヤスパース(K. Jaspers)の「我々全て」(wir alle)という概念を参照している。ハイデガーの「ひと」は「この集団的な現存在の主体」と言い換えられてもいる〔ibid.: 170〕。このように、「自立した判断への教育」というボルノウの課題意識は、他の人々との関係に埋没したいわゆる「大衆」に関する、ハイデガーやヤスパースの思想と結びついている。マスメディアに象徴されるような外部からの影響に抵抗して、自立した判断を形成するための力を養うことが、ボルノウにとっての教育課題の一つである。もっとも、後に確認されるように、少なくともハイデガーは、この「ひと」という概念に何らかの価値が付与されることを、徹底して拒否している。これを克服されるべき望ましくない人間の在り方として把握する解釈は、広く流布した解釈であるとはいえ、ここではひとまずボルノウによる付け足しである。この問題については後に詳しく論及することになるだろう。

さて、ボルノウが「自立した判断への教育」について論じるとき、最も強調されているのが、「批判」(die Kritik)の重要性である。人間はその生い立ちからして外部環境からの影響を受けるものであり、そこから最初に意見を受け取るものであるとすれば、そのような影響に対する批判・抵抗のなかでのみ、「自立した判断」が形成されることになるだろう。

> 我々が見てきたように、批判によって人間は、疑われることなく通用している意見への偏執から、身を解き放つのだ。批判によって人間は固有の意見へと目覚める。批判によって初めて人間は彼自身になるのだ。〔KnA: 30〕

外部環境からの影響に対するこの批判が生じてくる契機として、ボルノウが注目しているのが「生の危機」(die Krise des Lebens)である。右に引用した講演集『危機と新しい始まり』は、「危機：Krise」と「批判：Kritik」という二つの言葉を、相互に「聞き比べる」ことから出発している。この冒頭箇所で指摘されているように、「Krise」と「Kritik」とは、ギリシャ語のクリネイン(κρίνειν)(分離すること・選り分けること)という、共通の語源に由来している。また、現在でも形容詞の「kritisch」は、「危機的」と「批判的」という二つの語義を有している〔ibid.: 9〕。こうした見識に基づいて、ボルノウは、危機と批判のあいだに密接な関係があることを指摘する。「真の責任ある批判」というのは、ただ「絶えず更新される危機のなかでのみ」獲得され維持されることができるのだ、というのである〔ibid.: 33〕。

「大衆には制裁措置というものがあって」とボルノウは指摘する――それが原因で「大衆の規範からの逸脱は危険なものに留まっている」と〔AP: 170〕。一般に流布した意見・規範に抵抗することは、個々人にとって多かれ少なかれ危険を伴うことだろう。この事実から類推して、ボルノウは、そのような危険を承知のうえで、なおも大衆の意見・規範に対する批判が生じてくるような、「相当に重要な事件」としての「生の危機」に目を向けさせる。当時の常識を動揺させる思想が原因で死刑に処された、ソクラテス（Sokrates）の所業を思い起こしながら、ボルノウは次のように断定している。

> それゆえその背景には、人間を世論との闘争へと強制するような、さらに深い必然性が存しているのに違いない。伝統的な観念の枠組みのなかには、もはや逃げ道がないような状況に、彼固有の生が陥ったのに違いないのだ。人間は自分の生の危機において初めて、疑いようのないものとして受け取られていた従来の基礎に対する、批判へと強制される。〔AP: 170f.〕

このように「生の危機」を通した批判の形成について、ボルノウは、それを「深く影響を及ぼす実存のプロセス」と呼び、これこそ人々が「固有の意見」を獲得するために不可欠のプロセスであると考えた。この「固有の意見」は、「異なる考えを持つ大衆のなかで主張」されることによって「明確な外観」を受け取り、さらに「事柄に即した根拠」を与えられることで「自立した判断」へと洗練される〔ibid.: 171〕。こうして「新しい始まり」の発端としての危機は、単にそれまでの生活を捨てて新しく始めるための転機としてだけでなく、大衆の意見・規範に対する批判意識が生まれ出るための機会として、さらにはこの批判を通して「自立した判断」が形成されるための機会として、教育学の理論のなかにその位置を与えられることになる。

(c)「経験の豊かさ」の獲得

この「新しい始まり」と「自立した判断」に関する議論に、異なる角度から光を当ててくれるのが、「経験」（die Erfahrung）という概念についてのボルノウの論稿である。「er」と「fahren」各々の語義から出発して、ボルノウは、「Erfahrung」という言葉が元来「移動の目標に到達すること」「移動中に何かを手に入れること」「到着すること」「或る地域を休みなく旅すること」などを意味していたことを説明する。現在「erfahren」に与えられている「聞き知る」という基本の語義も、旅の途中に「接触するに至ることで何かを学び知る」という転義に由来しているのだという〔EiP: 225〕。さらにボルノウは、この転義の背景に、「耐え抜かれた苦労と危険」や「道中で襲われた事故」などの記憶が「共鳴している」ことに注意を誘う。

それゆえ、経験とは多くの場合に苦いものであり、あるいは苦痛に満ちた経験なのである。それは人間が自分の身体でもって経験してしまったものであり、誰もそれを防いでやることはできないものである。〔ibid.: 226〕

こうした洞察からボルノウは、経験とは「本来の行為」ではなく、むしろ、「せざるをえないこと」（ein Machenmüssen）、「被ること」（ein Erleiden）、「生の災厄へと引き渡されていること」であると規定する。こうした指摘は、経験が概して苦痛に満ちたものであり、日常生活の攪乱としての危機を孕んでいるということ、または危機という性格を有した出来事であることを示唆しているだろう。さらに、経験は「あらゆる計画や予想を免れてしまう」とされ、「計画や予想における全ての意図に反して人間に対立する、何か運命のようなものである」と指摘されるとき、危機と経験との分かち難い関係は、いっそう緊密なものとして立ち現れてくることになる〔ibid.: 227〕。

とはいえもちろん両者は同じものではない。ボルノウによれば、危機がときに生を回復の見込みのない壊滅状態へと陥らせるのに対して、経験はその用語法からして「普遍的な教訓」を含んでいるものだという。人間が観察している「個々の出来事そのもの」(die einzelnen Ereignissen als solche) は、「まだ経験ではない」とボルノウは忠告する。「人間がそこから普遍的な教訓を引き出すときに初めて」経験は経験になるのだというのである〔ibid.: 228〕。個々の経験（出来事）は苦痛に満ちたものであり、また唐突に襲い来るものであって、日常生活の攪乱としての危機の性格を備えている。とはいえそれだけでは「経験」とは呼べない。人間がそこから「普遍的な教訓」を引き出すことのできる「諸々の経験」(die Erfahrungen) となって、そのとき初めて経験は経験となるのである。こうして「経験」という概念は、危機と教訓という二つの要素が凝縮された概念として、捉え返されることになる。

この「普遍的な教訓」を含む経験が人々に及ぼす影響について、ボルノウはそれを二つに区別している。一方で人々は、自分の経験を引き合いに出すことによって、過去の経験とそこから学んだことに固執して、新奇な経験に対しては自己を閉ざしてしまうことがある〔ibid.: 230〕。これに対してボルノウは、一般に「経験豊かな」(erfahren) と呼ばれる境遇へと目を向ける。この表現が指しているのは、単純な知識の多寡ではない。「経験豊かである」とは例えば、「眼差しの確かさ」「一種独特のタクト」「指先の繊細な感覚」「判断の確かさ」といった、種々の表現によって説明されるような、「一種特殊な力量」のことを指している。しかも、一般に「経験豊かである」といわれる人間は、みずからの経験に閉じ籠もることなく、むしろ「それを修正するような新しい経験に対していつも開かれたままである」〔ibid.: 232f.〕。「経験豊かな」という表現は、「自立した判断」に根拠を与える「一種特殊な力量」と、その判断を更新する「新しい始まり」に開かれた態度を、同時に言い表しているのだ。以上の洞察を「成熟」(die Reife: 完成)という言葉に託して、ボルノウは、「経験豊かな」と呼ばれる境遇の内実を次のように規定している。

このように絶えず前に進み深まってゆく経験のなかで、このように新しいものを受け入れて利用するいつも目覚めた心構えのなかで、徐々にあの卓越した成熟が養成されるのだ。〔……〕この成熟は、賢明さや素質を越えたものであり、素養や能力を越えたものである。〔……〕深く苦痛に満ちた経験と、そのなかに内包された自分の力量の限界に関する知識によってのみ、人間はこの最終的な成熟に到達することができる。〔ibid.: 233〕

(3) 危機と「本来の自己 - 存在」

以上、人間の生における危機の機能についての、ボルノウの論稿を検証してきた。これによると危機とは、堕落した生の更新としての「新しい始まり」の発端であり、自立した判断を形成するための機会であり、その判断を裏付ける経験の豊かさを獲得するための契機として捉え直される。したがってそれは、単に安定した日常生活を破綻させる災難であるだけではなく、人間の生の成熟に深く関与する出来事である、ということになる。

このような洞察に基づいて、ボルノウは、人間の生の成熟に対して危機が果たすべき機能に関して、次のように結論している。

こうした意味において重要なのは次の点である。危機を回避しようとする試みは、人間の生を不確実性と本質喪失状態へと沈没させるところまで導くのだということ。そして反対に、勇気を持って危機を耐え抜くことにより、他の方法では到達できなかったであろう、人間の生の浄化と更新とが達成されるのだということである。〔EuP: 36〕

『実存哲学と教育学』のこの箇所は、人間の生における危機の機能に関するボルノウの論考の、クライマックスであるといって差し支えないだろう。ここからボルノウは、さらに次のように畳みかけている。

こうした意味において我々は、次のことを推断してもよいだろう。危機は実際に、人間の生の本質に、必要不可欠に帰属しているということ。そして成熟のさらに高次の段階は、原理的に考えて、危機を耐え抜くことにおいてのみ、到達できるようになりうるのだということである。〔ibid.〕

危機を避けることによる生の「不確実性と本質喪失状態」に対して、危機を耐え抜いた「成熟のさらに高次の段階」は、「新しい始まり」「自立した判断」「経験の豊かさ」という三つの要素によって規定されている。ボルノウが人間の「成熟」という言葉を用いるとき、それは、大衆の意見や規範に対する批判に基づく「自立した判断」を行うことができるようになること、知識の多寡や才能の有無に還元することのできない「一種特殊な力量」を身につけること、それでいてなお、「自分の力量の限界」をわきまえて「新しい始まり」に対して開かれていること、といった内実を指しているのだ。このように危機を潜り抜けることによる人間の「成熟」を、ボルノウは、「自己」(das Selbst)の獲得というモチーフに重ね合わせて把握している。危機を耐え抜くことで「成熟」した人間の在り方は「本来の自己 - 存在」(sein eigentliches Selbst-sein)と呼ばれ、

「堕落」した「非本来性」(die Uneigentlichkeit) という状態と対比されている〔AP: 90 & 92〕。危機を潜り抜けることによる人間の「成熟」は、「新しい始まり」「自立した判断」「経験の豊かさ」に基づいた、「本来の存在」としての「自己 - 存在」の獲得であるという点に、危機と生の成熟の関係に関するボルノウの理論の核心があるのだ〔KnA: 13〕。

加えて重要なのは、これまでの議論からも明らかなように、危機を潜り抜けることによる「自己 - 存在」の獲得としての「成熟」が、ボルノウにとって、確固たる価値を帯びたものだということである。危機を耐え抜くことで獲得されるという「本来の自己 - 存在」は、続く箇所では「本来の道徳的な人物」とも言い換えられている。それは「あらゆる影響に対して自分自身で責任を持つことのできる」ような、卓越した人物のことである〔AP: 90〕。またボルノウによれば、この卓越した「自己 - 存在」は「本来の倫理学的なもの」であり、これによって、安定した陶冶によって獲得されるものから区別されるという。それは「いつも独特に困難なもの」「人の手によるもの」「単なる自然から無理に奪い取られたもの」である〔KnA: 13〕。人間存在の「本来性/非本来性」という区別は、後に「そうあるべきである」状態/「そうあるべきでない」状態という区別と並列されているように、ボルノウにとって、倫理学的・道徳論的な価値判断を含んだ区別である〔cf. EuP: 45〕。このように、危機に見舞われた人間の生の変容を、倫理学的・道徳論的な観点に基づく「あるべきでない」状態から「あるべき」状態への転換として把握する点に、危機の機能に関するボルノウの理論の特徴がある。

こうして、「通常の生の経過の攪乱」としての危機は、倫理学的・道徳論的な観点に基づく「あるべきでない」状態から「あるべき」状態への転換の機会として、その機能を規定されることになる。この転換はその内実として、「自分の力量の限界に関する知識」を背景とする「新しい始まり」への開かれと、大衆の意見・規範に対する批判に基づく「自立した判断」と、豊かな経験を通して培われた「一種特殊な力量」とを含んでいる。危機を潜り抜けることによる「成熟のさらに高次の段階」とは、これら三つの要素を含んだ「自己」を獲得することであり、「本来の意味での自己になること」である。このような洞察に基づいて、危機は自明視された意見や固執された規範から解き放たれて自立するための発端として、豊かな経験に基づいて批判・判断する「自己」を獲得するための機会として、総じて倫理学的・道徳論的に評価された「成熟」のための契機として、人間の生に「必要不可欠に帰属している」重要な出来事として、その機能を与え返されることになるのだ。

(4) 人間の生と教育の非連続的な形式

前節に論じたように、生の成熟における危機の機能を明確に証示したところに、危機に関するボルノウの理論の特徴があることは疑いえない。だとすればしかし、このような機能を持った危機に対して、教育はどのように関わるべきなのか。例えば「自立した判断」への教育ということが重要になるとすれば、そこにおいて教育者はどのような役割を果たさねばならないのだろうか。これについてボルノウは、消極的とも思えるほど慎重な姿勢を保ちながら議論を進めているが、おそらくそれは全く正当なことである。日常生活を揺るがせにする危機が、成熟のための機会であるとするなら、教育者は子どもを危機から遠ざけるようなことをしたり、危機の脅威を和らげるような助けを差し伸べたり、そうしたことをするべきではないのだろうか。むしろ、教育者は進んで子どもを危機へと投げ込み、危機から逃げ出すための退路を断つことで、豊かな経験を積むことができるように、援助するべきなのだろうか。このように自問したボルノウは、それに対してさしあたり次のように答えている。

実際に、新しい段階の達成が危機を耐え抜くことに結び付いているのだとすれば、危機を回避することや軽視することは、人間の決定的な発達可能性を妨害することになるだろう。もし子どものためにその道程から困難を取り除いてやるとすれば、子どもを不適当な無邪気さのなかに押し留めることになるだろうし、そのうえ一般に、危機を回避することで人間の究極の実存的経験を妨げることになるだろう。〔EuP: 36f.〕

とはいえ、ボルノウが的確に指摘しているように、危機のなかで「解き放つような突破」が達成されるのかどうかは「決して予測できない」。危機は成熟の機会であるだけでなく、それ以前に「生の危険」を孕んだ出来事なのであり、これによって人間は「没落」や「沈没」へと導かれることもある。危機を潜り抜けて「新しい始まり」へ到達すること、危機から救い出されるということ、人間の側からすればそれは偶然に委ねられているのであり、これをボルノウは「恩寵」(die Gnade) とさえ呼んでいる〔ibid.: 37〕。それゆえ、教育者の恣意によって危機を招来しようとすることや、子どもたちを危機に投げ込もうとすることは、「不遜」(Hybris) な行為である。しかもそれは「教育を誤って手工芸的な生産のプロセスのほうに導く」ことになるだろう。ボルノウは、危機とはあくまで「運命」なのであって、教育者はそれを「引き起こすことも支配することも」できないと強調している〔ibid.〕。そこで改めて、危機との関わりにおいて教育者には何ができるのか、ということが問題になる。

そのような出来事が運命によって人間に降りかかるとき、教育者は手を貸しながら傍にいることしかできない。教育者にできることは、危機の意味を明確に把握して最後まで耐え抜くことを、手助けしようと試みることである。そしてしばしば、何か特別なことをするのでなくとも、理解に満ちた仕方で傍にいることが、教育者に実行

できる最善のことである。〔ibid.: 37f.〕

これは極めて抑制された、控えめな、教育者の役割規定である。ここには、意図・計画に基づく教育行為の限界に対する鋭い洞察と、旧来の教育学研究の狭隘さに対する厳しい批判が含まれている。

当然の成り行きとして、「自立した判断への教育」に関しても、同じく控えめな態度が保持されている。「意図的な教育」という意味での「直接の作用」に関しては、「ここでも多くは望めない」とボルノウは推断する。続いて指摘されているように、「この背後には全ての道徳教育の困難が存しているから」である。その困難とは、「道徳教育は教育的措置によって、すなわち自由を制限する外部からの働きかけによって、自由を行使することへと導くべきである」という点にある。ここで注意を喚起されているのは、自由へと教育すること、自立へと教育することにまつわる、あのお馴染みのパラドックスである。自立した判断をするようにと指示することは、そのつどすでに、指示された相手の自立性に対して、何らかの制限を加えることになるだろう。なぜなら、指示することはいつも、指示に従うことを要請しているからである。それゆえ、自立した判断への教育について、ボルノウは次のように書いている。

なるほど、自分の力を行使することに向かって、警告しながら呼びかけることが、いっそう相応しいのである。〔AP: 173〕

さらにボルノウは、各々が自分の意見を表明したり対話をしたりする機会を準備することや、抑制のない論争の快楽を戒めることの重要性を説いている。しかしこれらは、差し当たりその重要性を認めるとしても、あくまで生の危機によって批判意識が形成された後に問題となる事柄である。危機を潜り抜けることによる批判・判断の形成に関するかぎり、教育者にできることは極めて限定されていることを、読み取ることができるだろう。

それでは、危機と同じく「生と教育の非連続的な形式」に属するとされる、他の諸契機に関しても事情は同じだろうか。実のところ、『実存哲学と教育学』に取り上げられている生と教育の諸形式は、教育者を初めとする外部からの働きかけに重点を置いたものと、むしろそうした働きかけによる影響を拒否するものと、大きく二つに区別することができる。いま試みに全ての諸形式を一覧しておくなら、「危機」と「出会い」が外部からの意図された作用に馴染まない出来事であるのに対して、「覚醒」やそれに関わる「訓戒」(die Ermahnung)と「助言」(die Beratung)においては、その言葉の指している事象からも明らかなように、教育者による外部からの働きかけが重視されている。これらのなかから、ここでは特に覚醒と出会いに焦点を当てて、危機との関係に注目しながら、ボルノウが描写するその特徴を概観しておくことにしたい。

「肉体的・感覚的事象としての覚醒」と「宗教概念としての覚醒」について検証をしたうえで、ボルノウは、覚醒の構成要素として次の三つの特徴を挙げている。「非本来性という状態から本来性という状態への転換のラディカルさ」「このプロセスの突発的性格」「これまで単に内部にまどろんでいたものの実現に必要な外部からの影響の暴力性」の三つである〔EuP: 51〕。これを言い換えるなら、覚醒とは「あるべきでない状態からあるべき状態への移行」であり、外部からの暴力性を帯びた働きかけによって、人間の内部に潜在していたものが一足飛びに実現されるプロセスである、と考えられる。こうした特徴からも推察されるように、覚醒は危機の性格を、または危機そのものを孕んでいる。これは、ボルノウが覚醒を、「苦痛を伴う出来事」「突発的・危機的プロセス」と呼んでいることからも、窺い知ることができる。覚醒する者にとって覚醒とは、危機に類する出来事であり、外部からの呼びかけによって強制的・暴力的に揺り起こされることなのだ〔ibid.: 52〕。とはいえ、覚醒によって実現されるものとは一体何だろうか、また、覚醒における教育者の役割はどのようなものなのだろうか。教育実践にも深く関わるこうした問題について、ボルノウは、イタリアの医学博士モンテッソーリ（M. Montessori）の知見に依拠しながら考察を進めている。

それによれば、教育者の役割とは子どもたちを「覚醒させる」ことであり、これは「自己自身を教育する」（sich selbst zu erziehen）ようにと子どもたちを「励ます」（ermuntern）ことであるという。このことはまた、「子どもたちを集中へと、このようにして平穏に‐なることへと、内面へ向かう統一へと、もたらすこと」と規定されてもいる。ボルノウによれば、教育者のこのような働きかけによって、「人間の精神的な諸力が自由になるのだ」という。これは、「人間全体の極めて深くまで達する変容」「完全な転換」「人間全体の変化」とも言い換えられている〔ibid.: 54f.〕。この変容が何に向かっての変容なのか、ボルノウが詳細に解明しているわけではない。しかし、「自己自身を教育する」という表現にも現れているように、危機の場合と同じように覚醒においても、やはり「自己」または「自己になること」というモチーフが重要視されていると推察される。例えば、次のような一節がこのことを証言している。

〔覚醒において〕人間は「自身に関わる啓示〔die Offenbarung: 悟り〕」を獲得して「本当に生きる」ことを始めるのである。〔ibid.: 55〕

したがって、ボルノウのいう覚醒とは、内面への「集中」や「平穏」に向けた外部からの働きかけによって、人間が自己へと目覚めること、内部に眠っていた自己が解き放たれることである、と考えることができる。

それでは「出会い」もまた「自己になること」に関わっているのだろうか。ブーバー（M. Buber）に端を発する「出会い」の概念史を辿り直したうえで、ボルノウは、「出会いの実存的概念」に焦点を当てている。これにより、出会いは「予測されておらず予測することもできない」ものとの出会い、それどころか「むしろ運命によって立ち向かってくる」ものとの出会いであり、そのうえ「これまで想像のなかで期待していたのとは全く異なるもの」との出会いを指しており、「新たに態度を決定するよう人間を強要する」ものとの出会いであると規定される〔ibid.: 98f.〕。このことは、出会いに関わる教育者の意図・計画の限界を、同時に示唆しているだろう。ボルノウも指摘しているように、教育者は「芸術作品やその他の出会いの対象となりうるもの」を提供したり、出会いに先立って欠くことのできない「基本的陶冶」を行ったり、出会いの対象に即した「厳密かつ規律訓練的な仕事」に従事させることで、出会いを準備することはできる。しかし、教育者は出会いそのものを引き起こすことはできないし、子どもを出会いへと強制することもできないのである〔ibid.: 122ff.〕。

さて、上に述べた出会いの特徴を、ボルノウは次のように要約している。

> それゆえ、出会いとはこうした意味において鋭く際立たせられた出来事であり、我々が先に規定した意味において際立って非連続的な出来事である。この出来事は、人間をこれまでの発達の路線から投げ出して、新しい始まりへと強制するのである。〔ibid.: 99〕

もはや危機との類似性に関しては言葉を費やすまでもないだろう。ボルノウの論考によるかぎり、覚醒や出会いは危機という性格を孕んだ出来事であるか、あるいはもう一歩踏み込んで捉え直すなら、人間を危機へと投げ渡す出来事であると考えるのが妥当だろうと思われる。したがって、上の引用箇所に続いてボルノウが、そこから出会いの「反観念論的・反主観主義的な性格」を読み取りながら、なおも出会いを「自分自身」(sich selbst) との緊密な関係において論じているとしても、驚くには当たらない。

〔出会いにおいて〕人間は「自分の生を変えるべきである」。不十分なものと思われるこれまでの生の根本転換が要請されるのだ。〔……〕この出会いという単純な「こと」(daß) が、人間を自分自身へと投げ返し、自分自身から新たに決断するようにと強制するのである。〔ibid.: 100〕

しかし転換と簡単にいってもどのように転換すべきだというのか。ボルノウによれば、この問いかけに対する答えが与えられないところに、出会いの特徴があるという。このことは、出会いが「人間に固有の真正性の試験」と呼ばれていることと関係がある。「出会いのなかで人間は初めて彼自身になるのだ」と述べた後に、ボルノウは次のように補足している。

我々が自己だとか実存として呼んでいる人間の究極の核心は、原則として一個の自我の孤独からは生い立たず、いつもただ出会いのなかでだけ生い立つのである。〔ibid.〕

このように、危機や覚醒と同じように出会いに関しても、ボルノウが重要視するのは、「人間が厳密な意味で自己になること」である〔ibid.: 121〕。ここで「厳密な意味で」と記されているのは「厳密に実存的な意味で」ということを指しており、「陶冶のなかで発展する主観性 (die Subjektivität: 主体性)」との差異に焦点が当てられている。ボルノウは一貫して、陶冶によって形成される主観と、危機、覚醒、出会いによって実現される自己を区別している。主観と自己とを区別するものは、陶冶と危機、覚醒、出会いを区別するものと平行関係にあるが、これこそ件の「倫理学的なもの」にほかならない。ボルノウによれば、「人間が自己になること」にとって重要なのは、「内面の充実」などではなく「道徳的飛躍」（ein sittlicher Aufschwung）なのだという。倫理学的・道徳論的なものの有無が、生と教育の連続的な形式と非連続的な形式とを峻別しており、それゆえ主観と自己とを区別する指標となっているのだ。

少し考えるとこれは奇妙である。倫理・道徳に全く定位することのない陶冶などあるだろうか。しかし危機の項で説かれたことを思い起こすなら、これがボルノウの主張の核心に関わる問題であることが、明らかになる。ボルノウが「本来の道徳的な人物」と呼んだのは、大衆の意見や規範に対する批判意識を持った人間であって、従来の安定した秩序の攪乱を潜り抜けて「経験豊かに」成熟した人間――危機のような出来事を経験して「自立した」人間であった。倫理学的・道徳論的な観点における「あるべきでない状態からあるべき状態への転換」は、ただ生と教育の非連続的な形式によってのみ実現される、というのがボルノウの趣旨であった。したがって、結局のところ危機の機能について論じられた内実そのものが、生と教育の非連続的な形式にまつわるボルノウの理論の核心を占める主張であったことが判明する。危機、覚醒、出会いなど、教育者が意図・計画することもできず、完全には制御・回避することもできない諸々の出来事が、倫理学的・道徳論的な観点における生の成熟に必要不可欠なものとして、人間の生の本質に属している。人間の生と教育の「非連続的な形式」に関するボルノウの理論は、そのつど扱う事象は変わっても、およそこの主張を核心に据えて展開されていると考えることができる。

第二節　ボルノウ教育学への問いかけ（1）

以上、本書は「生と教育の非連続的な形式」に関するボルノウの理論の内実を、特に危機に関する論考を軸として検証してきた。実存哲学を排斥してきた教育学の伝統に対して、ボルノウは、危機、覚醒、出会いといった諸契機が、教育理論と教育実践の双方にとって、看過することの許されない重要な機能を有していることを主張した。最初に予告されたようにそれは、漸進的・連続的な陶冶の理念に基づく教育学研究を、生と教育の非連続的な形式に関する理論によって補完しようとする試みであった。これにより、それまで共約は不可能とされてきた実存哲学と教育学とが橋渡しされ、教育理論と教育実践に新たな諸可能性と課題が与え返されることになったのだ。単に子どもの生を設計図通りに製作することや、子どもの内部から発する成長発達を見守ることだけが、教育者の役割なのではない。危機、覚醒、出会いなどのように、安定した成長発達のプロセスに破綻と更新をもたらす出来事もまた、生の成熟にとって必要不可欠の機能を有している。ボルノウが要請しているのは、教育者が予測することも制御することもできないこれらの出来事を、それが人間の生と教育において果たすべき機能に照らし合わせて捉え返すことである。「自立した判断」と「経験の豊かさ」についての洞察や、「本来性／非本来性」に関する倫理学的・道徳論的な価値判断が、この要請を裏打ちしている。危機、覚醒、出会いなどの諸契機に関するボルノウの理論は、こうして、人間の生の事実に基づいた、いっそう豊かな人間観／教育観を提唱するのである。

しかしながら、ここへきて本書は一つの疑問に直面することになる。危機、覚醒、出会いに関するボルノウの理論は、それらが安定した日常生活の破綻と「新しい始まり」への突破を強制する出来事であるという点に、共通の立脚点を置いていた。安定した秩序、慣れ親しんだ習慣、自明視された意見や規範、これらは唐突に襲い来る危機によって、教育者の呼びかけによる覚醒によって、他者や芸術作品との出会いによって、問いに付され揺るがせにされ崩れ落ちてしまうことになるとされた。こうした出来事によって人間は、自己の実存に向き合うことを余儀なくされ、初めて「自己になる」のだという点に、ボルノウの主張の核心がある。だとすればしかし、このように苦痛に伴われた出来事によって到達される生の新たな局面を、倫理学的・道徳論的な観点における成熟＝「あるべきでない状態からあるべき状態への転換」として規定することは、はたして十分に事柄に即した帰結として認められるのだろうか。個々の実存が問題になる深刻な危機やそれに類する出来事においては、むしろそうした一定の観点を支持する根拠そのものが瓦解してしまうのではないか。だとすれば、「生と教育の非連続的な形式」を成熟のための機会として捉え返すボルノウの理論は、それらの出来事にとっては疎遠な価値判断の基準を、外部から勝手に持ち込んでいることになるのではないだろうか。

なるほど、例えば「新しい始まり」を開始させる更新された秩序に依拠して、潜り抜けてきた経験を成熟の機会として捉え直すことはできるかもしれない。「人間が自己になること」に関するボルノウの価値判断は、「自立した判断」や「経験の豊かさ」に関する議論によって、その基盤を確保されているようにも思われる。とはいえ、そうした価値判断の基準が先取りされ、これに基づいて理論が構築されることにより、危機、覚醒、出会いなどの出来事の非連続性の非連続性たる由縁が、覆い隠され閉塞されてしまってはいないだろうか。件の「あるべきでない状態からあるべき状態への転換」という価値判断は、これらの出来事の最中に明け渡される生の諸可能性を、損なうことなく捉えることができているだろうか。大衆の意見や規範からの逸脱を余儀なくする出来事を論じるなかで、なぜ「自立した判断」や「経験の豊かさ」にだけは、一種の美徳としての価値を担保することができるのか。危機やそれに類する出来事を耐え抜くことで到達される生の諸可能性が、教育の理想・目標として命題のなかに掲げられることによって、生と教育の非連続性は跳び越えられ埋め立てられてしまっているのではないか。ここにおいて問題となるのは、実存哲学を教育学に橋渡しするときの、ボルノウによる解釈の是非だけではない。危機、覚醒、出会いなどの出来事を耐え抜く人間の生に即した教育理論の是非が、改めて、生の事実それ自体のほうから問い質されているのである。

　こうした問題について考察を深めようとするとき、重要な示唆を与えてくれるのは、件の「本来性／非本来性」という区別の解釈に関する、現代ドイツの教育学者ヴェーナーの立論である。ボルノウ自身が証言しているように、危機と生の成熟の関係を示唆するこの区別は、ハイデガーの主著『存在と時間』で用いられた術語に由来する区別である〔cf. Exp: 37〕。『存在と時間』においてハイデガーは、人間が自己の「存在」（das Sein）に関心を抱く存在者であることを指摘し、これを「現存在」（das Dasein）と名付けることで、他の存在者との差異を強調した。「本来の自己」「非本来の自己」という存在様式の区別も、この現存在の分析論の最中に導入されたものである〔cf. GA 2〕。現存在としての人間における、この「非本来性という状態」から「本来性という状態」への転換という論旨にこそ、ボルノウの教育理論とハイデガーの哲学思想の、最初の接点がある。ところがヴェーナーは、教育学研究における実存哲学の受容について精査した著作のなかで、件の「本来性／非本来性」という区別に関するボルノウの解釈が、ハイデガー自身によって提示された内実とは一致しない、という事実を指摘している。

　こうした解釈に対して、ハイデガーの存在論的・実存論的な分析は、次のことを強調している。すなわち、「本来性」と「非本来性」という存在様式に関する現象学的な記述・分析には、どのような倫理学的な格差も含意さ

れてはいない、ということである。〔Wehner 2002: 116f.〕

周知のように、『存在と時間』における現存在の分析論は、ハイデガーが主題とする「存在への問い」を先鋭化するための、準備作業として執筆されたものであった。したがって、ハイデガーの立論においては、倫理学的・道徳論的な観点における「あるべき状態」や「あるべきでない状態」は問題とならない。それに対してボルノウは、これまで検証してきた通り、「非本来性という状態」から「本来性という状態」への転換を、倫理学的・道徳論的な「成熟」として解釈している。ヴェーナーの言葉を借りるなら、ボルノウの解釈においては、危機、覚醒、出会いなどといった出来事を通して開かれる「本来の自己」に、「倫理学的な優位」(der ethische Vorrang)が付与されることになるのである。この点を指してヴェーナーは、「本来性／非本来性」に関するボルノウの理論においては、「実存論が実存理想論へと変わるのだ」と指摘している。そしてこの差異の内実を、「存在論から人間学へ」／「現象学から倫理学へ」という、二重の移し置きのなかに見て取っている〔ibid.: 117〕。存在論的・現象学的な視座から提示された「本来性」「非本来性」という術語が、ボルノウ教育学の文脈のなかでは、最初から一定の価値判断を含み持たされた、人間学的・倫理学的な概念へと改変されているのである。

こうして本書は、この「本来性」「非本来性」という概念の解釈が問題となる地点において、まさにボルノウ教育学とハイデガー哲学が接触するその地点において、「生と教育の非連続的な形式」に関するボルノウの理論を問い直すための立脚点を得ることになる。ヴェーナーも言及している通り、上に述べたような「確固たる不一致」に関して、ボルノウが全く無頓着だったわけではない。見方によっては、教育に関する理論が倫理学的・道徳論的な価値判断を含んでいるのは当然であって、こうした価値判断を持ち込むことが『存在と時間』の「より良き理解」にほかならないのだ、という見解もあるかもしれない。しかしながら、両者の思想の隔たりを明らかにすることによって、ボルノウの教育理論に内在している問題点が解き明かされ、上記のような価値判断を自明視してきた教育／教育学の伝統の限界が露呈してくるとすればどうだろうか。二人の思想家が接触と離反を演じるその舞台において、有用性と価値の連関に規定された視座からは滑り落ちてしまうような、人間の生と教育の多様性・重層性が示唆されているとすればどうだろうか。こうした問題について、ボルノウ自身は詳しく検討していないのが実情である。

このような問題意識に基づいて、次節においては、ハイデガーによる現存在の分析論を詳しく紐解くことにしたい。人間存在の「本来性／非本来性」という件の区別を、これが由来しているハイデガーの思想にまで遡って精査することにより、「生と教育の非連続的な形式」に関するボルノウの理論に内在している問題点を浮かび上がらせることが、本章後半の課題である。

第三節　現存在の分析論――「本来性」と「非本来性」

本節は、人間存在の「本来性／非本来性」という区別に関するハイデガーの論考を、主著『存在と時間』の議論に基づいて精査する。この論考は次の三つの項に区分される。

(1)　現存在の分析論

（2）現存在の非本来性
（3）現存在の本来性

（1）現存在の分析論

ハイデガーによれば、現存在としての人間はさしあたり、有意義性の連関を本質とする「世界」（die Welt）に慣れ親しんでいるものであり、このためその存在様式は「世界の - 内に - 在ること」（In-der-Welt-Sein: 世界 - 内 - 存在）として規定されるのだという〔cf. GA 2: 71ff.〕。ここに提示された、日常世界の本質としての「有意義性」（die Bedeutsamkeit）の連関とは、「何と共にか」（ein Womit）「何の許にか」（ein Wobei）「する - ため」（ein Um-zu）そして「結局は何のためか」（das Worumwillen）といった、指示の連関全体である。「する - ため」「結局は何のためか」という構成要素からも推察されるように、また、「何の許にか」が「有用性の何のためか」（das Wozu der Dienlichkeit）「使用可能性の何にとってか」（das Wofür der Verwendbarkeit）と言い換えられているように、世界の本質を構成している有意義性の連関は、さしあたり「或るもののため」を指針とする目的 - 手段関係の連関として規定されている。この目的 - 手段関係の連関の中心は現存在である。「世界-内-存在」としての現存在は、さしあたりこの有意義性の連関の全体へと自己を差し向けており、この連関全体のほうから身の回りの存在者を捉えているのだ、とハイデガーは説いている。世界の本質としての有意義性の連関は、現存在が自己自身と他の存在者を理解しながら生きるための拠り所となる、「或るものの理解可能性が留まる場所」としての「意味」（der Sinn）の形成に寄与している。[*9] 世界へと投げ出された現存在は、他者との関係や自己の経験を含めた諸々の事柄を、自己の存在を中心とする有意義性の連関のほうから理解しており、この有意義性の連関を通して世界に慣れ親しんでいるのである〔ibid.: 111ff.〕。

この世界‐内‐存在としての現存在が事物や他の人々へと関わる在り方を、ハイデガーは「手配」(das Besorgen)・「世話」(die Fürsorge)と呼んでいる。前者が「手許にあるもの」(das Zuhandene)としての身の回りの事物との関係を表現しているのに対して、後者は世界のなかで共に生きる他の人々との関係を表現している〔ibid.: 85ff. & 152ff.〕。ハイデガーによれば、こうした関係の構造を根底から規定しているのが、現存在の「根源的な構造の全体性」としての「関心」(die Sorge: 心配り)であるという。

> 関心は根源的な構造の全体性として、実存論的‐アプリオリに、現存在の実際の全ての「行動」や「境遇」に「先立って」〔vor〕、すなわち、いつもすでにそれらのなかに〔in〕横たわっているのだ。〔ibid.: 257〕

この「関心」についてハイデガーは、「情態」「理解」「耽溺」という三つの構成要素によって、その成り立ちを説いている。「情態」(die Befindlichkeit)とは、普段から「気分」や「気持ち」と呼ばれている事柄である。喜びや悲しみなどのさまざまな「気分」(die Stimmung)のうちで現存在は、自分が否応なしに世界の内へと投げ込まれてあるという厳粛な事実へと、直面させられることになるのだという〔ibid.: 178ff.〕。次に「理解」(das Verstehen)は、現存在としての人間やそれを取り巻く事物を、その「可能性」(die Möglichkeit)に向けて開示する「企図」(der Entwurf: 構想・企画)という性格を持つものである。例えば「手許に在るもの」は、企図としての理解のなかで「役に立ちうること・使用されうること・有害でありうることにおいて発見

＊9　ハイデガー存在論における「意味」(Sinn)という概念の規定については、本書の第五章第一節や第八章第二節に詳しく論じる。

されているのだ」とされる〔ibid.: 190ff.〕。最後に「耽溺」(das Verfallen)とは、有意義性の連関に規定された世界に心を奪われた、現存在の日常性を表現している。さしあたり日常生活において、現存在としての人間は、自分を中心とした「或るもののため」という連関の全体を、疑いを差し挟むことなく受け入れている。意識的にであっても無意識的にであっても、この有意義性の連関に基づいて自己に関心を抱くことを抜きにして、人間の日常生活は成り立たないだろう〔ibid.: 221ff.〕。

(2) 現存在の非本来性

「本来性」と「非本来性」という、二つの存在様式の区別に注目する本書にとって、この「耽溺」という契機に関するハイデガーの議論はことさら重要な位置を占めている。というのも、ハイデガーによれば、この有意義性の連関に規定された世界への耽溺こそ、現存在としての人間を、それに固有の存在可能性＝現存在の本来性から遠ざけているものだからである。

> この肩書きはどのような否定的な評価をも表現してはおらず、次のことを示唆しようとしている。現存在はさしあたりたいてい、手配された「世界」の許に存在しているということを。このように何々の許に没頭していることは、多くの場合に、世間の大衆性〔die Öffentlichkeit des Man〕へと喪失されているという性格を持っている。現存在は、本来の自己であり得ること〔eigentliches Selbstseinkönnen〕としての自分自身から、さしあたりいつもすでに離れ落ちてしまっており、「世界」に耽溺している。〔ibid.: 233〕

この有意義性の世界への耽溺は、「世間話」「好奇心」「曖昧さ」という三つの契機によって規定されている。

「世間話」（das Gerede）とは、有意義性の連関へと心を奪われた会話のことであり、話された内容についての表面的な合意がこれを支配している。この世間話に動機を与えるのが、「ただ見るためだけに」見ることや「ただ知るためだけに」知ることを欲する「好奇心」（die Neugier）である。この好奇心に駆り立てられた世間話によって、現存在としての人間は、「いったい何が真正な理解によって開き示されており、何がそうでないのか」ということが決定できない「曖昧さ」（die Zweideutigkeit）のうちに落ち着くことになる。世間話や好奇心においては、「誰にでも近づくことができ、誰でも何でもいうことができる」ものが、話題になるからである。日常生活において手配された、存在者の理解、価値判断の基準、行為の目的などは、全て世間話・好奇心・曖昧さを特徴とする、平均的な世界観／人間観から根拠を得ている。ハイデガーも指摘しているように、日常の世界に耽溺することにおいて現存在は、自分自身に固有の諸可能性に背を向けて、有意義性の連関に基づく平均的な関心に依拠しながら生活しているのだ〔ibid.: 222ff.〕。

　このように有意義性の世界へと耽溺した現存在の存在様式こそ、ハイデガーが「非本来の自己」と呼んだ存在様式にほかならない。世間の大衆性へと埋没した現存在としての人間は、それと意識しているか否かに関係なく、世間が楽しむものを楽しみ、世間が憤慨するものに憤慨し、他の人々と同じように文学や芸術をたしなみ、他の人々と同じように大衆的なものを忌避している。自己に固有の諸可能性に背を向けた現存在は、そのつど他の人々との差異を懸念しながら、平均的な在り方から外れないよう注意を払っているのだ。この平均性に対する懸念のなかでは、「あらゆる優位が音もなく抑圧される」ことになり、「全ての根源的なものは、一晩にして、ずっと以前から周知のものとして平凡にされて」しまい、「全ての闘い取られたものは取り扱いの容易なものになる」のであり、「あらゆる秘密は力を失う」とハイデガーは指摘する。全てのものを平均的な価値判断の基準によって評価するこの傾向は、日常的な現存在による「平板化」（die Einebnung）の傾向と呼ばれている。ハイデガーが「大衆性」という言葉で指しているのは、現存在の日常性を支配している、こうした種々の傾向のことである。「誰でもない」無名の世間は、その大衆性のうちに全ての判断をあらかじめ与えていると称することで、現存在から責任を免除してやり、そうすることで現存在に「迎合している」のだという。このようにして特徴を与えられるのが、件の現存在の非本来性なのである〔ibid.: 168ff.〕。

このように名付けられた様態のなかに存在しながら、固有の現存在の自己も他者の自己も、まだ自分を見つけていないか、あるいは喪失しているのである。世間は非自立性と非本来性という仕方で存在している。〔ibid.: 171〕

こうした筆運びには、マスメディアの世論操作に関するボルノウの論述との類縁性を、見て取ることができるだろう。実際にボルノウも、自立した判断の重要性について論じるなかで、ハイデガーの「ひと」（man）という概念を参照していた。あるいは、習慣と疲労のなかで衰弱した「非本来性という状態」に関する、ボルノウの議論を想起するのも良いだろう。こうした幾つかの論点において、ボルノウの理論がハイデガーの思想を基盤としていることは、疑いの余地がないと思われる。ただし、先にヴェーナーによる指摘にあったように、ここで注意しなくてはならないのは、現存在の「非本来性」「非本来の自己」という概念に関する倫理学的・道徳論的な価値判断の有無である。『存在と時間』その他の著作においてハイデガーは、「非本来性」や「耽溺」などの諸概念に関する倫理学的・道徳論的な解釈を徹底的に拒否している。

しかし、現存在の非本来性とは何か「より少ない」存在とか、「より低い」存在の段階といったことを、指しているのではない。非本来性とはむしろ、現存在をその多忙さ、活発さ、興味、享受力などにおいて、その最も十全な具体性に即して規定することができるのだ。〔ibid.: 57f.〕

これらの諸現象に関して、次のように注記しておくことは、余計なことではないだろう。解釈は純粋に存在論的な意図を持ったものであり、日常的な現存在についての道徳教化的な批判や、「文化哲学的な」諸々の野心からは、遠くかけ離れていると。〔ibid.: 222〕

耽溺という肩書きは「どのような否定的な評価をも表現してはおらず……」という指摘を思い起こそう。それは、「さらに清浄でさらに高い『始原の状態』からの『堕落』として把握されてはならない」とハイデガーは忠告している〔ibid.: 233〕。とはいえ、こうした記述については、もちろんボルノウも熟知していた。右に引用した箇所のうち最初のものは、ボルノウ自身が著作のなかで引用している〔Exp: 37f.〕。また次章以降に詳しく論じる『新しい被護性』と題された著作の冒頭では、「実存主義の道徳上の根本態度」に関する論考に、わざわざ一章が充てられているほどである〔NG: 39ff.〕。この箇所でボルノウは、実存主義が倫理学を放棄したものとして解釈されてきたこと、ハイデガーやサルトル（J. P. Sartre）が倫理学的な問題を拒否または等閑視していたことを認めながら、なお実存主義と倫理学には密接な関係があると主張している。それは例えば次のように書き留められている。

それにもかかわらず、体系的に仕上げられた哲学的倫理学の欠如は、次のことを排除するものではない。実存主義が全く特定の道徳上の根本態度に、しかも大変情熱的に申告された道徳上の根本態度に、支持されているということを。〔ibid.: 40〕

このようにボルノウは、ハイデガーが倫理学的・道徳論的な価値判断を拒否していたことを知っていたにもかかわらず、また、ハイデガー哲学が実存主義ではなく存在論の構築を目指したものであることを認めていたにもかかわらず、あえてそこに「あるべき状態／あるべきでない状態」という価値判断を読み取ろうとしたのである。それゆえ、倫理学的な価値判断を取り入れたボルノウの理論を、単なる誤解として安易に否定することはできないだろう。しかし前節に提起された問題を考慮するなら、現存在の分析論から倫理学や道徳論を排斥しようとするハイデガーの忠告を、無視することもできない。本書は単にこの二人のうちどちらかの立場に安住するのではなく、両者を繋ぎ止める緊張関係のなかに身を置きながら考察を進めなければならない。

(3) 現存在の本来性

それでは、有意義性の連関に規定された世界へと耽溺した「非本来の自己」に対して、「本来の自己」の可能性とはどのようなものなのだろうか。この考察に手がかりを与えてくれるのは、「死への先駆」(das Vorlaufen zum Tode) と「覚悟性」(die Entschlossenheit) という二つの概念である。

(A) 死への先駆

ハイデガーによれば、現存在としての人間をその全体性に直面させるのが、現存在の終末としての「死」(der Tod) である。死とは個々の現存在が自分で引き受けるほかはない、誰にも肩代わりしてもらうことのできない存在可能性である。一方で死とは確かに、「正真正銘の現存在不可能性」であり、それゆえ「死の可能性を追い越すことはできない」。しかし他方で、個々の現存在に固有の死の可能性とは、普段は何処か遠くにあって、後から人間の生に付与されるものではない。そうではなくて、現存在としての人間は、そのつどすでに死の可能性へと「投げ込まれて」いるのだという。こうしてハイデガーは、実存論的概念としての「死ぬこと」（das Sterben）を、「最も固有で・他者と無関係で・追い越すことのできない・存在しうることへと投げ込まれていること」と規定する〔GA 2: 332ff.〕。死とは誰にも肩代わりしてもらうことのできない、個々の現存在に最も固有の現存在不可能性という存在可能性である。それゆえ死の可能性は、現存在を世間への没頭から引き離して固有の自己に直面させ、終末に至るまでの諸々の可能性を全体として打ち開くのだ。

このように最も固有な死の可能性に投げ込まれた現存在は、「死に臨む存在」（das Sein zum Tode）と呼ばれている。ハイデガーによれば、世間の大衆性に没頭した現存在としての人間は、死を「現実的なもの」（Wirkliches）と詐称しており、これによって、その「可能性という性格」や「他者との無関係性」や「追い越し不可能性」を、包み隠してしまっているという〔ibid.: 335ff.〕。しかしそれも、死を包み隠すこととして、あるいは死を回避することとして、やはり「死に臨む存在」の一つの在り方にほかならない。

> 死に臨む日常的な存在は、耽溺しているものとして、死からの絶えまない逃避である。終末に臨む存在は、終末に直面して曲解しながら、非本来的に理解しながら、包み隠しながら、それを回避するという様態を持っている。〔ibid.: 338〕

これに対してハイデガーは、「死に臨む本来の存在」を、「可能性に臨む存在」（das Sein zur Möglichkeit）として規定している。これは本書の後半に再び登場してくる重要な概念であるため、ハイデガーの議論に沿って、詳しく検証しておくことにしたい。この「可能性に臨む存在」という表現は、或る一つの可能性を「現実化」(die Verwirklichung) することに向けた、意欲・努力などを指しているのではない。なるほど、有意義性に規定された日常世界のなかで現存在は、例えば手許にあるものが現実に役に立つことを期待して、言い換えるならその有用性が現実化されることを期待しながら、諸々の事物と関わっているものだろう。ハイデガーも指摘しているように、そこでは「達成されうるもの、支配されうるもの、流行しうるもの」などが問題になっている。世間の大衆性に心を奪われた現存在の手配は、有意義性の連関に基づいて把握された身の回りの事物の有用性を、現実化することに向けての手配である。しかし、こうして現実化へと向けられた手配は、実現の目標となる「ありうべきもの」(das Mögliche) の可能性を「殲滅する傾向を持っている」と、ハイデガーは考えている。有意義性の世界における現存在の関心は、件の「或るもののため」を指針として把握された事物の諸可能性を現実化することだけを目指しており、与えられた諸可能性を可能性として受け止めてはいないのだ〔ibid.: 346f.〕。有意義性の連関に依拠する日常的な手配・世話は、身の回りの事物や他の人々の持っている諸可能性を、究極の目標である「結局は何のためか」という宛先に向けて駆り立て、否応なしに「殲滅」してしまうのである。

　これに対して、「死に臨む本来の存在」としての「可能性に臨む存在」とは、現存在としての人間がそのつど投げ込まれている「死の可能性」を、あくまで「可能性として」耐え抜くことを指している。これが「死への先駆」である。

> しかし死に臨む存在としての可能性に臨む存在は、死がこの死に臨む存在のなかでこの死に臨む存在に対して可能性として露呈される、という仕方で死へと関わるべきである。こうした可能性に臨む存在を、我々は術語的

に、可能性への先駆として捉えることにする。〔ibid.: 348〕

それゆえ死への先駆においては、生理学的な死期が現実のものとして目前に迫っているかどうかは、問題ではない。なるほど、自分の死を意識した瞬間にそれまでの人生観が劇的に変化するといったことは、よく耳にする話である。しかしながら、死の可能性に臨むことは、自己に固有の死をいつか実現されるものとして、計画に組み入れておくことではない。可能性としての死の可能性へと先駆することは、現実的なものとしての死からは「できるかぎり離れて」(so fern als möglich) いる。死への先駆とは、最も固有な可能性としての死を現実化すること、要するにみずから生命を絶つことでもない。現存在としての人間は、「実存一般の不可能性という可能性」としての死の可能性のなかに、いつもすでに投げ込まれている。それは「何々への全ての関係・実存することの不可能性という可能性」である。それゆえ死へと先駆することにおいては、有意義性の連関に基づいた手配・世話も、所有された身の回りのものも、全てがその重要性を失うことになる。したがってまた、死への先駆とは、死が今後どのようにして訪れるのかとか、いつごろ訪れるのかといったことへの関心とも異なる。死への先駆という言葉で示唆されているのは、そのつどすでに告げ知らされている、実存一般の不可能性としての死の可能性を、それを現実化することに向かう手配とは異なる仕方で、ただ拭い去ることのできない可能性として可能性のままに耐え抜くことなのだ〔ibid.〕。

こうした洞察からハイデガーは、この死への先駆において、有意義性の連関に基づいた世界における手配・世話から逸脱した、現存在に固有の最も極端な存在可能性が打ち開かれると考えた〔ibid.: 348ff.〕。

先駆は最も固有にして最も極端な存在しうることの理解の可能性として、すなわち本来の実存の可能性として明らかにされる。この先駆の存在論的な体制は、死への先駆の具体的な構造を際立たせることによって、見える

ようになるに違いない。〔ibid.: 349〕

ところで、ハイデガーによれば、この死への先駆の基調をなすのは「不安」（die Angst）という情態である。

> 先駆は現存在をまさに孤立させ、それ自身のこの孤立のなかで、現存在の存在しうることの全体性を確認させるのであるから、この現存在の根本からの自己理解には、不安という根本情態が属している。死に臨む存在とはその本質からして不安なのである。〔ibid.: 352f.〕

(B) 不安と覚悟性

この不安の最中において現存在は、総じて重要さを失った「無規定な」世界に直面させられる、とハイデガーはいう。「重要でない」というのはこの場合、現存在を中心とする有意義性の連関に基づいては理解できない、ということを指している。不安に襲われることによって、日常生活において手配・世話されていたものが、その手配・世話を支持する有意義性の連関から、呆気なく脱落してしまう。「世界は全くの無意義性という性格を持つ」と指摘されるのはそのためである。それまで当然だったはずの事柄が、自明な役割を喪失して疎遠なものになる。「或るもののため」を指針とする現存在の日常性＝世間の大衆性は、ここにおいて深刻な機能不全に陥ることになるのだ〔ibid.: 244ff.〕。それでは、肝心の世界‐内‐存在としての現存在に関しては、事情はどうなのだろうか。さしあたり「世界はもはや何も提供できず、他の人々の共存在も同じである」とハイデガーは推断している。現存在を中心とする有意義性の連関に基づいて手配・世話されていたものは、現存在にいかなる基盤も提供することはない。身の回りの存在者に関する理解や、価値判断の基準、行為の目的などが、それらを支持していた根拠を奪われて動揺させられる。不安に襲われた現存在は、平均的な存在理由や意味付与の自明性を失った、無規定な自己自身に直面することになるのだ〔ibid.: 248ff.〕。このように有意義性の世界から引き離された無規定な裸形の姿こそ、不安を伴う死への先駆によって打ち開かれる、現存在に固有の最も極端な存在可能性なのだ。

それゆえ端的にいうなら、不安の最中において立ち現れてくるのは、現存在が無規定なままに「世界の内に在る」ということ自体である。来し方も行く末も知らないまま、世界の内に現に存在しているということ、そのことが、徹底した「無気味さ」(die Unheimlichkeit)をもって現存在に襲いかかって来る。そもそも現存在としての人間は、そのつど自分の意志とは無関係に、世界の内に存在しまた存在しなければならない。このように否応なく世界の内に投げ込まれていること、これをハイデガーは現存在の「被投性」(die Geworfenheit)と呼び、さらにそれを現存在の「負い目」(die Schuld)へと結びつけている。ハイデガーのいう負い目は、倫理学的・道徳論的な罪の意識ではなく、むしろそうした罪の意識の前提となるような「無い」という性格、現存在の実存そのものに属する「無い」という性格を言い当てている。

> 存在することにおいて現存在は投げられた現存在であり、みずから自分の現〔Da〕に至ったわけではない。〔……〕現存在がその根拠〔現存在が存在しうるということの根拠〕を自分で設定したのではないとしても、現存在は根拠の重みのなかに存在している。その重みは気分によって重荷〔Last〕として明らかにされる重みである。〔ibid.: 377〕

否応なく世界の内に投げ出されており、現に存在しまた存在しなければならないということ、このことは現存在にとって一つの重荷である。存在するか否かを現存在自身が決定したのではないということ、被投性の背後へと回り込むことができないということ、それが現存在の負い目である。この存在すること自体に関わる負い目はさらに、現存在が幾多の実存可能性から一つを選ばなければならず、そうすることで他の諸可能性を放棄するほかはない、という点にも同じように現れてくることになる。

〔……〕現存在は存在しうるものでありながら、そのつど一つのあるいは別の可能性のなかに立っており、立て続けにその他の可能性であるわけではないのであって、実存的企図のなかでその他の可能性を放棄してしまっているのだ。〔ibid.: 378〕

現存在が存在すること自体に由来するこの負い目が、倫理学的・道徳論的な観点における「善と悪」や、「道徳性一般とその実際にありうべき外観形成」の「実存論的な可能性の条件」である、とハイデガーは考える。世界‐内‐存在としての現存在が現に存在しなければならないということ、一定の実存可能性を選択することで他の諸可能性を放棄しなければならないということ、これが倫理・道徳を倫理・道徳たらしめる制約なのだというのである〔ibid.: 380〕。ハイデガーが「覚悟性」という言葉で表現するのは、世界‐内‐存在としての現存在の被投性に関わるこの負い目を、不安の最中にありながら引き受けようとする現存在の企図のことである。

現存在自身のうちで良心によって立証された、この卓越した本来の開示性 —— 最も固有な負い目あることへと、沈黙しながら不安へと心構えをして自分を企図すること —— それを我々は覚悟性と名付ける。〔ibid.: 393〕

不安を伴う死への先駆は、日常生活を規定している意義、役割、価値などを奪い去られた、無規定な裸形の世界‐内‐存在を目の当たりにさせる。そこでは現存在が否応なく存在しまた存在しなければならないという厳粛な事実が、逃れることのできない一種の重荷として立ち現れてくる。みずから世界の内に存在することを決定したわけではないということ、実存することにおいて一定の存在可能性を選び取らなければならないということ、現存在にとってそれは一つの負い目である。現存在の覚悟性とは、この負い目を負い目として引き受けることであり、それゆえ、世界の内に存在しなければならないという厳粛な事実を受け止めることである。そしてこの重荷としての存在を背負いながら、無気味さを帯びた無規定な世界の・内に・在ることへと身を賭すことである。だとすればしかし、この覚悟性は死への先駆として、また死への先駆は覚悟性として、初めて現存在に固有の十全な企図となるであろう。死への先駆に伴われた現存在の覚悟性＝「先駆的覚悟性」(die vorlaufende Entschlossenheit) こそ、『存在と時間』における現存在の分析論が明らかにした現存在の本来性＝「本来の自己」の可能性の条件にほかならない。

第四節　危機の機能に関する理論の限界

こうして本書は、「非本来性という状態」から「本来性という状態」への転換という、ボルノウが用いた概念の典拠に辿り着いた。世間の大衆性への耽溺という非本来性の規定を見ても、そこからの脱却という本来性の特徴を見ても、ハイデガーの哲学思想からボルノウの教育理論への影響の深さは明らかだろう。もちろん、生と教育の非連続性に関するボルノウの理論形成には、ハイデガーだけでなく、キルケゴールやヤスパースの思想も、大きな影響を与えている。現存在の本来性／非本来性に関するハイデガーの論考や、不安・

絶望に関するキルケゴールの思想、「限界状況」(die Grenzsituation) に関するヤスパースの洞察などを、生の「非連続性」という概念を用いて捉え直すことによって、『実存哲学と教育学』の理論が成立しているのだ。しかしながら、少なくともハイデガーの哲学思想に関するかぎり、ボルノウはその核心に関わる部分を取り逃しているか、または、あえて無視しているように思われる。先に指摘されたようにそれは、人間存在の「本来性／非本来性」という区別に対する、倫理学的・道徳論的な価値判断の有無に関わる問題であり、したがって、「生と教育の非連続的な形式」に関する理論の核心に関わる問題である。

ボルノウによれば、危機やそれに類する出来事においては、日常生活に基盤を与えていた秩序や規範が揺るがせにされ、これまでの安定した生を継続することが全く困難になるのだった。このことは、ハイデガーが不安に関する分析のなかで指摘していた、日常性を支持する有意義性の世界の破綻という出来事と、周辺の文脈も含めて正確に対応している。個々の実存が問題となる深刻な出来事においては、常日頃は自明視されてきた意味付与や価値判断の根拠が、一種の疑わしさを孕んだ馴染みのないものとして立ち現れてくることになる。そうした出来事において問いに付されるのは、例えば、身の回りの事物に与えられた意義や、個々人が引き受けている役割であったり、他の人々との関係の重要性や、教育に課せられた理想や目標の価値であったり、または生きることそれ自体の意味であったりするだろう。ハイデガー独自の言葉を借りるなら、現存在の本来性にとって問題となるのは、通常一般に流布している意義、役割、重要性などを奪い去られた、徹底して「無気味な」世界 - 内 - 存在の存在様式であると考えることができる。こうした洞察を受けて、ボルノウは、危機やそれに類する出来事のなかに、「新しい始まり」「人間全体の変化」「新たな態度の決定」などが強制される機会を、見て取ったのだった。これを「本来の自己の獲得」という側面から把握する点においても、ボルノウとハイデガーの理論構成は、極めて似通っている。しかし問題は、この「自己」とその獲得が、どのような文脈のなかで把握されているかということである。

　大衆を支配する意見や規範が揺るがせにされる出来事においては、人間存在を中心とする素朴な世界観／人間観が破綻してしまう。事物や他者との関係を支えていた手配や世話もまた、徹底した無意義性のなかで拠り所を失って停止させられてしまう。ただ、それでもなお世界の内に存在しまた存在しなければならないという厳粛な事実だけが、避けがたく付きまとう「重荷」として個々の人間に課せられている。危機やそれに類する出来事においては、それまでの生の延長線上にある理想や目標もまた、その根拠を剥奪されて「重要でない」ものとなる。素朴な意味付与や価値判断のための確固たる基盤を奪い去られ、あらかじめ準備された特定の理想や目標を掲げることが許されないという点にこそ、危機、覚醒、出会いのように「非連続的」な出来事の「非連続的」たる由縁があるのだ。こうした観点から捉え返すなら、「本来性／非本来性」という区別に関して、倫理学的・道徳論的な価値判断を拒否したハイデガーの忠告は、事柄に即した正当な忠告であったことが判然としてくる。

　まさにこの点において、危機やそれに類する出来事に倫理学的・道徳論的な価値判断を持ち込むボルノウの理論が、看過することのできない深刻な問題を孕んだものであることが、改めて明らかになる。個々人の実存に関わる重大な出来事が、倫理学的・道徳論的な観点における成熟の契機であることが声高に主張されるとき、それを主張するボルノウの意図とは無関係に、生と教育の非連続性がその由来から覆い隠されてしまうことになる。確かにボルノウの理論においては、危機やそれに類する出来事が、安定した秩序や規範を脅かすものとして登場している。しかしそれが「あるべきでない状態からあるべき状態への転換」＝成熟の機会として規定されるとき、そこには、生と教育の非連続性をも包括してしまうような、さらに大きな揺るぎない秩序とそれに基づく規範があらかじめ準備されている。危機、覚醒、出会いなどの出来事において目の当たりにされる、世界と人間の生の徹底した無気味さでさえ、ボルノウによって最初から担保されていた確固たる秩序のなかに回収されてしまうのである。そこにおいては、有意義性の世界に心を奪われた人間の存在様式と、実存の無気味さに直面させられた人間の存在様式とが、一貫した尺度に基づく価値判断へと、予定調和的に絡め取られてしまうことになる。ボルノウが「倫理学的な」ものとして際立たせた「自己」の背景には、成熟する「主体」としての人間という理念が、確固たる前提として保持されている。生と教育の非連続的な形式に関するボルノウの理論は、まさにその理論の核心に関わる部分において、危機やそれに類する出来事を、安定した（stetig: 連続的な）秩序とそれに基づく規範のなかに還元してしまう傾向を孕んでいるのである。

ここにおいて問題となるのは、ボルノウが出来事の外部から持ち込んだ価値判断の基準が、妥当であるか否かということではない。危機を潜り抜けた人間が、実際に倫理学的・道徳論的に見て卓越した人生を生きているのかどうか、ということが疑われているのではない。ただ、そのような基準があらかじめ準備されていることによって、無気味さに委ねられた人間存在の諸可能性が縮約され、生と教育の非連続性が閉塞されてしまうことが問題なのである。危機やそれに類する出来事は、最初から担保されていた包括的な秩序のなかで、人間を中心とする有意義性の連関へと絡め取られた途端に、非連続的な生と教育の局面を打ち開くほどの強度を喪失してしまうだろう。世界と人間の生の無気味さは優しく飼い慣らされ、危機、覚醒、出会いなどの出来事が持っていた、痛ましいほどの激しさは麻痺させられることになる。人々が「この痛みや苦しみからも何かを学ぶことができるはずだ」と期待に胸を膨らませているうちは、不安に伴われた世界‐内‐存在の無気味さが、無気味さとして立ち現れてくることはないだろう。生と教育の非連続的な形式についてのボルノウの理論は、それが一つの命題として教え伝えられ学び知られた途端に、その意図に反して、生と教育の非連続性を先取りして跳び越えてしまい、生と教育の異なる局面が打ち開かれる場所を埋め立てて閉塞してしまうのである。

それゆえこの問題は、非連続的な生と教育の諸契機に関するボルノウの理論が「正しいか誤りか」、ということとは何ら関わりを持たない。実存哲学が教育学にもたらしうる示唆を明らかにし、両者を橋渡しすることを試みたボルノウの功績は、安易な批判によってその意義を貶められるべきではない。しかし、それが単なる思想史の研究に留まるものではない以上、ボルノウの理論が生の事実に接触する場所で生じてくる問題を、無視することは許されないだろう。ボルノウの理論は、揺らぐことなく担保された価値判断の基準を持ち込むことによって、世界と人間の生の無気味さが目の当たりにされる局面を、目を閉じたまま跳び越えて埋め立ててしまう。したがって、誤解を怖れずに書き留めておくとすれば、危機、覚醒、出会いなどの出来事が、非連続性を帯びた出来事として立ち現れてくるためには、一度は学び知られたボルノウの教育理論が、改めて忘れ去られなければならない。もう少し慎重に言葉を選ぶなら、それが生の成熟の「役に立つ」とはもはや信じられないような、ボルノウの主張に対して根本から疑念を抱かせるような、そういう出来事を目の当たりにするとき以外に、非連続的な生と教育の局面が打ち開かれることはない、と言い換えてもよいだろう。生と教育の非連続的な形式に関するボルノウの理論は、むしろその主張が「正しい」ものとして学び知られ受容されるほどに、却って、その理論が指し示している生と教育の諸可能性が打ち開かれる機縁を、閉塞し覆い隠してしまうことになるのである。

ボルノウの理論は、まるで旅に同行する案内者のように、目的地を指し示し歩むべき道程を先導してみせる。そこにおいては、危険や苦痛に満ちた冒険でさえも、手渡されたガイドブックに沿ってスリルとサスペンスを楽しむ小旅行にまで矮小化されてしまいかねない。実存哲学を教育学へと橋渡しする試みのなかでボルノウは、人間存在を襲う未知なるものを既知の枠組みへと回収し、脅威を役に立つ踏み板に作り変えてゆく。危機やそれに類する出来事における生と教育の諸可能性は、「或るもののため」という指針に基づく有意義性の連関に絡め取られており、結局のところ「出来事→経験→成熟」というリニアな図式に回収されてしまいかねないのだ。これによって、現存在としての人間を中心とする素朴な世界観／人間観に、終わりの見えない補強作業が施されている。これはまさに、ハイデガーが現存在の日常性の特質として提示した、「平板化」という傾向にほかならないだろう。「自立した判断」や「経験の豊かさ」を美徳として称揚するボルノウの価値判断は、ハイデガーにいわせれば、他の人々と同じように大衆的なものを忌避しているにすぎない。件の「本来の自己‐存在」は、この始めから確保されていた価値基準を指針として、人生と教育の理想・目標に掲げられ、危機、覚醒、出会いなどの出来事は、その理想・目標に到達するための、不確実だが「必要不可欠な」手段と見做される。有意義性の連関に基づく秩序を逸脱するはずだった「危機」や「批判」や「経験」は、それが対立していたはずの大衆の意見・規範によって、いつのまにか骨抜きにされ、終着点まで見通された成長発達の行程表に組み込まれてしまうのである。

しかしこのことを逆に眺めるなら、次のように考えることもできるだろう。危機やそれに類する出来事を、素朴な成長発達の契機として捉え返すことで、初めて私たちは、世界と人間の生の無気味さに背を向けて、ありきたりな日常生活に復帰することができるのだと。個々の実存に関わる出来事を、安定した成長発達の図式に回収してしまうことによって、有意義性に基づく日常世界がその基盤を取り戻すことになる。こうした意味付与・価値判断に伴われた省察プロセスの重要性は、無視されるべきではないし、それどころか積極的に承認されるのでなければならない。苦痛に満ちた危機を克服して平均的な日常生活を志向することは、人間が生きていくうえで極めて自然な営みだからである。「結局は何事でもなかったのだ」と私たちはいう。

激しく痛む傷口を縫い合わせるため、とかく饒舌にならざるをえないときがある。苦しみを苦しみのままに、痛みを痛みのままに引き受けることは、容易ではない。「よい経験だった」と話すことによって、初めて私たちは、更新された日常性へと回帰することができる。二度の世界大戦を生き抜いたボルノウの論稿もまた、こうした日常性への志向を背景として書かれたものであったのかもしれない。

しかしながら、こうした意味付与・価値判断が「理論」や「命題」として先取りされて言い渡されるとすれば、それは、実際に苦痛を背負う人々にとって極めて残酷なことではないだろうか。危機を耐え抜くように要請する権利も、危機を回避することを咎め立てする権利も、客観的な観察や論理的な証明からは決して生じてこないだろう。言葉にせざるをえないことの痛み、傷口を縫いあわせる一針一針の痛みを知らぬまま振りかざされる命題は、その傷を背負う人々にとって戦慄以外の何物でもない。生の成熟に関わる危機の機能を解き明かそうとするボルノウの探究は、危機を一定の観点に基づく有用性と価値へと絡め取ってしまうかぎりにおいて、これを受け取る人々に対する暴力ともなりかねない危険性を孕んでいるのだ。

本書としてはまさにこの点に、有用性の尺度に規定されたボルノウ教育学に内在している問題点、あるいは、議論の錯綜した点を見て取ることができる。有用性の尺度を指針とする方法論に規定されたボルノウの理論は、当然、危機を「役に立つか否か」という尺度のみに照らして分析することになる。このとき危機を「役に立つ」機会として把握するために導入されるのが、元来危機とは無縁だったはずの倫理学的・道徳論的な価値判断の基準である。「何のために」という有用性の尺度の宛先は、事物に価値を与える基準を抜きにしては成り立たない。他方「役に立つか否か」という有用性の尺度は、そのまま事物の価値を決定する基準ともなりうる。有用性の尺度と価値判断の基準は、このように相互に補完しあいながら日常生活に基盤を与えている。有用性の尺度に絡め取られたボルノウの教育理論は、人間の生の成熟を測定する価値判断の基準を、不可欠の前提として担保していなければ成り立たない。だからこそボルノウの理論は、「正しい」ものとして十全に受容されるほど、却って日常の秩序を抜け去った出来事の非連続性を捉え損ねてしまうのだ。本書がボルノウの教育理論に「内在している」問題点として提起したいのは、このようにボルノウの論考をボルノウの論旨に即して展開することによって浮かび上がってくるような、ボルノウの議論そのものが孕んでいる錯綜した事情のことである。

とはいえ、「本来性」「非本来性」という概念に関するこのような「平板化」が生じたことに関しては、ハイデガー哲学のほうに責任がないわけではない。「本来性／非本来性」という区別が、倫理学的・道徳論的な解釈を呼び起こすことは容易に想像できる。確かに、ハイデガー自身にとってみれば、現存在の無規定性が徹底された局面において、「存在者が存在するとはいかなることか」を問うことが、存在論の主眼であったに違いない。世界の内に存在しまた存在しなければならない、という重荷に直面した現存在の存在様式が「本来性」と呼ばれるのは、それが自己の「存在」に関心を抱く人間存在に「固有の」(eigen)在りようだからである。それゆえ極論するなら、「本来の自己」とは、有意義性に基づく日常の秩序が機能しなくなるような、そうした瞬間の存在様式を呼ぶための名称にすぎない。とはいえ、ボルノウを初めとする多くの研究者がそれを倫理学的・道徳論的な価値判断を含んだものとして解釈してしまった以上、「本来性／非本来性」というこの区別そのものにも、無視することのできない問題が孕まれていたと考えられる。アドルノ(Th. W. Adorno)が厳しく指弾したように、ハイデガーの用いたこの術語が大衆煽動的なイデオロギーを喚起する性格を備えていたことは否定できないだろう〔Adorno: 1964〕。この問題については、本書の第六章で再び論じる予定である。

以上の論考を通して本章は、「生と教育の非連続的な形式」に関するボルノウの教育理論を、「本来性／非本来性」という区別の由来であるハイデガーの哲学思想と対比しながら、問い直すことを試みてきた。これにより、危機やそれに類する出来事を、生の成熟の役に立つ機会として把握するボルノウの理論が、深刻な問題を抱えたものであることが明らかになった。倫理学的・道徳論的な価値判断に依拠するボルノウの理論は、その意図とは無関係に、生と教育の非連続性を閉塞し覆い隠してしまう危険性を孕んでいる。もしも教育／教育学が倫理学・道徳論を抜きにして成り立たないものであるとすれば、これは教育／教育学そのものの限界を露呈する問題であると考えられる。しかしあるいは、ボルノウが忠告しているように、教育／教育学が、危機やそれに類する出来事をその射程に収めておくべきだとすればどうだろうか。その場合には、素朴な倫理学・道徳論に絡め取られることのない、教育／教育学の異なる局面が打ち開かれることになるのではないか。実のところこの問題は、ボルノウ教育学の全体を規定する「実存主義の克服」という文脈に着目する場合に、最も鮮明に浮かび上がってくるものである。当然そこにおいては、ボルノウの教育理論とハイデガーの哲学思想との錯綜した関係もまた、いっそう鮮烈な仕方で立ち現れてくることになる。それゆえ次章以降では、この「実存主義の克服」という文脈を追いかけることで、ボルノウ教育学とハイデガー哲学との関係について考察を深めると同時に、本章において幾許かの示唆を与えられたボルノウ教育学の問題点をさらに明確にするべく、探究を進めることにしたい。

第三章　希望と不安の相互連関

――O・F・ボルノウ「希望の哲学」再考

本章の概要

ボルノウの著書『新しい被護性』には、「実存主義の克服という問題」という副題が付されている。この副題にも表現されているように、この本は実存哲学の提示した「人間の本質」の一面性を批判すると共に、人間の生の異なる在り方を探究することを課題として執筆されたものである。ここでは、特に思想史的な観点に重きを置いた「実存哲学」(die Existenzphilosophie) という呼称と、文学的な潮流をも含めた「実存主義」(der Existenzialismus) という呼称は、それほど厳密に区別されることなく用いられている。

この『新しい被護性』という著作のなかから、本章では、絶望や不安と対比された希望という現象に関するボルノウの論稿を再考する。絶望や不安を重視した実存哲学に対して、ボルノウは、人間の生における希望の重要性を明らかにしようとした。これを受けて本書は、希望と不安という二つの現象に関するボルノウの論稿を精査することで、希望の重要性に関するボルノウの理論を、改めて問い直すことを試みる。これにより、危機に関する理論のときと同じく希望に関するボルノウの理論もまた、有用性と価値の連関に規定された世界観／人間観に由来する、深刻な問題を抱えていることが明らかにされるだろう。ボルノウが批判の矛先を向けた、ハイデガーによる不安の分析論が、この探究に貴重な手がかりを与えてくれる。

この課題を受けて本章は以下の四つの節に区分される。

第一節　ボルノウ教育学における「希望」の概念
第二節　ボルノウ教育学への問いかけ(2)
第三節　ボルノウ教育学における「不安」の概念
第四節　世界と自己の無規定性に臨んで

「希望」とは何か。日常生活においてこの言葉は、文学や演説のなかで見聞きされることはあっても、普段の会話のなかに単独で用いられることは滅多にない。安易に希望について話すことはむしろ、どこか軽薄で空虚な印象をすら与えかねないものである。ところがボルノウは、この希望こそが私たち人間の生と教育を根底から支えるものであり、希望なくしては人生も教育も成り立たないと説いた。私たちが、日々の生活を生き抜くことができるのも、次世代の教育に情熱を注ぐことができるのも、全ては希望という基盤があってのことであり、「希望することを学ぶ」ことこそが、極めて重要な生の課題なのだというのである。このように、人間の生と教育における希望の意義を訴えたボルノウの理論を再考するべく、本章においては、上記『新しい被護性』のなかでも特に前半の議論を、改めて丁寧に検証していくことにしたい。

第一節では、希望の特徴とその重要性に関するボルノウの理論が詳しく検証される。不安や不被護性を特徴とする「限界状況」を人間の本質に結びつけた実存哲学に対して、ボルノウは、その意義を認めながらも鋭い批判を投げかける。人間はいつまでも危機のうちに留まっているわけにはいかない、孤独な実存を克服し「存在信頼」(ein Seinsvertrauen) を取り戻すことが求められているのだ、というのである〔NG: 22ff.〕。このとき、次章に取り上げる被護性と並んで、人間の生にとって欠くことのできない現象として提示されるのが、絶望や不安と対比された希望である。危機やこれに類する「生の全き脅威」を潜り抜けることで獲得される希望こそが、安定した人間の生に不可欠の基盤であり道徳上の「美徳」なのだとボルノウはいう。こうした観点から希望という現象を捉え直そうとしたボルノウの探究には、彼の日本での講演録のタイトルにもなった、「希望の哲学」という呼称がふさわしい。人間は「希望することを学ばなければならない」という、後の著作に記された警句に、この「希望の哲学」の核心を占める主張を読み取ることができる〔AP: 145f.〕。

これに対して第二節では、希望の重要性に関するボルノウの理論に対して、やはり幾つかの疑問が投げかけられる。一般に類似の現象として扱われている希望と期待を比較したボルノウは、一定の目標に向かって固定された期待と、未来へと自由に開かれた希望とを区別している。しかし、上述のように有用性や価値に換算されることによって、希望は日常の期待に基づいた企図・計画へと回収されてしまうのではないか。危機に関する議論の場合と同じように、希望に関する議論においても、有用性の尺度に規定された方法論が、希望の核心を占める特徴を立て塞いでしまってはいないか。加えて、希望を獲得するための通路として、危機のような個々の実存に関わる現象が、やはり有用性に換算されていることにも問題があるだろう。このような問題意識に導かれて、以下の各節においては、特に希望と不安という対照的な現象の関係に注目しながら、ボルノウが提起した「希望することを学ぶ」という課題の内実を、改めて問い直すことが試みられることになる。

この課題を受けて第三節では、不安に関するボルノウの理論が精査される。最初に試みられるのは、ハイデガーの不安の分析論を参考にしながら、不安に関するボルノウの見解を詳しく検証することである。これにより、希望と不安という対照的な現象に関して、ボルノウが驚くほど似通った特徴を与えていたことが判明するだろう。続いて、ハイデガーの不安の分析論に対するボルノウの批判を紐解くことで、希望と不安の差異を明らかにすることが試みられる。いま簡潔に書き留めておくなら、ボルノウが指摘した希望と不安の差異とは、両者の時間に対する関わり方の違いにある。これら二つの作業を通して、希望と不安の類縁性と差異が浮かび上がり、ボルノウ自身が明確に論及することのなかった、両者の密接な関係が明らかになると期待される。

この関係を改めて精査したうえで、ボルノウのいう「希望することを学ぶ」とはどのようなことかを捉え直すことが、第四節の課題である。それはまた、これまで特筆されることのなかった「希望に満ちた生」の特徴を、改めて明らかにすることでもあり、ボルノウの説いた「希望の哲学」に、新たな探究課題を与え返すことでもある。これにより、希望の重要性に関するボルノウの理論に内在している問題点も、所在を突き止められることになるだろう。ボルノウの「希望の哲学」は実際のところ、人間の生の役に立つという希望の機能を、首尾よく解き明かすことができたのだろうか。あるいはここでも危機に関する議論のときと同じように、安易に有用性の尺度を適用することにより、希望という現象の希望たる由縁が閉塞されてしまってはいないか。ハイデガーによる不安の分析論を映し鏡とすることによって、「役に立つか否か」という有用性の尺度に規定されたボルノウ教育学の方法論が、「希望の哲学」にどのような問題を生み落としているのかを見定めることが、本章の課題である。

第一節　ボルノウ教育学における「希望」の概念

本節は、ボルノウ教育学における「希望」の概念を、特にそれが人間の生のなかに占める位置に注目しながら検証する。この論考は三つの項に区分される。

(1) 生を支持する基盤としての希望
(2) 希望することを学ぶことの困難さ
(3) ボルノウが提示した希望の諸特徴

(1) 生を支持する基盤としての希望

『新しい被護性』においてボルノウは、「希望」(die Hoffunung) が人間の生において果たす機能について詳しく論じている。ボルノウは手始めに、一般に「希望」と呼ばれている現象を、二つの形式に区別する。その一方は、ある特定の事柄に関する「相対的な」(relativ) 希望である。これは「何か一定の内容を正確に申告しうる出来事が起こるとか起こらないとか」に関する希望を指している。これに対して他方には、一定の対象を持たないままに心を満たす「絶対的な」(absolut) 希望がある。これは「不確かな意味で一般に希望に満たされうる」ということに相当するという。元よりこうした区別は、対象となる明確な事柄を持つ現象としての「感情」(das Gefühl) と、対象については全く無規定なままに留まる「気分」(die Stimmung) との差異に対応している。ボルノウによれば、ドイツ語においては、明確な対象を持った感情としての「希望」と、一定の対象を持たない気分としての「希望」とを、同じ「希望」という言葉で呼び習わしてきたのだということになる〔NG: 104f.〕。

さらにボルノウは、希望は各々それが生じてくる条件において、「自然な」(natürlich) 希望と「道徳的な」(sittlich) 希望とに区別されるのだという。自然な希望とは「人間が生まれつき自分のなかにあることを知っており、場合によっては単なる思考を欠いた状態にまで色褪せてしまうこともある」希望を指している。それに対して、道徳的な希望とは、「人間が疑惑を潜り抜けるなかで、またその疑惑との絶えざる対決において、新たに獲得しなければならない」希望なのだという。実存主義の克服という課題において、特に重要視されるのは、もちろん後者の道徳的な希望のほうである。

> これに対して希望は、次のような折に初めて、本来の美徳にまで発展することができる。それは、希望が危険にさらされているような折であり、また希望を維持するのに特別な力が必要とされる折である。その力とは、疑惑への誘惑に対していつも新たに抵抗する、そのような力である。〔……〕そしてただ、このような希望だけが、実存主義との対決において、問われることになるのである。〔ibid.: 106〕

一種の美徳としての道徳的な希望は、内容面で規定されているか否かに関係なく、人間の努力によって堅持されることを必要としている。これに対して、「努力なしに与えられている」自然な希望は、「虚偽の」

(trügerisch)希望の「誘惑するような形式」とさえ呼ばれている〔ibid.: 107〕。人間に生まれつき備わっている「自然な希望」から区別された「道徳的な希望」こそ、不安と不被護性に満ちた戦後という時代状況を生き抜こうとする、「希望の哲学」の主題となるべき希望の形式だったのである。

このように二つの観点から希望の類型を区分したボルノウは、次にしばしば希望に似たものとして捉えられている、「期待」(die Erwartung)という現象を取り上げている。希望と期待とを比較することによって、両者の差異を明確にし、希望に特有の性格を明らかにするためである。それによれば、期待することにおいて人間は、「現在を越えて未来のもとに」おり、そうしてある一定の「未来の出来事に向けて心積もりをさせられて」いるものであるという。期待においては、「一定の性質を持った未来との強固な関連」が、問題となっているのである。そのため、期待を抱く人間にとって、現在は「未来と比べて価値のないものとして」、さらには「刻々と生じてくる未来の邪魔になる障害として」現れてくるものだ、とボルノウはいう。誕生日のお祝いや修学旅行の出発を心待ちにして、早く当日にならないものかと望んだ体験は、多くの人が持っているだろう。それゆえ人々は、期待が外れたときにはもちろんのこと、期待が成就した後でさえ、しばしば「名状しがたい空虚という状態」に襲われる。期待されている事柄が現実のものとなるのかどうか、その判定が下された後になっては、人間の生は「長いあいだ生を取りまとめていた構成的な中心さえも失ってしまう」ためである。それほどまでに、期待は人々の関心が現在を飛び越えて未来へと向かうことを促しており、人間の生を全体として「一定の統一された目標に向かって統合している」のだ〔ibid.: 107ff.〕。

それでは、この期待と希望との差異は何処にあるのか。ボルノウによれば、期待において人々は、期待されたその出来事が起こることを「確信している」ものだという。これに対して、人々が希望する事柄については、それが実際に起こるかどうかということが、確実に知られているわけではない。希望と期待のあいだには、対象となる出来事の確実性に明白な差異が見られるのである。さらにボルノウは、期待が未来の出来事へと注意を傾けて「緊張している」のに対して、希望には「確固たる内面の弛緩状態」が帰属しているのだという。このことは、希望の最中にある人間が「遥かに大きな活動の余地を獲得する」ということを示唆している。そして最後に、期待において期待されている事柄は、「全く確かに表象されている出来事」である。これに対して希望することはいつも、「どうにかして」(irgendwie)という性格を持ち併せているという。希望された事柄の実現に関する権利や、そのための具体的な計画といったものは、希望することのなかには含まれていない。ボルノウにいわせれば、希望の最中において人間は、「固定されることがより少ない」のであって、それゆえ、「未来が人間に予期できないままもたらすものに対して遥かに開かれている」〔ibid.: 110f.〕。未来の予測不可能な出来事に対する、緩やかな受け身の関係が、期待と対比された希望の特徴なのだ。

このなかには同時に、人間が希望のなかで遥かに大きな活動の余地を獲得する、ということが存している。人間は出来事が近づいてくるに任せ、これによって、出来事に対して遥かに大きな自由を保持するのだ。〔ibid.: 110〕

こうして、人間が未来に関わる形式における幾つかの相違から、希望と期待との違いが明らかになる。希望と期待における未来の出来事への関係は、各々「開かれた」(offen)時間と「閉じられた」(geschlossen)時間という、印象的な概念によって区別されている。期待は「まだ到来していない終了」にのみ向けられており、それ以外の可能性は「遮蔽されたように」なってしまう、とボルノウはいう。期待に捕捉された未来は「明確に下絵が描かれて」おり、「現実になるずっと以前からその内実がすでに決定している」ところの、

「予測されうるプロセス」である。期待することにおいて人間は、予測・計画された未来の実現に拘束されてしまい、閉じられた時間のなかで他の諸可能性を見失ってしまうというのだ〔ibid.: 111ff.〕。これに対して、希望することにおいて人間は、「未来からの贈り物の根本的に全く予測できないものに対して開かれているのだ」とボルノウは指摘する〔ibid.: 113〕。「開かれた時間」という概念に象徴される、この予測することのできない未来への開かれた関係という点に、希望に関するボルノウの理論の核心がある。

そして人間は自分のほうから、ここで予測することもできない仕方で出会われるものへと、自分を開き保つことにより、自分に対して生じて来る要求の意のままになるのだ。／それゆえ希望は、予測できない諸可能性の空間のなかへと、人間を立てる。これだけが真正な、つまり、予測できない開かれた未来なのである。〔ibid.〕

未来の可能性に対して開かれてあるというこの特徴は、一定の対象を持った希望に当てはまると同時に、対象に関して無規定な希望においては、いっそう顕著に現れてくる。このように、予測することのできない多様な生の可能性へと自由に開かれていることこそ、ボルノウのいう希望の特徴にほかならない。そうした未来の予測不可能性は、人間に対する「脅威としては経験されない」とボルノウは続ける。むしろそのように予測することのできない開かれた未来は、人間の「助けになるべく迎える」「支持する基盤」として、人間を「空虚へと転げ落ちさせない」足場として、立ち現れて来るのだというのである〔ibid.〕。

それゆえ希望は、現存在に対する信頼の表現であって、このように支持されて - いることに対する感謝の感情と結び付いている。／〔……〕安定して〔stetig〕未来に向かって運動するプロセスとしての生を、希望は何より先に可能にするのである。この点において希望は、人間が安定して生き続けることを〔……〕可能にするものな

のだ。〔ibid.〕

希望は「生の究極の前提」なのだとボルノウは主張する。特定の事柄に収斂された期待もまた、その希望のなかで生まれてくるだろう。「どうにかして」という仕方で予測不可能なまま開かれた未来、その未来に対する開放性と現在への信頼としての希望こそが、人間の生を支持する最も重要な根拠であるというこの点に、「希望の哲学」の中心を占める命題を見て取ることができる。

(2) 希望することを学ぶことの困難さ

こうした見識に基づいてボルノウは、人間はどのような反抗心に基づいても「希望を自分から全て抜き取ることはまずできない」と述べている。希望とは未来へと向かう生の「前提」なのだから、かりそめにも「生きて」いるかぎりにおいて、人間は「たとえそのことを知らないとしても」希望しているというのである。ボルノウによれば、「無感覚なその日暮らしの」状態においてさえも、希望は「認めることが困難であるにしても少なくとも確かな名残りをなして」存在しているのだという〔ibid.: 116〕。人間の生における希望の「中心的位置」に関するこうした見解こそ、ボルノウが絶望や不安に対する希望の根源性を主張する根拠なのである。それゆえ、このような観点からすれば、ハイデガーが現存在の存在様式として明らかにした「関心」もまた、ボルノウにとってみれば、希望によって支持されて初めて遂行されうるものである、と考えられることになる〔ibid.: 118ff.〕。

ここで一つ注意しておかなければならないのは、ボルノウによる論述の主題が、いつのまにか「道徳的な希望」を離れて「自然な希望」へと移されていることである。ここでは先に「虚偽の希望」とまでいわれた「自然な希望」が、人間の生における希望の根源性を主張するために、改めて持ち出されることになるのだ。「自然な希望」に関するボルノウの評価は、このようにどこか両義性を帯びたところがある。とはいうものの、実存主義の克服において問題となるのは、あくまで絶望や不安を克服することによって獲得される「道徳的な希望」であった。実際にこれに続く箇所では、ボルノウも、再び「道徳的な希望」に焦点を合わせて議論を進めている。ここにおいて問題となるのは、人間が希望することを学ぶことは、どのようにして遂行されるのか、という疑問である。この問いに対してボルノウは、さしあたり次のように答えている。

人間が世界の内での振る舞いに挫折するその折に、人間が克服することのできない困難によって危機の深淵へと投げ出されるその折に、それゆえ実存主義が大変印象深い仕方で強調して絶対視した状況のなかで、初めてあの別なる希望が、像を欠いた絶対的な希望が開かれてくるのだ。〔ibid.: 122〕

この箇所には、前章に論じられた危機と希望との関わりが論じられており、本書の関心からも極めて重要な部分である。このようにして開かれてくる希望は、「人間が底無しの深淵に転がり落とされることはない」という希望であり、「想像のなかで思い描くことのできた全てのものの彼方に、『どうにかして』、救済してくれる打開策が見つかる」という希望だとボルノウはいう。危機を潜り抜けることにおいて、まさにその危機のなかで、初めて「どうにかして」という「生の究極の前提」＝「支持する存在信頼」としての希望が、打ち開かれてくるのだというのである〔ibid.: 123〕。

だとすればしかし、一般に希望と相対立するものとして把握されている絶望や不安などの現象が、実は「希望することを学ぶ」という課題と密接な関係を持っている、ということになるだろう。というのも、ボルノウが危機あるいは「実存主義が大変印象深い仕方で強調して絶対視した状況」というときには、キルケゴールにおける絶望・不安や、ハイデガーにおける不安や、ヤスパースにおける限界状況などが、同時に想定されているからだ。これとほとんど同様のことを、別の著作のなかで、ボルノウは次のように書き留めている。

むしろ重要なのは、思考を欠いた安全性を根本から諦め、予測のつかない運命の打撃を直視しながら、生の全き脅威を受け止めることである。人間は不確実さと共に生きることを学ばなければならないのだ。〔……〕人間が自分に固有の力量を諦め、放下して運命に身を委ねるその場所において、人間は未来への信頼に満ちた関係を、我々が希望として呼んできたあの関係を見つけるのである。〔AP: 143f.〕

「希望することを学ぶ」という課題は、絶望や不安を含めた「生の全き脅威」を受け止めこれを耐え抜くことによってのみ遂行されるのであり、このようにして人間は「不確実さと共に生きること」を学ばなければならない、という点に、ボルノウが「希望の哲学」に託した主張を読み取ることができるだろう。ここにおいて、実存哲学が絶対視したとされる「生の全き脅威」としての絶望や不安は、これに対する「抵抗」と「克服」のなかで初めて希望が生い立つ、希望を獲得するために不可欠の通路として捉え返されているのだ。

このとき改めて論点となるのは、このように個々の実存に関わる「脅威」を耐え抜くことによって獲得される希望が、「道徳的な希望」あるいは「美徳」と呼ばれて称揚されており、人間が生まれつき備えているという「自然な希望」から区別されていることである。なぜ、このように「生の全き脅威」を潜り抜けることによって獲得されるという希望が、道徳との連関のなかで把握されたうえで、さらに「美徳」として称揚されているのだろうか。さしあたりこの問いに手がかりを与えてくれるのは次の箇所である。

挫折と脅かすような死とを目の当たりにして、自然な希望がその限界に突き当たるところで、初めて道徳上の問題が生じてくる。ここでさらに深い新しい希望が必要とされるが、それはもはや活力に溢れたものではなく、人間の人格の核心に繋ぎ止められている。〔NG: 125〕

この箇所の内容は、先に引用した箇所と同じく、危機と希望との関係を示唆しているように思われる。ここでなぜ「さらに深い新しい希望」に関わる問題が、「道徳上の」問題として導入されているのだろうか。この背景を見て取るには、前章での議論を思い起こすことが必要である。危機、覚醒、出会いなどの出来事について論じるなかで、「新しい始まり」に関わる「本来の自己 - 存在」は「本来の道徳的な人物」とも呼ばれていた。そしてまた、一般に「自己」や「実存」と呼ばれているものは、「陶冶のなかで発展する主観性」と区別された「人間の究極の核心」であるとされた。希望について論じた上掲の箇所でも、やはり「人間の人格の核心」が問題とされていることに注意しよう。希望が「安定した=連続した」人間の生の前提であるとすれば、それは危機を潜り抜けた「新しい始まり」を支持するものであり、それゆえ、自己の実存に深く関与する現象でなければならないだろう。「生の全き脅威」の最中に獲得される希望に関わる問題が「道徳上の問題」として捉えられているのは、この希望がボルノウのいう「本来の自己 - 存在」に密接に関わる現象として把握されているためなのだ。

とはいえ、ボルノウも指摘しているように、この希望に身を委ねることは、容易なことではない。なぜならそれは、「未来の美しい像を思い描くという自然な傾向を断念すること」を、そして「予測できない仕方で未来がもたらすものへと信頼に満ちた仕方で身を委ねようとする我意を断念すること」までをも、厳然として「要請する」からである〔ibid.: 124〕。

このいっそう深い希望はそれゆえ、このあからさまな努力によってのみ、生の自然な衝動から勝ち取られるのだ。この希望は人間に決定的な転換を求めるものである。そしてこうした意味において、当たり前な所与のものでは全くなくて、達成することの困難な美徳なのである。〔ibid.: 126〕

それどころか、ボルノウによれば、この困難はさらに深刻である。努力して「我意」(der Eigenwille)を断念することでさえ、希望が「出現」するための「必要不可欠な前提」ではあっても、十分条件ではない。この希望は他の美徳と違って、「人間によって固有の力から生み出されるものではない」のであり、「最も張り詰めた意志によっても奪い取ることはできない」というのである。この事実を指してボルノウは、希望が立ち現れるのは「恩恵」(die Gunst)や「恩寵」(die Gnade)としてのみである、とさえ書き留めている。危機の最中に開かれるという希望は、「人間からの付け足しは抜きにして人間を越えて」、要するに「何か人間に贈られなければならないものとして」立ち現れるのだ、というのである〔ibid.〕。ここには、希望を人間の独力によって実現することの不可能性、希望を学び知ることに固有の困難が言い渡されている。

だとすればしかし、努力して獲得することのできないものについて、それを「学ばなければならない」という命題は、一体何を要求しているのだろうか。「学ばなければならない」にしてもそうでないにしても、人間にできることは「恩恵」や「恩寵」を待つことだけではないのか。実際に、ボルノウもまさにこの箇所において、どのようにしてこの希望を「美徳」と呼ぶことができるのか、という問いを改めて立てている。一体どのような権利を持って、この希望を人間に要求することができるのかと。「恩恵」や「恩寵」によってのみ獲得される希望を「美徳」と呼び、またそれを「学ばなければならない」と要求することができるのは何故なのか。みずから立てたこの問いに対して、ボルノウは次のように回答を与えている。

> それら〔希望やそれに類する美徳〕は、その特性において、特殊な在り方を持った美徳なのだ。その特殊性は単純な美徳に対して鋭く強調されている。しかし、それにもかかわらず、それらは美徳には変わりない。というのも、もしそれらが、同時に全ての道徳的な努力によって掴まえられて堅持されるのでなければ、そのなかで贈られた可能性はすぐにも再び雲散してしまうという、その限りにおいてのことであるが。〔ibid.: 127〕

要するにボルノウは、希望を獲得するのは恩寵によるしかないが、獲得された希望を開かれたままに堅持することは人間の「努力」による、と考えている。そしてこのように獲得された希望を堅持するための努力が、危機を潜り抜けることによってのみ獲得される希望を、一種の美徳として要求することを許すのだと説くのである。危機を耐え抜くことで開かれる「新しい始まり」を支持する希望は、人間の期待や計画の有無に関わりなく、人間を訪れて来るか訪れて来ないかのどちらかである。人間は「希望することを学ばなければならない」という命題によって要求されているのは、幸運にも立ち現れたその希望を手放すことなく掴まえておくこと、安定した生の前提となる「どうにかして」という基盤を堅持することなのだ。

(3) ボルノウが提示した希望の諸特徴

以上の検証作業を通して本書は、ボルノウが「生の究極の前提」として提示した希望という現象について、幾つかの特徴的な性格を整理することができる地点までやってきた。「希望の哲学」においてボルノウが特に問題とするのは、「絶対的」かつ「道徳的」な希望であるが、「生の全き脅威」の最中に開かれるというこの希望の性格は、以下の五つに要約することができる。

①絶対的な希望は対象となる明確な事柄を持たない。絶対的な希望には、一定の対象についての明確な規定が欠けており、希望することにおいて人間は、漠然と存在への信頼に満ちた雰囲気のなかに生きている。

②人間が学び知るべきとされる道徳的な希望は、危機や疑惑のような個々の実存に関わる出来事の最中にあって、それに対する抵抗と克服のプロセスにおいてのみ生起する。したがってそれは、救いようのない絶望のうちでも失われることのない自然な希望とは、区別されなくてはならない。

③確信された未来の出来事へと関わる期待と比較して、希望はいつも予測不能・不確実な開かれた未来に関わっている。希望は日常生活における未来への関係としての期待や計画とは異なる現象であり、むしろ、期待や計画による未来への関係を支持している前提である。

④したがって希望はまた、不確定な未来へと開かれた自由な状態として、その特徴を与えられる。未来の出来事への自由な関係において人間は、予測することのできない無規定な諸可能性へと開かれていながら、なおかつ一定の基盤によって支持された自己の存在を看取する。希望とは未来との関係のなかで人間の生を支持する基盤である。

⑤最後に、そのような「絶対的」かつ「道徳的」な希望を、人間の独力によって生み出すことはできない。人間にできることは、恩寵としての希望が与えられるのを忍耐して待ち、送り届けられたその希望を堅持するべく力を尽くすことだけである。

こうした洞察に基づいてボルノウは、後に『教育的な雰囲気』という著作において、教育実践における希望の重要性について論じている。もちろんそこでの論述も、基本的には、本章で検証してきたものと同様の見識に基づいている（cf. PA: 60ff.）。ボルノウによれば、「生の一般的な前提」としての希望は、とりわけ「教育の前提でもある」のだという。ここで特に重要視されているのは、「子どもが正しい仕方で発達する」という希望である。しかもこの希望は、子ども自身の努力に対する希望であるというよりは、むしろ「子どものなかで自然が発達する」という希望である。ここでボルノウは、希望と忍耐との関係に着目している。希望に基づいて初めて、子どもの成長を「急きたてる」ことなく「待つことができる」教育者の忍耐が保持されるというのだ。失望や困惑に襲われている教育者に「全てが『なんとかして』解決されるという確信」を抱かせるのも希望である。このように教育者の忍耐を成り立たせる希望こそ、「教育者の究極の・決定的な基盤」であり特筆すべき「教育者の美徳」であるという点に、ボルノウの主張の核心がある。

第二節　ボルノウ教育学への問いかけ（2）

こうして、実存主義の克服を目指したボルノウの「希望」に関する論考は、いまやその概略を明らかにされた。ボルノウによれば、希望とは開かれた未来への自由な関係のなかで人間の生を支えてくれる「究極の前提」であり、危機や疑惑に対する「抵抗」や「克服」によって獲得されるべき「美徳」だった。こうした洞察に基づいてボルノウは、絶望や不安を重要視した実存哲学の思想に対して、人間が生きるうえでの希望の重要性を主張したのだった。ただし、個々の実存に関わる絶望や不安のような「生の全き脅威」は、生を衰退させてしまう現象として完全に否定されてしまうのではなく、これを受け止め乗り越えることによって初めて希望が生い立つ、希望を獲得するために不可欠の通路として捉え返されていた。人間は「希望することを学ばなければならない」という件の命題は、この「生の全き脅威」に「抵抗」しこれを「克服」することによってのみ獲得される「未来への信頼に満ちた関係」を、力を尽くして堅持しなければならないということを告げているのだ。

しかしながら、「希望の哲学」の問い直しに携わる本書としては、ここに危機に関する議論のときと同型の問題が認められるのを、見逃すことはできない。人間学の方法論に従って希望の「機能」に注目することにより、ボルノウは、希望を生に不可欠の基盤として捉え返した。さらに、危機を潜り抜けることによって獲得される希望には、「道徳上の」「美徳」としての価値が付与された。このように、希望という現象に関するボルノウの論考は、個々の現象を有用性と価値に換算してしまうボルノウの教育理論の特徴を、如実に反映している。しかし、このように有用性と価値の連関のほうから眺められた希望は、すでに開かれた未来との自由な関係を離れて、日常の企図・計画のなかに組み込まれてしまっていないだろうか。安定した生の営みを支えるという点で「役に立つ」といわれ、有用性の尺度に照らして算定された途端に、希望は特定の内実に伴われた「期待」のなかに絡め取られてしまうだろう。「学ばなければならない」「美徳」として目標に掲げられ、道徳上の観点から価値を付与された希望は、すでに何処か不自由なかたちで凝固させられている。件の有用性の尺度に規定されたボルノウ教育学の方法論は、このように希望を有用性と価値の連関へと絡め取ることによって、ちょうど危機の場合と同じように、希望という現象の希望たる由縁を立て塞いでしまってはいないだろうか。

加えて注意しなければならないのは、この希望に関する議論において再び、危機やこれに類する「生の全き脅威」が有用性に換算されていることである。「本来の自己‐存在」の場合と同じように、希望に道徳上の「美徳」としての価値が付与されることによって、個々の実存に関わる危機のような諸現象が、希望を獲得するための通路として捉え返されることになる。有意義性の連関に基づく日常の秩序を逸脱するはずの「全き脅威」が、これを乗り越えることによって「美徳」としての希望を獲得するための「役に立つ」通路として、再び有意義性の連関に回収されてしまうのだ。実存哲学が重要視した絶望や不安を「克服」することに向けたボルノウの要求は、同時にこの絶望や不安を希望に至るための踏み板として利用することを求めている。こうして有意義性の連関へと絡め取られた危機のような現象は、生の根幹を揺るがせにする脅威としての性格を奪い去られてしまう。こうした議論が、例えば危機の危機たる由縁を立て塞いでしまうばかりか、危機を生きる人間の在り方をも閉塞してしまうものであることは、本書第二章に詳しく検証された通りである。

こうした問題意識から次のような一連の問いが浮かんでくる。なぜボルノウは危機やこれに類する「生の全き脅威」を、ほかでもない希望を獲得するための通路として捉え返すことができたのか。例えば、実存哲学が重要視していた絶望や不安と、ボルノウが重要視している希望のあいだには、一般に把握されている対立以上の関係があるのだろうか。あるとすればなぜ、ボルノウはこれについて詳しい論考を残していないのか。有用性の尺度に規定されたボルノウ教育学の方法論が、この関係に目を向けることを困難にしているのだとすればどうだろうか。逆に考えるなら、「生の全き脅威」と希望との関係を詳しく検証することによって、有用性と価値の連関には回収することができないような、「希望することを学ぶ」こととの別な局面が浮かび上がってくるのではないか。希望に有用性と価値の両方を与え、これを「学ばなければならない」「美徳」として掲げることで、見落とされている事柄があるとすれば何だろうか。

このような問いに導かれて、以下では、一般には相対立するものとして把握されている希望と不安との関係を精査することにより、「希望することを学ぶ」という課題の内実を問い直すことが試みられる。希望に満ちた「明るい」生の局面に至る道程が、絶望や不安などの「暗い」生の局面を背景として打ち開かれるのだとすれば、それは一体どのような事情によるのだろうか。これは希望がいつも絶望や不安に脅かされていて、これらを「克服」することで繰り返し勝ち取られなければならない、という課題を示しているだけなのか。あるいはここには、ボルノウが「抵抗」や「克服」という概念で表現したのとは異なる、人間の生の別な在り方が示唆されているのだろうか。こうした問いに対する答えを探究するべく、まずは不安という現象に関するボルノウの論稿を辿り直すことで、希望と不安の関係を検証することにしよう。実存哲学の主題であった不安の概念を、ボルノウはどのように把握したのだろうか。この点を明らかにするには、ハイデガーによる不安の分析論を併せて紐解くことが有益だろう。なぜならこれについてはボルノウ自身が、不安の概念に関する哲学的・体系的な思想の先達を、ハイデガーの論稿に求めているからである。

第三節　ボルノウ教育学における「不安」の概念

本節では不安に関するボルノウの見解を詳しく検証する。この論考は以下の三つの項に区分される。

(1)　自由への条件としての不安
(2)　希望と不安の類縁性
(3)　ボルノウの実存哲学批判

(1) 自由への条件としての不安

『実存哲学』においてボルノウは、不安、退屈、憂愁、絶望などの「暗い」落ち込んだ気分こそが、実存哲学に「固有の相貌」を与えているのだ、と説明している。これらの「陰鬱な」気分は一般に、人間をその「本質の不完全性」において捉える「一種の弱さ」として、したがって、教育や自己陶冶によって「克服」されるべき「一種の弱さ」として受け取られてきた。ところが実存哲学は、こうした不安、退屈、憂愁、絶望のような気分こそが、「本来の実存」に至るために欠くことのできない条件であることを主張した。このように、さしあたり不安を始めとする「暗い」「陰鬱な」気分が人間の生において果たす機能を発見した点に、実存哲学の功績として認められるべき成果があるのだ、とボルノウは評価している〔Exp: 65f.〕。

実存哲学の導きに従いながらボルノウは、まずは不安と恐怖（die Furcht）というよく似た二つの現象を、区別することから始める。その解釈によれば、恐怖が何か特定の事柄を怖れる感情であるのに対して、不安の対象となる事柄はいつも無規定なままなのだという。恐怖はいつも「全く特定の脅威」に関係した恐怖である。人々が怖れるのは、現実のものであれ、架空のものであれ、明確に指し示すことができるものばかりである。これに対して、不安は特定の原因を持たない、とボルノウは続ける。「対象の無根拠性と無規定性」こそが、「不安のより深い本質に属する」特徴なのだというのだ。不安には特にこれといった根拠がなく、それゆえ、どれほど優れた理性に基づく省察でも、不安を完全に論破することはできない。それはほとんど「息苦しさという身体感覚」そのものであり、どれほど懸命に忘れようと努力してもそこに留まり続ける、捉え所のなさを特徴とする気分である。したがって、人間が自分の意志で不安を呼び起こしたり、消し去ったりすることはできない。対象に関して無規定な捉え所のない気分であるために、不安による脅かしは、人間の恣意によってはどうにもままならないものなのである〔ibid.: 66f.〕。

先に希望に関する考察の折にも指摘されたように、特定の対象を持たないというこの性格は、気分一般に当てはまる性格である。とはいえ、不安は希望と同じように、この対象が無規定であること自体を本質とする気分であるという点において、他の諸々の気分からは区別されなくてはならない。不安の対象が無規定であるということ、ハイデガーによればそれは、不安が身の回りに在るものを完全な無意義性へと落ち込ませてしまうことを表現していた。不安に襲われた現存在としての人間は、有意義性の連関に基づく日常の秩序が、脆くも崩れ落ちるのを目の当たりにする。「或るもののため」を指針とする日常の関心は深刻な機能不全に陥ってしまう。身の回りに在るものからその価値や役割が抜け落ちて、存在者としての重みを持たない「重要でない」ものが残される。それまで当然のように親しく思われていた諸事物が、どこか疎遠なものとして立ち現れてくることになるのだ〔GA 2: 244ff.〕。これとほとんど同じことを、ボルノウは次のように言い表している。

〔……〕世界に対する人間の関係が、不安のなかで、全体として動揺させられてしまうことになるのだ。いつもならとても温かく親しく人間を取り囲んでおり、さまざまな生の諸連関によって支えてくれる世界が、突然に遠く退いてしまったようになる。諸価値や諸理念を伴った全体的・精神的な世界と人間とのあいだに、何かが横たわってしまっているのだ。〔Exp: 67〕

不安の最中においては、それまで自明だった世界との素朴な関係は停止させられており、「わけがわからない」「どうしようもない」という混乱状態が支配している。世界が無意義であり無価値であるという、この厳格な事実そのものによって、不安は人間の生を脅かすのである。

このように、世界との関係が根拠を失った不安の最中においては、現存在の自己自身に関する理解も、根本から変容を被らざるをえない。有意義性の連関による規定を喪失した世界は、世界内存在としての人間に、もはやどのような基礎も与えることはない。それまで当然のように与えられていた役割や価値を奪い去られた現存在は、生きる意味や存在理由を喪失した、無規定な自己自身に直面することになる。いまや、身の回りの世界のみならず、現存在自身までもが、空虚な無規定性に襲われ立ち尽くすことになるのだ。

人間はもはや頼れるものを何も持っていない。人間は空虚のなかへと手を差し入れ、全くの恐ろしい孤独と孤立のなかに、自己を見て取るのである。〔ibid.: 67〕

有意義性の世界の中心としての地位を失った現存在は、自己に役割や価値を与える根拠が崩れ落ちてゆくなかで、世界と自己との透徹した無気味さを目の当たりにすることになる。ボルノウの言葉を借りるなら、まさに不安のうちには「全き無気味さの体験が圧縮されている」のである〔ibid.〕。この無気味さは、身の回りに在るものや現存在に付与された、何らかの特徴や性質のようなものではない。そうではなくて、無気味であるということは、どのような特徴や性質も十全な意義を持たないということ、どのような事柄に関しても十全な意義を認めることができないということである。現存在としての人間は、不安の最中において、家に居るときのような居心地の良さを奪われて、世界の内に在ること自体の無気味さを直視させられることになる。

このように見てくると、ボルノウの理論においては不安と危機という二つの契機が密接に絡み合っていることが、改めて明らかになる。不安のなかで直面される無気味さは、危機における日常の秩序の破綻と、精確に対応している。漠然とした不安が日常生活を窮地に追い込むこともあれば、唐突に生じた危機が不安な気持ちを呼び起こすこともあるだろう。ボルノウの見識に従うなら、不安の様相を帯びた危機こそが本来の危機であり、また、危機に伴われた不安こそが真の不安である、と考えられるかもしれない。個々の実存に関わる危機や不安は、普段慣れ親しまれた有意義性の連関から、世界と自己の両方を脱落させてしまう。それゆえにこそ、有意義性に依拠した現存在の関心は、不安の対象を明確に指差すことができないのである。

世間に耽溺した現存在が、「結局それは何でもなかったのだ」と話して不安に背を向けようとするのは、そのためである。ハイデガーが精確に見抜いていたように、有意義性の連関に支えられた日常の秩序の側からしてみれば、不安の対象とはまさに「無であって何処にもない」のである〔GA 2: 248〕。ボルノウによれば、人間の生におけるこの「無」(Nichts) の意味を問い質そうとしたところに、実存哲学による不安の解釈の特徴があるのだという。不安は現存在としての人間を、世界と自己の「無なること」へと否応なしに差し向ける。世界の内に在ることの無規定性を目の当たりにした現存在は、日常性への没頭から引き抜かれて、自己に固有の存在可能性へと向き合うことを余儀なくされる。これが現存在の「本来性」と呼ばれた存在様式であることは、前章に見た通りである。「無」に関するこうした分析を指してボルノウは、「不安による一見して無意味な人間の損害」を「積極的なものに変える」試みとして、これを評価している〔Exp: 68〕。

それでは、「無」に直面することによって、人間はどのように変化するのか。「不安は自由の目眩である」というキルケゴールの証言に着目したボルノウは、「無」によって開かれる人間の在り方を「自由」(die Freiheit) と名付ける。

> 不安のなかで初めて、人間は自由を獲得するのであり、不安を潜り抜ける以外の仕方では、自由を獲得することはない。〔ibid.: 69〕

不安の最中において人間は、日常的な役割や価値による規定から解放され、「本来の実存の課題に向けて自由にされる」。これについては、ハイデガーも、不安は「〜に向かって自由であることへと」人間を直面させると指摘している〔GA 2: 249f.〕。とはいえそれは、不安に襲われた現存在が、あれやこれやの諸可能性を気の向くままに現実のものとすることができるようになる、ということではない。前章にも詳しく論じられたように、不安に襲われながら死へと先駆する現存在は、自己に固有の可能性を「ありうべきもの」として、開け放たれたまま保持しなければならない。ハイデガーの言葉を借りるなら、不安のうちで立ち現れる「無」は、現存在を「可能存在として」開き示すのであり、現存在の本来性とは「可能性としての」本来性なのだ〔ibid.〕。不安の最中に打ち開かれる自由は、日常性への耽溺から解き放たれた自由であり、現存在の本来性という「ありうべきもの」としての自由である。

こうして不安と自由を結びつけたボルノウは、リルケの詩歌を手がかりにしながら、この不安に耐えることこそ「人間に要求される最高の功績」なのだと結論している。この不安を耐え抜くことによってのみ、人間の「実存の本来性が実現される」と考えるためである。不安を人間の「弱さ」として退けることができる、という非難は、大きな間違いだと忠告される。不安は「外から人間に襲いかかる単なる偶然」などではなくて、「人間それ自身の本質に帰属する」「根源的不安」なのだというのである〔Exp: 70f.〕。こうした論点には、不安を現存在の「根本情態」と呼んだハイデガーの影響を、垣間見ることもできるかもしれない。ただし、現存在の分析論から倫理学的・道徳論的な価値判断を排除したハイデガーが、不安に耐えることを、人間の「功績」として受け取ることはないだろう。この点に関しては前章で詳しく論じたところである。

(2) 希望と不安の類縁性

以上、不安に関するボルノウの見解を詳しく辿り直してきた。ハイデガーの論考をも参考にしながら明らかにされた、不安の特徴は、おおよそ次のように要約することができるだろう。

① 恐怖と対比された気分としての不安は、その対象について完全に無規定に留まるものである。人々が不安に襲われたとき、一体何に直面して不安になっているのかを、正確に説明することは困難である。

② それゆえ、人間が努力して不安を生み出したり、消し去ったりすることはできない。不安という現象は、それを生み出したり消し去ったりしようとする企図を越えたところで、人々を脅かすものである。

③ 現存在の日常性を支えている有意義性の連関は、不安によって揺るがせにされてしまう。不安は日常の秩序を混乱に陥れ、素朴な企図・計画の機能を停止させてしまうのだ。不安の最中に立ち現れてくるのは、自明な役割や価値を奪い去られた、徹底して無気味な世界にほかならない。

④ この無気味な世界が立ち現れてくるのに伴って、人間の自己理解も変容を余儀なくされることになる。不安の最中においては、それまで自明視されていた生きる意味や存在理由が奪い去られ、日常生活を支える役割や価値がその根拠を喪失してしまう。こうして、自己を中心とする有意義性の連関を取り払われた人間は、無規定な自己自身に直面させられることになる。

⑤ これを反対に眺めるなら、不安とは、日常の役割や価値による規定から人々を解き放つ、自由の条件であるとも考えられる。それは日常性への耽溺から解き放たれた自由であり、自己に固有の「実存の本来性」としての自由である。こうした観点から、不安は、人間の本質に帰属する「根源的不安」と

して捉え返されることになる。

ここに至って本書は大変意外な事実に直面する。驚くべきことに、ボルノウによって詳細に描写された希望と不安という二つの現象は、極めて似通った特徴を持ち合わせていたのである。この点を明確にするには、右に要約された不安の特徴を、希望の特徴と重ね合わせてみれば良いだろう。

希望と不安という二つの現象は、どちらも対象に関する無規定性をその本質としている点において、際立った類縁性を示している。なるほど確かに、特定の対象を持たないという性質は、感情と区別された気分一般の特徴であった。しかしながら、対象が無規定であること自体を本質とするという点において、希望と不安は、その他の気分とは一線を画している。また、希望にしても不安にしても、いずれも確固たる根拠に基づく期待や計画とは疎遠な、不確実さ・無気味さへと関わる気分である。希望することの核心を占めるのは、不確実な未来へと身を委ね、予測できない生の諸可能性へと開かれていることだった。これに対して、不安の最中において立ち現れてくるのも、やはり安定した企図には絡め取ることのできない、無気味さに支配された世界だった。このような不確実さ・無気味さが、人間の「自由」に結びついているとされた点もまた、希望と不安の共通点を示唆している。無規定な生の諸可能性へと「自由に」開かれた状態が、希望と不安の双方に特徴を与えているのだ。

ボルノウによって描写された希望と不安という二つの現象は、このように多くの点において、驚くほど類似した特徴を示している。こうしてこれら二つの現象の類縁性が明らかにされたことにより、本書は、両者の密接な関係を解明するための手がかりを獲得することができたように思われる。しかしながら、これは希望と不安との関係を問い直すための出発点でしかない。希望と不安のこれほど似通った類縁性は、確かに新たな発見ではあった。しかしそれでは、これら希望と不安のあいだに差異はないのか。そもそも希望と不安という二つの現象は、ボルノウによって、対比・対照されるべき正反対の現象として提示されたのではなかったか。これほど類似した性質を認めていながら、それでもボルノウが不安よりも希望のほうに価値を置くことができたとすれば、それは一体どのような理由によるのだろうか。希望と不安の相互関係を明らかにし、こうした問いに答えるために、以下では引き続き、これら二つの現象の差異に関するボルノウの論稿を、詳しく辿り直すことにしよう。

(3) ボルノウの実存哲学批判

希望と不安の差異を明らかにするには、実存哲学の思想に対するボルノウの批判を紐解くことが有益である。これまでにも何度か述べてきたように、絶望や不安を人間の本質と定めた実存哲学を克服しようとする点に、「希望の哲学」の中心課題があるからだ。絶望や不安を卓越した「根本気分」として把握する実存哲学の理解は、他の諸々の気分の重要性を無視した偏ったものにすぎないという点に、ボルノウの批判の核心があった。絶望や不安などの「消沈した」諸気分に関する探究は、幸福や喜びなどの「高揚した」諸気分に関する探究によって補完されねばならない、というのである〔WS: 76〕。

『気分の本質』においてボルノウは、ハイデガーの不安の分析論に対して、人間学の立場から徹底的な批判を行っている。この批判はさしあたり次の六つの点に集約されて表明されている〔ibid.: 77ff.〕。

(a)実存哲学においては、不安の最中に到達される生の在り方こそ本来の可能性であると見做され、人間の日常生活は望ましい状態から「堕落した」状態としてのみ把握されてしまう。
(b)このため実存哲学は、幸福や喜びなどの「生のより穏やかな側面」の価値を、正しく見て取ることができない。
(c)不安の最中には、全ての日常的な人間関係が崩れ去り、個々の人間が孤立させられてしまうものであるため、この現象を人間の本質と結びつける思想にあっては、「共同体の全ての関係」が、「非本来の現存在」に帰属するものとして退けられてしまいかねない。
(d)不安に脅かされた生とは、内容に関する規定を持たない「形式的な」(formal)ものであり、このため、内容に満たされた豊かな生の諸領域は、実存哲学の視野からは外れてしまうことになる。
(e)実存哲学は、不安の最中に開かれる「瞬間」(der Augenblick)という特殊な時間に目を向けるため、これと異なる時間の構造や、歴史の連続性、現実の生産性に関する洞察を欠いている。
(f)ハイデガー哲学には、「文化」の概念によって表される「世界全体」が欠けており、動物、植物、芸術作品などを「それらに固有の中心から見る」ような認識の形式が閉ざされている。

さらに、不安の分析論に対するこのような疑惑は、実存哲学の指標とされる「決断」(die Entscheidung)という概念に対する批判へと、ボルノウを駆り立てた。ボルノウにとってこの概念は、ハイデガーが『存在と時間』で用いた「覚悟性」の概念と、ほとんど一致するものである。『新しい被護性』においてボルノウは、次のように述べている。

しかし、それにもかかわらず、決断へのこうした執拗な衝動のなかには、何か引き攣らされたようなものが存しており、そして多くの場合にまさしく何か危険なものが存している。〔NG: 46〕

ボルノウによれば、混乱や矛盾に巻き込まれた場合、人間は決断を下すことによってのみ、「現在の動揺している状況から抜け出し、ようやく再び確固たる地盤を固めることができるのだ」という〔ibid.〕。このことを認めたうえで、ボルノウは、こうした決断への要請を、絶えず変わることのない要請として掲げた実存哲学に対して、厳しい疑問を投げかける。それによれば、特別な決断が必要とされるのは、「自明な確実性が失われてしまった折」または「外部から襲いかかる障害が内面の発達を邪魔する折」だけである。実存哲学のように、絶えず決断へと方向を定めていることは、むしろ「それ以外のより切迫した生の必然性に対して目を塞いでしまう」というのだ〔ibid.: 51f.〕。覚悟性というのは「一つの課題」に対して「集中して」いるため、「他の全ての諸可能性に対して閉ざされている」とボルノウは指摘する。もしも覚悟性だけが人間の生を規定するなら、人間の生は「人間によって計画された」「人間の意のままになる」「前もって算定可能な」経過になってしまう、というのだ〔ibid.: 54〕。決断・覚悟性を重要視する実存哲学は、人間の生の偏った側面だけを見ており、混乱や矛盾の外にある連続した＝安定した生のプロセスを看過してしまっている、という点に、ボルノウによる批判の骨子を見て取ることができる。

この決断・覚悟性を重要視する思想に対抗するべく、ボルノウは「随意性」（die Verfügbarkeit）という概念を取り入れている。マルセル（G. Marcel）の論稿から借用されたこの理念は、「決して予見できない未来の新しい諸可能性に向かって自己を開き保つこと」と規定されている〔ibid.〕。確固たる基盤を追い求めて他の諸可能性を排除する決断・覚悟性に反して、予測できない生の要求に対する開放性と随意性が必要なのだ、とボルノウはいう。「随意である」（verfügbar）ということは、「独りよがりの偏執から自己を自由にしたこと」「世界の内での課題に向かって再び自由になっていること」を意味している。ここで注意しなくてはならないのは、随意性を持つのは人間のほうであって、生の諸可能性が随意なのではないということである。人間が生の諸可能性に対して随意性を持つということは、人間が生の諸可能性を自由に跳ね回ることができるということではなく、ボルノウのいう「生の要求」のほうが自由に人間を規定することができる、ということを言い表している。「随意である」ことによって人間は、他者からの要求や生の諸可能性の到来に向かって自由になり、それらに身を委ねることになる。この随意性が「深く謙虚な慎み深い態度」と呼ばれ、人間の「美徳」に数えられるのはそのためである〔ibid.: 55f.〕。

しかしながら、本書としてはここで、「本来の自己」に関する前章の議論を、振り返ってみる必要があるだろう。そうすると、「覚悟性」という概念に関するボルノウの解釈は、およそ的を射たものであるとは言い難い、ということが明らかになる。ハイデガーによれば、現存在の覚悟性とは、不安の最中において立ち現れる世界と自己との無規定性に背を向けることなく、その無規定性に身を委ねることを表現していた。それは「確固たる地盤」を求める盲目的な企図などではなく、むしろ、そうした拠り所を期待することのできない無気味さを引き受けるほかはない、という事実に身を委ねることだった。こうした観点に立つなら、ハイデガーの覚悟性の概念は、マルセルの随意性の概念と、極めて近しい内実を持っていたことがわかる。この覚悟性の概念に「計画」や「予測」を見て取ろうとしたボルノウの解釈は、ここでもまた、無気味さそのものへの企図という重要な契機を、見落としてしまっているのだ。

ボルノウは、決断・覚悟性を「道徳上の美徳」として解釈したうえで、これに対抗する美徳として随意性を提示した。このように、ボルノウのハイデガー批判は、元来ハイデガーの哲学思想には疎遠なものであったはずの倫理学的・道徳論的な価値判断を、外部から勝手に持ち込んだうえで行われていることが少なくない。例えば、不安の分析論に対する最初の批判(a)もそうである。現存在の本来性に関するハイデガーの議論に対してボルノウは、それでは日常生活のさまざまな局面が、単なる「堕落した」状態として把握されてしまう、として反論していた。しかし前章でも確認された通り、ハイデガーは、現存在の非本来性＝日常世界への耽溺に関する議論が、一種の堕落した状態に関する議論として受け取られることを、繰り返し明確に拒否していた。ボルノウは、ハイデガーによるこの忠告を無視したうえで、自分勝手に持ち込んだ枠組みを当てはめて、不安の分析論を裁断しているにすぎないのだ。現存在の日常性を「堕落した」状態として把握することに対するボルノウの批判は、彼自身が持ち込んだ価値判断を照明とした自作自演にほかならない。

また、倫理学的・道徳論的な観点を持ち込んだりしない場合でも、ボルノウは、ハイデガーの論述の一部分だけを切り取って批判することが少なくない。例えばボルノウは、不安の分析論に対する三番目の批判(c)のなかで、不安は共同体の関係を閉ざすものだと指摘していた。ところがハイデガーは、不安を辞することのない覚悟性こそが、手配しながら事物の許に存在することや、世話しながら他の人々と共に存在することへと、改めて現存在を突き入れるという点を、明確に指摘しているのだ〔GA 2: 395〕。覚悟性は現存在を諸事物や他者との関係から解き放つものではない。不安の最中に「孤独であること」ができるということ自体が、却って、現存在がいつもすでに他者と共に存在する「共存在」(das Mitsein)であるということを証拠立てている〔ibid.: 161〕。不安の分析論に対するボルノウの批判は、ハイデガーによるこうした証言を、あえて無視したところに成り立っているのだ。

加えて指摘しておくなら、ハイデガーの論稿を離れたところでも、ボルノウの批判が「希望の哲学」の端緒としての役割を果たしうるかどうか、疑わしい箇所が幾つかある。例えば、不安の分析論における生の諸規定が「形式的な」ものであるという四番目の批判(d)は、そのまま「希望の哲学」の議論に対しても当てはまる両刃の剣だろう。ボルノウによれば、希望と不安はともに、対象の無規定性を本質とする現象であり、確固たる内実において規定することのできない現象であった。不安の分析論もそれに対抗する「希望の哲学」も、いずれも内実を欠いた「形式的な」規定しか許されない現象を取り扱うものであるかぎり、共通の限界を抱えているのだ。動物、植物、芸術作品などの認識に関わる批判(f)についても事情は同様である。絶対的な希望は全ての存在者に対する一般的な信頼に基づくものであるかぎり、透徹した無気味さに支配された不安と同じように、個別の諸事物に関する具体的な内容によって、その認識の射程を規定することはできないのである。

したがって、不安の分析論に対するボルノウの批判のうち、希望と不安との差異を明らかにするための手がかりとなるのは、二番目(b)と五番目(e)だけだということになる。不安や絶望を重要視する実存哲学の思想が、人間の生の一側面を明らかにしたにすぎない、という指摘はおそらく的を射ている。日常的な企図・計画に基礎を与える希望も、この企図・計画を揺るがせにする不安も、いずれも人間の生に深く関わる現象である。ボルノウの言葉を借りるなら、希望と不安が象徴している生の側面を、それぞれ生の「明るい」側面と「暗い」側面と呼んで、区別することもできるかもしれない。これに加えて、人間と時間との関わり方という観点から、希望と不安の差異を指摘することもできるだろう。ボルノウによれば、「瞬間」を重要視する実存哲学の人間観は、「時間の流れによって支えられているという連続性」や「瞬間から瞬間へと導いてくれる橋」を、等閑視してしまうのだという〔WS: 80f.〕。こうした批判に対しては、現存在の「時間性」(die Zeitlichkeit)に関するハイデガーの議論を引いて、反論したくなるかもしれない。しかしこれに関しては、不安の最中における時間の特徴を「瞬間の絶対的な厳密さ」として把握した、ボルノウの解釈のほうが的を射ている。希望に満ちた未来への企図と、不安を辞することのない瞬間への企図とは、明確に区別されなければならない。

第四節　世界と自己の無規定性に臨んで

「希望することを学ぶ」とはどのようなことか――これまでの議論を通して本書は、この問いに関わる幾つかの重要な手がかりに辿り着くことができた。さしあたり、ボルノウの論稿を詳しく辿り直すことで、希望と不安という二つの現象が、意外なほど類似した特徴を与えられていることが明らかにされた。これら二つの現象はどちらも、対象となる特定の事柄を持たない、という点に主要な特徴を持っている。このように対象に関して無規定な気分として、希望と不安はいずれも、確かな根拠に基づく期待や計画とは疎遠な、生の不確実さ／無気味さと密接な関係を持った現象でもある。希望の最中においても不安の最中においても、私たちは、特定の事物に関する閉ざされた期待や、有意義性の連関に規定された企図から解き放たれ、予測できない生の諸可能性に対して「自由に」なる。これらは、ボルノウ自身の論稿のなかでは明確に論及されることのなかった、非常に驚きに満ちた類縁性の発見だった。

とはいえ、希望と不安のあいだには厳然たる差異があることも、やはり疑いの余地がない。ボルノウの言葉を借りるなら、不安が生を消沈させる「暗い」気分であるのに対して、希望とは生に高揚をもたらす「明るい」気分である。一方は生に対する嫌悪や不信といったネガティブな感情を生みだしかねないのに対して、もう一方は感謝や信頼などのポジティブな感情と結びついている。この「明るさ」や「暗さ」が何に由来するのか、これについては以下に詳しく考察することにしたい。さらにまた、人間の生の連続性／非連続性という区別からも、これら二つの現象の差異を指摘することができる。希望が生の連続性に基づく未来への企図の基盤となるのに対して、不安は動揺させられ中断させられた生の非連続性を裂け開く。希望に包まれた生と不安に脅かされた生とでは、時間に対する人間の関わり方が大きく異なっているのである。

希望と不安のこの類縁性および差異を端緒として、本書はようやく、これら二つの現象の関係を論じることができる。希望と不安は対象の無規定性を共通の特徴として持っているが、この背景には、不安の分析論のなかで論及された世界と自己の無規定性がある。希望と不安はいずれも、世界と自己の無規定性に関わる現象であり、世界と自己の無規定性を軸にして、いわば背中合わせに結びついている。特定の期待・計画に絡め取られることのない、世界と自己の徹底した無規定性こそが、希望と不安の密接な関係の語られざる由縁なのだ。不安の最中に立ち現れる世界は、日常の秩序を動揺させられた無意義性の世界だった。この無意義性の世界においては、私たち人間もまた、明確な存在理由や生きる意味を与えられず拠り所を失うことになる。不安を支配しているのは世界と自己の徹底した無気味さ＝無規定性なのだ。ところが、同じ世界と自己の無規定性が、希望の最中にあっては、生の諸可能性を支える基盤として立ち現れてくる。日常の役割や価値を失った裸形の自己でさえ、希望のうちでは生の諸可能性への自由が生い立つ起源に様変わりしている。希望の最中において私たちは、世界と自己の汲み尽くしえない豊穣さ＝無規定性に出会うのだ。

このように、希望と不安という二つの現象は、どちらも同じく世界と自己の無規定性に関わるものであるが、その最中において私たちは、この無規定性に対して正反対の態度を取ることになる。同じく世界と自己の無規定性に直面していながら、希望に包まれた人間と不安に飲まれた人間とでは、その無規定性の受け止め方が全く異なるのだ。不安の暗闇が私たちを飲み込んでいるとき、世界と自己の無規定性は一つの脅威と見做されることになる。しかし、希望の光が生を包み込むなら、同じ無規定性が一つの信頼に足る拠り所として受け取られることになるだろう。不安の最中にあっては、わけのわからないものへの気後れやどうしようもない絶望感が、世界と自己を貫いて支配している。これに対して、希望を希望として成り立たせているのは、見知らぬものへの謙虚さやどうにかなるという安心感である。このように、希望と不安は正反対の性格を持つ気分であるが、いずれにおいても、世界と自己の無規定性に対する姿勢が問題となっている。世界と自己の徹底した無規定性を目の当たりにしたときの、私たちの受け止め方の違いが、「明るさ」と「暗さ」という言葉で表現された希望と不安の差異を縁取っているのである。

以上の検証に基づいて本書は、ボルノウが危機、絶望、不安のような「生の全き脅威」を、希望を獲得するための通路として捉え返した背景に、どのような洞察が控えていたのかを窺い知ることができる。希望と対立させられていたはずの不安が、希望を獲得するための通路になりうるとすれば、世界と自己の無規定性という核心を希望と不安が共有しているからだろう。このとき希望と不安のあいだには、単なる対立構造には回収することのできない、表裏一体の緊張関係が認められることになる。無気味さに伴われた不安のなかで、世界と自己の無規定性が空け開かれて（gelichtet）あることは、明るい（licht）希望に満ちた生の豊饒さが打ち開かれるために、欠くことのできない条件なのだといえば、ボルノウの理論の背景を汲んだ解釈となるだろうか。

この希望と不安の関係をさらに詳細に見るとすれば、次のように考えることもできるかもしれない。ハイデガーによれば、不安に襲われた現存在の覚悟性は、わけもわからずに投げ込まれていた世界と自己の無気味さに、改めて自己を賭けること＝「選択を選択すること」を要求するとされた。世界と自己の無気味さそのものが、不安の最中に残された唯一の企図の宛先となる。連続性を帯びた日常の秩序に基づく期待・計画とは異なり、非連続性を帯びた瞬間に身を委ねるのが現存在の覚悟性だった。ところが、それがまさに世界と自己の無規定性へと身を委ねることであるかぎりにおいて、この覚悟性はボルノウのいう随意性へと展開する傾向を秘めている。予測することのできない生の諸可能性へと開かれた随意性は、一度は閉ざされていた諸々の企図に再び基礎を与え、新たな秩序に支えられた生の連続性を打ち開くだろう。この随意性に伴われた希望によって、特定の事物に関する期待や計画のための、「支持する基盤」が与えられることになるというわけだ。不安を辞することのない覚悟性によって、希望に支えられた随意性が生い立つ。ハイデガー一流の言い回しを借りれば、このとき初めて時間が「時間になる」(sich zeitigen) のだ。

しかしながら、ボルノウの理論に依りながらボルノウの理論を越えて、希望と不安の関係を問い直してきた本書としては、本節がこれまで書き留めてきた希望と不安の関係は、実体として取り上げられ命題のなかに固定された途端、有無をいわさずに消失してしまうものであることを告白しなければならない。ボルノウの論稿を精査したことによって本書は、従来は問われることさえ稀であった、希望と不安との密接な関係を浮かび上がらせることができた。確かにこれは新たな発見であったがしかし空虚な発見である。本章の冒頭に、希望について語ることは空虚な印象を与えかねない、と書かれたことを思い起こそう。希望と不安の関係に注目することによって本書は、期せずして、この空虚な印象の起源へと逢着した。希望に関する言説が多くの場合に空虚な印象を呼び起こすとすれば、それはこの言説が世界と自己の無規定性に触れているからなのだ。世界と自己の無規定性を核心とする希望や不安を、有用性と価値の連関に回収しようとする言説は、これらの現象に対して誠実であろうとするかぎり、全て空虚な言説に留まることを余儀なくされる。

なぜなら、希望が「役に立つ」とか「価値をもつ」といった主張は、希望を有用性の尺度に照らして算定することにより、これを有意義性の連関に基づく日常の企図＝期待のなかに組み込んでしまい、希望の背景にある世界と自己の無規定性を立て塞いでしまうからだ。同型の問題が不安の場合にも生じることは、前章の議論を振り返ってみても明らかだろう。世界と自己の無規定性を受け止めることの重要性を強調すればするほど、却ってこれを有用性と価値の連関のなかで飾り立て祭り上げることによって、希望や不安の核心を骨抜きにしてしまいかねないのだ。重要なのは、希望と不安の関係に関する言説の空虚さを取り去り、これを実質を伴った主張として提示することではない。希望や不安といった現象に関わる言説の空虚さが生い立つ起源を見定め、この起源＝世界と自己の無規定性からの要求として、この空虚さを引き受けることが求められるのだ。というのも、この希望や不安のような現象に関わる言説の与える空虚な印象こそ、希望と不安の密接な関係の背景にある世界と自己の無規定性を、これ以上なく雄弁に告げ知らせるものだからである。

希望と不安という二つの現象に関するボルノウの論稿を検証してきた本書は、思いがけず言説の空虚さという問題に行き当たった。希望や不安のような現象に関わる言説が、世界と自己の無規定性からの要求に従って、空虚なものに留まることを余議なくされるとは、いかにも奇抜な課題提起である。実のところこれは、ボルノウが提唱した教育学の探究方法の再構築に携わる、本書の後半に取り扱われるべき内容である。したがってここではただ、希望や不安のような世界と自己の無規定性に関わる現象の探究には、従来の探究方法とは異なる「知」の在り方が求められることになるということを、簡単に予告することができたことで満足しておくことにしたい。

こうした観点から、「希望することを学ぶ」ことが困難であるといわれた背景もまた、いっそう明確に浮かび上がってくることになる。ボルノウによれば、「希望すること」は予測不可能な開かれた未来に身を委ねることであったが、「希望することを学ぶ」ためには、このように開かれた未来へと身を委ねようとするその「我意」さえ断念しなくてはならないとされた〔NG: 124〕。簡潔に言い換えるなら、「希望することを学ぼう」という確固たる意志があるうちは、「希望することを学ぶ」ことはできないということだ。「希望すること」が獲得するべき目標として掲げられ追求された途端、希望は有用性と価値の連関に絡め取られてしまい、世界と自己の無規定性は立て塞がれてしまうことになる。「希望することを学ぶ」ことが人間の独力によってはは実現不可能なのは、人間の能力が欠如しているからでも努力が不足しているからでもなく、希望の背景を占めている世界と自己の無規定性が、「希望すること」を目標として掲げて追いかけることを拒み去っているからなのだ。

このように捉え返してみると、「希望することを学ぶ」ことに関わるこの困難を指摘したとき、ボルノウは、希望と不安に共通の核心としての世界と自己の無規定性を、精確に見て取っていたように思われる。ところが、有用性の尺度に規定されたボルノウ教育学の方法論は、希望を生の役に立つ基盤として捉え返し、これに道徳上の美徳としての価値を付与することを、探究の出発点に置かれるべき前提として要求した。これによりボルノウは、希望を有用性と価値の連関へと絡め取り、獲得するべき目標として掲げるように駆り立てられた。ハイデガーによる不安の分析論に対する、誤解に基づいた過剰な対立意識が、この傾向に拍車をかけたことは間違いないだろう。この結果、希望と不安との共通の背景が精査されることもなく、幾つかの箇所に示唆されている両者の浅からぬ関係は、多くの場合に「抵抗」や「克服」といった言葉によって単純に規定され、両者の対立構造が特に強調されることになった。ボルノウが掲げた「実存主義の克服」という課題を考えるとき、こうした傾向が生じてくるのは止むをえないところもある。しかしながら、有用性の尺度に規定された方法論が、結果として希望の生い立つ背景を立て塞いでしまうとすれば、ボルノウの教育理論を問い直そうとする本書は、この問題を見逃すことはできない。

こうして危機に関する議論の場合と同じように、希望に関する議論においてもまた、ボルノウの論考をボルノウの論旨に従って徹底させることによって、ボルノウの議論に孕まれた錯綜した点が浮かび上がってきた。希望という現象を主題とする場合にも、やはりボルノウは、素朴な有用性や価値には換算することができない事柄を扱っていながら、これを人間の生の「役に立つ」「美徳」として祭り上げてしまう。本書が行ってきたように、ボルノウの論稿を丁寧に読み解けば、希望が単純な有用性や価値を越えた現象であることを、そこから読み取ることもできる。しかしながら、こうした問題がボルノウによって正面から取り組まれることはなかった。有用性の尺度に規定された件の方法論が、こうした問題に対する取り組みを規制していることは疑いの余地がない。この方法論に従うかぎり、個々の現象に関する議論の出発点にはいつも、この現象が人間の生の「役に立つ」という前提が置かれることになり、これ以外に別の観点を立てることができない。ボルノウの教育理論に内在している問題点は、このように、有用性の尺度に規定された方法論を採用していながら、有用性や価値には換算することのできない現象を取り扱っているかぎり、避けることのできない困難を背景としたものであることがわかる。

有用性の尺度に規定された方法論を用いていながら、有用性や価値とは疎遠な現象を取り扱おうというのだから、議論が錯綜してしまうのは当然だろう。したがってここでも、希望を「役に立つ」「美徳」として捉え返したボルノウの理論が、正しいか誤りかということに問題の焦点があるのではない。実際の生にとって希望は役に立つ基盤であるかもしれないし、獲得するべき目標として掲げられるような美徳なのかもしれない。しかし、こうした見識が「証明」された命題として提示されることによって、ボルノウ自身が告示していた希望の希望たる由縁が、立て塞がれ覆い隠されてしまうことが問題なのだ。希望が人間の「役に立つ」

「美徳」であると唱える声は、希望が生い立つ背景としての世界と自己の無規定性を、抑圧し拭い去ろうとするかのように響く。ボルノウの教育理論に内在している問題点とは、このように個々の現象とこれを取り扱う方法論との齟齬を原因とする、議論の錯綜した点を指している。こうした問題点が最も顕著に、生のあらゆる事象を巻き込むようにして現れてくるのが、次章の主題となる「新しい被護性」に関するボルノウの論稿である。

第四章　「住まうこと」と世界の奥行き
——O・F・ボルノウ「新しい被護性」再考

本章の概要

前章に引き続き本章でも、ボルノウの著書『新しい被護性』を読み直すことによって、ボルノウ教育学の内実と問題点を明らかにすることが試みられる。希望という現象を主題とした前章に対して、本章では、当該書のタイトルにもある「被護性」(die Geborgenheit)という現象に着目する。この被護性という現象に関するボルノウの論考を問い直すに当たっては、ハイデガーの提示した「世界」概念が重要な手がかりを与えてくれるだろう。ボルノウとハイデガー両者の空間論を併せて紐解くことにより、前章までに明らかにされたボルノウの教育理論に内在している問題点＝議論の錯綜した点が、これまでよりも広く敷衍されたかたちで浮かび上がってくることになるだろう。

この課題を受けて本章は以下の四つの節に区分される。

第一節　ボルノウ教育学における「被護性」の概念
第二節　ボルノウ教育学への問いかけ（3）
第三節　「住まうこと」と世界の奥行き
第四節　「有意義性の連関による包摂」という問題

教室、校舎、校庭、家屋、公園、居室など、諸々の空間が子どもの成長発達に与える影響や、教育における環境構成の重要性については、これまで多くの論者が話題にしてきた。子どもが落ち着いて学習に取り組める場所、心安らかに休むことができる場所、思いきり走り回れる安全な場所など、子どもを取り巻く環境の意義については、誰もが認めるところだろう。子どもの環境を主題とするこうした議論のなかで、件の「被護性」に関するボルノウの理論は特に重要な位置を占めている。私たちが「保護されている」と感じることのできる空間が、子どもの成長発達にとってはもちろんのこと、人生の全時期を通して非常に重要な意義を有していることを強調した点に、ボルノウの理論の特徴がある。安らいで「保護されている」と感じることのできる空間があってこそ、子どもは健やかな発達を遂げることができるのであり、私たちは十全な生を営むことができるのだというわけである。この「保護されている」という感覚＝被護性に関するボルノウの理論を再考するために、本章においては、前章には触れなかった『新しい被護性』の後半部分を中心に、他の著作も交えて、従来とは異なる角度から丁寧に検証していくことにしたい。

第一節では、被護性という現象の特徴とその重要性に関するボルノウの見識を、改めて精査することが試みられる。元来この「被護性」(Geborgenheit)という概念は、「救助する」「保護する」という意味の動詞「bergen」が受身のかたちで名詞化されたものであり、「保護されていること」「安全であること」といった意味を持っている。この概念を導入するさい、ボルノウが批判の対象として念頭に置いていたのは、ハイデガーが現存在の分析論のなかで提示した「被投性」(die Geworfenheit)の概念であった。人間が孤独なまま世界の内に投げ出されていることを強調した実存哲学に対して、ボルノウは、人間が世界のなかで「空間の全体」に保護されていることの重要性を証示しようとした。実存哲学によって際立たせられた「実存的な孤独という桎梏」を打ち壊して、「担い支える実在性」との関係を取り戻すことが、現代の緊急の課題なのだというのである〔NG: 23〕。

これを受けて第二節では、この「新しい被護性」に関するボルノウの理論に対して、これまでと同じように幾つかの疑問点が提示される。ボルノウによれば、希望が危機のなかから生い立つといわれたように、被護性もまた一度は不被護性=被投性の経験を潜り抜けていなければならず、この不被護性の経験を含み込んでいなければならないという。まさにこの点に、素朴な安全性からは区別された「新しい」被護性の特徴があるというのだ。しかし、個々の実存に関わる被投性と対比された「新しい被護性」が、なおも不被護性の経験を内包していなければならないとすれば、ここには一体どのような事情があるのか。世界に保護されていること=被護性と、孤独に遺棄されていること=被投性は、希望と不安のように密接な関係を有しているのだろうか。とはいえ、もしそうだとすれば、「空間一般」によって保護されることの重要性を説くことは、不被護性=被投性の経験を排除してしまうことにより、結局「新しい被護性」が生い立つ現場を立て塞いでしまうことになりはしないか。こうした問題意識が本章後半の探究を導くことになる。

こうした問いを受けて、第三節では、「新しい被護性」に関する議論のなかで繰り返し援用されている、ハイデガーの空間論が紐解かれる。ボルノウが特に重要視しているのは、「住まうこと」(das Wohnen)に関する、ハイデガーの洞察である。一度は批判の対象とされた思想家が肯定的に参照されるという、捩れた関係がここにはある。もちろんこの背景には、ハイデガーの思想の変遷についてのボルノウなりの解釈が存在しているのだが、残念なことにそこにはまた読解の不徹底な箇所も見受けられる。そして、これまでと同じくその読解の不徹底さが、「新しい被護性」に関するボルノウの理論を、著者自身の意図を裏切るような帰結にまで導いているように思われるのである。「住まうこと」に関するハイデガーの論考を丁寧に読み解くことで、ボルノウがそこから何を採り入れて何を切り捨てたのかを検証し、被護性に関するボルノウの理論を問い直すための手がかりを模索することが、第三節の課題である。

こうした探究に基づいて、第四節では、「新しい被護性」に関するボルノウの理論に内在している問題点が突き止められることになる。これまでと同じく、有用性の尺度に規定された方法論が、「新しい被護性」に関する議論にどのような問題を生み落としているのかが、丁寧に検証されなければならない。さらに、ここから振り返ることによって、素朴な安全性が崩壊した後にもたらされるという「新しい被護性」と、個々の実存に関わる被投性との関係が、改めて捉え返されることになるだろう。ボルノウがハイデガーを援用しながら述べているように「人間は住まうことを学ばなければならない」のだとすれば、ここから人間はどのような生き方を求められることになるのか。世界に保護されてあること＝被護性と、孤独に遺棄されていること＝被投性は、一体どのような関係を有しているのだろうか。ハイデガーの論考を映し鏡にすることで、こうした問題に関するボルノウの理論を問い直すことが本章の課題である。

第一節　ボルノウ教育学における「被護性」の概念

本節は、ボルノウ教育学における「被護性」の概念の内実を、「無傷なもの」「住まうこと」「バランス」などの概念との関連のなかで検証する。この論考は次の四つの項に区分される。

(1)「新しい被護性」と「無傷なもの」
(2)「新しい被護性」と「住まうこと」
(3)「住まうこと」に関する三つの要請
(4) 子どもの被護性と教育

(1)「新しい被護性」と「無傷なもの」

人間は生まれながらにしてこの世界の内に存在しており、また存在せざるをえないものである。主著『存在と時間』においてハイデガーは、自己の意志とは関わりなく存在せざるをえない、ということの事実を、現存在の「被投性」と呼んだ〔cf. GA 2: 178ff.〕。そもそもなぜ人間は存在しなくてはならないのか、どこから来てどこへ行くのか、そうしたことは全て闇に包まれている。これに関連してハイデガーは次のように問うている。

「現存在」のなかへと立ち入ることを意志するか否かに関して、かつて現存在は現存在として自由に決断したことがあったのだろうか、さらにまた、いつかは決断できるようになるのだろうか。〔GA 2: 302〕

来し方も行く末も知らぬままに、寄る辺もなく孤独な状態で、自己の意志や決断とは無関係に、世界の内へと投げ出されていること。この存在の根底に関わるわけのわからなさ、どうしようもなさこそが、世界内存在としての現存在を規定する「被投性」の内実なのだ。

こうした人間観に対してボルノウは、身の回りの事物に囲まれて保護されていることの重要性を強調する。実存主義を克服するためには、人間を取り巻く世界に対する「新たな信頼」を獲得することが必要なのだ、というのである。絶望や不安のように、実存哲学が重要視した現象は、ボルノウにとって、人間を「世界から閉め出して」しまい「自己自身のなかに閉じ込める」ものだった。これに対して、「人間が外部の世界に向けて自己を開いており、この外部の世界が改めて人間にとって打ち解けたものとして明らかになる」ときには、人間は「おのずから幸福な状態にあるのに違いない」と、ボルノウは断定している。不安に襲われた人間が「外部の世界との全ての接触を遮断する」ものであるのに対して、幸福な気分は「人間の外部にある何らかの真正な現実性との接触」を「初めて可能にするのだ」というのである。こうした観点からボルノウは、「人間の外部にある担い支える実在性の問題は、幸福な気分状態の基礎と何らかの仕方で関係している」という結論を導く。これにより、被投性を軸とした実存哲学の人間観の問題点が強調されると同時に、これを克服するという課題の重要性が際立たせられることになるのだ〔NG: 147f.〕。

ボルノウ以前の思想家にとって、外部の世界の実在性といえば、「人間の生の発展を制限する」ような「越えることのできない限界」にほかならなかった。これに対してボルノウは、同じ実在性が「人間が拠り所にすることができ信頼することができる」ような「人間の外部にある現実性」という側面を持つことを強調したのである。言い換えるならそれは、「人間に固有の現存在を許すような、人間の生に初めて意味を与えるような、人間の外部にある一種の固定された（アルキメデスの）点」である。とはいえ、ボルノウの指摘によれば、この「担い支える実在性」は、「信仰」（der Glaube）と呼ばれる仕方によってのみ「近づくことができる」のだという。人間の生を支える「担い支える実在性」は、「疑惑に対して合理的な論拠によって立証されることはない」。外部の世界との信頼関係は、「人間の努力にのみ依存するのではなく」「同時に恩寵として人間に転がり込んでくる」ような仕方によって、疑惑から勝ち取られなければならないというのだ。この「恩寵」は「一種固有の努力によって掴まれなければならない」とボルノウは続ける。前章に論じた希望に関する理論との類似性は明白だろう。こうして、希望と同じく「新しい被護性」もまた、人間の意志や努力のみによっては獲得することのできない、「恩寵」として人間に与えられるほかはないような気分として、提示されることになる〔ibid.: 150f.〕。

この世界との信頼関係が芽生える「場所」として、ボルノウは、第一に他者の存在を挙げている。「担い支える実在性」が「人間に何より先に生じてくる」場所は「生きている他の人間」だというのである。「私が苦境にある場合にも、その誠意を当てにすることのできる、親切かつ信頼しうる共同人間」との関係が重要なのだ、とボルノウは指摘している。なぜなら、このような他者と共に在ることによって初めて、「世界の全体」（die Welt im ganzen）が、それまでとは全く異なる姿で立ち現れてくることになるからである。他の人間との信頼関係のなかで、世界全体は「無気味・脅迫的・束縛的な障害として」ではなく「活動の余地を与える広さのなかで、同時に支援的かつ支持的なものとして」経験されることになる、とボルノウはいう。

こうした「世界の全体」の変化をもたらすゆえに、他の人間との信頼に満ちた関係は、「担い支える実在性」が立ち現れてくるための契機とされるのだ〔ibid.: 152ff.〕。

このように他者との信頼関係のなかで立ち現れる世界について、ボルノウはそれを、実存哲学が強調した「破壊された世界」から区別して「無傷の世界」(eine heile Welt) と呼んだ。「無傷なもの」(das Heile) という概念こそ、ボルノウが、「幸福な信頼と深い被護性を基盤として開かれる存在規定」のなかでも、「究極最後のもの」として提示した概念にほかならない。「無傷なもの」というこの言葉は、一般に或るものを「破壊されたもの」や「破損したもの」から区別する。とはいえ、ボルノウによれば、これはその「或るもの」が頑強で破壊不可能であることを含意しているわけではない。むしろ「無傷なもの」は「破壊しうる」ものである。「無傷なままに留まっていること」というのは、「何か注目に値すること」「根本から驚くべきこと」であり、「さらに深い保護する諸力の御陰を被る一種の奇跡のように思われる」というのだ。ここから、一般に「無傷なもの」というのは、元来は壊れやすいものであるにも拘らず、破壊の脅威に晒されていながらも、なお損なわれることなく留まっているものを指していることが判明する。無傷であることにおいては、破壊の脅威とそれに対する抵抗とが、危うい緊張関係を保っているのだ〔ibid.: 156f.〕。

こうして「無傷なもの」という概念の一般的な意味を明らかにしたボルノウは、次にそれを詩作者や作家の「証言」によって補完することを試みている。ここでは、右に明らかにされた「無傷なもの」の特徴が、ベルゲングリューン (W. Bergengruen) やリルケの証言を借りて、いっそう豊かな表現へともたらされることになる。世界の「無傷であること」と人間の「無傷であること」は密接に関係していることが明らかにされ、さらにそれらは人間存在の全体性を治癒するもの (das Heilende) としての「聖なるもの」(das Heilige) へと結びつけられていく〔ibid.: 158ff.〕。とりわけ本書の課題にとって重要なのは、ここでその「証言者」の一人として、ハイデガーの論考が援用されていることである。実存主義の克服を課題とする論稿に、その主たる批判対象だったはずのハイデガーの論考が援用されることは、一見すると奇妙な印象を与えるかもしれない。ところが、ボルノウはここでハイデガーの思想の「さらなる発展」または「確固たる修正」を見て取っている。「被投性」を軸とする実存哲学の人間観は、「無傷なもの」を軸とする新しい人間観によって、完全に置き換えられたと考えられているのである〔ibid.: 161〕〔cf. AP: 120〕。実はこの箇所に、ハイデガーの哲学思想に関するボルノウの重大な誤解が、すでに垣間見えているのだが、この問題に関しては後に詳しく論じることにしよう。

ヘルダーリン（F. Hölderlin）の詩歌に関するハイデガーの小論を引き合いに出しつつ、ボルノウは、そこで用いられた「晴れやかさ」（das Heitere）という概念を「無傷なもの」へと結びつけていく。「帰郷」（Heimkunft）と題された詩歌に言葉を寄せて、ハイデガーは次のように述べている。

> 晴れやかさ、朗らかさ、ただそれだけが、他のものにそれに相応しい場所を空け整えることができる。〔……〕晴れやかにすることは全てを空け開く〔lichten〕ので、晴れやかさは事物に本質の在り処を提供する。各々の事物はその在り方に即して、この本質の在り処に帰属している。これによって、その本質の在り処のなかで、まるで静かな光のように、晴れやかさの輝きのなかに、各々の事物が固有の本質に自足する。〔GA 4: 16〕[*10]

ここには確かに、『存在と時間』の時期の不安や退屈の分析論とは異なった、人間存在の「明るい」側面が描き出されているように思われる。続く箇所でも「この〔晴れやかさの〕清澄さのなかで、事物と人間たち

---

*10 この引用箇所を含むハイデガーの論稿に関しては、本書第七章で詳しく取り上げる予定である。

の『本性』（die Natur）が無傷に保たれている」と書かれている。晴れやかさは「全てのものを、動揺させられていないもの・無傷なもののうちに保持している」と〔GA 4: 17f.〕。これを受けてボルノウは次のように解釈する。

それゆえハイデガーに従うなら、晴れやかさは、諸事物が外部からの脅威によって損なわれることなく、内部からその十全な本質に向かって開花することができ、そうしてそれ自体を人間に開示することができるような、そのような秩序を創り出す。しかし、それは同時に人間自身のためにも、人間がその本質の全体性へと損なわれることなく発達することができるような空間を創り出すのである。〔NG: 162〕

こうした見識に基づいて、ボルノウは、この「晴れやかさ」こそ人間を含む全ての事物に「無傷であること」を許すような、「究極の基盤」なのだと結論している。この「晴れやかさ」こそ、諸事物を破壊の最中にあって破壊から守り抜き、「無傷なもの」として保持するような、「治癒するもの」「聖なるもの」にほかならないというのである〔ibid.〕。

(2)「新しい被護性」と「住まうこと」

とはいえ、ボルノウによれば、この「晴れやかさ」によって実現されている「無傷な世界の意識」は、「保証された所有物として人間に与えられている」のではないという。すでに「支持する基盤」に関する議論のなかでも指摘されたように、この「無傷な世界の意識」は、ただ「充実した瞬間の恩寵」によってのみ人間に送り届けられ、「この恩寵とともに再び消失する」というのである。だとすれば、人間に許されているのは、こうして一種の恩寵として与えられた「無傷な世界」のなかで「自己を保持する」こと、または「自己を固定する」ことだけだ、ということになるだろう。ボルノウの言葉を借りるなら、これは「人間が人間の側において力の及ぶかぎり、人間を脅かす危険に立ち向かい、この危険に対して武装する」ことにほかならない。「無傷な世界」に保護されてあることは、人間が「世界のうちで安全な避難所を造ろうと試みる」ことを、言い換えるなら「押し迫る危険に対する防壁を自分から築き上げる」ことを、要請するのである。こうして「新しい被護性」に関する議論は、「家屋の意味」に関する議論へと接続されることになる〔ibid.: 168〕。

　この議論の射程には、外壁を持った家屋だけでなく、村や町までをも含めた「人間による人間の環境の計画的造形」に関わる問題が、広く含まれている。「故郷喪失」（die Heimatlosigkeit）という言葉によって定式化される実存哲学の人間観に対して、ボルノウは、「新しい故郷」（eine neue Heimat）の獲得という課題を実存主義の克服のための旗印として掲げる。この課題は同時に、世界が「脅迫的・無気味に」ではなく「保護的・防護的に」現れてくるように、「世界に対する人間の関係の全体を改変すること」を含んでいる。故郷喪失の状態にある人間は「無防備・不安定」であって、「馴染みのない脅迫的・無気味な世界へと引き渡されている」。これに対して、新しい故郷の獲得という課題にとっては、「この世界の有限なもののなかで新たに人間に基礎を与える」こと、さらには「脅かすような諸力に対して固定された足場を手に入れさせる」ことが肝要になってくる〔ibid.: 169ff.〕。

　サン＝テグジュペリ（A. Saint-Exupéry）の文学作品に示唆を受けながら、ボルノウは、この課題を人間の「住まうこと」（das Wohnen）に関わる課題として先鋭化している。実存哲学が暴露した故郷喪失という状態に対抗して、人間が「新たに居住しているようになること」あるいは「人間に新しく住居を与えること」が要請されることになる〔ibid.: 171〕。

> なぜなら、住まうことによってのみ人間は、自己の本質の実現を達成することができるのだから。〔ibid.: 174〕

この「住まうこと」に関する考察においてもボルノウは、先の「無傷なもの」に関する考察のときと同じく、ハイデガーの哲学思想を参照している。これによって、サン＝テグジュペリによって示唆された「住まうこと」に関わる連関を、「さらに普遍的なものへと高める」ためだという。ここでもハイデガーは、やはり実存哲学の思想を離れ去って、新しい世界観／人間観へと転向したものと見做されているのだ〔ibid.〕。「建てること・住まうこと・思索すること」と題された講演録において、ハイデガーは次のように述べている。

> 人間であるということが意味しているのは、死すべき者として大地の上に存在すること、住まうことなのだ。〔GA 7: 149〕

これを受けてボルノウは、「人間は一般に、留まることにおいてのみ、本当の存在を実現することができるのだ」と解釈している。

> 人間というのはその本質からして住まう者、すなわち、固定された場所に滞在して、脅迫的な諸力に対して人工的に築かれた外壁によってこの場所を保護しようと試みることで、この固定された場所を滞在地へと整えるような者なのだ。〔NG: 175〕

ボルノウによれば、人間というのは単に「根本的に空間を欠いた主体として根本的に疎遠なままの空間世界のなかに置き入れられている」という意味で、また「人間にとって空間はその本質からして外部のものに留まり、そのなかで任意の場所を宛がわれる単なる関係システムに留まる」という意味で、世界の内に投げ出されているのではないという。そうではなくて、人間というのは、「建てながら自分の空間を創り出し・形作る」ことによって、さらには自分の「運動の活動の余地」を持っていることによって、初めて「自分の存在を獲得するのだ」というのである〔ibid.: 175f.〕。

ハイデガーはまた、先の講演録のなかで、「留まること」を意味するゴート語の「wunian」に着目して次のように述べている。

> Wunian が意味しているのは、満ち足りて〔zufrieden〕いること・平穏へと〔zum Frieden〕もたらされていること・平穏のなかに留まることである。平穏という語は自由なもの〔das Freie〕・das Frye〔自由なもの〕を意味しており、この fry が指し示しているのは、損害と脅威とに面して擁護されて〔gewahrt〕いること・～に面して擁護されていること——すなわちいたわられて〔geschont〕いることである。自由にすることは本来、いたわること〔schonen〕を指し示しているのだ。〔GA 7: 150f.〕

こうした見識に基づいて、ハイデガーは、「平穏へともたらされていること」としての住まうことを、「各々のものをその本質においていたわる das Frye・すなわち自由なもののなかに囲い込まれたままであること」として規定する。「住まうことの主要な特徴とはこのいたわることなのだ」というのである〔ibid.: 151〕。この点を押さえた上でボルノウは、住まうこととは「平穏へともたらされていること」であり、また反対に「人間は住まうことができるときにのみ平穏へと行き着くことができるのだ」という帰結を導いている。ボルノウによれば、まさに自由と平穏が話題となるこの箇所において、「新しい被護性」の問題が「その中心点において取り扱われている」のだという。人間の平穏はこのように「生活空間の周りを囲むこと〔Umfriedung〕」と密接な関係があるのであって、まさにこの点にこそ、「住まうこと」の「高次の意義」が根を下ろしているのだというのである〔NG: 176〕。

こうして「住まうこと」の重要性を明らかにしたボルノウは、引き続き保護する空間の諸性格を解き明かす作業に着手する。精神医学者ツット（J. Zutt）の報告によって改めて確認されるのは、「防護する屋根と保護する四つの外壁」の必要性である。人間は「自分が『家にいる』と感じるような・そこに身を引くことができるような・妨害されることのないような空間を必要とする」ということが、医学の観点から例証されることになる。保護する空間を形成するために、屋根や外壁が重要な役割を果たすことについては、これまでにも繰り返し言及されていた通りである。しかもそれは、たまたま与えられたものではなくて、人間の手で打ち建てられたものである必要がある。「新しい被護性」は「固有の努力を抜きにしては、贈り物として外部から人間に転がり込んでくることはない」とボルノウは忠告している。それはまた、「内面の精神の努力」によって成就されるものでもなく、人間が「住まいながら存在することができるような」「周りを囲む空間」を築き上げることによって初めて、成就されるのだというわけである〔ibid.: 177ff.〕。

とはいえ、この箇所でボルノウは、「住まうこと」にまつわる深刻な困難とは「住居の欠如」にあるのではない、というハイデガーの証言も引用している。「住居の欠如」という社会問題の背景には、「人間が固有の本質を失っており、そのために安らぎに行き着くことがない」という「さらに深い窮迫」が潜んでいる、というのである〔ibid.: 178〕。件の講演録の終わりに、ハイデガーは、次のような忠告を残している。

〔……〕住まうことの本来の窮迫は、何より、住居の欠如に存しているのではない。本来の住まうことの窮迫は、二度の世界大戦と破壊よりも古く、地球上の人口増加や産業‐労働者という立場よりも古い。住まうことの本来の窮迫は、死すべき者〔としての人間〕が住まうことの本質をいつも何より繰り返し探し求めているという点に、死すべき者が何より住まうことを学ばなければならないという点にあるのだ。〔GA 7: 163〕

ボルノウの解釈によれば、この忠告には、人間が「脅かすものを目の当たりにして保護する空間を創り出し、安らいだ気持ちでこの空間に腰を落ち着けることの必要不可欠さを理解すること」という課題が、表明されているという。住居の不足よりも以前に、まず人間が「住まうこと」の本質的な重要性を看過していることが、深刻な問題なのだというのである〔NG: 178〕。

さらに続けてボルノウは、ミンコフスキー（E. Minkowski）の論考を参考にしながら「親密さ」（die Intimät）という概念を導入する。ドイツ語ではあまり用いられないこの概念を、ボルノウは「住み心地の良さ」（die Wohnlichkeit）という言葉に置き換えている。外壁に囲まれて保護されているというだけでは、「新しい被護性」を与える空間として十分ではない。その空間に「不断に住まっていること」や「愛情豊かに滞在していること」の「痕跡」が、初めて「親密さ」の印象を醸し出してくれる。こうした痕跡が、「住まわれた空間がその居住者を鏡像のように表現するようにさせる雰囲気」を発生させるのだ。ここには、空間と人間の相互関係が示唆されている。しかもそれは、人間同士の関係にも深く関わる問題である。「親密さ」の雰囲気は、独り暮らしの住居よりもむしろ家庭のなかでこそ、十全な仕方で達成されるものだろう。ボルノウによれば、こうした点には、「新しい被護性」という問題圏が「人間の関係とどれほど強く関わっているか」といったことや、家庭が「どれほど人間の慣れ親しむことが達成される場所であるか」といったことが、端的に示されているのだという。保護する空間を特徴付ける「親密さ」は、他の人々と共に住まうことのなかで初めて生い立つのだというのである〔ibid.: 179ff.〕。

保護する空間の特徴として、次に論じられるのは、「秩序」(die Ordnung) の重要性である。この「秩序」の概念は、「実存主義との対決の試みが全てそこに集中しなければならない焦点の一つ」なのだ、とボルノウは指摘している。この秩序は規範や儀式と並んで「人間の生と振る舞いを規制する」とされる。再びサン＝テグジュペリの作品を引用しながら、ボルノウは、秩序ある空間が「或るもののため」(für etwas) という指針によって構成されるものであることを明らかにする。秩序ある空間というのは、「明確に規定されているその目的には役に立つが、これ以外の目的には役に立たない」というわけである。さらにボルノウによれば、このように「或るもののため」を指針として秩序立てられた空間こそが、人間の生にも意味を与える役割を果たすのだという。人間の手によって形作られ秩序を与えられた空間が、今度は逆に「その秩序をもって生に意味を与え、生をその意味の内に保持する」というのである〔ibid.: 186f.〕。この点を踏まえてボルノウは、次のように書くことができた。

> 規定された場所に存在しているかぎりにおいてのみ、人間は「存在している」のである。そして、この規定された場所というのは、単に空間のなかの一定の点を指し示しているだけではなく、人間の秩序構造のなかの一定の立場をも指し示している。このような立場の一面性から逃れようとするなら、人間は本質を欠いたもののなかで自己を喪失することになる。〔ibid.: 187〕

人間は単に無機質な空間に立ち尽くしているのではない。「或るもののため」を指針とする秩序のなかで、生の意味を受け取りながら、自分の立場を打ち立てることによって「存在している」のだ、という点に、実存哲学の思想に対抗しようとする、ボルノウの主張を見て取ることができる。この箇所において、先程は簡単に触れるだけに留められた、空間と人間の相互関係という論点が、再び浮かび上がってくる。ボルノウによれば、人間は「自分の成し遂げたことによって空間を形成する」ことで、さらにこの空間を「自分の生で充足する」ことで、「自分の空間に組み込まれている」のだという。人間は「自分の空間と融合しているのだ」とボルノウは続ける。「空間の秩序の形成」によってのみ、「意味を持った環境空間の徹底的な形成」においてのみ、人間の生そのものも「秩序のなかに維持されることができるのだ」というのだ。こうして、新しい故郷の獲得という件の課題は、外部空間の秩序と人間の生の秩序の密接な関係のほうから、改めて捉え返されることになる〔ibid.: 187f.〕。

このような観点から、ボルノウは、空間に「境界」(die Grenze)を設定することの重要性を強調している。「本質を欠いたもののなかで」人間が「溶解して」しまわないためには、「境界設定」が必要不可欠なのだと。人間の生というのは、「一定の領域と一定の形式のなかに限定されていることによってのみ、維持されることができるのだ」というわけだ。とはいえそれは、揺らぐことのない防壁に囲まれて安穏として暮らすことではない。そのように安全に暮らすことができると考える人々は、「定住者」または「定住性」という「軽蔑した概念」を用いて呼ばれることになる。ここで「定住者」と呼ばれているのは、「自分の狭量な限界を越えて無限性を見たことのない人々」のことであり、また「自分の狭い領域のなかに疑いようのない安全性を所有していると信じている人々」のことである。こうした素朴な信念に対して、ボルノウは、どのような「我が家」(das Heim)も「いつも新たな努力によってのみ維持されることができる」と忠告する。このようにして初めて、素朴な「定住」から区別された「都市建設」に従事するものとして、世界の内に留まることができるのだというのである〔ibid.: 188ff.〕。

(3)「住まうこと」に関する三つの要請

こうしてボルノウは、当初は批判の対象であったはずのハイデガーの論考をも援用しながら、「無傷なもの」や「住まうこと」といった理念の意義を明らかにしていく。特にそのハイデガーの哲学思想における「発展」または「修正」が繰り返し説明されることにより、「被投性から被護性へ」という移行の必要性がさらに強調されることになる。とはいえ、その移行のプロセスにおいては、単に被投性を軸とした実存哲学の人間観を捨てて、被護性を軸とした人間観に乗り換えることが問題となるわけではない。「無傷なもの」に関するボルノウの規定を、ここでもう一度確認しておくことにしよう。

> 無傷なものという概念はいつも、繊細なもの・壊れやすいものが、免れ難く引き渡されているように思われる破壊の最中にあってなお、奇跡によるかのように保持されていることに、向けられている。〔ibid.: 163〕

「無傷なもの」が「無傷であること」というのは、その打たれ強さや頑なさによるのではない。ボルノウによれば、「損傷のないことを生じさせている」のは「壊れやすさ自体」なのだという。「どんな傷害の後にも全体を回復させる」「自然の治癒する諸力」は、「最も内なる最も傷つきやすい中核の諸力」として規定されている〔ibid.: 164〕。この「隠された深部の諸力」こそ、ボルノウが「新しい被護性」と呼ぶものにほかならない。したがってこの「新しい被護性」は、「何らかの外面的な存続における如何なる素朴な安全性からも明確に区別」されていなければならない。むしろ、安全性は「危険のなか」(in der Gefahr) において生起するのであって、傷つき損なわれる危険に脅かされていることによって初めて、世界は保護されていることができるのだという点に、ボルノウの優れた洞察を見て取ることができる〔ibid.: 165ff.〕。

それゆえボルノウは、被護性を揺るがす脅威は取り除くことができない、と考えているばかりではない。本章の冒頭にも言及されたように、ボルノウは、「新しい被護性」が不庇護性＝被投性の経験を含んでこそ成り立つものであることに、ことさら注意を促している。

〔……〕この場合、我々は無論いま直ちに、次のように付け加えることができる。すなわち、このような新しい被護性は、威嚇された状態という実存的な諸経験を単純に帳消しにすることは決してできない。そうではなくて、この実存的な諸経験を一緒に含み込んでいなければならず、ただきらに高い地平においてのみ調停しなければならないのだと。さらに、それゆえこのような新しい被護性は、どのような威嚇にも動揺させられない素朴な人間の疑いようのない安全性とは、別のものでなければならないと。〔ibid.: 24〕

したがって、ボルノウによれば、実存主義の克服という課題に取り組むときには、「二重の危険」に目を向けていなければならないという。

二重の危険がある。「定住者」の危険〔……〕すなわち生が脅かされている状態を前にして目を閉じてしまい、小さな有限の構造のなかで固定されてしまう俗物の危険と、故郷との紐帯を見出せないために、安定性というものを全く知らず実体が霧散してしまう、冒険者の危険である。〔ibid.: 198〕

ボルノウによれば、これら二つの危険のあいだに、「人間の道」が通じているのだという。何か「自明な所有物」のような「不変の安全性」があるわけではなく、「取り戻された故郷」が「故郷喪失の上に脆くも被さっている」という、「不変の緊張関係」が保護する空間を規定しているのだ。あらゆる秩序を束縛として遺棄するのではなくて、かといって既存の秩序に拘泥するのでもない、第三の道を模索しながら生きることが求められている〔ibid.〕。

こうした課題を簡潔に表明しているのが、後年『人間学的な教育学』に提示された「バランスの必要不可欠さ」(die Notwendigkeit des Gleichgewichts)という理念である。ボルノウによれば、人間の生には「保護する家屋の領域」や「さらに広い世間の空間」や「その彼方に無限に広がっていく遠さ」などが、同じように帰属しているのであって、これらが「正しいバランス」を取らねばならないのだという。こうしたさまざまな空間が一緒になって初めて、人間の生は「その十全な諸可能性を展開することができるのだ」というわけである。人間の生の「両面の真理」を究明しようとするボルノウの試みは、こうして、素朴な安全性への拘泥と安全性の完全な放棄とのあいだの、バランスを生きることに関する探究へと結実していく。ボルノウによれば、保護する空間を離れた外部への「冒険」は、「満たされた人間の現存在」に帰属する経験であり、これを欠いた生は「愚鈍な快適さのなかで委縮してしまう」のだという。不断の努力によって保護する空間を建設することだけではなく、その境界を越えて未知なる世界へと旅することもまた、等しく住まう者としての人間の課題として提示されているのだ〔AP: 124ff.〕。

しかしながら、被護性に関するボルノウの議論は、この地点に留まらない。『人間と空間』の最終節においてボルノウは、「住まうこと」にまつわる人間の課題を、三つの要請へと集約している〔MR: 310〕。

① 空間のなかの一定の場所に腰を落ち着けて、そこにしっかりと自己の基盤を得て、「被護性に満ちた固有の空間」を創り出すことへの要請。

② 脅威的・危険な外部空間さえ完全に生のなかに取り入れて、ただそのなかでだけ人間の生を充実させることができるような、〔内部と外部の〕両方の空間のあいだの「緊張関係の全体」に耐えることへの

要請。

③ この脅迫的な外部空間との緊張関係を耐え抜きながら、家屋の安全性に対する素朴な信仰を克服して、「さらに大いなる空間」によって包括的信頼のなかに担い支えられることへの要請。

一番目・二番目の要請は本節のこれまでの議論と重複している。だが三番目の要請はこれまでの議論だけからは導き出せない。ボルノウが「大いなる空間」と呼んでいるのは、「自由に開かれた空間」のことであり、これは「取り囲む空間一般」または「空間の全体」などの言葉で置き換えられてもいる。ボルノウの論考によれば、「空間一般」とは、「もはやそれと認められるような境界によって内部空間として外部空間から区別されたりはしていない」ような「包括的な空間全て」のことだという〔ibid.: 286〕。「身体」や「家屋」としての空間に「住まうこと」について考察した後に、ボルノウはいささか唐突に、「人間は単に一定の住居に住まうだけでなく一般に空間のなかに住まうのだ」と提言している。「どのような人間による保護にも左右されることなく、いまや空間そのものが何か保護するものを獲得する」というのである〔ibid.: 301〕。家屋のような保護する空間を建設することの重要性を説いた、これまでの議論を振り返るなら、これは全く驚くべき展開であるといわざるをえない。しかし疑問点を並べることは後回しにして、本節ではもうしばらく、ボルノウによる立論を追いかけてみることにしよう。

バシュラール（G. Bachelard）の論稿を引きながら、ボルノウは、空間全体に対する人間の「信頼関係」について論じている。「無限に消え広がってゆく」空間とはいっても、「具体的に経験された空間」としては、「拡大された空洞」あるいは「拡大された規模の家屋」なのだ、とボルノウはいう。したがって、「家屋に即して獲得された住まうことの本質特徴」を、この「空間一般」へと「転用することができるのだ」と〔ibid.: 302〕。こうして、家屋を典型として考察されてきた保護する空間は、いまや、故郷、都市、国家をも越えて宇宙にまで拡大されて捉え直されることになる。このとき、空間全体と人間との関係は、「我々は我々の空間である」という表現によって言い渡される。

〔空間全体が被護性を獲得するという〕この課題を達成することができるのは、ひとえに人間というのが一般に、馴染みのない構成要素としての空間のなかに余所者として居るわけではなくて、空間と結びついており、空間と溶け合っており、そうして空間に担い支えられていると感じているからだ。〔ibid.: 303〕

ここでは、人間と空間は分け隔てられた別々のものではなく、「同一視」することのできるものとして把握されている。人間は「空間の一部分」であって、「そのかぎりにおいて」「大いなる包括的空間のなかに担い支えられているのだ」というのである〔ibid.: 304〕。こうした見識に基づいて、ボルノウは、人間は空間のなかに「投げ出されて」いるという実存哲学の主張を否定して、空間のなかに「埋め込まれている」ということができた。このように空間と一体となって「埋め込まれている」からこそ、空間一般に住まうことにおいては「外壁は必要とされない」というのである〔ibid.〕。

こうした観点に立つとき、家屋を典型とする保護する空間の諸々の形式は、「人工的に創り出されたいつも欺瞞的でしかない被護性の硬直した見せかけ」として、厳しく評価されることになる〔ibid.: 307〕。家屋のように限定された空間の被護性は、空間全体との信頼関係に基づくものとして捉え直される。

人間は家屋に住まうのと類比的な仕方で空間に住まう。家屋に住まうことが我々に被護性を与えることができ

るのは、人間が同時にいっそう包括的に空間のなかに住まうかぎりにおいてのことである。〔ibid.: 304〕

こうして本書は、ボルノウの論稿のなかに、家屋による被護性から空間全体による被護性へと立ち戻るための通路が、準備されているのを目撃する。結局のところ、ボルノウの問題意識は終始一貫して、最初に「担い支える実在性」に対する信頼として提示された、「空間一般」との信頼関係に向けられている。家屋のような保護する空間を建設するという課題は、あくまで「恩寵」として与えられた「新しい被護性」を保持するための方策として、提示されているにすぎない。家屋に住まうことについての議論は、空間全体に住まうという課題の内実を類推させるものとして、改めて読み解かれなければならないだろう。とはいえ、ボルノウのこうした立論に対しては、深刻な疑問が残ることも事実である。これについては第二節で詳しく論じることにしたい。

(4) 子どもの被護性と教育

空間の被護性に関するこうした見識は、教育学にどのような示唆を与えるのだろうか。これに関してボルノウは、前章でも取り上げた『教育的な雰囲気』という著作のなかで、一章を割いて論じている。ここで最初に主題とされるのは「家屋と家族という子どもを保護する環境」である。家庭のなかで子どもが抱く「信頼の感情」は、「全ての人間の健全な発達」と「全ての教育」にとって「第一の絶対に必要な前提」なのだ、とボルノウはいう。家庭における信頼に満ちた雰囲気のなかでのみ、子どもは「正しい仕方で伸長することができる」のであり、またこうした雰囲気の中心からのみ、「世界は子どもに対して意味を持った秩序を開示するのだ」というのである。この家庭環境のように信頼に満ちた空間＝「近しいもの・信頼されたものの世界」のことを指して、ボルノウはこれを「被護性の世界」と呼んでいる〔PA: 18〕。

しかし、このような内部の領域の不可侵性や、この被護性の世界が無傷であることや、この世界があの他の〔不快なものの〕世界から明確に取り除けられていることは、全ての子どもの健全な発達のために欠くことのできない前提なのだ。〔ibid.〕

ここでボルノウが特に重要視しているのは、子どもの被護性に関わる母親の役割である。信頼された被護性の世界は「特定の愛すべき他の人間」に対する「信頼関係」のなかでだけ、それもまずは母親に対する「信頼関係」のなかでだけ、子どものために開かれてくるのだとボルノウはいう。「保護されている」という「普遍的な気持ち」は、「最初の瞬間から」「個々の愛すべき他の人間への特別な関係と結びついている」というのだ〔ibid.〕。さらにまた、このように保護されているという感覚を与えるものとして、子どもにとっての母親は、「絶対者の体現」または「それ以上のもの」であるとされる。子どもにとっての母親は、「脅迫的な世界のなかで無条件の拠り所と究極の安全性を与える」というように、「絶対者の機能」を果たすものとして把握されている。母親の姿のなかに絶対者を見て取った子どもは、後年この経験を媒介として絶対者に接近するのだ、とボルノウはいう。これまでの議論からも明らかなように、周囲の人間に対するこうした絶対の信頼が、子どもの健全な「正しい」発達にとって「常に手許になければならない基盤」であるという点に、子どもの被護性に関するボルノウの主張の核心がある〔ibid.: 21f.〕。

とはいえ、親子の素朴な信頼関係を維持するという課題は、子どもの被護性に関わる課題の出発点にすぎない。というのも、「子どもの自立性」が高まってくるにつれて、以前は「絶対者の体現」であった両親もまた、その「不完全さ」を露呈しないわけにはいかないからである。子どもからの「信頼の無条件性」は「破綻せざるをえない」とボルノウはいう。こうして、「無条件の信頼」が崩れ落ちた後に「子どもが幻滅を乗り越えるように」慎重に導くという、さらに困難な課題が浮上してくることになる〔ibid.: 22〕。

子どもが幻滅を乗り越えるように慎重に導き、具体的な他の人間に対する信頼の絶対化から徐々に慎重に解き放ち、もはや個々の人間には結びついていない・存在と生に対する新しく普遍的な信頼へと導く、という課題が生じてくるのだ。〔ibid.: 22f.〕

その信頼は「ありうる全ての幻滅の向こうで生に恒常的な拠り所を与える」ような信頼である。この信頼の確立が「全ての教育の中心的な課題である」とボルノウは主張する。特定の人物との信頼関係を越えた「存在一般」に対する信頼へと導くことが、教育者が果たすべき最も重要な役割だというのである。この箇所でボルノウは、家庭環境が与える信頼と区別された、「存在一般」への信頼に満ちた雰囲気を指して、これを「新しい被護性」と呼んでいる。本節がこれまでに検証してきた議論との関連性は明らかだろう。家屋の保護に対する素朴な信頼を越えて、「空間一般」に住まうことを理想とする空間論は、両親に対する無条件の信頼の破綻を乗り越えて、「存在一般」に対する信頼を獲得することを課題に掲げる教育理論と、パラレルな関係にある〔ibid.: 23〕。

ただし、これに続けてボルノウは、この「新しい被護性」が人生の各段階を通じて徐々に実現されるものであることに、注意を促している。

〔……〕なぜならここでは、一歩一歩さまざまな段階を潜り抜けることによって初めて、人間の生において達成されるような、しかも十全に成長した人間によって初めて完結するような、そういうプロセスが問題なのだから。〔ibid.: 23〕

「存在一般」に対する信頼は容易に獲得されるものではない。したがって、特定の人物に対する絶対の信頼が失われたとしても、母親の保護に象徴される保護する空間を子どものために確保することは、「いつも教育の課題なのだ」とボルノウは説いている。これまでにも繰り返しいわれたように、この保護する空間を抜きにして、子どもの健全な発達は成しえないからである。こうして、子どもが「成長した人間としてこの情け容赦のない世界に屈しないでいられるように」なるまで、周囲に「秩序立った目的合理的な世界の領域」を創り出し、「この仮借のない外部世界に引き渡さない」ようにすることが、教育の重要な課題として提示されることになる〔ibid.: 24f.〕。

とはいえ、「十全に成長した人間」によって初めて、「新しい被護性」が獲得されるのだとするなら、この保護する空間を確保するという課題は、ほとんど人間の生涯を通じた課題なのだということになるだろう。実際にボルノウも、これに続く箇所において、保護する空間は「全ての人間の生にとって」不可欠なのだと指摘している。外部世界における責務から「繰り返し身を引く」ことができるような、「障害や脅威から保護されて」いるような空間は、子どもだけでなく大人にとっても重要な意義を持っている。家屋のような保護する空間の内部と外部の緊張関係は、「人間の生の不変の基礎連関」なのだというのである〔ibid.: 26〕。しかしながら、この箇所において、家屋のような空間の被護性に関するボルノウの評価が、ちょうど「自然な希望」に関する評価がそうだったように、どこか錯綜した両義性を帯びていることが明らかになる。別な箇所では「欺瞞的でしかない」とまで評された家屋のような空間の被護性が、ここでは「人間の生の不変の基礎連関」の一端を担うものとして、重要視されているのである。こうした点も含めて、次節では、「新しい被護性」に関するボルノウの理論について、幾つかの疑問を提示することにしたい。

第二節　ボルノウ教育学への問いかけ（3）

被投性を軸とする実存哲学の人間観に対して、ボルノウが重要視したのは、「存在一般」への信頼に支えられた「新しい被護性」だった。しかしそれは、ほとんど「聖なるもの」とでも呼ぶべき「晴れやかさ」に関わる体験であり、人間の意志や努力によって獲得できるものではないとされた。そこで人間に与えられたのが、家屋に代表される保護する空間を建設・維持することにより、限定された空間のなかに「住まうこと」を実現するという課題であった。外部世界の脅威から身を守る防壁を保持するとともに、常に外部世界との緊張関係を耐え抜くことが求められた。とはいえ、ボルノウがその空間論の最後に忠告しているところによれば、人為的に作られた空間は「欺瞞的な」安らぎしか与えてはくれないという。家屋の被護性のような「見せかけ」の安全性に対する素朴な信頼を乗り越え、境界のない「空間の全体」に対する信頼に基づいて、「包括的な空間一般」のなかで「究極の被護性」を「再び獲得する」ことが、「住まうこと」に関わる最終的な課題なのだというのである。

「空間一般」への信頼に基づく「新しい被護性」の獲得というこの課題は、家庭環境の保護を越えた「存在一般」に対する信頼の獲得という課題として、教育の重要な役割の一つとして提示された。ボルノウによる以下のような忠告は、この課題の重要性を強調して告げ知らせるものだろう。

これは全ての教育の中心課題である。なぜなら人間の生は、この支持する基盤なしには全く存続することができないからであり、この信頼が生じないところでは外的・内的な破滅へと引き渡されているからである。〔PA: 23〕

ボルノウによれば、この「新しい被護性」が獲得されることにより、家屋の内部も外部も含めた「大いなる空間」の全体もまた「その危険な性格を失い」、この空間の全体が「再び保護する空間となるのだ」という〔MR: 310〕。しかしこの「新しい被護性」に到達することは「容易ではない」。このためには、ただ単に「恩寵」を待つだけではなくて、「欺瞞の安全性から自己を解き放つ」ための「特別な努力が必要とされる」というのだ〔ibid.: 307〕。

しかしながらここには、例によって、幾つかの疑問の余地が残されている。ボルノウに従うなら、被護性に基づく「存在規定」としての「無傷なもの」が無傷であることを実現しているのは、「無傷なもの」の「壊れやすさ」そのものなのだった。したがって、「新しい被護性」は「危険のなか」で外部からの脅威に囲まれて初めて生い立つ雰囲気なのだ、ということになる。これについてはボルノウ自身が、「新しい被護性」は不被護性＝被投性の経験を排除することはできないのであって、むしろそれを含み込んでいなければならない、と述べていた通りである。しかし一体それはなぜなのか。なぜ被護性は被投性との緊張関係を維持しなければならないのか。このことは単に、保護する空間が絶えず危険に脅かされており、「新しい被護性」はその脅威に抵抗して繰り返し勝ち取られなければならない、ということを、示唆しているにすぎないのだろうか。それとも、被護性と被投性とのあいだには、ボルノウが提示した対立図式以上の関係があるのだろうか。だとすれば、被投性を克服して「新しい被護性」を実現する「恩寵」とは、一体どのような出来事なのだろうか。教育理論の観点から問うなら、両親に対する子どもの無条件の信頼が失われた後で、どのようにして「新しい被護性」の獲得へと導くことができるのか。筆者の管見による限り、「新しい被護性」に関する理論の根幹に関わるこれらの疑問が、ボルノウによって正面から答えられることはなかった。

とはいえ問題はさらに深刻である。「新しい被護性」に関するボルノウの理論は、いま挙げたような疑問が生じてくる前提をさえ揺るがしてしまうような、非常に錯綜した困難を孕んでいる。その困難が生じてくるのは、家屋のような空間の被護性が「欺瞞的」と評されて克服の対象として捉えられ、「空間一般」のなかに住まうことが課題として提示される、クライマックスの箇所である。ボルノウによれば、「空間一般」に対する信頼が達成されるときには、空間全体が危険な性格を失って被護性を与えるものとなるのだった。とはいえしかし、このように被護性を与える空間を「空間の全体」にまで拡大することは、この空間の内部と外部との緊張関係の消失を引き起こすのではないか。ボルノウの議論に従うなら、このように世界から不思議さや無気味さが消え去ることは、被護性が醸成される産屋そのものの解体を意味している。未知なる外部の領域が安全な空間に取り込まれ、個々の実存に関わる不被護性の経験が排除された世界においては、「人間の生の不変の基礎連関」であった内部世界と外部世界の緊張関係が雲散してしまう。世界全体にまで拡大された保護する空間にとっては、もはや内部と外部の区別などないのだから、内部と外部の「バランス」を維持することなど意味を成さないだろう。被護性に関するボルノウの理論は、「空間一般」や「存在一般」に対する信頼＝「新しい被護性」に関する議論へと再接続された途端に、ボルノウの意図に反して、人間が

「住まうこと」の諸局面を立て塞いでしまう危険性を露呈するのである。

それどころか、このような観点から振り返ってみると、実は「バランス」というこの素朴な理念自体のなかに、空間の全体を安定した秩序へと回収しようとする運動が、すでに胚胎していたことが判然としてくる。「バランス」という理念は、あくまでも一定の秩序に基づいて、一定の秩序のほうから与えられた理想でしかないからだ。ボルノウにとって秩序とは、「或るもののため」を指針として一定の目的のために整序されている状態を意味していた。ボルノウ教育学に背景を与えている有用性の尺度に規定された世界観／人間観が、被護性に関する理論のなかでは議論の核心を占める前景に現れていることに注意しよう。「空間一般」のなかに住まうことを提唱したボルノウの理論は、「空間の全体」をこの有用性の尺度に規定された秩序に組み込み、人間を含めた全ての事物を有用性に換算することを称揚しているのだ。したがってここでは、危機や希望に関する議論の場合のように、単に個々の現象が有用性の尺度に絡め取られていることが問題となるのではない。「空間の全体」を ―― したがって人間をも含めた諸事物の全体を、「役に立つか否か」という有用性の尺度へと絡め取ってしまうことに、問題はないのかが改めて問われなければならない。

このため、「新しい被護性」に関するボルノウの理論を問い直そうとする本章の探究は、有用性の尺度に規定されたボルノウの教育理論を全体として問い直そうとする本書の第一部全体の探究と、パラレルな関係にあることになる。このような問題意識に導かれて、次節以降では、「新しい被護性」に関するボルノウの理論の問題点が追究されることになる。本章冒頭にも予告されたように、このとき重要な導きの糸を与えてくれるのが、ボルノウがその「発展」「修正」を強調しながら繰り返し援用していた、ハイデガーの哲学思想である。

第三節　「住まうこと」と世界の奥行き

本節は、「住まうこと」に関するハイデガーの論考を精査することによって、そこに「二重世界の二重性」または「世界の奥行き」に関する洞察を読み取ることを試みる。この論考は次の三つの項に区分される。

(1)「住まうこと」と「四方の関係領域」
(2) 二重世界と世界の奥行き
(3)「住まうこと」と学ぶこと

(1)「住まうこと」と「四方の関係領域」

主著『存在と時間』においてハイデガーは、現存在としての人間が存在することと「住まうこと」との密接な関係を、すでに詳しく論じている。前章までに詳しく言及されたように、ハイデガーは、現存在に特有の存在様式を指してそれを「世界の内に在ること」と名付けた。人間はいつも自己を中心とする有意義性の連関に規定された世界に存在している。この「世界の内に在ること」を分析するなかで、ハイデガーは、「内に」(in)という言葉の語源学的な探究から出発して、それが元来「住まうこと」や「滞在すること」を表現する言葉であったことを指摘している。

「内に」は innan- すなわち住まう・habitare〔住まう〕・滞在するに由来している。「に接して」(an) が指し示すのは、私は慣れている・～を熟知している・何かをする習慣があるということだ。〔……〕「私は存在する」とはさらに次のことを言い当てている。私は住まうということ、～の許に滞在しているということ、すなわち、非常に慣れ親しまれたものとしての世界の許に滞在しているということを。〔GA 2: 73〕

これが「住まうこと」に関するハイデガーの思想の萌芽である。世界内存在としての人間が存在することは、すなわち「住まうこと」にほかならない、というハイデガーの思想は、ボルノウが批判した初期の著作である『存在と時間』のなかにも、すでに明確に提示されていたのだ。

この本を読んだボルノウが、この箇所に気付かなかったのか、またはこれを意図的に無視したのかはわからない。しかし、ハイデガー哲学の「発展」「修正」に関するボルノウの解釈が、不精確なものであったことは疑いえないだろう。加えて、「世界の内に在ること」に関するハイデガーの思想には、保護する空間の「秩序」に関するボルノウの見識との類似性を見て取ることもできる。この類似性もボルノウが直接言及することのなかった事柄である。ボルノウによれば、「住まうこと」を実現させる秩序立った空間とは、「或るもののため」を指針として整えられた空間のことを指しているのだった。一定の秩序を与えられた空間というのは、「明確に規定されているその目的には役に立つが、これ以外の目的には役に立たない」というわけだ。ところがこの議論は、有意義性の連関に規定された世界に関するハイデガーの議論と、極めて似通ったものである。これまでにも何度か述べてきたように、ハイデガーもまた、有意義性の連関＝「結局は何のためか」を終着点とする指示の連関こそが、現存在の日常世界の本質を構成していると考えていた。このように、ボルノウとハイデガーいずれも、さしあたり「或るもののため」を指針とする秩序が世界を規定している、という共通の視座を提示しているのだ。この点に関するかぎり、秩序立った空間に関するボルノウの理論は、『存在と時間』におけるハイデガーの議論によって、すでに部分的に先取りすらされていたことになる。

とはいえ、現存在としての人間の「住まうこと」に関するハイデガーの探究は、こうした地点に留まるものではなかった。ボルノウも援用していた講演録「建てること・住まうこと・思索すること」は、「住まうこと」に関する考察を次のステップへと展開している。これは『存在と時間』の実存論を捨て去った「発展」や「修正」などではなく、むしろ「住まうこと」という同一の事柄に関する思想のさらなる深まりであった。ところがボルノウはというと、被投性から被護性への転換を強調しようとするあまり、ハイデガーによる洞察の核心を捉え損ねている。「死すべき者」である人間に「大地」「天空」「神聖なるもの」を加えた「四方の関係領域」(das Geviert)に関する洞察がそれである。この「Geviert」という単語は、もともと「四角形」という意味だが、研究者のあいだでは「四方界」「四方域」「四者連関」など、さまざまな翻訳が試みられている。いずれにしても、この言葉によってハイデガーは、単なる「四角い場所」ではなく、先に挙げた四つの要素が相互に関係を取り結ぶ領域のことを表現した。ボルノウが無視した、この「四方の関係領域」を抜きにして、「住まうこと」に関するハイデガーの思想を、理解することはできない。

ボルノウが引用した箇所に続けて、ハイデガーは、死すべき者としての人間は「大地を救済するかぎりにおいて住まうことになる」と指摘している。「大地」とは「奉仕しつつ支持するもの、花を咲かせ実を生らせるものであって、岩山や湖沼にまで延び広がり、植物や動物にまで取り込まれている」。この大地を「救済する」とは、この場合、単に危険を取り去るだけではなくて、「それに固有の本質のなかへ自由に解き放つこと」を意味している。したがって、ハイデガーは、大地を救済することは「大地を利用し尽くしたりそれに負荷をかけたりすることを越えたことである」と説く。大地の救済というのは「大地を支配することでも服従させることでもない」というのだ。続いて「天空」に関しても、同じく、死すべき者としての人間は、「天空を天空として受け取るかぎりにおいて住まうことになる」といわれる。ハイデガーによれば、天空とは「弧を描く太陽の運行であり、姿を変える月の道行き、遍歴する星々の輝き、季節とその移り行き、日々の昼光と黄昏、夜毎の暗闇と清澄、天候の快適さと不快さ、雲の流れと、青みを帯びたエーテルの深みである」という。天空を天空として受け取ることとは、「太陽や月をその運行に任せ、星々を流れ行くままにして、季節の恵みや不遇も訪れるに任せ、夜を昼に変えたり昼を駆り立てて急かしたりしない」ことを指している。世界の内に「住まうこと」という課題が、「或るもののため」を指針とする有意義性の連関によって規定された営みとしてではなく、むしろ、それを越えてそこから解き放たれたものとして叙述されていることに注目しよう〔GA 7: 151f.〕。

さらにハイデガーは、「神聖なるものを神聖なるものとして待ち望むかぎりにおいて、死すべき者は住まうことになる」と論を進めている。「神聖なるもの」(die Göttlichen) とは「神性を黙示する使者」のことであって、この神性の「聖なる摂理から神が姿を現したり姿を消したりするのだ」という。このとき死すべき者としての人間は、「神聖なるものの到来の黙示を待ち望み、その不在の徴しを見誤ったりはしない」ものであり、また「自分を神々に作り変えたり偶像を崇拝したりはしない」とハイデガーはいう。住まうことを実現するものは、名声のために不在の神々を持ち込んだり、現世利益のために神々を利用したりはしない。そして最後に「死すべき者」(die Sterblichen) としての人間は、「死ぬことができる」ものであって、「死を死として能くする」とされる。「死への先駆」に関する『存在と時間』の議論を思い起こそう。ハイデガーによれば、可能性としての死を可能性のまま引き受けることが、現存在の全体性を引き受けることにほかならないとされた。こうした立場は本講演録でも揺らぐことがない。ハイデガーによれば、死すべき者は「死を死として能くする」という本質に従って、「この能くすることの仕来たりのなかへと付き従う」かぎりにおいて、住まうことになるのだという。これは「死を空虚な無として目標に掲げること」などでは決してない。むしろ、そのように有意義性の連関に絡め取られた企図を離れたところで、これまでも続いてきたしこれからも続くような「仕来たり」(der Brauch: 習慣) として、可能性としての死の可能性に耐え抜くことが求められているのだ。この箇所でも「住まうこと」は、有意義性の連関によって規定された名声、利益、目標などを離れた、これらとは異なる次元に属する営みとして捉え返されている〔ibid.: 151ff.〕。

ハイデガーによれば、このように所有と搾取を旨とする有意義性の連関から解き放たれた世界=「四方の関係領域」を「いたわる」ことが、「住まうこと」の条件なのだという。

> 死すべき者は住まうことによって、この四方の関係領域に存在している。とはいえ住まうことの主要な特徴はいたわることである。四方の関係領域をその本質に向けていたわるという仕方によって、死すべき者は住まうのだ。〔ibid.: 152〕

ここに描かれた「四方の関係領域」としての世界は、有意義性を基調とする『存在と時間』の世界とは大きく異なるものである。それでは、『存在と時間』から後年のこの講演録までのあいだに、ハイデガーのなかで世界概念の転換があったと見るべきなのか。答えは然りであり否である。主著『存在と時間』においてハイデガーは、いまだ「四方の関係領域」について詳しい論述を残していない。そのかぎりにおいて、『存在と時間』と後の講演録とのあいだには、世界概念に関する浅からぬ隔たりがあるというべきだろう。とはいえ、前章までの議論を振り返ればわかるように、『存在と時間』においてハイデガーは、すでに有意義性の連関を突破した世界の在り方を論じている。不安の最中において立ち現れてくるという、無規定な「世界としての世界」がそれである。日常生活における意義や役割を喪失した、この「無気味な」世界としての世界こそは、「四方の関係領域」に関する思想の萌芽だといえる。こうした観点から眺めるなら、すでに『存在と時間』における現存在の分析論は、有意義性の連関を越えた世界と自己の在り方を、視野に収めていたのだと考えられる。

ところが、ボルノウはというと、こうした論点には全く言及することなく、『存在と時間』のハイデガーを「被投性」の思想に、それ以後のハイデガーを「被護性」の思想に、簡単に結びつけて区別してしまう。これにより、そこに浮かび上がる思想の「発展」「修正」を説明することで、実存主義の克服という課題の重要性を、さらに際立たせようとしたのだ。しかしながら、このせいでボルノウは、「住まうこと」に関するハイデガーの思想を、その全体を貫く最も肝要な点において捉え損なってしまったのである。

(2) 二重世界と世界の奥行き

それでは、ハイデガーの提示した有意義性を基調とする世界と、有意義性を越えた「四方の関係領域」としての世界は、一体どのような関係にあるのか。これら二つの「世界」概念を参照しながら、さらに独自の思想を展開した論考として、上田閑照の空間論がある。有意義性の世界と「四方の関係領域」との重なりを「二重世界」という独特の言葉で捉え直した上田は、人間存在の根本構造を「二重世界内存在」として把握することを提唱した。ハイデガーのいう「四方の関係領域」とは、上田にいわせれば、意味の連関に満たされた世界を越えた場所のことであり、有意義性の世界がそこに「於てある」場所を指しているのだという。

とはいえ、これは有意義性に規定された日常の意味連関を越えた場所であるために、実は場所として確固たる名を与えることのできない非 - 場所である。このため、日常の世界がそこに「於てある」この場所のことを、上田は「無限の開け」あるいは「虚空」と呼んでいる。意味に満たされた日常の世界は「無限の開け」に「於てある」というのである。上田はこうした見識に基づいて、「意味空間」としての世界と「無限の開け」との二重性のなかに、人間が存在することの本質を見て取ろうとした。

我々が世界の内にあるということとは、従って、無限の開けに「於てある」世界に「於てある」(二重の「於てある」)ということ、我々の居る場所は場所として最終的に二重になっているということである。〔上田 2002: 20〕

ここでこの「二重世界」に関する上田の論考を、全て紐解くことはできないが、本書の課題に関わる部分を中心に、詳しく読み解いてゆくことにしよう。ボルノウによる「住まうこと」に関する考察については、人間と空間の関わりを詳細に論じたものとして、上田もその意義を認めている。とはいえ同時に、それが世界の二重性を二重性として捉え損ねている点には、少なからぬ不満を残しているようである。上田によれば、ボルノウは世界が「於てある」場所に触れる地点にまで論考を進めていながら、いざ世界の二重性が開かれるところに至ると、再び一重に閉じられた世界へと立ち戻ってしまうのだという。家屋を典型とする保護する空間が拡大されて宇宙にまで広げられるとき、その空間の全体は「最終的に入れ子型に閉じられて」おり「外との往来はもはや無い」。このように閉じた世界は、さしあたり「住む主体を安住せしめる」だろうが、この世界が「於てある」場所としての「無限の開け」を喪失しているために、「次第に解体するにいたるであろう」というのだ〔ibid.: 104〕。こうした指摘は本書が前節で立てた問いと精確に対応している。「空間一般」

「存在一般」に対する信頼が課題となる地点において、未知なる外部世界が、全て内部の秩序に回収されてしまっていることが問題なのだ。

このように指摘しながらも、上田は、被護性に関するボルノウの理論を完全に否定しているわけではない。むしろ、ボルノウの空間論は「或る微妙に浮動するぎりぎりのところで事態を見極めようと」したものであって、ボルノウの論稿には「一つの根本的に微妙な事態がそういう事態として典型的にあらわになっている」と書いてこれを評価しているのである。そこで上田は、こうして「ボルノウによって我々にも見えてきた事柄」を「ボルノウとは違った仕方で」、要するに「二重を二重として確保しながら」見直すことを提案する。ボルノウが「自由に開かれた空間」として提示したものを、人間が住まう「意味空間」としての世界とは異なる場所として、この世界を包み込んでいる「無限の開け」として、捉え直してみようというのだ〔ibid.: 90〕。

有意義性の連関に規定された世界に住まうことにおいて、人間はいつもすでに「自由に開かれた空間」に「於てある」。しかしこの「於てある」ということは、「住まう」という仕方では成立しないのだと上田はいう。「住まうこと」は有意義性の連関を抜きにしては実現することができないからである。それゆえ「自由に開かれた空間」に「於てある」ということについて、上田は、これを「住む」ではなくて「不住」と見ることを提案している。そうすると、人間が住まうということは、「意味空間」に「於てある」こととしては「住まうこと」でありながら、「自由に開かれた空間」に「於てある」こととしては「不住」である、ということになるだろう〔ibid.: 91〕。「住まうこと」のこの二重性を、上田は次のように要約している。

「住む」〔＝住まう〕とは周空間〔＝意味空間〕に住むことであり、それはすなわち、空なる空間〔＝自由に開かれた空間」に於てある周空間に住むことであり、したがってその「住む」は本来「不住にして住む」ということであり、「不住の住」ということである。〔ibid.〕

こうした上田の洞察は、ほとんど禅問答のようでもあり、これが教育／教育学に示唆を与えうることを疑問視する声があったとしても、不思議ではない。とはいえ、人間の生に関する探究一般に教育理論への寄与を認める、ボルノウのような立場を取るなら、上田のこうした議論もまた、教育／教育学が真摯に取り組むべき課題を提示するものとして、捉え返されることになるだろう。

上田による「二重世界」という捉え方が示唆に富んでいるのは、一定の秩序に基づく世界とその秩序を突破する「四方の関係領域」とを、相互に排除しあうのではなく補完しあうような形で把握することを許してくれるためである。ハイデガー自身の論稿に目を向けても、「二重世界」という言葉こそ用いられてはいないが、世界の内に「住まうこと」の二重性は繰り返し示唆されている。ハイデガーによれば、「住まうこと」の主要な特徴とは、「四方の関係領域」を「いたわること」にあるのだった。この場合「いたわる」とは、有意義性を越えた「四方の関係領域」を、「その本質において保護すること」を指している。とはいえ「どこに？」とハイデガーは自問する。「住まうこと」を実現する人間は、どこに「四方の関係領域」を保護しているというのか。「諸物のなかに」とハイデガーは答える。有意義性の連関に組み込まれた身の回りの事物にこそ、「四方の関係領域」の本質が収蔵されているのだというのである〔GA 7: 153〕。身の回りの事物に「四方の関係領域」を収蔵しながらその事物の許に滞在すること、言い換えるなら、有意義性の世界と「四方の関係領域」の二重性を引き受けることに、住まうことの核心があるのだ。

住まうことが、大地の上に・天空の下に・神聖なるものの前に・死すべき者と一緒に、単に滞在することであるとすれば、死すべき者が住まうことを実現することはできないだろう。住まうことはむしろいつもすでに、諸物の許に滞在することなのである。〔ibid.〕

このような「諸物」(die Dinge)として身の回りの事物は、有意義性を基調とする世界に帰属していながら、同時にそれを突破した「四方の関係領域」を守り蔵している。このことをより明確に描写しているのが、「橋」や「瓶」などの在り方に関する、ハイデガーの叙述である。件の講演録においてハイデガーは、「橋は橋なりの仕方で、大地と天空と神聖なるものと死すべき者を、取り集めているのだ」と記している〔ibid.: 155〕。また、「物」(das Ding)と題された別の講演では、「瓶の本質は、一つに折り重なった四方の関係領域を、束の間のうちに純粋に送り入れ、取り集めることだ」とも述べている〔ibid.: 175〕。もちろん、橋は人々に河川を渡る道を提供するものであり、瓶は容器として水やワインを保ち注ぎ込むという役割を持っている。こうした観点からすれば、これらは「或るもののため」を指針とする有意義性の連関に組み込まれた、人間の役に立つ道具であると見ることができる。けれどもそれと同時に、「加えて」ではなく一つのこととして、ありふれた身の回りの事物が、有意義性を越えた「四方の関係領域」を取り集めてもいるのだ。

ハイデガーによれば、こうして「取り集める」ことによって初めて、「物が物になる」(das Ding dingt)のだという。改めて上田の言葉を借りるなら、「四方の関係領域」を収蔵しているこの「物」において、二重世界の「二重性」が、いわば二重に縁取られた世界の「奥行き」として立ち現れてくるのだと考えられる。「奥行き」あるいは「奥ゆかしさ」とはこの場合、いまここに現れているものを越えて、絶えずその向こうへと差し向けられてあることを指している。有意義性の連関に規定された世界に帰属する「物」の存在に、この連関に絡め取られることのない世界の「奥行き」が映し込まれている。果てのない「奥行き」を宿したこの世界は、安定した「秩序」や「バランス」を求める人間の恣意を遥かに越えて、件の「無限の開け」へと開かれている。それは、ときに汲み尽しえぬ希望の種子となることもあれば、ときには宛て所のない不安を生じる起源ともなりうるだろう。「住まうことを学ぶ」という課題が要求しているのは、単に自由に開かれた「空間の全体」の被護性を獲得することではなく、「或るもののため」を指針とする有意義性の世界に留まりながら、なおもそこに有意義性を越えた「四方の関係領域」を看取することによって、この二重に縁取られた世界の「奥行き」を引き受けることなのだ。

(3)「住まうこと」と学ぶこと

世界の二重性に関するこうした議論を引き継いでいるのが、吉村文男の著書『学び住むものとしての人間』(二〇〇六年)である。被護性にまつわるボルノウの論稿を参考にしながら、吉村は、「意味を理解してゆくこと」としての「学び」によって初めて、「住まうこと」が実現されるのだと考えた。「住まうこと」は「われわれが意味世界にあってその意味を理解することにおいて実現される」のであって、「意味を新たに獲得してゆく『学び』」によって「住まうこと」を実現することこそ、ハイデガーの提示した「住まうことを学ぶ」という課題の内実にほかならないというのだ〔吉村 2006: 121 & 123〕。

つまり、われわれにとって意味理解された世界は親密なものとして、そこにわれわれが護られてある、すなわち住むことができるが、逆に意味が理解されないものは疎遠で敵対的なものであり、そのもとにわれわれは庇護されて滞在しつづけることができない。〔ibid.: 121〕

このように、被護性に関するボルノウの理論を、「意味を理解してゆくこと」としての「学び」に関する議論へと接続するところに、吉村の論稿の特徴を見て取ることができる。ここでその全体を精査することはできないが、二重世界の二重性に関わる議論を中心に、簡潔に辿り直しておくことにしたい。「住まうこと」を意味理解と関連させて把握した吉村は、上田のいう世界／虚空という二重性を、意味／無意味という二重性に置き換えて解釈している。この観点からすると、二重世界内存在の「不住の住」を実現する「学び」は、「無意味」の意味を理解する「学び」だということになる。

それゆえ、「無意味」の意味を理解してゆく「学び」は、そのことにおいて住むことである。そのように言える「無意味」の意味を理解することとは、繰り返すが、意味を理解するわれわれが理解できないということに直面して（意味を奪われ「無意味」に開かれて）、そこから意味世界へ蘇り意味を理解するということである。〔ibid.: 213〕

ここでも重要なのは、意味世界の意味とこれを逸脱する「無意味」の二重性であり、両者の絶えざる緊張関係である。吉村によれば、このように「無意味」の意味を理解する「学び」の端緒となるのは、意味を奪い去り理解の不可能性を露呈させる「驚き」にほかならないという。「驚嘆」（θαυμάζειν）を哲学の起源と捉えたソクラテス＝プラトン（Platon）やアリストテレス（Aristoteles）の箴言を引きながら、吉村は、「驚異における理解しないこと」を「不思議」へと、「不思議」を「無知」へと、さらに「無知」を無知ゆえに知を「愛求」することへと、結びつけてゆく。「驚きにおいて理解しない無知」は「本当の知の根源」であり、この根源から知が成り立っていると吉村はいう。「無意味」の意味の理解としての意味理解は、無知と一つに結びついた「驚き」が、意味を奪い去り人間を「無意味」へと開くことにおいて、「成立している」のだというのである〔ibid.: 217ff.〕。

この「驚き」に伴われた「無意味」の意味の理解としての「学び」は、普段自明なものと考えられている意味理解＝「前理解」が揺るがせにされ、これを「もうひとつ深いところから組み立てなおすような」「新しい意味理解の獲得」の「根本にあるもの」として提唱されている。とはいえ、「不住の住」を成立させるこの「驚き」や「驚嘆」は、人間が意図して引き起こすことができるものではないだろう。驚きは「われわれが何かに出会っていわば向こうから来る」。このことは、そもそも「無意味」の意味の理解が、人間による意味付与という一方通行の行為ではなく、「『無意味』である『物』自体」の「人間における」「自己限定」であることに由来している〔ibid.: 220f.〕。それでは、「無意味」の意味を理解するために、人間にできることはないのか。ちょうどボルノウのいう「恩寵」のように、「驚き」が訪れるのを待つしかないのだろうか。これに関して吉村は、「行」に関する上田の論稿を援用しながら、「無意味」の意味を理解してゆく「学び」を、「行」として捉え直すことを提案する。

吉村が西谷啓治の議論を参照しながら論じているところによれば、「行」とは客観性を重んじる科学の知とは異なって、「何かの事柄を会得する知」と自己の変容を伴う「自己を知ること」が結びついた、「主客合一の知」と一つになって成り立つものなのだという〔ibid.: 222〕。仏教の坐禅・念仏や職人の修行などを「行」の例として紹介しながら、吉村は、「自己を立てて事に相対する」ことではなくて、「自己を無にして事に仕える仕事への心身あげての集中」に、「行」の成立を見て取っている。しかもその集中は「同時に開放である」とされる。集中と開放が共に帰属するこの状態を、吉村は「事へ心身を投げ入れる」ほどの「専念」＝「もはや我なく仕事が仕事すると言えるとき」と言い換えている。このように「集中が同時に開放であるような状態へと工夫していくこと」こそ、吉村が「行」と呼んで重要視する「学び」の形式なのだ。この「行」によって「『無意味』である物そのものが人間において意味へ自己限定する」のであり、これにより人間は「『無意味』の意味を理解する」のだと吉村はいう。「行」によって「無意味」の意味を理解する「学び」が遂行され、「不住の住」としての「住まうこと」が実現されるのだというのである〔ibid.: 230〕。

このようにして「無意味」の意味を理解しながら「住まうこと」を、吉村は「意味の深さへと深まりゆくこと」とも言い換えている。この「意味の深さ」に密接に関係しているのが、吉村がエリアーデ（M. Eliade）に借りて導入した「聖体示現」（Hierophanie）という概念である。「聖体示現」というこの概念は、身の回りの事物において「聖なるもの」が顕現することを意味しており、樹木や岩石に対する信仰もこの概念を用いて理解されるのだという。こうした信仰の立場からすれば、「世俗の観点からは」単なる石にすぎないものであっても、「全く別のもの」が立ち現れてくる「聖なる石」となる。日常生活の役に立つ道具が同時に「聖なるものを啓示する」こともあるだろう。こうした見識に基づいて吉村は、前近代の社会においては、人間の建てる家屋と「神々の創造である宇宙開闢」とが、深く結びついていたことに注意を促している。家屋に住まうということは、「前近代社会の宗教的人間」にとっては、それ自体として「聖なる空間」に生きることにほかならなかったというのだ〔ibid.: 137ff.〕。自然の樹木や岩石だけではなく、人間によって建てられた家屋や人間のために作られた道具でさえも、人間を中心とする有意義性の連関に回収されることのない「全く別のもの」を啓示している——ここには、先にハイデガーが橋や瓶について書き留めていたのと同様の、二重に縁取られた世界の奥行きに関する洞察を読み取ることができるだろう。

「聖なるもの」という言葉だけ取ってみれば、ボルノウもこれを論じていたが、しかしそこには世界の二重性に関する洞察が欠けていた。被護性に関するボルノウの理論は、結局「或るもののため」を指針とする秩序を空間全体にまで拡張することにより、保護する空間を「空間一般」へと押し広げることを課題として提示していた。ここに至っては「聖なるもの」でさえ、「或るもののため」を指針とする秩序に絡め取られてしまい、人間を中心とする有意義性の連関に回収されてしまうことになる。家屋のような保護する空間を空間全体へと拡大するという方向で論じられているかぎり、「或るもののため」を指針とする秩序のなかに「全く別のもの」が立ち現れてくる余地はない。保護する空間の外部が問題になるときでさえ、「バランス」の重要性が説かれていることは、ボルノウによる空間論の秩序志向を端的に露呈しているだろう。したがって、ボルノウが重要視した「聖なるもの」を、ハイデガーやエリアーデのいう「聖なるもの」「神聖なるもの」と、同一視することはできない。前者が「或るもののため」を指針とする秩序に帰属するものであるのに対して、後者はその秩序を突破した「意味世界とは別の次元」に帰属するものだからである〔cf. ibid.: 198〕。

「空間一般」が秩序立った保護する空間となることを理想とするボルノウの理論は、吉村の観点からすれば、「無意味」の次元を無視して意味ばかりを追い求めたものと映るだろう。または、「自由に開かれた空間」のように「無意味」の次元に触れるところまで来ると、これを再び意味に満ちた秩序のほうに回収してしまう、といったほうがよいかもしれない。いずれにしても、吉村にいわせれば、このように「意味の深さ」を欠いた「学び」は、「住まうこと」を実現することができない。ボルノウは、実存哲学の提起した故郷喪失＝人間存在の被投性という問題圏に目を留めていながら、結局それを「克服」するべき対象としてしか見ていない。ここでも問題となるのは、実存哲学の思想に対する、過剰なまでの対立意識である。この結果として、保護する空間の内部と外部の緊張関係は「バランス」という素朴な理念によって骨抜きにされ、意味世界と「意味世界とは別の次元」が織りなす二重性は等閑視されてしまう。被護性と被投性の相互関係が正面から考察されることもなく、「住まうこと」は意味世界に限定された課題へと縮減されてしまうことになる。

被護性に関するボルノウの理論が抱えるこうした問題点に関して、次節では、ボルノウが唱えた教育学の探究方法との関連にも着目しながら、改めて考察を深めることにしたい。

第四節　「有意義性の連関による包摂」という問題

「住まうこと」に関するボルノウとハイデガー各々の理論の関係は、前者による後者の受容という、非常に単純な図式のなかで把握されてきた。確かに、「新しい被護性」に関するボルノウの教育理論が、ハイデガーの哲学思想との対話に、多くを依拠していることは疑いえない。しかし、そこに幾つかの誤解が介在していることも、また事実である。何よりボルノウは、有意義性の世界を超克した「四方の関係領域」に関するハイデガーの論考を、完全に無視してしまっている。このためボルノウは、ハイデガーによる論稿を何度も援用していながら、ハイデガーによる議論の核心を捉え損ねている。従来の教育学研究はこの問題に関してほとんど無関心であった。ハイデガーの哲学思想のなかでも、ボルノウによって言及されることのなかった箇所は、教育／教育学のなかに所在を持たない残余として放置されてきたのである。

「新しい被護性」に関する議論において、ボルノウは、被投性と被護性とをあくまで相対立するものとして把握した。このためそこには、被護性が被投性との緊張関係のなかで初めて生い立つものであることが示唆されていながら、両者の関係についてそれ以上詳しい論考は残されていない。「或るもののため」を指針とする秩序を逸脱する外部世界は、その危険を克服するべき脅威として、または「バランス」を維持するべき対象としてのみ把握される。ときに秩序の内部にまで侵入してくる「無気味なもの」について論じられる場合にも、打ち勝つべき脅威としての設定が揺らぐことはない〔NG: 197f.〕。「脅威の克服」や「バランス」といったこれらの理念は、「空間一般」が保護する空間になることを理想として掲げる主張へと、容易に結びついてゆく。これにより、保護する空間の内部と外部の緊張関係は消え去り、「或るもののため」を指針とする秩序が空間全体に浸透することになる。こうして「新しい被護性」に関するボルノウの理論は、結局のところ、個々の実存に関わる不庇護性＝被投性の経験を全く排除してしまい、おそらくはボルノウの意図に反して、「住まうこと」に関わる人間の生のダイナミズムを立て塞いでしまうのだ。危機や希望についての議論の場合と同じように、ここでも、ボルノウの理論が「正しいか誤りか」という二者択一が問題になるのではない。「住まう者」としての人間は「空間一般」の被護性を獲得するべきなのか否か、ということが直接の問題になっているわけではない。そうではなくて、「新しい被護性」の重要性に関するボルノウの理論が、「証明」された命題として提示されるまさにそのとき、この理論が打ち開こうとしている生の局面が閉塞されてしまうことが問題なのだ。

これに対してハイデガー、上田、吉村は、この世界の二重性を二重性として平板化することなく打ち開こうとした。これはボルノウのいう保護する空間の内部と外部の関係のように、慣れ親しんだ世界の外部に別の恐るべき世界が広がっているというような、単純な問題ではない。「或るもののため」を指針とする秩序そのものが、この秩序を逸脱する未知なる領域を孕んでいるのであって、慣れ親しまれたこの意味世界そのものが、いつも「意味世界とは別の次元」を映し込んでいるのだ。この未知なる領域または「意味世界とは別の次元」は、単純に克服するべき脅威でもなければ、安易に「バランス」を要求できるような対象でもない。意味に満ちた世界は意味を欠いた無限の開けと映しあうことで初めてその輪郭を縁取られる。ハイデガーの言葉を借りるなら、有意義性の連関に規定された世界というのは、これを越えた世界の在り方と響きあうことによって、そのつど初めて意味に満ちた「世界になる」(welten) のである。したがって、被投性と被護性は相互に排斥しあうものではなく、二重に映し合わされた一つの世界のなかで、人間の生に共属するものとして捉え直されなければならないだろう。意味に満ちた世界によって保護されている人間は、同時に世界の内に無意味なままに投げ出されている存在者でもある。拠り所のない世界へと意味もなく投げ出されているからこそ、意味に満ちた保護する空間を築くことが課題となるのだと言い換えてもよい。人間が「不住にして住まう」空間としての世界はこうして、意味と無意味、有意義性と無意義性、被護性と被投性、これらが互いに響きあい映しあう世界として、汲み尽くすことのできない奥行きを宿した世界として立ち現れてくることになる。

しかしながら、「被投性から被護性へ」という移行を急ぐボルノウは、世界の奥行きに関するこの思想の核心を見逃してしまった。これにより、有意義性の連関に回収することのできない世界の空け開きは——ハイデガーによればこの空け開き＝「四方の関係領域」を「いたわる」ことが「住まうことを学ぶ」という課題の根幹に当たるのだが——覆い隠され閉塞されてしまうことになる。後に残されたのは「或るもののため」を指針とする秩序が浸透した世界である。なるほど、この有意義性の世界に住まうかぎり、「或るもののため」を指針として一定の意義や役割を付与された事物が、人間の生にも何らかの意味を与え返してくれるだろう。こうした観点からすれば、それは確かに人々が「安住」することを許してくれる、被護性を備えた世界なのかもしれない。しかしこの世界にあっては、身の回りに存在する全ての事物が、人間を中心とする有意義性の連関に絡め取られるほかはなく、「或るもののため」という指針に基づいて価値を規定されることになる。全ての事物が意義や役割に換算されるこのような世界にあっては、そこに生きる人間の生もまた、「或るもののため」を指針とする意義や役割に還元されてしまいかねない。外部に広がる空間への「冒険」を欠いた人間の生は「愚鈍な快適さのなかで委縮してしまう」という、ボルノウ自身の忠告を、このような観点から捉え直すこともできるだろう。この点において、世界の二重性から目を背けたボルノウの空間論は、人間の生の多様性・重層性を閉塞させる深刻な問題を抱えたものであったことが明らかになる。

こうして、危機や希望に関する議論の場合と同じように、「新しい被護性」に関する議論にあってもやはり、ボルノウの議論は一種錯綜した点を含んでいたことが判然としてくる。確かにボルノウは、「住まうこと」を「保護する空間」の内部と外部の緊張関係のなかで捉え返したとき、ハイデガーや上田が示した二重に縁取られた世界の在り方に関する洞察を、引き継ぐことができる地点にまで見識を深めていたと思われる。例えば『真理の二重の顔』に見られるような、「支える真理」と「脅かす真理」の二重性に関する議論などは、この世界の二重性に関するボルノウなりの見識を示しているようにも見える〔DW: 119ff.〕。しかしながら、ボルノウの教育理論を全体として拘束している、有用性の尺度に規定された世界観／人間観が、この世界の二重性を二重性として認めることを許さなかった。結果として、空間一般を有用性の秩序へと回収することを唱えたボルノウの理論は、「保護する空間」の内部と外部の緊張関係を消し去ってしまい、重要視されていた「新しい被護性」が生じてくる産屋をも立て塞いでしまうことになった。ちょうど危機や希望に関する議論がそうだったように、「新しい被護性」に関する議論もまた、ボルノウの論旨に従って丁寧に読み解いていくほどに、いつのまにか、当初の立論を裏切るような帰結へと行き着くことになるのだ。ここでも「新しい被護性」に関する議論に内在している問題点と、有用性の尺度に規定されたボルノウ教育学の方法論とが、やはり密接に関係していることに注目しておこう。

ただし「新しい被護性」に関する議論の場合には、危機や希望に関するこれまでの議論の場合と比べると、この関係がいっそう緊密なものとなっている。「有意義性の連関による包摂」とでも呼ぶべき上記の問題は、ボルノウ教育学に背景を与えている有用性の尺度に規定された世界観／人間観が、理論の前景にまで現れてきた帰結として捉え返すことができる。哲学的人間学の方法原理を教育学へと転用したボルノウは、人間の生を取り巻いている全ての現象を、個々の現象が果たすべき「機能」に注目して分析することを提唱した。有用性の秩序を「空間の全体」にまで浸透させることを称揚したボルノウの理論は、この有用性の尺度に規定された世界観／人間観を、単に教育学の探究のための指針として用いるだけでなく、教育を含めた人生全体のための指針にまで敷衍しようとするものだったのだ。「役に立つか否か」という有用性の尺度に規定された世界観／人間観は、いまや単に教育学の探究の戦略上「慎重に選ばれた」「作業仮説」としての地位を越えて、人間の生と教育の方向性を決定するべき原理としての位置を与え返されることになる。

何より注意を払われなければならないのは、世界と人間を有用性の尺度に絡め取ろうとするこの帰結が、「個々の現象」の一つである「被護性」を分析することによって獲得されたものであるように見えながら、実はボルノウ教育学の全体を規定している方法論によって——したがってこの方法論を規定している特定の世界観／人間観によって、始めから準備されていたということである。したがって、少なくともハイデガーや上田の論稿を読むかぎり簡単に断定することなどできないはずのこの帰結は、「閉ざされた人間像」に異議を申し立てるはずの「開かれた問いの原理」によってさえ問い質されることのない、いわば保護された聖域として提示されているということができる。「新しい被護性」に関する議論の帰結を改めて問い質すということは、ボルノウ教育学に基盤を与えている方法論を問い直すということであり、この方法論に基づく探究全体に疑問符を突きつけるということにほかならない。逆に考えるなら、ボルノウが用いた教育学の方法原理に従っているかぎり、「有意義性の連関による包摂」というこの問題を問い直すことは叶わないということだ。

こうして、ボルノウ教育学の背景にある有用性の尺度に規定された世界観／人間観は、教育学の探究と教育の実践の両方に関わる、二重の問題を惹起することになる。ボルノウの提唱した方法論を採択する教育学者は、人間の生を取り巻いている現象の全てを、「役に立つか否か」という尺度に照らして分析するだろう。また、ボルノウの教育理論に依拠する教育者は、同じく全ての現象が有用性へと換算されるような秩序の希求という営みを、人間の生と教育の核心を占める課題として掲げるだろう。例えば子どもを取り巻く環境世界も、この世界のなかで巻き起こる出来事も、出来事の最中に生じてくる感情や趣向も、周囲の大人や同年代の友人たちとの関係も、日々交わされている言葉も対話を通した発見も、遊具も書籍も教室も家庭も、全ては子どもの成長発達の役に立つか否かを基準として評価されることになり、またこのように評価することが推奨されることになる。これにより、世界と人間の生は共に「或るもののため」を指針とする有意義性の連関へと絡め取られ、この有意義性の連関に照らして価値を付与される。「役に立つか否か」という有用性の尺度やこれに基づく価値判断の基準は自明なものと見做され、有用性や価値に換算することのできない世界や人間の在り方は無視されて閉塞されてしまう。件の有用性の尺度に規定された世界観／人間観を広く敷衍するという課題が、教育者と教育学者が共同して取り組むべき中心課題として提起されることになるのだ。

これに対して、ボルノウの理論は仮にも「教育」に関わる理論なのだから、人間の成長発達の「役に立つか否か」という有用性の尺度が、価値判断の基準となることは当然ではないかという疑問は、確かに一定の権利を持っている。というのも、このように有用性と価値の連関に規定された教育観は、同じ連関に規定された世界観／人間観から派生したものであるが、これは独りボルノウの教育理論だけに見られる教育観ではなくて、ボルノウが継承している教育学の伝統全体を貫いている基調にほかならないからだ。これについては本書第六章に詳しく論及することになるだろう。いずれにしても、ボルノウが受け継いだこの教育学の伝統に従うかぎり、有用性と価値の連関が教育／教育学に指針を与えるべき大前提であるという見識は、疑いの余地もないということになる。しかしながら、この有用性と価値の連関に規定されたボルノウの教育理論が、無視することのできない問題点を抱えていることが判明したいま、この有用性と価値の連関に規定された世界観／人間観／教育観を、何か自明なものとして受け取っているわけにはいかない。教育学の伝統のなかで多くの場合に自明視されてきた、この有用性と価値の連関に規定された世界観／人間観／教育観を問い直すことが、本書後半の重要な課題となる。

第一部の総括――「有意義性の連関による包摂」の諸例

(1) 第一部の総括

本書第一部の探究の成果は以下の諸点に集約することができる。

①ボルノウが提唱した教育学の方法論の基盤に、有用性の尺度に規定された世界観／人間観があり、深い影響を及ぼしていることを明らかにした点。

②ボルノウの教育理論とハイデガーの哲学思想の関係を問い直し、ボルノウによるハイデガー解釈の不備や、ここから派生してくる問題点を示した点。

③危機、希望、被護性といった諸現象に関するボルノウの理論を問い直し、ここに内在している問題点＝議論の錯綜した点を浮かび上がらせた点。

④上述の理論に内在している問題点が、有用性の尺度に規定された世界観／人間観に起因するものであることを突き止めた点。

⑤以上の論考に基づいて、有用性と価値の連関に規定された世界観／人間観／教育観を問い直すことを、次

なる探究の課題として提起した点。

筆者の知るかぎりこれらはいずれも、従来の教育学のなかでは、詳しく検証されることのなかった論点である。「個々の現象」に関するボルノウの理論を、ボルノウの論旨に従って十全に展開していくと、これまで見逃されてきた問題点＝議論の錯綜した点が、各々の議論に内在していることが判然としてきた。最初に予告されたように、このような問題点が生じてきた背景には、有用性の尺度に規定された世界観／人間観と、この世界観／人間観に規定された方法論の問題があった。有用性と価値の相補連関に規定された探究方法は、この連関に収まることのない現象を扱おうとするボルノウの意図を越えて、全ての現象を例外なく有用性と価値に換算してしまう。結果として、ボルノウの教育理論は当初の立論に反して、危機の危機たる由縁や、希望の核心を占める特徴や、被護性の生い立つ起源を、覆い隠し立て塞いでしまうのだ。ハイデガーの哲学思想に対する誤解と、この誤解に基づく過剰な対立意識が、このような問題に対してボルノウを盲目にしていたことは間違いない。

(2)「有意義性の連関による包摂」の諸例

危機、希望、被護性などのように、有用性と価値の連関に規定された世界観／人間観のほうからは把握することのできない諸現象に、この世界観／人間観を背景とする探究方法によって接近しようとした点に、ボルノウの教育理論に内在している問題点の核心があるといえる。前章までに取り上げられなかった諸々の現象に関するボルノウの議論についても、これを丁寧に読み解くなら、全く同型の問題点＝議論の錯綜した点を見て取ることができる。とはいえ本書としては、広範な生の現象を取り扱ったボルノウの理論を、全て見渡している余裕はないしその必要もない。詳細な検証作業は別稿に譲るとして、ここでは種々の現象に関するボルノウの理論のなかでも、特に上述の問題点が顕著に現れている例を取り上げて、至極簡単に注釈しておくに留めよう。

(A) 直観と放下

危機を経ることによる「新しい始まり」について議論するなかで、ボルノウは、「取り扱い方」や「使用方法」の理解を突破した「直観への回帰」の重要性を説いていた。『認識の哲学』の第二巻として上梓された『真理の二重の顔』のなかで、この「直観」(die Anschauung) は次のように規定されている。

> 実用上の取り扱いのような単純な図式主義に邪魔されることなく、現実性の充実を受け止めることができるような態度のことを、理論〔Theorie〕の起源をなしている語義の意味から、簡潔に直観と呼ぶことにしよう。ここにおいて直観という言葉は、単に従来の全ての諸形式から解き放たれた純粋な感覚上の眺めという狭い意味においてだけではなく、〔……〕有用性の思考の制約から解き放たれて、諸事物を固有の存在において捉えること・概念把握することとして受け取られている。〔DW: 81f.〕

「実用上の取り扱い」や「有用性の思考の制約」から「解き放たれた」直観の性格に注目しよう。この箇所の議論は明らかに、有用性の尺度を越えた認識の在り方を、視野に収めている。しかし、「視野の制限解除の必要不可欠さ」と題されたこの節に説かれているのは、人間が真理を把握するには直観のような「開放性」(die Offenheit)が「必要不可欠」だ、ということにほかならない。「生命感の陶酔的な高揚」や「静かな・曇りのない心情の清澄さ」にも関わるこの「開放性」への要求は、最後に「純粋な真理の条件としての放下」への要求として提示されることになる。ボルノウの論考によるなら、「放下」(die Gelassenheit: 落ち着き)とは、「人間が我意を離れ去って、信頼を抱きながら、干渉してくる出来事へと身を委ねた状態」のことをいう〔ibid.: 87〕。この「安定した根本態度となった清澄さ」としての「放下」という在り方について、ボルノウは次のように書き留めている。

> この晴れやかな放下のなかに、我々は、真理の認識のための最終的・決定的な道徳上の前提を見て取り、こうして我々の論述が目指してきた最後の点に辿り着いたのだ。〔ibid.: 88〕

この「放下」という「内的状態」を獲得することは、ボルノウにいわせれば、真理を認識するための「特別な道徳上の要求」または「道徳上の課題」にほかならない。こうして、有用性の尺度から「解き放たれた」直観の在り方に関するボルノウの議論もまた、倫理学・道徳論を背景とした有用性と価値の連関に絡め取られていることが判然としてくる。

無論ここでも問題となるのは、「直観」や「放下」といった現象に関するボルノウの理論が、「正しい」か「間違い」かといったことではない。そうではなくて、元来有用性の尺度を抜け去っているはずの「直観」や「放下」が、真理の認識のために「必要不可欠な」「道徳上の課題」として、有用性と価値の連関のなかに絡め取られることによって、結果として「直観」や「放下」といった「態度」に向かう通路が閉塞されてしまっていることが問題なのだ。ここに示されたボルノウの理論が「正しい」ものとして受容・保持されているかぎり、読者は有用性と価値の連関によって規定された世界観/人間観を離れ去ることができず、したがって、「直観」や「放下」といった「態度」が生い立つ現場は先立って立て塞がれてしまっている。ここでもやはり、ボルノウ教育学の探究方法の背景にある有用性の尺度に規定された世界観／人間観が、このように議論の錯綜した点を生んでいることがわかる。

(B) 認識の器官としての詩作

この「直観」や「放下」に関する議論と密接な関係にあるのが、詩歌の「機能」あるいは「利益」「不利益」についてのボルノウの論考「世界認識の器官としての詩作」である。世界の認識に関わる「言葉」の役割を明らかにしたうえで、ボルノウは、なかでも詩歌が遂行するべき特別の機能に目を向けさせる。これによれば、諸々の語彙が世界を人間の欲求や意志との関連のなかで「見させる」のに対して、詩行は事物に対して何かを意志することなく「ただ見させる」のだという。このような「見させる」の在り方を、ボルノウは、「目的を離れて・没頭している直観としての眺めること」あるいは「本当の直観」と呼んでいる。普段は「使用目的」のほうから見られている事物が、詩歌のなかでは「言葉の十全な意味において」見られることになるというのだ〔DOW: 11f.〕。

詩作〔die Dichtung〕は世界把握の一つの器官〔ein Organ〕であるが、世界の支配という意味での世界把握の器官ではない。日常の生活の方針決定に奉仕するわけではないのだ。そうではなくて〔詩作は〕、あらゆる実践上の視点を離れ去って、生の充実と豊穣を見させ、これにより我々を幸せにし豊かにしてくれる器官として、世界把握の器官なのだ。〔ibid.: 17〕

詩歌が件の「直観」を獲得するための「器官」あるいは「媒介」（Medium）として把握されていることに注意しよう。ボルノウにとって詩歌は、有用性の尺度を越えた世界の認識への通路として、他に代えがたい「意義」を持っていることがわかる。しかし、こうした見識が命題として掲げられることによって、却って有用性の尺度を越えた直観への通路が立て塞がれてしまうという点が、見逃されてはならないだろう。「我々を幸せにし豊かにしてくれる器官」として詩歌を捉えているかぎり、読者は有用性と価値の連関のなかに束縛されたままであり、したがって「生の充実と豊穣」が見られることはない。「直観」の特徴とされた「清澄さ」と対比していうなら、ボルノウの提唱した理論がボルノウの意図に反して、詩歌と詩歌が「見させる」（sehen lassen）世界に対する眼差しを「曇らせて」しまうのだといえる。

もはや繰り返すまでもないが、この問題点の背景にもやはり、有用性の尺度に規定された方法原理の問題がある。実際にボルノウは、当該の論稿の冒頭において、この論稿の課題を次のように提示している。

このようなわけで我々は本日、〔……〕人間の生にとっての詩歌の利益と不利益とに向かって、あるいは現代的に表現するなら、詩歌の人間学的な機能に向かって問うことになる。〔ibid.: 1〕*11

「このようなわけで」（und so）といわれているのは、この直前にボルノウが、「哲学的人間学の実りある着手点」について述べたことを受けている。例によってボルノウは、人間の生に関わる諸現象を、「勝手に存立している実体」や「客観的な構築物」としてではなく、特定の欲求を起源とする「人間の業績」として「全く特定の機能」のほうから捉え返した点に、哲学的人間学の功績を見て取っている。この論稿においてもやはり、「役に立つか否か」という有用性の尺度に規定された探究方法が、特に疑問視されることもなく採択されていることがわかる。この探究方法に依拠しているかぎり、上述のような議論の錯綜した点が生じてくることを、避けることは難しいだろう。

(C) 徒歩旅行の意義

最後に少し趣向を変えて、「徒歩旅行」(das Wandern)に関するボルノウの論稿を紐解いてみよう〔PA: 83ff.〕。学校における「式典」や「祝祭」の機能に関する論考の終わりに、ボルノウは、徒歩旅行の教育学/人間学上の意義を考察している。これによれば、徒歩旅行または「遠足」や「修学旅行」などの意義は、「人間が徒歩旅行のなかで経験するような意識の深甚な変化と更新」にあるのだという。これは、「真正な寛いだ徒歩旅行」のなかで経験されるような「内面の情調の一形式」として規定されている〔ibid.: 83〕。

〔……〕このなかで、普段の職業生活、労働生活、学校生活の、常に落ち着かない目的追求が、人間から離れ落ちる。そして人間は無限の深い幸福に伴われて、時間を忘れて・目的から解き放たれた・純粋な現存在という状態を経験するのである。〔ibid.: 83f.〕

これをボルノウは、「いまだ濁されていない現存在の起源への深く経験された回帰」と「合理性のなかで硬直した生の更新」として規定している。ここにもやはり、本書がこれまでに指摘してきたのと同型の「問題」を、見て取ることができるだろう。上に引用されたボルノウの論述を読めば、徒歩旅行とは仕事や学業についてまわる目的合理性から解き放たれた、「無限の深い幸福」に規定された営為だということになる。

＊11 「本日」と書かれているのはこれが講演の記録だからである。

ところが、件の「現存在の起源への回帰」と「硬直した生の更新」が徒歩旅行の意義として提唱された途端に、徒歩旅行はこれらの目的を達成するために役に立つ手段として捉え返されることになる。もともとは有用性の尺度を越えた営為として提示されたはずの徒歩旅行が、改めて目的‐手段関係のなかに絡め取られていることに注意しよう。

さらにボルノウは次のことも付け加えている。

そのうえ、このような学校の遠足は、共同性の成立に関しても、先に祝祭のところでいわれたのと同じ帰結を持つことになるだろう。幸福感と充実感を一緒に経験しただけで、期せずして、すでに共同性は現に存在しているであろうし、後々に至るまで実り豊かなものであることが証明されるだろう。〔ibid.: 85〕

こうしていまや徒歩旅行あるいは学校の遠足は、「現存在の起源への回帰」と「硬直した生の更新」だけでなく、「共同性の成立」のための手段としての機能をも与え返されることになる。このような見識が「正しい」ものであるか否かは問題ではない。むしろ私たちは、例えば学校の遠足や修学旅行が生徒同士の仲間意識を深めるものであることを、幾つもの例や自己の体験から「知って」いるだろう。しかしながら、このような見識が確固たる理論として提唱された途端に、徒歩旅行は改めて強固な目的‐手段関係のなかに捕捉されてしまい、「無限の深い幸福」が与えられる機会は失われてしまうことになる。有用性の尺度に規定されたボルノウ教育学の探究方法は、徒歩旅行の意義・機能を明らかにしようとするその意図によって、却って徒歩旅行が実現するはずの人間の生の在り方を立て塞いでしまうのだ。

(3) 第二部に向けた展望

危機、希望、被護性のように、人間の生に密接に関わる現象でありながら、従来の教育学の視界からは外れていた諸現象を、教育学の重要な主題として取り上げた点は、ボルノウの理論の功績として高く評価されなければならない。しかしながら、ボルノウが見落としていたのは、教育／教育学がこれらの現象を視界に収めるには、教育／教育学の伝統に浸透している有用性の尺度に規定された世界観／人間観と、ここから派生してくる教育観自体が、改めて問い直されなければならないということなのだ。ここに至って本書は、第一部の冒頭に引用されたヴルフや今井康雄による教育人間学批判・ボルノウ批判と、大変親和性の高い隣接した地点に立つことになる。ただし、これらの批判と本書は立っている場所が正反対である。当該箇所にも示唆しておいたように、これらの批判は「歴史的人間学」またはいわゆる「ポストモダン」の視座に立って、ボルノウの教育理論を外側から批判している。これに対して本書は、あくまでボルノウの議論をボルノウの論旨に即して読み解くことで、いわばボルノウの教育理論の内側からこの地点に至ったのだった。これは当該の問題を外側から眺めるか内側から眺めるかという些細な相違点のようだが、本書後半の論考の方向性にも関わる大変重要な相違点でもある。

本書の序論にも記されているように、本書の課題はボルノウの教育理論を再考／再興することにある。これは、単にボルノウの理論の問題点を指摘してこれを非難したり、時代遅れのものとして打ち捨てたりするのではなく、各々の議論に孕まれている問題点を明確にしてこれを問い直すことで、教育／教育学の両義性に満ちた局面を打ち開こうとする探究である。有用性と価値の連関に規定された世界観／人間観／教育観と、これらの世界観／人間観／教育観に規定された探究方法を問い直すことにより、教育／教育学にどのような局面が打ち開かれることになるのか。ボルノウ教育学の再考を通じて本書は、探究の次なる段階へと導かれることになる。

補遺　ボルノウ教育学と詩歌

先に「認識の器官」としての詩作の機能についてのボルノウの議論を見た。ボルノウにとって詩歌とは、「直観」を獲得するための「器官」あるいは「媒介」にほかならなかった。『真理の二重の顔』のなかでボルノウは、「経験科学」は「理論上の構築物に抗して詩歌の描写のなかに十全な直観を取り戻すのだ」とも書いている〔DW: 147〕。だとすれば、ボルノウの教育理論のなかで詩作者の作品が援用されるときにも、やはり有用性の尺度を越えた「直観」への回帰が意図されているのだろうか。答えは否である。ここでは、ボルノウの教育理論における詩歌の位置について、簡潔に検討しておきたい。

『単純な道徳』に収められた論稿「哲学と詩作者」のなかで、ボルノウは、なぜ多くの哲学者が詩作者の作品に言及しているのか、哲学者の仕事にとっての詩作者の作品とは何なのかを論じている〔ES: 183ff.〕。多くの哲学者が詩歌に言及している理由として、ボルノウはさしあたり二つの理由を挙げている。一つ目は、哲学者が「補完の必要」から詩作者の作品へと手を伸ばすという理由である。詩作者だけが接近することのできる特別の「言語形態」によって、思想は「説得力に向かって格上げされる」のだとボルノウはいう。これにより、思想は「暫定性」を取り払われ「不動の完成品へと格上げされる」のだというのである。二つ目には、哲学者は詩歌のなかに「生の充足を発見できると信じているから」という理由が記されている。ボルノウの注釈によれば、この「生の充足」によって哲学者は、「一面性や執着から守られる」のだという。「生の活発性への渇望」が哲学者を「詩歌へと向かわせる」のだというのである〔ibid.: 188〕。しかし、これらの「結局のところは表面的に留まるような、哲学的な態度に孕まれた不確実性の告白のようにも思われる」理由に加えて、さらにボルノウは最も重要と思われる事情を示している。

> 生は意識された探索からは身を引いてしまうが、意識されていない表現のなかでは形を取ってくる。このため生の把握は、表現のなかで意識せずに形作ることと、表現のなかで獲得されたものの概念による照明という、二つの層に分かれるのだ。〔ibid.: 189〕

ボルノウによれば、詩作者の作品はこの「無意識の表現」であり、哲学者の仕事が「概念による照明」だということになる。哲学者が詩歌に言及しなければならないのは、「哲学が先に形作られた表現世界に依存している」ためだ、とボルノウはいう。「生の把握」が成功するのは、「先に形作られた表現の概念による説明のなかで」だけだというのだ。このような「生の把握」は詩歌以外の芸術や自然科学など、「精神世界の形式全て」のなかで起こりうる、とボルノウは続ける。さまざまな文化現象に照らして「人間の本質」を捉えようとする、「オルガノンの原理」に関する注釈が思い起こされる。これに従うなら、人間の文化に帰属している全ての現象は、「哲学のオルガノンである」ということになるだろう。とはいえ、詩歌は言語という哲学と「共通の媒介」を用いているため、他の芸術よりも非常に哲学に近しいのだ、とボルノウはいう。詩歌こそが「無類の・最優先のしかたで哲学のオルガノンなのだ」というわけである〔ibid.: 190f.〕。

こうした事情から次のような事態が生じてくる。どれほど「畏敬の念」を抱いていたとしても、哲学者にとっての詩作者は「目的のための手段」すなわち「人間の生全体の概念による説明のための手段に留まる」

という事態である〔ibid.: 193〕。この事態を指摘しているボルノウ自身の論稿が、この事態を免れているのかというとそうではない。ボルノウ教育学の探究方法は、哲学的人間学の方法原理を「そのまま」導入したものであったが、詩歌との関係も上記の事態と一緒に「そのまま」転用されている。ボルノウの理論にとって詩歌は、「生の全体」を「把握」するための一個の「手段」にすぎない。個々の現象の「機能」を「証明」するための「手段」として、さまざまな文化現象の一つである詩歌が用いられているのだ。

周知のようにボルノウの教育理論のなかでは、詩歌や小説のような文学作品が度々援用されている。議論全体を予告するようにして詩歌が引かれることもあれば、当該の現象の特徴を解明するための「証言」として、詩歌が引用されることもある。いずれにしても、個々の現象の「機能」から「人間の本質」を問い直そうとするボルノウの理論は、当該の現象が「役に立つ」ことを「証明」するという目的のための手段として、詩歌を用いているのだ。これと対照的なのが「哲学者」ハイデガーの論稿における詩歌の位置である。今後の議論を先取りして書き留めておくなら、一九三〇年代後半以降にハイデガーが取り組んだのは、ヘルダーリンやトラークルの詩歌を導きとして、形而上学に規定された知識／伝達の在り方を問い直すことだった。ここにおいて「詩歌」や「詩作」は、所定の「目的」を達成するための「手段」とは異なる、風変わりな「知」の在り方のモデルとして捉え返されることになる。これについては後の第二部で詳しく検証されることになるだろう。

第二部　存在論と「宙吊り」の教育学

――ボルノウ教育学の再興に向けて

第二部の課題設定

第二部の課題は、第一部に提示された問題意識を引き継いで、ハイデガーの哲学思想を詳しく検証することによって、ここに示唆されている教育／教育学の両義性に満ちた局面へと探究を進めることにある。存在者の存在への問いを核心とするハイデガーの思想を読み解くことで、有用性や価値に換算することのできない、世界と人間存在の在り方が浮かび上がってくることになるだろう。これにより、素朴な有用性と価値の連関には束縛されることのない、これまでとは異なる教育／教育学の在り方に関しても、貴重な示唆が与えられることになると期待される。哲学者であると同時に大学教師でもあったハイデガーの諸論稿を導きの糸として、有用性と価値の連関に規定された教育／教育学の伝統を問い直すことが、本書第二部の中心課題である。

ハイデガーの哲学思想が現代思想の諸領域に及ぼした影響は計り知れない。ハイデガーの思想に直接論及した研究だけでなく、後の思想家を経由して影響を受けた研究まで含めると、枚挙に暇がないほどだろう。無論これらの諸研究のなかには、ハイデガーの思想を肯定的に読み解いて受容したものもあれば、これを否定的に読み解いて非難したものもある。例えば、悪名高いナチズムへの加担などに言及しながら、ハイデガー哲学との批判的対決を試みたものも少なくない。また近年では、こうした批判を経ることによって換骨奪胎された、ハイデガー哲学に由来する術語のみを継承している論者も多い。一例を挙げるとすれば、「世界内存在」「共存在」「本来性／非本来性」といった諸概念は、ハイデガーの著作に直接触れたことのない研究者にとっても、お馴染みのものだろう〔cf. Gethmann-Siefert und Pöggeler 1988〕。

こうした事情は教育学の領域にあっても変わりない。現代ドイツの教育学者マイヤー＝ドラーヴェ（K. Meyer-Drawe）は、これまで教育学がハイデガーの哲学思想に対して取ってきた極端な態度を、「同化」（die Aneignung）および「拒絶」（die Ablehnung）という言葉で表現している〔Meyer-Drawe 1988〕。一方にハイデガーの哲学思想を無批判に称揚している論稿があるかと思えば、他方にはこれを大衆煽動に繋がる危険思想として指弾している論稿も見られる。また、こうした極端な「同化／拒絶」のあいだには、ハイデガー特有の術語群を借用しただけの研究や、幾つかの箴言のみを援用した研究も点在している。しかし筆者の管見によるかぎり、「存在の問い」を核心とするハイデガー哲学の重要性と危険性の両方を詳しく検証したうえで、存在論の視座から教育／教育学の在り方を問い直そうとした探究は稀にしかない。

加えて、ハイデガーの哲学思想から影響を受けた教育理論は、相互に参照しあうことなく、独立して議論を展開していることが多い。例えば本書の第六章が主題として取り上げるのは、年代順に和田修二、バラウフ（Th. Ballauff）、加藤清、ニーセラー（A. Nießeler）、スタンディッシュ（P. Standish）、トムソン（I. D. Thomson）らによる諸論稿である。またこれ以外に脚注として、日本の川村覚昭、加藤守通、大谷尚、生越達らによる近年の論稿が言及されることになる。戦後の教育学のなかで、特にハイデガーの存在論に依拠して構築された理論としては、ドイツの教育学者バラウフによる論稿『体系的教育学』（一九六二年）を代表に挙げることができる。これ以降に展開された存在論を基礎とする教育理論の趣旨は、ほとんどバラウフのこの著作によって先取りされているといってよい。にもかかわらず、上に挙げた論者のなかでバラウフの研究に論及しているのは独りニーセラーだけである。また、このニーセラーによる一九九五年の著書『放下というエートス』も、これ以降に発表された各論稿のなかで言及された例がない。

視野を日本の教育学界に絞ってみよう。ハイデガー哲学に依拠したバラウフの教育理論は、一九八八年に笹田博通によって日本に紹介されている。しかし、これ以降の研究がバラウフを参照点として行われることは滅多になく、川村を初めとする論者は各々独自の出発点から理論を展開している。バラウフの著作以前に和田の一連の論稿（一九五九年～一九六二年）があるが、これは研究科紀要に連載された論稿だという事情もあり、大きな注目を集めることはなかったようだ。実際に加藤清は、一九八三年の著作『新しい教育哲学』の「あとがき」に次のように書き留めている。

ハイデッガーの哲学を、教育哲学の形でまとめられ、主張されている著作や研究者には、出会ったことがないだけに、心をこめてハイデッガーの霊に捧げたい気持である。〔加藤 1983：217〕

哲学者である加藤清が教育学の領域に目を向けていれば、和田、川村、笹田を初めとして、このときすでにハイデガーの哲学思想に着目していた、幾名かの教育学者に出会っていただろう。とはいえ、いずれにしても日本の教育学の潮流のなかで、ハイデガー哲学に依拠した議論を展開した研究として、加藤清の論稿が重要な位置を占めていることは間違いない。しかしながら、この加藤清による論稿が、これ以降の教育学研究のなかで言及された例を、寡聞にして筆者はほとんど耳にしたことがない。加藤清と同じようにハイデガーの技術論を主題とした、上掲の加藤守通、大谷尚、生越達らの論稿にも、加藤清の論稿に対する言及を見ることはできない。ボルノウの教育理論を批判しながら自説を展開した加藤清と、上掲の教育学者たちが出会っていれば、おそらく哲学と教育学の双方にとって実りある対話が生まれたことだろう。

もう一点、現代の教育学界に目を向けて注目しておきたいのは、近年英米の教育哲学界において、改めてハイデガーの哲学思想を受容しようとする機運が見られることである。上に名前を挙げたスタンディッシュやトムソンなどは、こうした潮流の先端に位置している。二〇〇二年刊行の論稿集『ハイデガー・教育学・近代性』の編者ピータース（M. A. Peters）は、同書の「序論」のなかで、謙虚な口調で次のように宣言している。

> この論稿集はただ、教育への問いとの関連のなかで、ハイデガーの著作を理解して正しく評価しようとする、最初の・実験的な試みとしてのみ見られてよい。〔Peters 2002: viii〕

ここで「最初の」といわれているのが、英米または英語圏において「最初」という意味であることは、前後の文脈から推察される。この一節からは、当該の著作に対する自負と今後のハイデガー研究の展開に対する期待の、両方を聞き取ることができるだろう。とはいえしかし、この著作に収められた11篇の論稿のなかに、ボルノウやバラウフによる先行研究に言及したものが一つもないという事実には、やはり驚きを禁じえない。大陸合理主義とイギリス経験論との対立が、ここにも影響を及ぼしているのだろうか。

以上のような問題意識に導かれて、本書は、ハイデガーの哲学思想に基づく従来の教育理論を並べて紐解くことで、これまでは言及されることのなかったこれら諸論稿の相互連関を示してみせたい。とはいえもちろん、教育学の領域に限定されているとはいえ、ハイデガーの哲学思想を基礎としている論稿全てに目を通している余裕はない。本書としては、第一部から引き継がれた課題に照らし合わせて、特にハイデガーによる存在論の探究に着目している教育理論を中心に取り扱うことにしたい。例えばボルノウのように「現存在の分析論」にのみ言及して存在論を無視した理論や、「世界内存在」「共存在」「本来性／非本来性」などの術語を借用しただけの理論に関しては、言及を差し控える。上に挙げた六名の研究者は、このような観点から選ばれている。ハイデガーの存在論に立脚した従来の教育理論を並べて紐解くことによって、これらが一定の課題意識と議論の内実を共有していることが判明するだろう。これにより、従来は個々別々に進められていた探究が、特定の課題意識に基づく連関のなかで捉え直されると共に、これら各々の論考が抱えている共通の問題点もまた、明確に浮かび上がってくることになると期待される。

議論を先取りして書き留めておくなら、存在論に立脚した従来の教育理論によって共有されているのは、「有用性と価値の教育」の問い直しという課題意識にほかならない。本書が「有用性と価値の教育」と呼ぶのは、例えばボルノウの教育理論に顕著に継承されていたような、有用性の尺度と価値判断の基準に規定された教育／教育学の在り方のことである。以下の各章の議論によって明らかにされるように、これは独りボルノウの教育理論だけが抱えている問題ではなく、教育学の伝統を全体として規定してきた傾向である。それどころか、ここで問題となる有用性と価値の連関は、現代社会を生きる人間の生と諸学問を全体として覆い尽くしている。「有用性と価値の教育」の傾向は、現代社会に浸透している有用性と価値の連関による支配が顕著に露呈してくる現場であると同時に、この支配をさらに強固なものとして拡大してゆくための動力源ともなっている。この「有用性と価値の教育」が抱えている問題点を明らかにすることによって、従来の教育／教育学の在り方を問い直すことが、存在論に立脚した教育理論に共通の探究課題だったのだ。

ところが、このように存在論に基づいて構想された教育学の探究も、結局は「有用性と価値の教育」の桎梏を逃れ去ることはできなかった。というのも、存在論に立脚した従来の教育理論は、多くの場合に、有用性と価値の連関を抜け去った人間の在り方を、一定の価値を帯びた理想・目標として掲げており、教育を初めとする他者との関係や種々の出来事を、この理想・目標を実現するための手段として把握しているからである。このような問題が生じてきた背景には、従来の教育哲学がハイデガー哲学の探究内容にばかり目を向けており、教育学の内容一覧を充実させることに執心するあまり、存在論を規定している探究方法を無視していたという事実がある。ハイデガー哲学の探究内容と探究方法は、決して分け隔てることのできない密接な関係を有している。この両者の関係を詳しく検証することによって、「有用性と価値の教育」に対する問いを推し進め、教育／教育学の両義性に満ちた局面を打ち開こうとする点に、本書第二部の探究を規定する固有の課題意識があるといえる。

ハイデガー哲学を規定している探究方法について、日本の教育学のなかで最も鋭い課題意識をもって論及しているのは、田中智志による著作『教育思想のフーコー』(二〇〇九年)だと思われる。「未知の思考の喚起という行為」と題された一節のなかで田中は、現代アメリカを代表する哲学者ローティ(R. Rorty)による、「喚起の哲学者」(edifying philosophers)に関する論考を引用している。

〔後期ハイデガーのような〕喚起の哲学者は、ときに詩作者によって引き起こされることのある驚嘆の感覚のために、余地を開いておくことを欲する——この驚嘆とは、この世界に何か新しいものが存在しているという驚嘆であり、すでに存在しているものの正確な表象などではない何か、(少なくとも当座のあいだは)説明することができず、かろうじて描写することができるばかりの何かが、存在しているという驚嘆である。〔Rorty 1979: 370〕*12

ローティによるこうした洞察について田中は、ハイデガー研究者の古東哲明による注釈に依拠しながら、これを「形ばかりの告示」(die formale Anzeige)[*13]という探究方法に接続している。「形ばかりの告示」といえば、『存在と時間』刊行前後の時期に、ハイデガーが提示した存在論の探究方法にほかならない。田中＝古東の説くところによれば、読者を「脱近代的な新しい『道』に誘い」、「新しい『道』を歩ませるが」、「目的地を明示せず」、自力で目的地を掴み取らせようとするところに、この探究方法の特徴があるのだという〔田中 2009: 5〕〔古東 2002 参照〕。フーコーの企図した「系譜学」あるいは「歴史的存在論」もまた、このような特徴を持った「叙述形態」に「近しいもの」だったのではないかという点に、田中の議論の趣旨がある。

本書が特に注目しておきたいのは、ここで田中が取り上げているハイデガーまたはフーコーの探究方法＝叙述形態が、実はそのまま学生に対する教育方法＝講義形態でもあったという事実である。哲学者であると同時に大学教師でもあった両者にとって、自身の探究をどのように推し進めるのかという問題は、これをどのように学生に教え伝えるのかという問題と、いつも密接に関連していた。田中もまたこの点に注意を促している。

ともあれ、人に新しい「道」を黙示し、人を新しい「道」に誘うことは、もっとも深い意味で教育と呼ぶことができるだろう。〔……〕それは、通常行われている、伝授、伝達の教育とはちがい、人がそれぞれに遂げるべき自己形成、自己変容の教育である。〔田中 2009: 5f.〕

---

*12　〔亀甲括弧〕内は田中による補足（全体の訳文は凡例通り井谷による）。
*13　田中＝古東はこれを「形式的指標法」と翻訳している。

このような観点から田中は、ハイデガーの存在論やフーコーの歴史的存在論を、「もっとも深い意味で教育論であるといえる」としている。ハイデガー哲学を規定していた方法論の問い直しが、教育／教育学の実践／理論の問い直しと不可分の相補関係にあった、という指摘は非常に重要である。しかしながら、ハイデガーの哲学思想を「遂げるべき自己形成」への指示として型取り、また「よりよく生きる」ためには「他者との深い関係性」が不可欠であると唱えた田中の論稿は、存在論に立脚した従来の教育理論がそうだったように、結局は「有用性と価値の教育」の桎梏に絡め取られてしまっている〔cf. ibid.: 248f.〕。ハイデガーの論稿を「喚起の哲学」として捉え返すだけでは、有用性と価値の連関に規定された教育学の伝統を抜け去ることはできないのだ。

これに対して本書は、ハイデガー哲学の探究方法を精査することによって、「有用性と価値の教育」の堅固な伝統を問い直すべく、単なる学習内容の指導教授とも一方通行の「喚起」とも異なる、教育／教育学の両義性に満ちた局面を打ち開くことを課題とする。ここでも議論を先取りして書き留めておけば、ハイデガー哲学の探究方法に着目することで問い直されるのは、元来「教育」の核心を占める現象として捉えられてきた、知識／伝達あるいは学び知ること／教え伝えることの連関である。知識／伝達の連関の問い直しというこの論点を見落としていた点に、ボルノウやバラウフを初めとする、ハイデガー哲学を受容してきた従来の教育理論の、最も重大な不備があった。ハイデガー哲学を規定している探究方法の問い直しに基づいて、ここから要求される知識／伝達の連関を視野に収めることで初めて、存在論が教育／教育学に与える示唆を受け取るための準備が整うことになるだろう。

ボルノウの教育理論を精査した本書第一部の論考によって、有用性と価値の連関に規定された方法論を背景とする、ボルノウ教育学に内在している問題点＝議論の錯綜した点が明らかにされた。この洞察を受けて

第二部においては、「有意義性の連関による包摂」という問題の突破口を模索するべく、教育学の伝統を規定している世界観／人間観が問い質されると同時に、有用性と価値の連関に回収されることのない、教育／教育学の方法が追求されることになる。これによって、第一部において解き明かされたボルノウの理論の問題点＝議論の錯綜した点に元来潜在している力学を浮かび上がらせることで、ボルノウ教育学を新たな可能性へと開いて再興するための端緒を築くことができると期待される。

以上の課題を受けて第二部の探究は次の四つの章に区分される。

第五章　存在の真理と転回の思索
　　――M・ハイデガー「存在の問い」を解きほぐす
第六章　存在論に立脚した教育理論の来歴
　　――「有用性と価値の教育」に対する問いかけ
第七章　「知の宙吊り」という方法
　　――「存在の問い」を規定する探究方法の変遷
第八章　宙吊りの教育学の構想
　　――ボルノウ教育学の再興に向けて

第五章　存在の真理と転回の思索

──M・ハイデガー「存在の問い」を解きほぐす

本章の概要

ボルノウ教育学に内在している「有意義性の連関による包摂」という問題を問い直すための導きの糸として、本章は、「存在の問い」に関わるハイデガーの論考を読み解いてゆく。もちろん、西洋の哲学史を貫通するハイデガーの思想の全容を、詳細に解明することなど到底不可能だろう。本書第一部から引き継がれた課題にとって、特に重要な位置を占めているのは、一九三〇年代後半以降の「存在の真理」に関するハイデガーの探究である。『哲学への寄与論稿』という標題を与えられた「第二の主著」の読解を目標として、ハイデガーによる存在論の道程を辿り直してゆくことが本章の課題である。

こうした課題を受けて本章は次の三つの節に区分される。

第一節　「存在の問い」の萌芽
第二節　ハイデガーの形而上学批判
第三節　「存在の真理」への探究

第一節においては、ハイデガーの「存在の問い」の成り立ちを明らかにするべく、主著『存在と時間』とその前後の論稿が紐解かれる。『存在と時間』以前のハイデガーの問題意識は、存在者の存在そのものよりも、「実際の生」または「生の事実性」に向けられていた。これが、アリストテレスに由来する存在論の伝統に対する批判意識によって、「存在の問い」へと展開していくのである。この「存在の問い」は、さしあたり『存在と時間』を典型とする「存在の意味」への探究として出発した。「存在の意味」への探究は、「基礎存在論」としての現存在の分析論と、「メタ存在論」としての形而上学の捉え直しによって、遂行される予定であった。しかしながら、この「存在の意味」への探究は、存在を理解する現存在としての人間の意味理解を拠り所としていた。現存在としての人間による意味理解を拠り所とする、「存在の意味」の探究は、存在を存在者のように固定された客体として取り扱ってしまう危険を孕んでいる。「実際の生」に関する探究から「存在の問い」への移り行きと、「存在の意味」の探究が挫折に至るまでの顛末を明らかにすることが、第一節の課題である。

第二節においては形而上学の伝統に対するハイデガーの批判が精査される。「存在の意味」への探究の問題点を看取したハイデガーは、これが形而上学の伝統の枠内にあったことを再認したうえで、形而上学の伝統の背景にある思考様式を問い直すことを試みる。これによって、プラトン以来の形而上学の伝統は、認識・行為する主体としての人間を基盤に据えた、「主体性の形而上学」であることが明らかに示される。「最高の価値の価値喪失」を唱えたニーチェは、主体としての人間を基軸とする有用化・価値判断の推進者として、形而上学の伝統の完成者であると指摘される。また、この主体性の形而上学の伝統を最も顕著に体現するものとして、近代の科学技術の本質が問い直される。こうした論点を経ることで、ハイデガーは、西洋の形而上学の伝統のなかでは、存在者の存在そのものが等閑視されてきたことを示して見せるのである。ハイデガーによる形而上学批判を詳しく検討することで、ハイデガーによる存在論の探究の背景にある問題意識を明らかにすることが、第二節の課題である。

以上の検証作業に基づいて、第三節においては、「存在の意味」の探究の挫折から導かれた、「存在の真理」の探究の内実を明らかにすることが試みられる。ハイデガーによる「存在の真理」への探究は、一般に自明なものと見做されている存在者の存在自体が問いに付され、存在者の本質が問い質されるような、「全き疑わしさ」に伴われた**出来事**への探究である。存在者の非隠蔽性／存在の自己隠蔽というダイナミズムを基調とするこの**出来事**は、同時に、存在者の本質が改めて与え返され、存在者が存在者として本質を承認される、要するに存在者が従前とは異なる面持ちで立ち現れてくる**出来事**でもある。このような**出来事**の最中にあっては、現存在としての人間の本質も問い質され、底無しの「深淵」へと投げ返されることになる。したがって、存在の真理という**出来事**はまた、望ましい人間の在り方を規定している倫理学・道徳論が、普段は固定されている基盤を奪い去られ、根底から問い直されるような**出来事**でもある。このような**出来事**としての存在の真理は、主体としての人間の営為によっては実現することができない。「主体」や「自己」などの「人間の本質」や、これを基礎とする有用性・価値に固執しているかぎり、存在の真理の空け開きが空け渡されることはないのだ。「第二の主著」とも呼ばれる『哲学への寄与論稿』を紐解くことによって、この存在の真理という出来事に関わる人間の存在様式を探究することが、第三節の課題である。

こうした議論を通して本章は、「存在の問い」に関わるハイデガーの探究が、主体としての人間を基軸とする有用化・価値判断の傾向とは疎遠な、人間存在の異なる在り方を示唆するものであることを明らかにする。これまで教育学の領域において、ときには熱烈な歓迎を受け、ときには痛烈な批判を浴びてきたハイデガーの論考は、「有意義性の連関による包摂」という問題を目の当たりにした本書に対して、どのような示唆を与えてくれるのだろうか。ハイデガーによる存在論の道程を辿り直すことにより、人間存在を中心とする有用性と価値の連関には還元することのできない、人間の生と教育の多様性・重層性を探究するための端緒を築くことが、本章に与えられた課題である。

第一節　「存在の問い」の萌芽

本節においては、『存在と時間』およびその周辺の論稿を紐解くことによって、ハイデガーの「存在の問い」の端緒を見極めることが試みられる。この論考は次の三つの項に区分される。

(1)「実際の生」の探究から「存在の問い」へ
(2)『存在と時間』の構成とその後の展開
(3)「存在の意味」への探究の挫折

(1)「実際の生」の探究から「存在の問い」へ

一九二一／二二年冬学期の講義の冒頭においてハイデガーは、哲学の課題について次のように述べている。「哲学とは実際の生を歴史的に〔……〕認識することである」と〔GA 61: 2〕。私講師としてフライブルク大学に勤めていたこの時期、特にこの講義以前の時期に、ハイデガーの問題意識の中心を占めていたのは、「存在」ではなくて「実際の生」(das faktische Leben) だった。[*14] このことは例えば、生への探究を軽視した人々に対する、手厳しい批判を読み返しても確認することができる〔cf. ibid.: 80ff.〕。それでは、この「実際の生」または生の「事実性」(die Faktizität) に関するハイデガーの探究とは、どのようなものだったのだろうか。詳しく辿り直してみよう。

上に引用した講義録の第三部において、ハイデガーは、「生の根本諸範疇」について綿密な検証を加えている。例えば、「生と世界」と題された最初のA項では、生と世界の密接な関係が指摘されている。生は「世界関連的である」とハイデガーは指摘する。生と世界は「独立して存立する二つの客体ではない」というのである〔ibid.: 86〕。さらに続くB項では、「生きること」としての生が「関心を抱くこと」として解釈されており、「関心を抱くことにおける世界の特徴」が「有意義性」として規定されている。ハイデガーによれば、「有意義性」という概念が意味しているのは、「どのようにして一つの対象が、生の裡でその内実の根本意味に即して在るのか、世界の内でそれ自体を保持しまた振る舞うのか、またそれは何物としてなのか」という

*14　初期フライブルク時代のハイデガーの思想形成については、日本では小野真が、近年出版された資料にも基づきながら詳細に論じている〔小野 2002 参照〕。

ことだという〔ibid.: 90ff.〕。この箇所に至って本講義録の読者は、一九二一／二二年に行われた「実際の生」に関する講義のなかで、『存在と時間』における現存在の分析論の内実が、幾許か先取りされているのを目の当たりにする。後に「現存在の存在」として提示される「関心」の概念も、世界の本質性格としての「有意義性」の概念も、『存在と時間』出版の五年前に実施された講義のなかで、すでにハイデガー哲学の重要な位置を占める概念として導入されていたのである。

主著の内容が先取りされていること自体は、ハイデガーの思索の息の長さを考えればそれほど大きな論点ではない。重要な議論を呼び起こすのは以下の点である。「実際の生」に関する探究を主題とするこの講義録が、「基礎存在論」としての現存在の分析論を主題とする『存在と時間』と、関心や有意義性に関する考察を共有しているのはなぜか。もしかするとこの事実は、少なくともハイデガーにとって、生と存在とが密接な関係を有していることを示唆してはいないだろうか。この疑問に対する答えは、実のところこの講義録のなかで、すでにしかもかなり明確な仕方で語られている。「哲学とは何か」という表題を与えられた第二部において、ハイデガーは、「原理的に形ばかりを告げ知らせる哲学の定義」として、「哲学とは存在（存在の意味）としての存在者へと原理的に認識しながら振る舞うことである」と記している〔ibid.: 60〕。

> 哲学とは「存在論」である。〔ibid.〕

この箇所においては、存在、存在の意味、存在者の三者が、いまだほとんど区別されることなく並列されている。これが『存在と時間』になると、存在・存在の意味への探究としての「存在論」と、存在論に基礎を与える存在者への探究としての「現存在の分析論」が明確に区別されることになる。本講義録の主題であった「実際の生」への探究は、後者の「現存在の分析論」との親和性が高いと考えることができる。というのも、この講義録では至る所において、生と現存在が同一視されているからである。第三部の初めには、「生＝現存在」（Leben ＝ Dasein）という等式さえ見ることができる。

生＝現存在・生の裡において生を貫く「存在」。〔ibid.: 85〕

こうした事実から読者は、ハイデガー一流の存在論または「存在の問い」が、その発端において「生の事実性」への探究と密接な関係を有していたことを、窺い知ることができる。「存在」という概念を人間の「生」や「生きること」と切り離された、何か神秘的なものと見做してきた研究者にとっては、この洞察は極めて驚きに満ちたものであるに違いない。

「存在（存在の意味）としての存在者」という言い回しにも表れているように、この時期のハイデガーの用語法は、『存在と時間』やそれ以降の用語法と比べると、いまだ試行錯誤の途中といった感は否めない。『存在と時間』では人間存在の特異性を表現することになる「現存在」という概念も、この講義録では「世界」や「大学」といった他の存在者にまで適用されている。日本でも小野真が正確に指摘しているように、一九二一／一九二二年というこの時期はハイデガーにとって、「実際の生」への探究が「存在の問い」という特徴を色濃くし始める、その移行の時期に当たっている。初期フライブルク時代のハイデガーの論稿を丁寧に辿り直した小野は、この移行の背景を、アリストテレスの形而上学との対決に見て取っている〔小野 2002: 66ff.〕。

ハイデッガーの伝統的存在論への批判の要点は、それらが事実的生〔実際の生〕の経験を知らず、事実的生の様態についてまったく語っていない、ということである。ここから、事実的生の存在の意味を基礎に据えた、存在の統一的な意味の取り返しという構想が生じてくる。〔ibid.: 73〕

「実際の生」の探究と「存在」の探究との関係そのものは、これ以前にも、幾つかの講義のなかで主題とされていた。この探究課題が「アリストテレスに由来する存在論との対決において」、まさに『アリストテレスの現象学的解釈』と題されたこの講義と前後して、「はっきりと」存在論に固有の問題として捉え返されることになったのである〔ibid.〕。

とはいえ、次のような疑問が浮かんできたとしても、驚くには当たらない。『存在と時間』その他の論稿においてハイデガーは、「生の哲学」や「人間学」といった現代哲学の潮流を、極めて厳しい口調で批判していたのではなかっただろうか。確かにその通りである。例えば『存在と時間』は、生の哲学が「生」そのものを問題としないことを批判している。

いつも目に留まるのは、しかもそれが生の哲学に根本から欠けていることなのだが、それは「生」そのものが一つの存在様式として存在論的に問題とされていないことなのだ。〔GA 2: 62〕

さらに、この主著が「人間学」や「実存哲学」の一種として解釈されることに対して、ハイデガーは繰り返し断固たる拒絶を示している。しかしながら、右に引用した一節を読んでもわかる通り、それは生の哲学が「生」そのものを問い直さないことに対する批判であり、人間学が人間をその存在において問い直さないことに対する批判なのである。後の議論を先取りして指摘しておくとすれば、これは人間中心主義としての「ヒューマニズム」の潮流を問い質そうとしない哲学一般に対する批判であり、そのような潮流に絡め取られることに対する徹底的な抵抗である。生の哲学や人間学に対するハイデガーの批判は、「生」や「人間」がそれ自体として問題とされないことに対する挑発であり、この点において存在論の伝統に対する上述の批判と接続している。生の哲学に対する批判と存在論の伝統に対する批判とは、現存在の分析論へと導く問いの発端として密接な関係を有していたのである。

ハイデガーの存在論の起源には、「実際の生」または「生の事実性」に関する探究が存している。「実際の生」に関する初期の探究は、存在論の伝統に対する批判を通して、存在論の基礎としての現存在の分析論へと舞台を移す。それはまた、「生それ自体」「人間それ自身」を問い直すことのない、従来の生の哲学や人間学に対する批判とも深く結びついている。とはいえもちろん、このことは、ハイデガー哲学における「存在」概念は「生」概念に等しい、ということを意味するわけではない。これら二つの概念の関係はもっと複雑である。いまはただ、ハイデガーの存在論を人間の生と教育に関わる本書の探究と並行して論じることが、無謀な企てではないという事実を共有できれば良い。この事実を押さえておくことで、存在論を安易に神秘化してしまう危険からも、安易に平板化してしまう危険からも、一定の距離を置くことができるだろう。

(2)『存在と時間』の構成とその後の展開

「実際の生」の探究を発端とするハイデガーの存在論が、改めて明確な輪郭を与えられるのが主著『存在と時間』である。この著作は、一般に「最も普遍的・最も空虚」な概念とされている「存在」(das Sein)の「意味」(der Sinn)に関する問いを「仕上げる」べく、「基礎存在論」(die Fundamentalontologie)としての「現存在の分析論」(die Analytik des Daseins) に取り組んだものであった。ここで「現存在」と呼ばれているのは、「存在の意味」を「問うもの」としての「我々自身」にほかならない。現存在としての人間にとっては、何より「存在することにおいてこの存在そのものが関心事である」とハイデガーはいう。現存在は存在することにおいて「存在への存在連関」を持っており、存在することにおいて存在そのものを理解している。このように「存在理解」を持った存在者として、現存在としての人間が、存在の意味への探究の最初の主題に掲げられることになる〔GA 2: 10 & 16〕。

> 哲学とは現存在の解釈学から出発する普遍的・現象学的な存在論である。現存在の解釈学は実存の分析論として、哲学的に問うこと全ての導きの糸の端を、その問うこと全てがそこから生い立ちそこに打ち返すその場所へと、固く繋ぎ止めている。〔ibid.: 51〕

ハイデガーの「現存在の分析論」に関しては、本書第一章・第二章に詳しく論じたため、詳細はそちらを参照していただきたい。ここでは、「存在の問い」の構成に注目して、その概要を辿り直しておくことが重要である。

現行の『存在と時間』は、当初予定されていた内容の三分の一が刊行されたものであり、残りの三分の二は未刊行のままに留まっている。刊行された著作としての『存在と時間』は、「現存在の準備的基礎分析」を課題とする第一編と「現存在と時間性」を主題とする第二編を含んでいる。これに「時間と存在」という標題の第三編を加えたものが、『存在と時間』全体の第一部になる予定であった。さらに、後半の第二部においては、前半に明らかにされた時間と存在との関係を導きとしながら、存在論の歴史の「解体」が試みられると予告されていた。ここに検討の対象として名前を挙げられているのは、カント (I. Kant)、デカルト (R.

Descartes）、アリストテレスらである。こうして全体を眺め渡してみると、前節に見た「実際の生」に関する探究から現存在の分析論への移行という流れと、その背景にある存在論の伝統との対決意識とが、主著の構成に明確に反映されていることがわかる。*15

「存在の意味」に関する探究の最初の主題として、現存在としての人間が選ばれている理由を明らかにするためには、「意味」に関するハイデガーの規定を参照すればよい。「理解と解釈」と題された第三十二節において、ハイデガーは「意味」という概念を次のように定義している。

> 意味とは、或るものに関する理解可能性〔die Verständlichkeit〕が、そこに留まっているところである。〔……〕意味というのは先持・先視・先把握によって構成された企図の宛先〔das Woraufhin〕であり、この宛先から或るものとしての或るものが理解できるようになるのだ。〔ibid.: 201〕

この箇所において「企図の宛先」の例として提示されているのは、日常世界＝「有意義性の全体」である。「世界内部の存在者は総じて世界へと向かって、すなわち有意義性の全体に向かって企図されている」というのだ。現存在を取り巻く存在者は、さしあたり「或るもののため」を指針とする有意義性の連関に向かって企図され、この有意義性の連関のほうから理解されている、というのがハイデガーの論点であった〔ibid.〕。それでは、個々に存在している事物ではなく、存在そのものが問題となるときには、「企図の宛先」としての「意味」はどうなるのか。これこそが、「存在の意味」の探究としての『存在と時間』の核心を占める問

*15　ハイデガーの講義録を手がかりにしながら、『存在と時間』の未刊行の部分を補完しようとした試みとして、木田元の論稿〔木田 2000〕がある。

いにほかならない。「存在の意味」への問いとは、現存在の存在理解を構成している、「企図の宛先」への問いだったのである。『存在と時間』の前半＝第一部全体が、「基礎存在論」としての「現存在の分析論」に充てられているのは、こうした理由によるものである。

『存在と時間』第一編「現存在の準備的基礎分析」は、現存在としての人間が「存在する」ということが「関心を抱くこと」(sorgen: 心を配ること)であることを明らかにし、さらに、この「関心」を構成する契機として「理解」「情態」「耽溺」の三つを取り出して見せている。この「関心」は単なる「心配」や「憂慮」ではなくて、さしあたり有意義性の連関に規定された世界へと耽溺しながら、さまざまな情態のなかで自己の存在を見留め、この自己を中心とする有意義性の連関のなかで事物を理解している、「世界内存在」としての現存在の在り方を指している。この分析に基づいて第二編では、存在理解を有する現存在に固有の在り方＝「現存在の本来性」が、「死への先駆」と「覚悟性」として明らかにされる。これにより、この「先駆的覚悟性」を規定している現存在の「時間性」(die Zeitlichkeit)に、現存在の存在としての関心の意味が求められることになる。現存在の存在理解は時間性によって規定されている。こうして、いわば現存在としての人間の存在様式を媒介として、「存在」と「時間」が相互に結びつけられることになる。ここから議論は第三編「時間と存在」に書き継がれる予定であったが、前述のようにこれは未刊行に留まっている。

このように『存在と時間』の探究は、存在理解を有する現存在の存在様式を分析することによって、「存在」と「時間」とを結びつけ、「存在の意味」への問いを問おうとする試みであった。個々の存在者とは異なる存在への問いが、存在者である現存在の分析を基盤として行われていることに注目しよう。この探究が「基礎存在論」と呼ばれている理由はこの点にある。現存在の分析論は「存在の問い」を仕上げるための「基礎」としての存在者論なのだ。

存在論は基礎部門として現存在の分析論を有している。存在論がそれ自体において純粋に存在論的に基礎付けられることはない。〔GA 24: 26〕

存在者論によって存在論に基礎を与えるというこの「基礎存在論」の発想は、後に形而上学の捉え直しのなかで、「メタ存在論」(die Metontologie) へと折り返されることになる。現存在の「企図」(der Entwurf) に注目しながら構想された「基礎存在論」に対して、「メタ存在論」は、その企図が「被投的企図」(der geworfene Entwurf) であることを注視する。現存在に固有の存在様式に関する探究は、現存在が「存在者の全体」のただなかに投げ出されているという事実に突き当たった。ここから、「存在の意味」への探究に基礎を与える現存在の分析論＝「基礎存在論」に、「存在者の全体」に関する探究＝「メタ存在論」への「転換」(der Umschlag: 折り返し) が、要請されることになるのだ。

このことから、いまや存在者の全体を主題とした、独特な問題圏の必然性が生じてくる。この新しい問題設定は存在論そのものの本質のなかに存しており、存在論の転換・μεταβολή〔転換〕から生じてくる。この問題圏を私はメ、タ、存在論〔meta ＋ ontologie〕と呼ぶことにする。〔GA 26: 199〕

この転換は単なる移行ではなくて、存在論としての哲学をその前提へと遡及させる「折り返し」であり、存在論が「そこから出発した場所へと打ち返す」ことである〔ibid.〕。現存在の企図に基づいた「基礎存在論」は放棄されるのではなく、改めてその前提＝現存在の被投性を注視する「メタ存在論」のほうから捉え返されることになるのだ。これにより、存在者論のほうから存在論の基礎を与えるという試みは、さらに徹底したかたちで遂行されることになる。「存在の意味」への問いは存在理解を持った存在者としての現存在の分析論＝「基礎存在論」へと折り返され、現存在の分析論は「存在者の全体」に照明を当てた探究＝「メタ存在論」へと折り返されて、この二重の折り返しのなかに基礎を与えられるのだ。この基礎付与をハイデガーは「哲学の自己基礎付与」と呼んでいる。哲学は「どこからともなく導き出されるようなものではなくて、それ自体に基礎を与えなければならないのだ」というのである〔ibid.: 274〕。

ここで注目しておきたいのは、この「メタ存在論」による存在論の基礎付与という課題が、アリストテレスの形而上学を再考する探究のなかで提起されていることである。アリストテレスの論稿に基づいて、ハイデガーは、形而上学が「存在論」と「神学」という「二重の性格」を帯びていることを指摘する。こうして形而上学を構成している「存在論」と「神学」の「二重の性格」は、存在論の基盤を現存在の被投性にまで掘り下げることにより、「基礎存在論」と「メタ存在論」の折り重なりとして捉え返されることになる。『存在と時間』における「現存在の分析論」が、その前提である「存在者の全体」の探究へと折り返された背景には、こうした課題意識があったのだ。

> 形而上学という概念は、これまでに特徴を示されたような意味において、「存在論」と「神学」の統一性を包括している。〔……〕重要なのは(a)存在としての存在・(b)存在者の全体である。〔ibid.: 33〕

このように、存在者論のほうから存在論に基礎を与えるという件の課題は、ハイデガーにとって、アリストテレスに由来する存在論の伝統の再検討という課題と、分かちがたく結びついたものであった。とはいえ、一九三〇年代中頃までのハイデガーは、形而上学の伝統に対して手厳しい批判を展開することはなく、むしろ、その論稿は形而上学の伝統と親和性の高いものになっている。しかし一九三〇年代の後半以降になると、ハイデガーの形而上学批判は、目に見えて辛辣なものとなってくる。この変化は、『存在と時間』を典型とする「存在の意味」への探究の挫折と、密接に関係している。

(3)「存在の意味」への探究の挫折

「基礎存在論」としての「現存在の分析論」を遂行した『存在と時間』ではあったが、これを基盤として展開されるはずだった後半の論稿は、遂に書き継がれることがなかった。「メタ存在論」としての「存在者の全体」に関する探究によって、存在論に基礎を与えるという試みもまた、その後しばらくして途絶してしまうことになる。この背景には、「基礎存在論」と「メタ存在論」の双方を貫いている、「存在の意味」への探究そのものの挫折があったと考えられる。ここでは、ハイデガー自身による自己批判を参照しながら、「存在の意味」への探究の挫折の要因を明らかにしておくことにしたい。

「意味」は「理解」によって説明される「企図」のほうから理解される。／このような問いの始め方の不適当さは、この始め方だと「企図」を人間の功績として理解することができてしまうという点にある。これに対応して、企図はいまや単に主体性の構造として受け取られるしかなくなってしまう。――サルトルがデカルトに依拠してそうしたように。〔GA 15: 335〕

これは一九六九年に行われたゼミナールにおける一節である。「存在の意味」への探究は、現存在の存在理解を手がかりとして、理解の構造である企図のほうから存在へと接近しようとした。しかしこれにより、存在は現存在のほうから現存在の功績として開示されるものとして受け取られ、「存在の問い」は人間の「主体性」（die Subjektivität 主観性）に基づく行為として把握されてしまうことになった。ここから、ボルノウのように現存在の分析論を実存哲学として受け取る解釈にも、一定の権利が与えられることになる。このように存在論の探究が人間の主体性を基盤として把握されているかぎり、存在は存在者と同じように一個の「客体」（das Objekt）として捕捉されてしまう。人間の主体性を基軸として存在へと接近しようとする思考様式は、ハイデガーが繰り返し強調した存在と存在者との区別を等閑視するものであり、ひいては、存在論の探究そのものを破綻に追い込む危険性を孕んでいたのだ。

このように、「存在の意味」への探究が現存在の主体性へと回収されてしまう危険性に関しては、後に検討する『「ヒューマニズム」についての書簡』など、他の論稿でも繰り返し言及されている。小野真の検証によれば、ハイデガーは『存在と時間』刊行の翌年か遅くとも一九三〇年頃には、「存在の意味」への探究に内在するこの限界を察知していたようである〔小野 2002: 233ff.〕。現存在の被投性を強調した「メタ存在論」の導入は、企図を重視する「存在の意味」への探究を是正するべく試みられたものであったかもしれない。しかしながら、この「メタ存在論」としての「存在者の全体」に関する探究も、主体としての人間を基軸とする存在論の傾向を払拭することはできなかった。というのも、この探究も結局は「存在の意味」への探究として現存在の企図に依拠しているからであり、主体としての人間の功績として以外に、「存在の問い」を駆動する発端を見留めることができていないからである。この「メタ存在論」の探究が「哲学の自己基礎付与」として導入されていることは、これが現存在の企図を指針とする「基礎存在論」と同じく、探究主体としての人間のほうから存在論に基礎を与えようとする試みであったことを暴露している。

以上のように、「存在の意味」への探究が挫折した背景には、現存在の企図を指針とするこの探究が、人間の主体性を不可欠の拠り所とするものであって、存在を諸々の存在者と同じ客体として捕捉してしまうものである、という問題があったと考えられる。「基礎存在論」から「メタ存在論」への折り返しとしての「形而上学」の再構築という構想は断念されたが、現存在の被投性へと注意を促したこの探究が、以上のような問題意識を深める機会となったことは想像に難くない。実際のところ、一九三〇年代後半以降のハイデガーは、プラトンに端を発する形而上学の伝統を、「主体性の形而上学」として批判することになる。主としてこの批判は、存在忘却としての「ニヒリズム」(der Nihilismus)と、近代技術の本質としての「集め - 立て」(das Ge-stell)に対する、ハイデガー独自の問題意識として提示されることになる。ただし、それは現代社会に浸透した虚無主義に対する安直な抵抗でもなければ、科学技術に内在する問題に対する素朴な警鐘でもない。形而上学の伝統に対するハイデガーの批判は、この形而上学の伝統を貫き通している「人間中心主義」としての「ヒューマニズム」(der Humanismus)を、その起源のほうから問い直そうとする試みであり、「存在の意味」に代わる「存在の真理」(die Wahrheit des Seins)への探究の道程を、主体としての人間の功績には回収できない「**出来事**」(das Ereignis)に関わる探究の道程として打ち開こうとする試みであった。

第二節　ハイデガーの形而上学批判

本節においては、形而上学の伝統に対するハイデガーの批判を読み解くことにより、「存在の真理」への探究に携わるハイデガーの課題意識を明らかにすることが試みられる。この論考は次の三つの項に区分される。

（1）プラトンと形而上学の発端
（2）「存在忘却」としてのニヒリズム
（3）近代技術と「集め - 立て」

（1）プラトンと形而上学の発端

「主体性の形而上学」に対する批判は、ハイデガー自身がそこに属している西洋形而上学の伝統に対する問い直しであり、それゆえ主著『存在と時間』を典型とする「存在の意味」への探究に対する自己批判のプロセスでもあった。主体としての人間を基軸とする思考様式の発端を、ハイデガーは、プラトンの哲学思想に見て取っている。ハイデガーが特に注目しているのは、プラトンの教育理論として知られた「洞窟の比喩」に関する論稿である。

周知のように、プラトンの「洞窟の比喩」は、物語の進行に合わせて四つの段階に区分されている。①洞窟のなかに閉じ込められた囚人が、壁に映る影を実在だと思い込んでいる段階、②拘束を解かれた囚人が、影を投じている炎に気付く段階、③囚人が洞窟の外へと足を踏み出す段階、④外の世界に慣れ親しんだ囚人が、他の囚人を解放するべく洞窟へと戻る段階、という四つの段階である〔プラトン 1979 下：94ff.〕。このように物語られた比喩を受けて、ハイデガーは、そこに「プラトンが παιδεία〔教育〕と呼んだものの本質」を見留めている。それによれば、プラトンのいうパイデイア＝教育の本質とは、まるで「空虚な容器」に液体を注ぎ込むようにして、「準備のできていない魂」のなかに「単なる知識」を注ぎ込むことにあるのではないという。プラトンのいう「真正な教育」（die echte Bildung）は、「まず人間を人間の本質の場所へと置き移してその場所に慣れさせることで、魂そのものをしかも全体において掴み取って変貌させるのだ」というのである〔GA 9: 217〕。

ハイデガーにとってこのことは、「洞窟の比喩」に描写された「真正な教育」という主題が、「真理の本質とその本質の変遷の在り方」に関係する主題であることを示唆している。洞窟の内部から洞窟の外部への解放としてのパイデイア＝教育とは、「人間全体の転向」であって、「さしあたり出会われるものの領域から存在者が立ち現れる他の領域への移し置き」なのだとハイデガーはいう。この「移し置き」は、「それまで人間にとって明白だったもの全てとそれが明白であった在り方とが別様になる」ことによって可能になる。ハイデガーのいう「真理の本質の変遷」とはこのことを指している。逐一プラトンの論考を引きながら、ハイデガーは、洞窟からの解放のプロセスが、「真理の本質の変遷」のプロセスとして描写されていることを明らかにしてゆく〔ibid.: 218ff.〕。

ここで「真理」(die Wahrheit) という言葉は、ギリシャ語の「ἀλήθεια」という概念の一般に流布した訳語として選ばれている。「洞窟の比喩」に描かれた各段階を辿りながら、ハイデガーは、洞窟からの解放が「さらに真なるもの」「最も真なるもの」への移し置きであることを指摘する。「さらに真なるもの」「最も真なるもの」への移し置きが、洞窟からの解放によって描写されているというこの事実は、ハイデガーによれば、古代ギリシャの人々にとっての真理＝アレーテイアが、「非隠蔽性」(die Unverborgenheit) を意味していたことを示唆しているという。「非隠蔽性」という訳語を用いるとき、ハイデガーは、「ἀλήθεια」に含まれる「ἀ」に否定の接頭辞としての響きを聞き取っている。「λήθεια」は「忘却」「隠蔽」を意味する「ἀλήθη」のほうから捉え返される。アレーテイア＝真理は「忘却」「隠蔽」の否定としての「非隠蔽性」であった。「真理の本質の変遷」のプロセスとしてのパイデイア＝教育とは、覆い隠されたものとしての洞窟の内部から、覆い隠されていないものとしての洞窟の外部への移し置きだといわれる。「非隠蔽性」としての真理という古代ギリシャの人々の「根本経験」に基づいて、初めて「洞窟の比喩」は比喩として機能するのだというのである〔ibid.: 224〕。このような観点に基づくなら、プラトンの教育理論としての「洞窟の比喩」は、古代ギリシャにおける「真理」の内実を十全に告げ知らせるものだと考えることができる。

ところが、ハイデガーは、非隠蔽性としての「真理の本質」を告げ知らせるこの「洞窟の比喩」のなかに、同時にこの真理の本質の歪曲がすでに含まれていることを指摘する。ハイデガーが特に問題視するのは、プラトン哲学の中心概念である「イデア」（ἰδέα）である。「洞窟の比喩」のなかでは太陽が「善」のイデアを象徴している。ハイデガーによれば、太陽がそうであるように、イデアの本質は「輝きうることと見えうること」にある。このイデアがアレーテイア＝真理と接続されることにより、真理は「見ること」あるいは「認識すること」との関係に置かれることになる。さらに、最高のイデアは「善のイデア」であるとされるがゆえに、イデアと接続された真理は、容易に「道徳的善」へと翻案されることになり、さらに一種の「価値」と見做されることになる〔ibid.: 225ff.〕。こうした動向を指して、ハイデガーは、プラトンの言葉を引用しながら、「イデアがアレーテイアの主人になる」と指摘している。「アレーテイアはイデアの拘束の許に至る」と。

〔……〕要するにそれ以降は、真理の本質は非隠蔽性の本質として固有の本質の充実から開花するのではなく、イデアの本質へと移り行くということである。真理の本質は非隠蔽性という根本動向を放棄する。〔ibid.: 230〕

イデアの拘束に繋がれたアレーテイア＝真理にとっては、「正しく見ること」あるいは「見ることの正しさ」が重要になる。この「正しさ」を規範とする「見ること」は、「見られるべきもの」との「適合」に向けられている。この「見られるべきもの」との適合の帰結として「認識と事物それ自体の合致が成立する」ことになる。こうして、「アレーテイアに対するイデアとἰδεῖν〔イデアの看取〕との優位」によって、「真理の本質の変遷が生じる」。アレーテイア＝真理は「認取と言明の正しさ」となり、非隠蔽性としての性格は立て塞がれてしまうことになるのだ。さらにこの「真理の本質」の変遷に伴って「真理の所在」も移り変わることになる。非隠蔽性としての真理は、存在者が存在者のほうから「立ち現れてくる」こととして、「存在者それ自体の根本動向」を指している。ところが、「見ること」の「正しさ」として捉え返された真理は、「存在者への人間の振る舞いの勲章」となるのである〔ibid.: 230f.〕。プラトンの「洞窟の比喩」においてすでに、存在者が存在者のほうから立ち現れてくるという存在者の「根本動向」の棄却と、「正しく見ること」を遂行する主体としての人間の地位が、併せて準備を整えられているという点に、ハイデガーの議論の核心がある。近代以降の教育学が当然のように前提としてきた「主体」という概念が、プラトンを端緒とする形而上学の伝統によって鋳造されてきた一個の理念として、実体視されることなく捉え直されていることは非常に重要である。

　とはいえ、プラトンの「洞窟の比喩」の背景には、「非隠蔽性」としての真理に関する「根本経験」があるのだった。プラトン哲学における真理の概念は、「非隠蔽性」と「正しさ」という二重の方向に引き裂かれている。ところが、この二重の性格はやがて一方に偏向してゆくことになる。「真理の本質の変遷」とは「非隠蔽性」から「正しさ」への変遷であり、また「真理の所在の遷移」とは存在者の「根本動向」から主体としての人間の「認識」への遷移である。「正しく見る」ことは「いま影のように模像のように経験されているもの」を「越えて」(über ＝ μετά)、「諸々のイデアへ」向かうことである。このような洞察に基づいて、ハイデガーは、プラトン哲学に形而上学（die Metaphysik）の発端を見て取っている。この形而上学の発端は「主体性の形而上学」の発端として、人間中心主義としての「ヒューマニズム」の発端でもある。イデア論を根幹とするプラトンの哲学思想こそが、「真理の本質の変遷」を規定することによって、これ以降デカルトを経てニーチェに至るまでの、西洋の形而上学の歴史を規定しているのだというのである〔ibid.: 235ff.〕[*16]。

洞窟の比喩のなかで語られた物語は、西洋的に刻印された人間性の歴史のなかで、現在とそして将来もなお、本来生起しているものは何かということを眺めさせてくれる。人間は正しさとしての真理の本質という意味において、全ての存在者を「諸々のイデア」に従って思索しており、あらゆる現実的なものを「諸々の価値」に従って評価しているのだ。〔ibid.: 237〕

(2)「存在忘却」としてのニヒリズム

プラトンを発端とするこの「主体性の形而上学」が、最も広く深く浸透した状況こそ、ハイデガーにいわせれば、現代の「ニヒリズム」なのだという。一般に「ニヒリズム」といえば、「神は死んだ」というニーチェの宣告に象徴される、「最高の諸価値の価値喪失」を思い浮かべる。ところが、ハイデガーのいう「ニヒリズム」とは、存在者の存在そのものが忘却された、「存在忘却」という状況を指している。以下では便宜上、両者のニヒリズムを「価値論的ニヒリズム」「存在論的ニヒリズム」と呼んで区別したうえで、双方の関係を精査することにしたい。これにより、形而上学の克服へとハイデガーを駆り立てた問題意識もまた、さらに明確になるに違いない。

「神は死んだ」というニーチェの宣告は、ハイデガーの解釈を借りるなら、キリスト教の「神」やプラトンの「イデア」に象徴される「感性を越えたもの」(das Übersinnliche)が、影響力を喪失して「無に等しく」(nichtig)なったことを表現しているのだという。単に特定の宗教の「神」への信仰が失われたことが嘆かれているのではない。そうではなくて、存在するものを「越えた」ところに築かれた「理想」「規範」「原理」「規

---

*16　ここに示された二つの真理観と、ボルノウのいう「真理の二重の顔」の関係を説明することは、見かけほど簡単ではない。なぜなら、『真理の二重の顔』というタイトルを与えられた著作のなかでボルノウは、意識してか無意識にか、三重の真理観を提示しているからである。同書の序論に予告されているのは、「鏡としての真理」と「岩としての真理」という、二つの真理概念についての探究である。「鏡としての真理」とは「認識に向けられている」真理概念であり、「与えられた事実についての正しい言明」を指している。「岩としての真理」とは「一種の存在状態」(eine Seinsverfassung)であり、事物・人間・神などの「信頼性」を指している〔DW: 9〕。序論に示されたこれら二つの真理概念に対して、本文中で「真理の二重の顔」として規定されるのは、「脅かす真理」および「支える真理」という二つの真理概念である。このうち前者は「生身の人間を切り刻むような厳しい・残酷な真理」であり、また後者は「慰めになる・支える真理」「意味に満ちた世界の真理」だと説かれている〔ibid.: 119〕。これら四つの真理観のうち、「岩としての真理」と「支える真理」が同一の真理概念を指しているとしても、「鏡としての真理」と「脅かす真理」は完全に別物である。したがってこの著作には、「真理の二重の顔」に帰属している「脅かす真理」「支える真理」と、これとは別個の「鏡としての真理」という、三つの真理概念が提示されていることになる。「脅かす真理」と「支える真理」を「一種の存在状態」に関わる真理として一括りにしてよいとすれば、序論に提示された二つの真理概念の対比は保持されていることになるが、序論に予告された探究と本文の内容との齟齬は拭い去れない。

「鏡としての真理」「岩としての真理」は各々「認識の真理」「存在の真理」とも呼ばれている〔ibid.: 10〕。ハイデガーのいう「正しさとしての真理」と、ボルノウのいう「鏡としての真理」との類縁性は明白だろう。しかしながら、ハイデガーのいう「存在の真理」=「非隠蔽性としての真理」と、ボルノウのいう「存在の真理」=「脅かす真理」「支える真理」を、安易に同一視することはできない。本章の後半に詳論されるように、ハイデガーのいう「存在の真理」は、事物、人間、神のような存在者への「信頼」や「不信」に関わる問題ではなくて、存在者が存在者として立ち現れてくる**出来事**を示しているからだ。ハイデガーの存在論を拒否・無視したボルノウの理論は、「存在」「存在状態」「存在の真理」などの言葉を用いていても、結局のところ、実体としての存在者に関する議論から、一歩も抜け出すことがないのである。

則」「目標」「価値」などが、一般に基礎を奪い去られ動揺している事実が宣告されているのだ〔GA 6-2: 24f.〕。ニーチェ自身が補足しているように、それはまさに「目標が欠けている」状況であり、「『何故』への答えが欠けている」状況である〔Nietzsche 1964: 10〕。なぜ生きるのか、なぜ祈るのか、なぜ学ぶのか、なぜ教えるのか、このように人間の生に関わる全ての根拠が揺らぎ、全ての価値判断の基準が崩壊した状態を指して、ニーチェはそれをニヒリズムと呼んだのであった。

この価値論的ニヒリズムに直面したニーチェの課題は、「新しい価値定立」によって「全ての諸価値の価値転換」を達成することにあった。とはいえ、この課題を成し遂げるためには、あらゆる「感性を越えたもの」を拒否すること＝ニヒリズムそのものを「完成させる」ことが要請される。不在となった「神」の玉座に新しい教条を据えて補おうとする「不完全なニヒリズム」は、却って「問題を深刻化する」だけである、とはニーチェの忠告であった〔ibid.: 23〕。「全ての諸価値の価値転換」は、空白の玉座を埋める代替物などではなくて、「新しい価値定立の原理」をこそ必要としている。「感性を越えたもの」を基盤とする価値定立の枠組みそのものを、改めて問い直さなければならないのだ。価値論的ニヒリズムを克服するには、「古い諸価値を新しい価値に置き換える」ことではなくて、諸々の事物に価値を付与してきた「価値定立の方法と方向」を変革することが、したがって「諸価値の本質の規定」そのものを新しくすることが、求められることになるのである〔GA 6-2: 26f.〕。

このようにニヒリズムを「価値」の問題として把握したニーチェに対して、ハイデガーは、「ニヒル」（nihil）または「無」（Nichts）が「価値」へと接続されているのは、なぜなのかと問う。ハイデガーにいわせれば、「無」というのはさしあたり「事物・存在者が眼前にないこと・存在しないこと」を表現する概念であり、「存在者をその存在において叙述して」いるのだから、「価値」とは何の関係もないはずなのだ。「無」

は「存在概念」であって「価値概念」ではない〔ibid.: 40〕。それでは、このように「存在概念」としての「無」から捉え返されたニヒリズムは、一体どのような事態を指しているのか。

存在の宿命〔das Geschick: 集め届け〕から思索するなら、ニヒリズムというときのニヒルは〈存在とは何の関係もない〉〔mit dem Sein nichts ist〕ということを指している。存在は固有の本質の明るみに到来しない。存在者としての存在者の立ち現れに際しても、存在そのものは到来しないままに留まるのだ。存在の真理は抜け落ちている。存在の真理は忘却されたままに留まっているのである。〔GA 5: 264〕

存在論の視座から捉え返されたニヒリズムは、存在者の存在そのものが忘却されているということ＝「存在忘却」(die Seinsvergessenheit) という事態を指している。存在者を存在者として立ち現れさせるのが存在であるとすれば、存在者の存在の忘却は、非隠蔽性としての真理の忘却であるといえる。前項の議論を振り返ってみれば明らかなように、この「存在論的ニヒリズム」の背景には、プラトンのイデア論に端を発する「主体性の形而上学」の伝統がある。存在者の非隠蔽性としての真理が正しさとしての真理へと改変されたことで、存在者の覆いを取って存在者を立ち現れさせている存在自体の根本動向＝「存在の真理」(後述) が忘れ去られることになる。真理は主体としての人間による「認識」の問題に還元され、これにより、存在そのものは「自明なもの」「空虚なもの」「取るに足りないもの」として無視される。主体としての人間を基軸とする形而上学の伝統と、「存在忘却」としての存在論的ニヒリズムとは、このように極めて密接な関係にあるのだ。

それではこの「存在忘却」としてのニヒリズムの規定から、「神の死」としてのニヒリズムはどのように捉え直されることになるのか。価値論的ニヒリズムの主要関心は「最高の諸価値の価値喪失」にあった。しかし、一般に存在者が価値を獲得したり喪失したりといったことは、存在者に対する価値付与を前提としなければ成り立たない。「神は死んだ」というニーチェの宣告は、「神」が価値を喪失したことを告げているが、このことの前提には、「神」が価値として測定されるということがなければならない。「最高の諸価値の価値喪失」としての価値論的ニヒリズムの背景には、主体としての人間による価値判断を基軸とする存在論的ニヒリズムがあるのだ。ニーチェのいう価値論的ニヒリズムは、こうして、ハイデガーのいう存在論的ニヒリズムの帰結として、プラトンに端を発する形而上学の伝統のほうから捉え返されることになる。

だとすればしかし、「神」を「最高の価値」へと祭り上げたニーチェこそが、ハイデガーにいわせれば、存在論的ニヒリズムの完成者＝形而上学の完成者だということになるだろう。この「完成」はニーチェのいうような「克服」へと通じている「完成」ではなく、「主体性の形而上学」の伝統をその極限まで到達させるという意味での「完成」である。「神は死んだ」という宣告は、「神」を価値へと還元するものである限りにおいて、存在論的ニヒリズムを「完成」させる「最後の一撃」だった。「神」はただ死んだのではなく、主体としての人間を中心とする価値判断の隆盛によって、文字通り「殺された」のだ。加えて、「従来の諸価値の価値転換」が達成された後には、人間を取り巻く事物の全てが「力への意志」(der Wille zur Macht)の「維持と高揚」という観点から、一定の価値に還元されることになるだろう。ニーチェの掲げる「力への意志」の思想は、全ての存在者を人間の生を尺度とする価値に還元する「価値の思想」＝存在論的ニヒリズムの極限に位置している〔ibid.: 257ff.〕。

存在は価値になっている。〔……〕しかし、存在が価値として価値を認められることによって、存在は力への意志そのものによって定立された条件の一つにまで縮約されてしまっている。〔ibid.: 258〕

「全ての諸価値の価値転換」を図るニーチェの思想は、主体としての人間を基軸とする価値判断の傾向を「完成」するものであり、プラトンを発端とする「主体性の形而上学」の、正当な継承者であるということができる。デカルト哲学において比類なきかたちで実現された、人間中心主義＝ヒューマニズムの傾向は、ニーチェの思想にも十全な仕方で受け継がれている。ニーチェによる「人間の最も美しい弁明」が、このことを明確に証言している。

我々が現実の事物や空想の事物に貸与してきた美や崇高の全てを、人間の所有するもの生産したものとして返還することを、私は要求したい —— 人間の最も美しい弁明として。〔Nietzsche 1964: 99〕

ニーチェが企図した「全ての諸価値の価値転換」は、価値論的ニヒリズムの意図された「完成」＝「克服」であると同時に、覆い隠されたまま継承された存在論的ニヒリズムの意図されざる「完成」でもあったのだ。こうした洞察に基づくなら、ニヒリズムに関するニーチェの思想の検証作業は、ハイデガーにとって、プラトンを発端とする「主体性の形而上学」の伝統を問い直すために不可欠の道程であったと、推断することができるだろう。

(3) 近代技術と「集め - 立て」

ところで、ハイデガーによれば、「存在忘却」に由来する「人間中心主義」というこの傾向を、顕著に象徴・昂進しているのが、近代の科学技術だという。そこで以下では技術の本質に関するハイデガーの論考を辿り直すことで、近代の科学技術とニヒリズムとの関係を精査することにしよう。ハイデガーが近代技術の本質について考察した論稿として、最も重要な位置を占めているのは、『技術への問い』（一九五三年）という講演録である。

「技術」（die Technik）とは「目的のための手段」である、という一般的な定義から議論を始めたハイデガーは、この「目的‐手段」関係を規定している「因果関係」そのものを問い直そうとする。アリストテレスの「四原因論」にまで遡ることで明らかにされるのは、「或るものを出現へともたらす」ことまたは「誘発」としての「因果関係」の本質である〔GA 7: 12〕。プラトンの論稿を引用しながら、ハイデガーは、「誘発」とは「いまだ現存していないものを現存へと到来させること」だと解釈する。「因果関係」の本質は、「出・来・させること」（ein Her-vor-bringen）＝「ポイエーシス」（ποίησις）にあるというのだ。「ポイエーシス」としての「誘発」は、さらに「隠蔽性から非隠蔽性へと出て来させる」働きとも理解されている。あえて確認するまでもないように、ニヒリズムに関する議論のときと同じように、ここでも存在者の非隠蔽性としての真理が話題となっていることがわかる。ハイデガーにとって技術とは、「覆いを取ることの一つの在り方」であり、存在者が覆いを取られることとしての真理の領域に帰属する事柄なのだ〔ibid.: 13〕。技術と真理の密接な関係は、さらに、ドイツ語の「Technik」や英米語の「technique」の語源であるギリシャ語の「τέχνη」に遡ることで、追証されることになる。

> テクネーは ἀληθεύειν〔覆いを取ること〕の方法の一つである。テクネーが覆いを取るのは、そちらからは出来して来ないためいまだ眼前にないものであり、それゆえ、あれこれの外観に見えたり収まったりするものである。〔……〕このように覆いを取ることは〔例えば〕船や家の外観と材料とを、十分に見通された完成品のほうに向

かって前もって取り集め、そこから制作の技法を規定するのである。〔ibid.: 14〕

こうした観点に立って、ハイデガーは、「近代技術」の本質への問いに着手する。近代技術もまた「覆いを取ること」の形式の一つであることに変わりはない。しかし近代技術における「覆いを取ること」は、もはや「出 - 来 - させること」(ポイエーシス)として生起するのではない、とハイデガーは忠告している。近代技術を支配している「覆いを取ること」は、「それ自体として採掘・貯蔵されうるエネルギーを供給せよ、という要求を、自然に向かって立てる」「挑発」なのだと〔ibid.: 15〕。何よりそれは、人間による認識・行為に関わる問題として受け取られている。この新たな「覆いを取ること」の在り方には、「開発すること」「変形すること」「貯蔵すること」「分配すること」「転換すること」などの契機が属している。ハイデガーによれば、このように「挑発し立てること」に固有の「非隠蔽性」の特徴は、「用立てられて」(bestellt) いることにあるという。しかもそれは、「すぐに役に立つように」(auf der Stelle zur Stelle zu stehen)「さらなる用立てのためにそちらから用立てられるように立つべく」用立てられていることである。こうして「挑発」され用立てられたものを、ハイデガーは「備蓄品」(der Bestand) と呼んでいる。この言葉は単に「蓄えられた物」を意味しているのではなく、「挑発しつつ覆いを取ること」によって「用立て」られたものが「現存する在り方」を表現している〔ibid.: 17〕。

このように、「用立てるという仕方で備蓄品として現実の覆いを取る」ことに向かって人間を駆り立てる「呼び求め」こそ、ハイデガーが「集め - 立て」と呼んだ近代技術の本質である。「非隠蔽性」の一つの在り方としての「挑発しつつ覆いを取ること」は、この「集め - 立て」によって「集め - 立て」のほうから要求されている。近代技術の本質としての「集め‐立て」とは、ハイデガーによれば、「それに従って現実が備蓄品としてそれ自体の覆いを取る在り方」だという〔ibid.: 24〕。「集め‐立て」としての近代技術の本質は、覆いを取られたものを単なる「備蓄品」として受け取り、最後には人間までも「備蓄品」として受け取るような、「用立て」としての技術の性格を助長する傾向を持っている〔ibid.: 26ff.〕。この傾向に注意を払う必要があるのは、それが主体としての人間を基軸とする有用化と価値判断の傾向を推し進めて、全てを人間の認識と行為の問題へと還元してしまうためである。これにより、「出‐来‐させること」としての真理を含む「覆いを取ること」の他の諸形式は、徹底的に「駆逐」されてしまうことになる〔ibid.: 28〕。

ここには近代技術とニヒリズムとの関係が色濃く示唆されている。近代技術の本質としての「集め‐立て」は、全ての存在者を「役に立つ」備蓄品として捕捉することで、人間中心主義としてのヒューマニズムを昂進して、非隠蔽性としての真理を閉塞してしまう。存在者の根本動向としての真理は閉塞されてしまい、多くの存在者は、いつもすでに「備蓄品」として駆り立てられた状態で出会われることになる。これにより、人間もまた一種の「備蓄品」として、耳慣れた言葉でいうなら「人材」として、その価値を規定されることになる。ニーチェの「力への意志」がそうであったように、近代技術においてもまた、あらゆる存在者が計量され測定され、生の維持と高揚に「役に立つか否か」を尺度として評価されることになるのだ。このような洞察に基づくなら、近代の科学技術とはまさに、「存在忘却」としてのニヒリズムの帰結であると同時に、そのさらなる推進でもあると考えることができる。

とはいえ、こうしたハイデガーの論考は、単なる近代批判や素朴な懐古趣味からは、明確に区別されなければならない。環境問題に配慮したエコロジカルな生活を志向することも、昔は良かったと往時の生活を懐かしむことも、近代技術の本質としての「集め‐立て」や存在論的ニヒリズムからの離脱を、何ら保証してはくれないだろう。なぜなら、そうした課題意識は相変わらず、状況を変革する人間の主体性を拠り所としており、人間存在を中心とする有用性と価値の連関に捕捉されたままだからである。以下の引用にも見られるように、ハイデガーの論点は、全く別な所にある。

しかし技術の本質を熟思するなら、我々は集め‐立てを、覆いを取ることの宿命として経験する。こうして、我々は宿命という自由に開かれた場所に滞在する。ここでは闇雲に技術を追い立てたり、または同じことだが、途方に暮れて技術に反抗したり、技術を悪魔の所業として弾劾したりするような、愚鈍な衝動のなかに拘留されることはない。〔ibid.: 26〕

ハイデガーによる「技術への問い」の核心を占めているのは、主体としての人間による近代技術の克服などではなくて、技術が技術として「集め‐立て」が「集め‐立て」として、立ち現れてくる現場に立ち会うことなのだ。これは近代技術を称揚することや非難することとは関係がない。ハイデガーの講演を聞くなかで聴衆は、近代技術の本質としての「集め‐立て」を、古代ギリシャ以来の「歴史」(die Geschichte)を規定している、「覆いを取ること」の宿命(das Geschick)の「送り届け」(das Schicken)として突き付けられることになる。この歴史は「覆いを取ること」の歴史として真理の変遷の歴史であり、したがってまた、人間の主体性を拠り所とするニヒリズムとしての形而上学の歴史でもある。この講演を聴くということは、近代技術の本質が本質として立ち現れてくる現場に立ち会うことであり、「覆いを取ること」の歴史を規定している「本質」の根本動向を看取することでもあるのだ。

一般に「本質」(das Wesen)といえば、「或るものが何であるのか」=「何性」(die Washeit)として、または或る事物に固有の特徴や性質として把握されており、何か不変のもの・固定されたものとして受け止められている。ところが、ハイデガーは、「Hauswesen」（家政）や「Staatswesen」（国体）などの用語法に基づいて、「本質」という概念を「別な意味で思索すること」を要求する〔ibid.: 30f.〕。ハイデガーによれば、「Hauswesen」や「Staatswesen」といった言葉が指しているのは、国や家の「何性」=「類という普遍的なもの」ではなく、それらが「どのように統治し・自己管理し・発展し・衰退するか」であり、どのように「wesen」するかということであるという。この「wesen」という古高・中高ドイツ語の動詞は、「存在する」「滞在する」「持続する」「生起する」など幅広い意味を有していた。「この wesen という動詞から初めて Wesen という名詞が生い立つのだ」とハイデガーはいう。一般に事物の「何性」として把握されている「Wesen」は、その由来である動詞の「wesen」のほうから、捉え返されなければならないというのである〔ibid.: 31〕。

ソクラテス=プラトンの見識に基づいて、ハイデガーは、動詞の「wesen」と「währen」（存続する）とが「同じもの」であることを指摘する。「wesen」しているものは「全て存続している」というのである。さらに「fortwähren」（永続する）の代わりに「fortgewähren」（永久に承認する）を用いたゲーテ（J. W. Goethe）を範例として、「währen」は「gewähren」（承認する）へと接続される〔ibid.: 32〕。このような見識に基づいて、ハイデガーは、「本来」「唯一無二の」「存続するもの」を次のように規定する。「wesen」に関してはさしあたり「本質を承認する」と翻訳しておく。

承認されたものだけが存続している。最初の始まりから存続しているものが承認するものなのである。／技術の本質を承認するもの〔das Wesende〕として、「集め - 立て」は存続しているものなのだ。〔ibid.〕

「Wesen」という概念を「wesen」という動詞から捉え直すことによって、ハイデガーは、多くの場合に存在者の固有・不変な性質として把握されている「本質」に、元来のダイナミズムを与え返した。これにより、近代技術の本質を含めたあらゆる存在者の本質が、単なる固定された不変の性質ではなくて、歴史を規定している「宿命」のほうから捉え返されることになる。この宿命が「自由に開かれた場所」と呼ばれていたのは、これが先取りされて変わることのない本質の決定性を意味するのではなくて、「覆いを取ること」の在り方＝真理の本質が変遷することによって転換されてゆくような、本質のダイナミズムを内包しているからである。

以下本書では、ハイデガー哲学の術語としての「Wesen」を「本質承認」と翻訳することで、一般に存在者の固有・不変な性質として把握された「本質」と区別することにしたい。これにより、固定された「何性」としての本質は、宿命としての本質承認が送り届けられることによって初めて、存続する存在者の特徴・性質として規定されることになる、と解釈することができる。

近代技術は「集め‐立て」によって本質を承認されて＝性格を規定されて、存在者を挑発しながら用立てる。他方この「集め‐立て」もまた、形而上学の歴史の背景にある真理の本質のほうから規定されている。「主体性の形而上学」を典型とする真理の本質が変遷するなら、古代ギリシャの「テクネー」のように、「集め‐立て」とは異なる「覆いを取ること」への呼び求めが、技術の本質として贈られることもあるだろう。聴衆を宿命という「自由に開かれた場所」へと導く、ハイデガーの技術論は、まさにこの「覆いを取ること」＝真理の異なる在り方を、示唆することを主眼としたものであった。

第三節　「存在の真理」への探究

本節は、「存在の真理」への探究に関わるハイデガーの論考を、詳しく読み解くことを試みる。この論考は次の三つの項に区分される。

(1) 存在論の探究 ── 「**出来事**」としての「存在の真理」
(2) 「転回」の思索 ── 倫理の生まれる場所を訪ねて
(3) 「現・存在」の実現不可能性 ── エートス・ロゴス・パトス

(1) 存在論の探究 ── 「出来事」としての「存在の真理」

「技術の本質」に関するハイデガーの講演は、技術の本質が本質として承認される現場＝技術が技術として改めて立ち現れてくる現場へと、聴衆を導こうとするものであった。総じてハイデガーの存在論が主題とするのは、このように「存在者が存在者として」覆いを取られる瞬間の「**出来事**」(das Ereignis) にほかならない。*17 この**出来事**＝**Ereignis** という概念は、一九三〇年代後半以降、ハイデガーの「存在の問い」を導く中心概念となる。技術が技術として、人間が人間として、教育が教育として、改めて本質に伴われて立ち現れてくるこの**出来事**を、ハイデガーは「存在の真理」(die Wahrheit des Seins) と呼んだ。「存在の真理」というこの呼称は、「存在者の根本動向」としての真理の背後でこれを規定している、存在の根本動向としての

「本質承認」のダイナミズムを告示している。「**出来事**に関して」（Vom Ereignis: **出来事**から）という副題を付された生前未刊の草稿集『哲学への寄与論稿』は、以下のように存在の真理と「本質承認」との密接な関係を指摘している。「存在の真理」と「本質承認」は各々、同一の**出来事**の異なる側面を告げ知らせているようである。

> この**存在**の真理というのは**存在**から区別されるものでは全くない。これは**存在**に最も固有の本質承認である。このため、**存在**がこの真理と存在自体を贈り与えるのか拒否するのか、また何より、歴史のなかに秘密に満ちたものを本来のようにもたらすのか、といったことは、**存在**の歴史[18]に懸かっている。〔GA 65: 93〕

> 「Wesen」とは〔……〕**存在**の真理という生起としての本質承認であり、しかも**存在**の十全な歴史における本質承認である。この歴史はそのつど真理を存在者のなかに保護することを含んでいる。〔ibid.: 287〕

「**存在**の歴史」という言葉に注目しよう。存在論の視座から眺め返すなら、歴史とは存在の歴史であり、存在からの本質の送り届けとしての歴史である。「歴史は人間の特権ではなくて**存在**の本質承認そのものなのだ」〔ibid.: 479〕。とはいえ、存在が存在者の本質を承認する＝本質を与えて覆いを取る、という事態は、存在が存在者のように実体として立ち現れてくることを意味しない。古代ギリシャの「自然」（φύσις）とい

＊17　本章以降本書では、ハイデガーの術語としての「Ereignis」を「**出来事**」と強調することによって、日常語としての「出来事」から区別する。

＊18　後年のハイデガーは、特に**出来事**としての存在の真理のダイナミズムを表現したい場合には、「Sein」に代えて「Seyn」という表記を用いるようになる。ただしこの区別は一貫しているわけではない。本書では、引用文中のみ後者を「**存在**」と強調することで区別する〔小野 2002: 316 参照〕。

う概念のなかに、存在のダイナミズムを聞き取ったハイデガーは、「自然は隠れることを好む」というヘラクレイトス（Heraklit）の箴言を、「存在は隠れることを好む」と翻訳・解釈している〔GA 9: 300〕。**出来事**としての存在の真理には、存在者が覆いを取られることと同時に、存在が隠れ潜むことが帰属している。存在からの本質の送り届けの歴史としての存在の歴史は、存在者の非隠蔽性の歴史であると同時に、存在の自己隠蔽の歴史でもあるのだ。

> **出来事**としての**存在**――（拒否）としての躊躇いながらの拒絶。〔……〕／**存在**は真理のなかで本質を承認する。自己隠蔽〔das Sichverbergen〕のための空け開き〔Lichtung〕。〔GA 65: 29〕

> **存在**が自己隠蔽として自制している所でだけ、存在者は表舞台に出ることができるし、見かけだけは全てを支配することができるし、無に対する唯一の制限を定立することができるのだ。〔ibid.: 255〕

例えば私たちは、普段は気にも留めていなかった、家の柱や、庭の草木や、空をゆく雲が、突然これまでとは違った面持ちで、活きいきとした「存在感」に伴われて立ち現れてくる場面に立ち会うことがある。このとき、日常生活のなかでは全く関心を引くことのなかった、存在者が「存在している」という厳粛な事実が、件の「役に立つか否か」という有用性の尺度や「良いか悪いか」という価値判断を抜け去って、逃れようもない仕方で私たちに迫ってくる。こうした**出来事**を苦心の末に言葉にまでもたらすのが詩作者だろう。ただし、私たちが驚きと共に目を止めるのはあくまで柱・草木・雲などの存在者であり、こうして存在者が存在者として注視された途端に、これらが「存在している」という事実は存在者の背後に隠れ去ってしまう。誤解を恐れずに注釈しておくとすれば、ハイデガーのいう存在の真理＝存在者の非隠蔽性／存在の自己隠蔽とは、このとき柱が柱として、草木が草木として、雲が雲として、一般に存在者が存在者として立ち現れ、またこれと一つのこととして存在が隠れ去ってゆく、このような**出来事**を告げ知らせているといえる。

存在者が覆いを取られる場所は存在が隠れ潜むことによって空け渡される。このように空け渡された空け開きが存在そのものであり、この空け開きの空け渡しこそが存在の真理という**出来事**の内実なのである。存在者としての存在者が本質に伴われて前景に現れているとき、この存在者が存在するという事実は背景に退いている。存在は存在者のように実体としては存在しない。存在者のほうから眺め返された場合、この存在者を存在させている存在は、非存在者＝「無」にほかならない。存在の真理によって空け渡される空け開きは「無」の空け開きである。真理と「無」との関係についてだけいえば、主著『存在と時間』刊行の二年後に行われたフライブルク大学就任講義に、すでにこれに関する洞察の萌芽を見て取ることができる。

不安の無の明るい夜のなかで初めて、存在者の根源的な開放性が開放性として生じてくる。存在者が存在するということ —— 無ではないということ。〔GA 9: 114〕

無の輪郭に縁取られることによって、存在者は初めて本質を承認されて覆いを取られ、「無ではない」ものとして立ち現れてくる。ところが、このように存在が「無」として隠れ潜んだままであるために、**出来事**としての存在の真理のダイナミズムは多くの場合に見落とされてしまい、存在者の存在は取るに足りないこととして無視されてしまう。ハイデガーによれば、存在忘却としてのニヒリズムは、この存在の自己隠蔽の帰結にほかならないという。時代ごとの思想家の怠慢・無知によって、存在が忘れ去られてしまい、真理が人間の営為に還元されているのではない。「**出来事**としての**存在**」のダイナミズムが閑却されているのは、存在者の非隠蔽性としての真理が存在の自己隠蔽として生起するためなのだ。「存在忘却」としてのニヒリズムは、存在の自己隠蔽としての「存在棄却」を由来としている、というのである。プラトンからニーチェに至る存在忘却の歴史は、存在の自己隠蔽を背景とする存在棄却の歴史として捉え返される。存在そのものに「無」が帰属しているという点に、ハイデガーの洞察の要点がある〔GA 65: 114, 118, 138〕。

　したがって、存在者の存在を認識の対象として型取ろうとか、存在者が存在している在りのままの姿を享受しようとか、そういったことに、ハイデガーの存在論の主眼があるのではない。ハイデガーの論稿を援用しながら、子どもの在りのままの姿に価値を認めることや、存在者の存在そのものを受容することを、教育の理想・目標に掲げた論稿は少なくない。しかしながら、新米教師の「お気に入り」にでも登録されていそうなこれらの言説を、素朴な理想・目標として提示するような教育理論は、ハイデガーによる「存在の問い」の「問い」（eine Frage）としての性格を捉え損ねている（本書第六章参照）。

「存在の問い」の宛先としての存在の真理とは、存在者の非隠蔽性／存在の自己隠蔽という両義性のなかで、存在者が存在者として本質に伴われて立ち現れてくる**出来事**だった。別な角度から見るならこれは、存在者が存在者として自明性を奪い去られ、改めてその本質を問い質される**出来事**だと考えられる。存在の真理という**出来事**にあっては、世界が世界として、人間が人間として、教育が教育として、子どもが子どもとして、各々自明な内実を抜き去られて問いに付されることになる。存在論の主眼にあるのは、世界が世界であるということ、人間が人間であるということ、教育が教育であるということ、子どもが子どもであるということ、総じて或るものが或るものであるということが揺るがせにされる、存在の「全き疑わしさ」にほかならない。この「全き疑わしさ」に関連して、ハイデガーは次のように書いている。

〔存在を存在として〕「是認する」とは以下のことをいう。それは、存在の本質承認の由来との関連において、全き疑わしさのなかで、存在が統べるに任せるということである。言い換えるなら、存在の問いを耐え抜くということである。〔……〕「存在そのもの」に関する語りはいつも問いながら語ることに留まるのだ。〔GA 62: 304〕

存在の「全き疑わしさ」に関わる存在論の探究とは、確固たる答えを求める探究ではなく「問い」として耐え抜く探究であり、「問い」を引き受けることによって存在を「是認」しようとする探究である。「是認する」ということが、単に存在者が存在していることの価値を認めることや、存在者の在りのままを受容することとして、受け取られてはならない。価値を認めたり認めなかったりできるような対象として、受容したり拒絶したりできるような実体として、存在は「存在している」わけではない。そうではなくて、「是認」ということでいわれているのは、存在者が存在者として存在するということの「全き疑わしさ」を引き受けて、存在者の非隠蔽性／存在の自己隠蔽としての存在の真理が生起する現場を、開き保っておくという課題なのだ。

「存在の問い」を問う存在論の探究は、これまで何か取るに足りないもの・自明なものと見做されていた「存在」を、存在者の非隠蔽性／存在の自己隠蔽という**出来事**のほうから、「全き疑わしさ」のなかで捉え返すことを試みる。このことは同時にまた、一般にも用いられる「出来事」(ein Ereignis) という言葉を、同じく存在の真理のほうから捉え直すことを要求するだろう。例えばボルノウ教育学の主題である危機、覚醒、出会いなどを、「出来事」と呼ぶことができるのは、これらの現象の最中に諸々の事物の本質が問い質され、存在者が従前とは異なる面持ちで立ち現れてくるかぎりでのことである。危機のような出来事は存在の真理という**出来事**に伴われて初めて出来事となるのであって、また、存在の真理という**出来事**は危機のような出来事のなかで生い立つのだ。こうした観点から振り返るなら、危機を確固たる倫理学・道徳論に基づく価値判断のなかで把握したボルノウの理論は、出来事としての危機の性格を立て塞いでしまうものだった、ということができる。危機が生の成熟の「役に立つ」機会として把握されている所では、確固たる有用性と価値の連関が担保されているため、「全き疑わしさ」としての「存在の問い」が生い立つ余地はなく、**出来事**としての存在の真理が立て塞がれてしまうからである。

このように、存在の真理という**出来事**に関わるハイデガーの論考は、全ての存在者を有用性や価値に還元してしまうニヒリズム＝形而上学の傾向に対して、これとは異なる探究の方向性を示唆するものであると考えられる。それでは、『存在と時間』において「現存在」として規定された人間は、存在の真理に関わる探究の視座からは、どのように捉え直されるのだろうか。以下では引き続き、存在の真理と現存在としての人間との関係を主題とする、ハイデガーの論稿を紐解いていくことにしたい。

(2)「転回」の思索 ―― 倫理の生まれる場所を訪ねて

ニヒリズムの歴史としての形而上学の歴史は、存在の自己隠蔽を起源とする存在の歴史であるといわれた。しかしそのことは、存在からの送り届けとしての歴史に対して、人間が全く無関係であるということを意味するのではない。存在の真理と人間の関係は『哲学への寄与論稿』の主要な論点の一つである。それはさしあたり次のように書き留められている。「現‐存在」(das Da-sein) という分かち書きは、存在の真理という**出来事**が生起する現場としての、「現」(Da) の性格を際立たせている。

出来事はその裡において現‐存在に基礎を与えている。(Ⅰ)

現‐存在は**出来事**に基礎を与えている。（Ⅱ）
基礎を与えることはここでは「転回的」〔kehrig〕である。〔GA 65: 261〕

存在と人間の関係は「転回」（die Kehre）という言葉によって表現される。「転回」は存在による本質承認を「対向振動する**出来事**として告示している」。「現‐存在」の「現」においてだけ存在の真理が生起する。存在の真理という**出来事**のなかでだけ「現‐存在」は「存在する」〔ibid.〕。このことは、存在の真理と「現‐存在」の双方が、あらかじめお互いを抜きにして確固たる実体として、存在しているのでは「ない」ことを示唆しているだろう。

しかし、現‐存在としての人間は、**出来事**としての**存在**によって出来事に‐されており〔er-eignet werden〕、それゆえ**出来事**そのものに帰属している。／**存在**は人間の周りに「存在している」のでもないし、一個の存在者としての人間を貫いて振動しているのでもない。むしろ、存在は現存在を出来事に‐するのであって、こうして初めて、**出来事**として本質を承認するのだ。〔ibid.: 256〕

存在の真理という**出来事**のなかで「出来事にされる」ことによって、現存在は初めてこの**出来事**に基礎を与える。存在の真理という**出来事**は、何よりまず現存在としての人間の本質を問いに付すことで、真理の生起する現場としての「現」を空け開く。反対に眺めるなら、このことは、存在の真理という**出来事**のなかで初めて、現存在としての人間が「現‐存在」として、改めて本質を贈られて覆いを取られることを意味している。現存在の「現」は「**出来事**のなかで出来事にされていることとしての現」なのだ〔ibid.: 328〕。このため、存在と人間が相互に基礎を与えあうというときの基礎（der Grund）は、不変不動の確固たる基礎ではなく、底無しの「深淵」(der Abgrund) であるとされる〔ibid.: 307f.〕。この底無しの「深淵」は存在者のほうから眺めれば「無根拠」(Ungrund) である。しかしそれは、存在の自己隠蔽によって空け渡された空け開きとしての「虚空」(die Leere) であり、存在者が本質を贈られて立ち現れる現場としての「現」にほかならない。存在論の視座から見られた底無しの「深淵」は「元根拠」(Urgrund) と呼ばれる〔ibid.: 379ff.〕[19]。このような洞察に基づくなら、存在と人間の「対向振動」としての「転回」という鍵概念は、現存在としての人間が本質を奪い去られて無根拠＝底無しとなることと、存在が隠れ潜んで「無」＝底無しとなることによって、存在者が改めて本質を贈られて立ち現れてくる空け開き＝「虚空」が空け渡される、こうした**出来事**を告げ知らせているということができるだろう[20]。

しかしながら、この「転回」という概念は多くの場合に、その独自の射程を無視・誤解されてきた。一般に流布した解釈においては、この概念は「前期」ハイデガーと「後期」ハイデガーを区別する指標としてのみ把握されている。例えば、「前期」の「実存主義的」思想から「後期」の「神秘主義的」思想への転換、という解釈図式は極めて広く知られている。ハイデガー哲学の実存論的な側面のみを取り出したい場合や、ナチズムとハイデガーの関係を無視したい場合などに、この解釈図式は大変便利である。しかし『哲学への寄与論稿』やその周辺の論稿を紐解けば、こうした「転回」解釈が誤りであることは十分に明らかである。ハイデガーの哲学思想を実存主義や神秘主義に還元するような解釈は、存在と人間との相互関係としての「転回」を見逃している[21]。

このことは同時に、従来のハイデガー解釈においては、存在あるいは人間のいずれか一方が、全ての出発点として前提されていることを意味するだろう。ハイデガー哲学を実存哲学と見做すボルノウにおいては、主体としての人間の優位が目に見えて明らかである。反対に、「子どもの在りのまま」を標語とするような教育理論は、存在を実体として把握することで神秘主義に嵌り込む危険を孕んでいる。前者の問題点に関しては、第一部に詳しく論じた。後者の問題点に関しては、次章に詳しく検証することになるだろう。いずれの場合にも、「全き疑わしさ」に関わる「存在の問い」の「問い」としての性格と同じように、「転回」という概念に与えられた射程が歪曲され、素朴な倫理学・道徳論を指針とする価値判断によって閉塞されていることが問題である。

だとすればしかし、「存在の問い」に携わる探究としての存在論の視座から、現存在としての人間はどのような存在者として捉え返されることになるのか。また、この人間の望ましい在り方としての理想・目標を規定している倫理学・道徳論は、どのように捉え直されることになるのか。ハイデガーが「人間」と「倫理」の両方を珍しく詳細に論じた論稿として、フランスの哲学者ボーフレ（J. Beaufret）に宛てた『「ヒューマニズム」についての書簡』（一九四六年）がある。この論稿が『哲学への寄与論稿』と密接な関係にあることは、『道標』単行本の初版に書き込まれた、ハイデガー自身の注釈にも明らかである。[*22] 主要な論稿集の一つである『道標』に集録されていることからも、この書簡がいかに重要な位置を占めるものであるかを窺い知ることが

＊19　ハイデガーのいう「Leere」は、上田閑照のいう「虚空」と、精確に対応している。上田の「世界／虚空」概念に関しては本書第三章に概説した。

＊20　この存在と人間の相互関係に関する洞察については、すでに『存在と時間』にその萌芽を見て取ることもできる〔GA 2: 281〕。

＊21　この「転回」概念の解釈問題を詳細に論じたものとして、日本では細川亮一の論稿が重要である〔細川 1992〕。「転回」を「思想の大転換」と看做す解釈の誤謬を、細川は説得的に論証している。

＊22　「ここでいわれたことは〔……〕存在の真理を単純にいおうとする一つの試みの『瞬間』のなかで、一九三六年に始められた、一つの道行きに基づいている」〔GA 9: 313〕。ここに記された一九三六年は、『哲学への寄与論稿』が書き始められた年代と精確に一致している。

とができる。

「どのようにして、『ヒューマニズム』という語に、一つの意味を与え返すのでしょうか?」〔GA 9: 315〕

ボーフレによるこの問題提起を発端として、ハイデガーはヒューマニズムに関する考察に着手する。ヒューマニズムというのは、たとえどのような形態にあっても、「人間の本質」または「人間の人間性」を問題としている。この「人間の本質」が損なわれないように、人間が「人間らしく」あるように、という信念がヒューマニズムの背景にある。ハイデガーによれば、ローマ共和制の時代においても、イタリアのルネサンスにおいても、マルクス主義においてもキリスト教においても、「人間の本質」を重要視するヒューマニズムの特徴は変わらないという。ただこの「人間の本質」をどのように捉えるかによって、各々のヒューマニズムは異なる主張を展開したわけである〔ibid.: 319f.〕。

このとき「人間らしい人間の人間性」は、「自然」「歴史」「世界」「世界基盤」などの「存在者の全体」に関する、「確立された一つの解釈との関連から」規定されている。ハイデガーにとってこの事実は、従来のヒューマニズムは全て、「形而上学のなかに基礎を持っている」か、「形而上学の基礎になっている」ということを含意している。いずれにしても、既存のヒューマニズムはどれも、「人間の本質」を固定された定義のようなものとして捉え、同じく固定された存在者の本質のほうから規定している。ヒューマニズムによる「人間の本質」の規定は、存在の真理を省みることのない「形而上学的な」規定である。存在忘却のニヒリズムとしての形而上学は、人間の主体性を拠り所とした「主体性の形而上学」であり、人間中心主義としてのヒューマニズムであるとされた。これに対して、「全てのヒューマニズムは形而上学である」というのが、さしあたりハイデガーの論旨である〔ibid.: 321〕。

従来のヒューマニズムのこうした傾向に対して、ハイデガーは、存在の真理との関係のなかで「人間の本質」を捉え直そうとする。

存在の空け開きのなかに立つことを、私は人間の脱‐存〔die Ek-sistenz〕と名付けることにする。このような在り方は人間にのみ固有のものである。〔……〕脱‐存とは人間の本質がその規定の由来を保持しているところなのだ。〔ibid.: 323f.〕

「Ek-sistenz」（脱‐存）は「Existenz」（実存）に含まれる「ex」（外へ）を強調した術語である。この術語によって、ハイデガーは、存在の真理に向かう人間の「脱自的」（ekstatisch: 陶酔的・忘我的）な関係を告示しようとした。「存在の空け開きのなかに立つこと」は、「現‐存在」として存在の真理という**出来事**の現場を空け渡すことを指している。「脱‐存」することにおいて人間は、固定された「人間の本質」なるものを脱け去って、存在の空け開きのなかへと「投げ出されて」いる。この「脱‐存」が人間の本質規定の「由来」であるといえるのは、存在の真理の空け開きのなかで、改めて人間が人間であることの内実が問い質されるためである。存在者の非隠蔽性としての存在の真理は、人間にとっても、改めて本質の規定を贈られる**出来事**なのだ。ハイデガー独自の言い回しを真似るなら、まさにこの**出来事**のなかで、人間が「人間に成る」のだと考えることができる。**出来事**としての存在の真理の空け開きのなかで、世界は「世界に成り」（welten）、物は「物に成り」（dingen）、それと同じように人間は「人間に成る」。「脱‐存するときに人間は存在する」といわれる由縁である〔ibid.: 329ff.〕。

それゆえ、ハイデガーが「人間の本質は脱‐存に存している」というとき、それは「脱‐存」こそが人間の固定された「何性」であることを意味しない。「脱‐存」とはそのように固定された「人間の本質」からの脱け去りである。「人間の本質は脱‐存に存している」という一節は、人間は存在の真理の空け開きへと「脱‐存」するなかで、改めてその本質を与え返されることになる、ということを告げ知らせているのである。したがって、ハイデガーによれば、あえて存在論の視座から「ヒューマニズム」という語を「堅持しようと」するなら、それは次のようなことを意味するようになるという。

〔……〕「ヒューマニズム」はいまや以下のことを意味する。人間の本質は存在の真理にとって本質的なのであり、しかもそれゆえこれに従うならば、まさに単なる人間としての人間が肝要なのではない。〔ibid.: 345〕

だとすれば、このように「人間の本質」を「脱‐存」として規定するとき、これまで人間の望ましい在り方を規定していた倫理学・道徳論は、どのような探究課題を与え返されることになるのだろうか。

「私がすでにずっと以前から為そうと試みていることは、存在論と一つのありうべき倫理学との関係を適切なものにすることです。」〔ibid.: 353〕

ボーフレが提起してきたこの課題に対して、ハイデガーは「根源的倫理学」(die ursprüngliche Ethik)という領域を示唆する。「倫理学」(die Ethik)の由来であるギリシャ語の「エートス」(ἦθος:習慣・特性)を、「滞在地」または「住まう場所」と翻訳したうえで、ハイデガーは次のように書き留めている。

ところで、エートスという語の根本語義に従って、倫理学という名称が、人間の滞在地を熟思するということを言い渡すべきであるとするなら、脱存するものとしての人間に相応しい初発の領域として、存在の真理を思索するような思索は、それ自体においてすでに根源的倫理学である。〔ibid.: 356〕

「根源的」という形容詞が告げ知らせているのは、この箇所に提起された倫理学こそ「本当の」「最高の」倫理学である、などという平凡な主張ではない。存在論は「根源的」倫理学であるという指摘は、**出来事**としての存在の真理に関わる探究こそ、人間の本質が改めて送り届けられるその現場＝「人間に相応しい初発の領域」に関わる探究であり、したがって、倫理や道徳が最初に生い立つその「起源」(der Ursprung) への探究にほかならないことを示唆している。

人間が存在の真理の裡へと脱‐存しながら、存在に帰属する場合にだけ、人間にとって規範や規則〔Gesetz und Regel〕となるに違いない諸々の指図の分け与えが、存在そのものから生じて来るのだ。〔ibid.: 360f.〕

ハイデガーは、何か新しい倫理命題や道徳目録を提案して、従来の倫理学や道徳論と権利争いをしようとしているのではない。**出来事**としての存在の真理は、人間が人間として問いに付され本質を与え返される**出来事**であり、だからこそ同時に、倫理や道徳が倫理や道徳として問いに付される**出来事**でもある。存在の真理の空け開きとは、自明なものとして確保された素朴な倫理や道徳を揺るがせにして機能不全に陥らせるような、「全き疑わしさ」に浸透された底無しの「深淵」である。しかしそれだからこそ、**出来事**としての存在の真理は、そのつど新しい「規範」や「規則」が与え返される現場として、改めて倫理や道徳が生い立つ起源ともなりうるのである。

以上のように、ハイデガーの存在論は、現存在としての人間の本質が問い質される現場としての、そしてそれゆえ、倫理や道徳の内実が問い質される現場としての、存在の真理という**出来事**に関わる探究である。**出来事**としての存在の真理のなかで、人間は人間として倫理・道徳は倫理・道徳として、改めて問いに付され本質を与え返されることになる。前項で存在の真理という**出来事**を背景として捉え返された、危機、覚醒、出会いなどの出来事は、現存在としての人間の「脱‐存」に伴われた出来事として、改めてその内実を規定される。とはいえそれは、危機のような出来事を「脱‐存」のために「役に立つ」機会として、有意義性の連関のなかで把握することを意味しない。出来事は**出来事**を背景として初めて出来事となるのであって、危機のような出来事と現存在の「脱‐存」とは表裏一体の関係にある。加えて、そもそも存在の真理とは素朴な倫理学・道徳論が揺るがせにされる**出来事**なのだから、現存在の「脱‐存」に何か確固たる理想・目標としての価値を付与することなどできないだろう。存在の真理という**出来事**に関わるハイデガーの探究は、主体性・有用性・価値には絡め取ることのできない人間の在り方を示唆しているのだ。

(3)「現‐存在」の実現不可能性 —— エートス・ロゴス・パトス

(A) エートス

存在の真理に関わる「現‐存在」としての人間の在り方は、形而上学に規定された有用性や価値に還元することはできない。それどころか、ハイデガーによれば、存在の真理の空け開きへの「脱‐存」としての「現‐存在」という在り方は、主体としての人間によっては実現不可能であるという。

それ〔存在の空け開きそのもの〕は存在への近み〔die Nähe zum Sein〕を承認する。この近みすなわち「現」の空け開きのなかに、脱‐存するものとしての人間は住まうのだが、今日の人間がすでにこの住まうことを殊更に経験して引き受けることができるわけではない。〔GA 9: 337〕

この箇所でハイデガーは、真理の空け開きのなかへの人間の「脱‐存」と、「住まうこと」(wohnen)との関連を示唆している。「脱‐存」という人間の本質規定の「由来」に関する探究とは、人間が「住まう場所」=「エートス」の問題に関わる探究でもあるのだった。**出来事**としての存在の真理の空け開きに向けて「脱‐存」することは、存在への「近み」=「現」の空け開きのなかに「住まう」ことだというのである。ところが、ニヒリズムとしての形而上学に規定された、認識・行為の主体としての「今日の人間」は、この住まうことを「引き受ける」ことができない。存在の真理という空け開きへの「脱‐存」は、主体としての人間による認識・行為の対象ではない。「主体」や「自己」といった「人間の本質」に囚われているかぎり、人間の本質規定の「由来」としての「脱‐存」の空け開きが、空け渡されることはない。また前項の終わりにも指摘されたように、現存在の「脱‐存」は、望ましい人間の在り方として価値を付与することのできる理想・目標でもない。存在の真理という**出来事**の最中には、こうした価値判断の基盤となる「人間らしい人間の人間性」そのものが問い質されているのであり、この「人間の本質」を指針として定立された倫理学・道徳論が問いに付されているのだからである。

とはいえしかし、存在の真理や現存在の「脱‐存」に関するこれまでの論考が、結局は人間存在には無関係な空理空論だったのかというとそうではない。確かに、ニヒリズムに浸透された主体としての人間の営為によっては、存在の真理の空け開きへと到達することはできない。なぜなら「現」の空け開きへと「脱‐存」することは、「主体」や「自己」などの人間の本質規定から脱け去ることであり、一定の尺度に基づいた理想・目標を放棄することだからである。しかしながら、存在の真理の空け開きへの「脱‐存」としての「現‐存在」が、主体としての人間には実現不可能であることを指摘しながら、ハイデガーは、同時に人間の別の在り方をも示唆しているように思われる。

> しかし、ここで「人間」に何が帰属しているのか、そして何が後に残されているのか。自己を投げ捨てることにおいて人間は、人間が実行することはできないかのもの、ただ可能性として身を賭すことができるばかりのかのもの、すなわち現‐存在の裡に基礎を置いている。〔GA 65: 454〕

存在の真理の空け開きへの「脱‐存」としての「現‐存在」は、人間のほうからは「実行する」ことのできない存在様式である。「現‐存在」の「現」とは底無しの「深淵」であり、存在論の視座から捉え返せば全ての本質が生い立つ「元根拠」となるが、存在者のほうから眺めれば全く拠り所のない「無根拠」となるといわれた。「自己を投げ捨てること」は、主体としての人間を元根拠／無根拠としての「現‐存在」へと差し向けるが、これはただ「可能性として」(als Möglichkeit) 身を委ねることができるばかりのものである。自己を投げ捨てようとする人間は、いまだ自己の桎梏に囚われている。したがって、自己を投げ捨てることが「現‐存在」にその基礎を求めることができるとすれば、「ありうべきもの」(das Mögliche) としての元根拠に身を賭すほかはない。底無しの深淵としての「現‐存在」の「現」＝存在の真理の空け開きは、主体としての人間に対しては、ただ「ありうべきもの」としてのみ「根拠」として立ち現れてくる。存在の真理の空け開きへの「脱‐存」としての「現‐存在」という存在様式は、主体としての人間によっては実現不可能な在り方であり、ただ一つの可能性として身を委ねるほかはない存在様式なのだ。

　とはいえしかし、「現‐存在」という存在様式を「ありうべきもの」として引き受け、「ありうべきもの」としての「現‐存在」の「現」に身を委ねるとは、一体どのような事態を指しているのだろうか。この問題に関する重要な示唆を与えてくれるのは、やはり、ハイデガーが人間の「住まう場所」＝エートスについて書き留めた次のような一節である。

ひたすら苦労ばかりの領域のなかでだけ、人間は「功績」のために努力する。そこで人間は功績をたっぷりと手に入れる。しかし同時に人間には、この領域においてこの領域から、この領域を突き抜けて、天空のようなものを仰ぎ見ることも許されているのだ。仰ぎ見ることは、上方へと突き抜けて天空に向かうが、下方では大地の上に留まってもいる。〔GA 7: 198〕

この文章は、「優しき蒼天の下……」という仮題を与えられた、ヘルダーリンの詩歌に寄せられた論稿の一節である。引用箇所の前半部分は、有用性や価値に規定された「有意義性の世界」に住まいながら、みずからの「功績」を追い求める人間の姿を描写している。個々人の「功績」や「業績」のようなものが問題となるのは、認識・行為の主体としての人間を基軸とする、有用性と価値の連関のなかだけである。しかし引用箇所の後半部分には、この「功績」に満ちた有意義性の世界に住まいながらも、この世界を「突き抜けて」別なものを「仰ぎ見る」という存在様式が示唆されている。天空を仰ぎ見ながら大地に住まうという在り方は、単に有用性や価値に規定された世界に埋没することとは異なる、人間の在り方を告げ知らせている。議論を先取りして書き留めておくとすれば、ここに示唆されているのは、有意義性の世界とそれを越えた世界の二重性を二重性として引き受けて、二重に縁取られた世界の「奥行き」に身を委ねる、上田閑照が「不住の住」と呼んだ人間の在り方である。先に存在の空け開きに「住まう」といわれたことは、主体としての人間にとっては、住まうことができないこととして「不住」の位相に帰属している。

件のヘルダーリンの詩歌のなかでも、ハイデガーが特に注目しているのは、十九行目から始まる次のような一節である。

功績に満ちて、しかし詩作者のように、人間はこの大地の上に住まう。〔Hölderlin 1951: 372〕

「詩作者のように」(dichterisch) とヘルダーリンは詠んでいる。この副詞は「住まうことに対する単なる飾りや付け足しなどではない」〔GA 7: 193〕。一九三五／三六年に行われた講演の草案『芸術作品の起源』において、ハイデガーは次のように書いている。

存在者の空け開きと覆い隠しとしての真理は、真理が詩作されるそのときに生起する。存在者としての存在者の真理の到来を生起させることとして、全ての芸術はその本質からして詩作である。〔GA 5: 59〕

「詩作」(die Dichtung) あるいは「詩歌」(das Gedicht) は、存在の真理に関わる探究の核心を占めている。ハイデガーにとって詩作とは、「当て所もない勝手なことの思いつき」でもなければ、「単なる観念や空想が非現実的なものへと漂うこと」でもない。詩作は何か「開かれた場所」(das Offene) が生起するのに任せることである。この「開かれた場所」が「いまや初めて存在者の只中において存在者を輝きと響きのなかにもたらす」〔ibid.: 60〕。詩作することのなかで生起する「開かれた場所」とは真理の空け開きである。この存在の真理の空け開きのなかで、存在者が本質を与え返されて覆いを取られる。こうした観点に立つなら、詩作は主体としての人間の営為であるよりは、存在と現存在の「転回」に帰属する出来事として捉え返されることになる。

(B) ロゴス

さらにハイデガーは「言葉そのものが詩作である」とも書いている。一般には詩歌の構成要素として把握されている「言葉」(die Sprache) だが、それは「覆いを取られたものと覆い隠されたもの」を「単語や文章のなかに移し置く」だけのものではない。言葉は「何より存在者を存在者として開かれた場所へともたらす」とハイデガーはいう。反対に「本質を承認する言葉がないところ」には、「存在者の開放性」も「非存在者や虚空の開放性」もない。存在の真理の空け開き＝虚空が空け渡されるのは、詩作としての言葉のなかで存在者の本質が問い質されることによる。これによって初めて、存在者の本質が承認され、改めてその本質が与え返されることになる。とはいえそれは言葉が「元詩歌」(Urpoesie) だからというのではない。言葉自体が詩作であるといえるのは、「言葉が詩歌の根源的本質を保蔵している」からであり、ただこの言葉のなかでだけ「詩歌が出来事になる」からなのだ〔ibid.: 61f.〕。言葉がなければ詩歌が詩歌として「出来事になる」(sich ereignen) ことはない。

存在の真理と言葉の関係に関するハイデガーのこうした洞察は、ギリシャ語の「ロゴス」(λόγος) という概念についての深い見識に由来するものである。この「ロゴス」という概念は、一般には「言葉」「理性」「規範」などの訳語を当てられている場合が多い。ところがハイデガーは、「ロゴス」の動詞形である「レゲイン」(λέγειν) が、古くから、「話すこと」や「語ること」などの語義よりも「さらに根源的に」、「取り集めて置くこと」(das Zusammenbringen) を指していたことを指摘している〔GA 7: 214〕。この「置くこと」(das Legen) としての「レゲイン」にとって肝要なのは、「集まって‐前に‐横たわるもの」(das beisammen-vor-Liegende) が「非隠蔽性のなかに保護される」ことだ、とハイデガーは説く。「そちら‐から‐集まって‐前に‐横たわるもの」を「前に横たわるものとして保護に委ねる」ことが「レゲイン」の内実なのだ。「前に横たわるものが非隠蔽性のなかに現存すること」こそ、「取り集めておくこと」としての「レゲイン」の特徴なのだというのである。さらにハイデガーは、これを「一つの出来事」とも「存在者が存在すること」とも言い換えている〔ibid.: 216ff.〕。

ただし、ここで注意されなくてはならない重要な点は、主体としての人間の「ロゴス」（λόγος）と「ロゴス自体」（ὁ Λόγος = der Logos）が、明確に区別されているという点である。一般の訳語に従うなら、これは、人間の言語行為としての言葉と、この背景にある言語体系との区別である。しかしハイデガーにとっては、これも「取り集めておくこと」としてのロゴスの、二つの位相に関わる区別にほかならない。ハイデガーによれば、まず始めに存在者を存在者として「取り集めて」いるのは、人間による営為としてのロゴスではなくて、「根源的な取り集め」としての「ロゴス自体」なのだという。これに対して、人間による「取り集め」としてのロゴスは、「ロゴス自体」に「聴き従うこと」として捉え返される。「ロゴス自体」に聴き従うこととしてのロゴスは、「ロゴス自体」と「同じものを取り集め置くこと」（ὁμολογεῖν：同じことを話すこと）として理解される〔ibid.: 221〕。ロゴス自体は存在者を存在者の非隠蔽性としての真理の裡へと取り集め、人間のロゴスはそれに聴き従うという仕方で同じものを取り集めるのだ、というのである。

古代ギリシャのロゴス概念に関するこうした洞察のなかに、ハイデガーは、いまは見失われてしまった「存在」と「言葉」と「人間」の関係を読み取ろうとした。有名な次の一節はこの関係を表現したものである。

> 言葉は存在の家である。言葉という住居に人間は住まう。思索するものと詩作するものは、この家の見張り役なのだ。〔GA 9: 313〕

「ロゴス自体」としての言葉は「存在の家」として、人間をも含めた存在者の全体を、真理の空け開きのなかに保護している。こうした観点に立つなら、「言葉は空け渡し‐覆い隠す存在の到来そのものなのだ」ということもできるかもしれない〔ibid.: 326〕。存在者の全体を取り集めた「ロゴス自体」としての言葉によって言葉として、底無しの「深淵」としての存在の真理の空け開きが空け渡される。存在者の存在が問いに付される「全き疑わしさ」のなかで、言葉によって言葉として、存在者の本質が承認され覆いが取り除かれる。このときロゴスとしての人間の言語行為は、この存在の真理からの「呼び求め」に聴き従うこととして、言葉によって言葉として、この呼び求めと「同じこと」を言い渡すこととして捉え返される。こうして、件の「転回」としての存在と人間との相互関係は、存在の真理からの呼び求めとこれに対する人間の聴き従いの相互関係として、その内実を与え返されることになる。

人間は「詩作者のように」住まう――後の章の議論を先取りすることになるが、ハイデガーにとって「詩作者」(der Dichter)とは、ロゴスとしての言葉＝詩作することによって、「ロゴス自体」＝存在からの呼び求めに聴き従う人々のことである。存在からの呼び求めに聴き従いながら詩作するかぎりにおいて、詩作者は存在の真理の空け開きへと「脱‐存」する。これは主体としての人間という形而上学の規定を越えた、「現‐存在」としての人間の在り方であった。これに対して、「詩作者のように」住まう人々とは、詩作者のようであっても、詩作者ではない人々のことである。「詩作者のように」住まう人々は「思索者」(der Denker)と呼ばれる。思索者が詩作者のように「脱‐存」することを許されないのは、詩作することとは異なる思索することが、ニヒリズムとしての形而上学の伝統を受け継いでいるからであり、形而上学の諸概念を安易に捨て去ることができないからである。とはいえ、この思索者の思索が「存在の思索」とも呼ばれているように、思索はいつも存在からの呼び求めに由来しており、存在からの呼び求めに帰属している〔ibid.:

316〕。思索することは存在からの呼び求めに帰属することであるが、この思索は存在の真理とは疎遠な形而上学の概念を用いて行われるほかはない。思索者は天空を仰ぎ見ながら、功績に満たされた大地の上に住まうのだ[*23]。

真理の空け開きへと身を投げた詩作者の在り方が「脱-存」と呼ばれたのに対して、この空け開きを「ありうべきもの」として引き受ける思索者の在り方は「放下」(die Gelassenheit)と呼ばれている。ただしこれは、ボルノウの唱える「特別な道徳上の要求」に規定された「真理の認識」の条件としての「放下」からは、幾つかの点において明確に区別されなければならない。存在論の視座から捉え返された「放下」という在り方を、ハイデガーは、さしあたり「集め-立て」を特徴とする近代技術に向けての「同時の是と否」(das gleichzeitige Ja und Nein)として導入している。

> 我々は技術的な事物の避け難い使用に対して「是」ということができる。また、この諸事物が我々を独占的に酷使して、我々の本質を歪曲させ・混乱させ・最後には閉塞させてしまうことを、我々が拒否するかぎりにおいて、我々は同時に「否」ということもできる。/〔……〕この技術世界に対する〈同時の是と否〉という態度を、古い言葉を用いて諸事物に対する放下と名付けることにしよう。〔GL: 24f.〕

「技術世界に対する同時の是と否」という両義性を帯びた態度には、「地上」に留まりながら「天空」を仰ぎ見るという思索者の在り方が反映されている。『真理の二重の顔』のなかでボルノウは、ハイデガーの「放下」に関する議論を援用しているが、この「両義性」または「二重性」を見落としていた。詩作者ならざる思索者の「放下」は、単純に「人間が我意を離れ去って、信頼を抱きながら、干渉してくる出来事へと身を委ねた状態」として、一定の「道徳上の」観点から「要求」された理想・目標として定立されうるような、人間の生と教育を規定する一方通行の理念・規範とはなりえない。ハイデガーのいう「放下」という在り方は、「見たところ決して調和することのない」〔ibid.: 24〕一種の不条理に満ちた在り方を示唆しているのだ。これについては本書の最終第八章に再び詳しく論及されることになるだろう。

(C) パトス

とはいえ、存在が人間を「呼び求める」というこの事態は、実体として存在している存在者による何らかの要求ではない。現存在としての人間を詩作・思索へと駆り立てるのは、存在が実体として立ち現れては来ないこと＝「存在棄却」そのものである。「真理への問いの窮迫性は存在棄却という窮迫から生い立つ」とハイデガーはいう〔GA 65: 354〕。諸々の存在者が本質を贈られて立ち現れてくるとき、存在は背景に退いたまま覆い隠されている。「在りのまま」「存在そのもの」といった標語のように、価値を付与したり受容したりできる実体として、存在が「存在している」わけでは「ない」。主体としての人間にとってみればこれは、存在者の在りのままの姿を享受することができ「ない」という、「無力」の表明でもあるだろう。この「ない」ということ＝「無」としての存在が、却って、存在者が存在するということ自体への問いを呼び起こす。世界が世界であり人間が人間であるとは、教育が教育であり子どもが子どもであるとは、一体どういうことなのか。存在は立ち現れてこないという「窮迫」(die Not) が、存在論としての哲学の探究に「窮迫性」(die Notwendigkeit) を与え返しているのだ。[*24]

---

*23　詩作者と思索者の関係については本書第七章で詳しく論じる。
*24　したがって、ハイデガーのいう「Notwendigkeit」は、存在棄却の「窮迫」(die Not) によって「差し迫られている」こ

> 全ての窮迫性は窮迫を根元としている。**存在**の真理と真理の**存在**に関わる初発・極限の思慮としての哲学は、初発・極限の窮迫のなかにその窮迫性を有している。[*25]〔ibid.: 45〕

したがって、存在からの「呼び求め」に「聴き従いながら」詩作することと・思索することとは、「存在棄却」としての「窮迫」に差し迫られて、存在の真理という**出来事**への問いを問うことだといえる。ここから、主著『存在と時間』にも導入された現存在の「被投性」という概念が、新たな射程を与え返されることになる。「存在の意味」への探究における「被投性」の概念は、現存在が孤独なままに世界の内へと投げ出されている、ということを指していた。『哲学への寄与論稿』はこちらの意味も堅持している。

> このように駆り立てるものは存在者の只中への人間の被投性である。この被投性が人間を存在の（存在の真理の）企図者と定めている。〔ibid.: 45〕

この箇所では「被投性」が「駆り立てるもの」だといわれている。というのも、現存在が存在者のただなかに投げ出されて存在を忘却しているという事実＝被投性は、存在が到来しないこと＝存在棄却に起因しているからである。このとき存在棄却による窮迫は、存在忘却そのものが忘れ去られているという「二重の忘却」に由来する窮迫＝「窮迫のなさという窮迫」である。存在を忘却した現存在の被投性は、その由来である存在棄却のほうから、存在の真理に関わる探究を駆り立てている。それゆえ、「存在の真理」への探究にとっては、このように存在の真理への問いに向けて駆り立てられていること自体も、やはり現存在の被投性に属する事柄である。なぜなら、存在の真理に関わる探究へと差し迫られて「脱‐存」すること＝現存在が「出来事にされる」ことも、やはり、存在棄却の歴史としての存在の歴史＝宿命の投げ送りに由来しているからである。

〔……〕企図において投げるものは投げられたものとして自らを経験する。言い換えれば**存在**によって出来事に‐されたものとして。〔GA 65: 239〕

存在の真理という**出来事**は、人間が人間であるということが問いに付されるような**出来事**であるが、人間が人間として改めて立ち現れてくるような**出来事**でもある。存在の真理へと自らを「投げ出す」現存在としての人間が、存在によって「出来事にされて」いるとは、まさにこの人間の本質の脱去／本質の承認というダイナミズムを示唆している。存在の真理に関わる探究における「被投的企図」(der geworfene Entwurf) は、主体としての人間による意味付与などではなく、「転回」としての存在と人間の関係の別名なのである。存在からの呼び求めに聴き従うこととしての詩作・思索は、まさに存在と人間のあいだの「対向振動」にほかならないという点で、このように徹底された「被投的企図」として捉え返される。

詩作者は詩作者として、思索者は思索者として、各々異なる位相において、この「出来事にされていること」としての被投性を引き受ける。両者の異同に関しては本書の第七章以降に詳しく論じよう。いまの段階で重要なのは、この詩作者・思索者による「被投的企図」が、単に喜び勇んで遂行すれば済むような課題ではなくて、むしろ「受苦」(das Leiden) または「重荷」(die Last) にほかならない、という点を押さえておくことである。「被投的企図」としての「存在の理解」のなかに「転回」が存していることを指摘したうえ

＊25　cf. GA 65: 18, 27, 82, 233, etc.

とを意味している。本書ではこれを、さしあたり「窮迫性」と翻訳するが、この概念の詳しい内実に関しては、第八章において改めて精査する予定である。

で、さらにハイデガーは、この「存在の理解」を次のように特徴付けている。

理解というのは、未遂行の切実さを遂行すること・引き受けることであって、現‐存在すなわち苦しみを‐受けること〔Er-leiden〕としての引き受けることなのだ〔……〕。〔ibid.: 260〕

存在の真理の空け開きに身を賭すことは、いわゆる「人間の本質」が問いに付され、人間が人間であることが根拠を奪い去られるような、「全き疑わしさ」に耐え抜くこととして、「苦しみを受けること」にほかならない。存在の真理という**出来事**の最中にあっては、「存在者が人間によって基礎を与えられるのではなく、人間が存在から基礎を与えられる」という「大転換」が生じている。ヒューマニズムとしての形而上学にとっては大きな衝撃となるこの転換は、「存在者と存在への関係の十全な変遷」である。この「十全な変遷の全体」を「受苦すること・耐え抜くこと」こそ、ハイデガーが見留めた、「被投的企図」としての詩作することと・思索することの特徴なのだ〔ibid. 184〕。

この存在の真理の空け開きの空け渡しに伴う「受苦」（Leiden）は、現存在の「情念」（die Leidenschaft）または「気分」に通じている。『存在と時間』において展開された現存在の情態論は、『哲学への寄与論稿』においては「現‐存在」の気分論として受け継がれた[*26]。「存在の真理」の探究に関わる「根本気分」（die Grundstimmung）として、ハイデガーは三つの現象に注目している。「慎ましさ」（die Verhaltenheit）「驚嘆」（das Erschrecken）「畏敬」（die Scheu）の三つである。

驚嘆とは「慣れ親しまれたものにおける振る舞いの円滑性からの立ち退き」を意味している。この立ち退きは存在の真理の空け開きへと退くことである。存在の真理の空け開きのなかでは、「これまで慣れ親しまれていたものが馴染みのないもの・束縛するものとして同時に現れてくる」〔ibid.: 15〕。慎ましさは、「贈与としての拒絶に対して準備が整っていること」として特徴を示される。「準備が整っていること」とは、「出来事に‐されること」に向けた準備が整っていることであり、存在の真理の空け開きへと投げ出されることに向けた準備が整っていることである〔ibid.: 15 & 34〕。最後に畏怖はさしあたり、「**出来事**としての**存在**が本質を承認するのに任せること」として、また「最も遠きもの自体に近づくこと・近くに留まることの在り方」として、規定される〔ibid.: 16〕。本書第七章で詳論するように、この場合の「近づく」とは「遠さを遠さとして守る」ことを表現している。なぜなら、それが近づくのは「最も遠きもの」だからであって、この「最も遠きもの」の近くに留まることは、その「遠さ」を守ることによって初めて許されるからである。

これら、存在の真理に関わる現存在の「被投性」「受苦」「根本気分」という三つの契機は、ギリシャ語の「パトス」（πάθος）という概念のなかで、一つに響き合っている。「passive」（受動的）「Passion」（情念・受難）「pathetisch」（感情的）「Pathologie」（病理学）などの語源である「パトス」という概念には、「受動性」「受苦」「情念」などの語義が集約されている。従来のハイデガー研究のなかで、この「パトス」という概念は、「エートス」や「ロゴス」などに比べると、それほど重要視されてこなかった。ハイデガーが「パトス」概念を主題として扱った論稿も、多くはないのが実情である。とはいえ、ハイデガーによる存在論の探究は、言葉や真理を主題としている場合であっても、いつも現存在の「被投性」「受苦」「根本気分」などに関する、深い洞察によって裏打ちされている。これも疑いようのない事実である。現存在のエートスとしての存在の真理の空け開きは、パトスを基調とするロゴスによってロゴスとして、存在と人間の「転回的関係」のなかで空

＊26 『存在と時間』における不安の分析論に関しては、本書第一章、第二章に詳しく論じた。

け渡される。このように書いたとしても、本項の締め括りとしては、それほど的外れではないだろう。それは主体としての人間には実現不可能な「現‐存在」の「現」であり、「ありうべきもの」として身を委ねるほかはない「不住」の領域にほかならない。[*27]

＊27 『存在と時間』以前のハイデガーのパトス論に関しては、拙稿〔井谷 2005〕に詳しく論じた。

第六章　存在論に立脚した教育理論の来歴
――「有用性と価値の教育」に対する問いかけ

本章の概要

本章は、ハイデガーの存在論に立脚した従来の教育理論を精査することで、これらの内実と問題点を明らかにすることを課題とする。存在の真理に関わるハイデガーの諸論稿は、従来の教育／教育学に、どのように受容されどのような影響を与えてきたのだろうか。第二次世界大戦後から現在までに上梓された先行研究を辿り直すことによって、これまで教育学がハイデガー哲学と取り結んできた関係を明らかにすると同時に、有用性と価値の連関を越えた生と教育の局面に関わる探究の準備を整えることが、本章の課題である。

こうした課題を受けて本章は次の四つの節に区分される。

第一節　「有用性と価値の教育」の問題点
第二節　「存在の真理」への教育
第三節　存在論に立脚した教育理論の問題点
第四節　「宙吊りの教育学」に向けて

第一節では、国内外の代表的な先行研究を辿り直すことによって、教育学とハイデガー哲学が接続される接点を探り当てることが試みられる。議論を先取りして述べておくなら、この接点となるのは、「有用性と価値の教育」に対する問いかけという課題意識である。ここで「有用性と価値の教育」という呼称は、人間の主体性を拠り所とする有用性と価値の連関に囚われて、人間を取り巻く事物全てを成長発達の「役に立つか否か」を尺度として評価するような、教育／教育学の傾向を表現している。この「有用性と価値の教育」という傾向が、教育／教育学の伝統に内在している特徴であることを示すと同時に、この傾向に孕まれている問題点を明らかにした点に、存在論に立脚した従来の教育理論の重要な功績があるといってよい。この「有用性と価値の教育」という傾向を問い直そうとする点に、ハイデガーの「存在の問い」を指針とする教育理論に共通の課題意識があったことを示すことが、第一節の課題である。

第二節では、存在論に立脚した従来の教育理論が、近現代の教育思想に浸透しているこの「有用性と価値の教育」という傾向を克服するべく、どのような教育の在り方を提起してきたのかを明らかにする。各時代・各国の先行研究を比較検討することによって浮かび上がってくるのは、存在の真理の空け開きを中心概念として掲げる教育／教育学の在り方である。「有用性と価値の教育」の伝統を問い直すことは、ハイデガーのいうニヒリズムとしての形而上学を問い直すこととパラレルであり、人間の主体性を拠り所とする有用性と価値の連関から教育／教育学を解放することを意味していた。このとき存在論に依拠する教育学が理論構築の指標としたのが、ハイデガー哲学の核心を占めている存在の真理という**出来事**だった。真理の空け開きへと身を委ねた「現・存在」という在り方が、「存在の問い」を指針とする教育理論に共通の、教育によって達成されるべき理想・目標とされたのだ。存在論に立脚した従来の教育理論によって提起された教育／教育学の特徴を、「存在の真理への教育」として読み解くことが、第二節に与えられた課題である。

とはいえ本書は、こうした先行研究の提示した帰結を、無批判に受け入れるわけではない。第三節の課題は、存在論に立脚した従来の教育理論に内在している、無視することのできない問題点を明らかに示すことにある。ハイデガーによる「存在の問い」を指針とする教育理論は、「有用性と価値の教育」の問い直しを共通の課題としていた。しかし、ニヒリズムとしての形而上学の伝統の克服を理想・目標として掲げる教育／教育学は、人間の主体性を拠り所とする有用性と価値の連関へと、容易に再び絡め取られてしまう。なぜなら、存在の真理の空け開きを教育理念・教育規範として掲げるということは、「現・存在」という在り方を美徳として評価する価値判断の基準が確保されており、**出来事**としての存在の真理がその美徳を獲得するための手段として捉え返されていることを、意味しているからである。「有意義性の連関による再包摂」とでもいうべきこの問題の所在を明らかにすることで、存在論に立脚した従来の教育理論の限界を指摘することが、第三節の中心課題である。

続く第四節では、存在論に倫理学的・道徳論的な価値判断を持ち込むことの危険性が、ハイデガーによるナチズム加担を例に取りながら再び検討される。これにより、ニヒリズムとしての形而上学に追従するのでもなく、かといって「現・存在」という在り方を安易に称揚するわけでもない、新しい教育／教育学の在り方を模索するという探究課題が、提起されることになる。マイヤー＝ドラーヴェの言葉を借りるならそれは、単に無条件にハイデガーの哲学思想に「同化」またはこれを「拒絶」するのではなく、ハイデガー哲学の問題点を精査したうえで、「存在の問い」に「鼓舞」(die Anregung)されながら人間の生と教育の多様性・重層性を明らかにしようとする探究だということができる。現代の教育／教育学は、「有用性と価値の教育」の抱えている問題点を無視するわけにはいかないが、かといって、有用性と価値の連関を抜け去った在り方を素朴な理想・目標として掲げるわけにもいかない。このように簡単に安住することを許されない「宙吊り」の状態を引き受ける探究を、存在論に鼓舞された教育／教育学の課題として提起することが、第四節の課題である。

第一節　「有用性と価値の教育」の問題点

かつて和田修二は、近現代の時代状況を概観しながら、「ニヒリズムの克服」を戦後教育の根本課題として提示した〔和田 1959〕。「人間尊重」という旗印を掲げて「主体の自立」を称揚した近代の思潮は、却って人間の「自己疎外」や「非人間化」の状況を生じる結果となった。和田の指摘するところによれば、この人間疎外の背景には、「神は死んだ」というニーチェの言葉によって宣告された、「最も無気味な訪問者」としての「ニヒリズム」が存しているのだという〔ibid.: 129〕。「最高の諸価値の価値喪失」にニヒリズムの本質を見て取ったニーチェは、「従来の諸価値を顛倒する新しい価値定立の原理」としての「力への意志」に、ニヒリズムの克服を託したのだった。これに対してハイデガーは、「最高の諸価値の価値喪失」の背後に、全ての存在者が価値判断の対象として定立され、存在者が存在するということ自体が見失われているという、「存在忘却」としてのニヒリズムを見て取った（前章参照）。ニヒリズムの克服を戦後教育の根本課題として掲げるとき、和田が問題としたのは後者の「存在論的ニヒリズム」のほうだった〔ibid.: 131〕。

ハイデガーの洞察に基づいて、和田は、存在者が価値判断の対象にされるということ自体に、存在者の「殺害」＝「存在忘却」としてのニヒリズムの内実を見て取った。そしてさらに、特に近代以降「人間が表象する主観となった」という事実こそ、この存在論的ニヒリズムの「原因」なのだと指摘している。というのも、存在者の「前置的・表象的定立」を抜きにして、存在者に価値を付与することはできないからである〔ibid.: 132〕。

〔……〕ニヒリズムの根源は表象作用の中に、即ち、主観 - 客観関係に於いて対象化する思考法にまで遡らなければならない。〔ibid.〕

これにより、全ての存在者を価値へと還元する存在論的ニヒリズムの克服＝「思考法の根元的転回」＝「表象的・対象化的思考の突破」が、教育／教育学の課題として提示されることになる〔ibid.〕。

全ての事物・経験を有用性と価値に還元するこうした風潮は、教育学の領域のなかでも、顕著にその影響が現れている。ボルノウと同時代の教育学者バラウフが指摘したように、「自己形成」（die Selbstbildung）や「自己探求」（die Selbstsuche）を理念とする、陶冶の教説の伝統のもとにあっては、「あらゆるものが人間形成の原材料として投入される」ためである。「こうした構想において我々は皆が世界規模で一致している」とバラウフは続ける。このため人間以外の存在者は「擁護者を発見することができない」と。このように「人間中心主義的な」（anthropozentrisch）教育の理念に疑念を抱いたバラウフは、こうした「伝統的な基礎イデオロギー」を問いに付すことによって、教育学に「理論としての基礎を与え」なければならないと主張した。存在者を有用性と価値へと還元するニヒリズムの傾向が、特に近代以降の教育学全体を規定している主要な傾向であることを明らかにした点に、バラウフの重要な功績があると考えられる〔Ballauff 1962: 13〕。

教育学研究に見られるこの人間中心主義の傾向を問い直すべく、バラウフが繰り返し参照したのが、ほかならぬハイデガーによる存在論の探究であった。バラウフといえば、ハイデガーの存在論を基礎とする教育学の構築を試みた、代表的な研究者の一人にほかならない。日本では笹田博通が、バラウフの教育思想を紹介している。笹田も指摘しているように、バラウフは、ハイデガーによる存在論の探究に依拠することで、「教育学の転回をもたらすひとつの視点」を提示したのだった〔笹田 1988: 45〕[*28]。

> これまでに辿り直してきた、マルティン・ハイデガーの哲学の思索の道程において経験される内的「転回」は、単に我々を我々の出発点へと連れ戻すだけでなく、まさに継承されてきたものが固有の由来に照らして再度詳しく検証されることを通して、近代教育学の新しい端緒を提供してくれるのだ。〔Ballauff 1966: 206〕

実際に、バラウフの教育理論にあっては、「世界内存在」という術語を借りて規定された「人間性」(die Menschlichkeit)という概念が、教育の理念として重要な位置を占めている。この「人間性」という概念は、バラウフにとって、「我々ではないものの代弁者・擁護者・仲介者であること」を意味している〔Ballauff 1962: 13〕。ハイデガーの存在論に依拠しながら、人間の生に関わるあらゆる現象を教育の「原材料」として捕捉してきた教育理論を問いに付し、主体としての人間の「自己形成」や「自己探求」に関わる陶冶の教説に転換をもたらすことが、バラウフの探究の核心を占める課題であった。

こうした課題を大人 - 子どもの教育関係に即して探究したものとして、日本の加藤清による論稿を挙げることができる。加藤の議論の特徴は、教育関係に対する問いかけが、近代の科学技術に対する問いかけへと、接続されている点にある。このとき主に参照されているのは、前章でも検討されたハイデガーの講演録『技術への問い』である。ハイデガーによれば、近代技術の本質としての「集め‐立て」は、存在者を「すぐに役に立つ」「備蓄品」として「用立てる」ような傾向を助長するものであった。この傾向のなかでは、人間を取り巻く諸事物だけではなく人間自身もまた、「役に立つ」備蓄品として用立てられ評価されることになる（前章参照）。このような時代診断を受けて、加藤は、こうした事情は教育においても変わることがないと指摘する。なお、加藤が「用在」と翻訳しているのは「Bestand」（備蓄品）である。

すべてを用在化する技術は、教育をも技術化し、技術の進歩に用立つ用在として組み込むのである。〔……〕かくして教育は、将来技術社会において、すぐれた用在（人材）として活動できるような人間の形成を、下請けすることになるのである。〔加藤 1983: 19〕

加藤によれば、このように「集め‐立て」の傾向に支配された教育においては、「詰めこんだ知識の量」によって「成績評価を行うのが普通」であり、この成績評価によって「子供たちの優劣を決めてしまう」ことになるという。加藤が問題視しているのは、このような教育において「計り知ることのできない」「まさに尊重に値する」「その子自身の固有の尊厳性」が「見失われてしまう」ことであった。これを加藤は子どもの「固有性」の喪失と呼んでいる。備蓄品として駆り立てられて「固有性」を喪失した子どもは、他者と

＊28　ただしここにいう「転回」はハイデガーの術語としての「転回」とは異なる。ハイデガー固有の「転回」概念については本書第五章を参照。

の「出会い」や「語り合い」の機会を奪い去られた、「断絶」の状態にあるのだと加藤はいう。「集め - 立て」という傾向に支配された教育は、教師 - 生徒の関係や生徒同士の関係を、「利害打算的」な「相互利用関係」に変えてしまう、というのである〔ibid.: 20ff.〕。このようにハイデガーの技術論に依拠しながら、近代教育学や現代の社会状況を批判・再考するという立論は、洋の東西を問わず今日に至るまで、繰り返し試みられている主要な研究動向の一つである。*29

例えば現代ドイツの教育学者ニーセラーもまた、ハイデガーの技術論とこれに基づく時代診断を援用しながら、教育学の伝統に孕まれている問題点を指摘している。教育学の伝統のなかでは、人間の「実行可能性」(die Machbarkeit) ＝事物や他者に対する自由裁量が絶対視されているという点に、ニーセラーの問題意識の要点がある。近代社会に浸透している「技術」の理念に規定された教育／教育学は、事物や他者に対する人間の自由裁量を疑うことがなく、このため人間の「意志」(das Wollen) や「自律性」(die Autonomie) の限界を見落としているというのだ〔Nießler 1995: 113ff.〕。「技術」という理念に規定された教育の問題点を、ニーセラーは次のように指摘している。

> 学習概念と人間存在を手段として利用すること〔Instrumentalisierung〕によって、陶冶を裁量可能・生産可能なものにしてしまおうと意志する観念が、教育学自体のなかで確立されてしまったところから、技術〔という理念〕の問題は深刻なものとなる。陶冶の限界に関する必要不可欠の思慮分別は、陶冶及び教育のプロセスを技術的に解釈する途上で跳び越されてしまった。〔ibid.: 121〕

続くニーセラーの考証によれば、宗教や哲学から「自立した」科学として確立された教育学は、その代償として、「教育の意味へと問うこと」が「もはやできなくなった」という。ここから「単なる技術」としての教育を主題とする教育学の探究が始まる。「教育の意味への原理的な問いを断念した」ことによって、「いまだ決して達成されていない教育技術の完成という可能性」が生じてきたのだというのである〔ibid.: 122〕。しかしこのように「技術」と「科学」の観点から把握された教育は、「意味空虚と目的喪失」という「危機」に直面することになる。第三章にも論及した吉村文男は、こうした教育の現状を、「畢竟何処へ」「結局何のためなのか」が見失われた、「住まうこと」の喪失状況として捉えていた〔吉村 2006: 136ff. 参照〕。こうして「教育技術」の対象として「技術」という理念のほうから見られることによって、人間自身もまた「近代の産業社会の貢献者」として「採掘」され、また「業績の備蓄」として「蓄積」されることになりかねない。こうした点に現代の教育の「危険」または「危機」があるとニーセラーは見ている〔Nießeler 1995: 138〕。

　イギリスの教育学者スタンディッシュも、こうした観点から教育理論を構想している研究者の一人である。近代技術の本質としての「集め‐立て」という傾向が、特に顕著に現れてくる領域として、職業教育や資格教育の分野がある。「継続教育」(further education)の現状を検証した論稿のなかで、スタンディッシュは次のように指摘している。

> (これらの術語の近代に限定された意味において)技術的・職業的な教育という理念そのものが、産業や近代の商業の機能に基づいており、これらの特徴を避けることはできない。継続教育というのはその始まりから備蓄品〔standing-reserve〕という観点のもとで考えだされたものなのだ。〔Standish 1997: 453〕

＊29　近年の日本では、例えば生越達〔生越 2006〕、大谷尚〔大谷 2006〕、加藤守通〔Kato 2006〕などが、ハイデガーの技術論に基づく議論を展開している。

「備蓄品」という言葉の用いられ方からも予想されうるように、この論稿においても、ハイデガーの技術論とそれに基づく時代診断とが、現代の継続教育の問題状況を解明するための基礎となっている。スタンディッシュによれば、継続教育における「管理情報システム」は、「全てが備蓄品（Bestand）に換算されうるような」仕方で、「スタッフの『類型化』やカリキュラムの形式化に結びつけられて」いるという。こうして「教えられる内容は情報として標準化されてしまっており、教え手は人的資源となってしまい、教えを受けるものはマーケティングに狙いを定められ・特定された顧客になるのだ」と。このように「経営管理主義」（managerialism）によって浸透されたシステムにあっては、その「利用しやすさや効率の良さは顧客に資するだろうが、スタッフや生徒はシステムの下部組織になってしまう」と、スタンディッシュは危惧している。厳密に分類・管理された教育‐学習システムの内部にあっては、教師・学習者の「自発性」や「想像力」や「未知なるものとの遭遇」は「抑圧されている」というのである〔ibid.〕。人間や事物を「人材」「教材」として規定・統制する教育の傾向が、「経営」「顧客」「マーケティング」などの経済活動に関する用語を用いながら、現代の職業教育・資格教育における深刻な問題として提示されている点に注目しよう。

スタンディッシュも示唆しているように、人間を含めた存在者全てを備蓄品として規定するこうした傾向は、何も継続教育だけに見られるものではない。資本主義の浸透と産業構造の変化に押されるようにして、いまや高等教育を含めた全ての段階の教育が、人間の主体性を拠り所とした有用性と価値の連関の拡大に向けて、駆り立てられている。この点に関して、特に当時の高等教育の状況に注目しながら、ハイデガーは次のように書いている。

諸学問の領域は互いに遠く離れてしまっている。それらの領域が対象を取り扱う仕方は根本から異なっている。

様々な学問領域の分散した多様性は、今日にあっては、ただ単に諸々の大学と学部をテクニカルに組織することによって取りまとめられているだけであり、各分野における実践的目標の定立によってその意義を維持されているに過ぎない。〔GA 9: 104〕

アメリカの哲学者トムソンの解釈によれば、ハイデガーによるこの指摘は、内部で領域ごとに分裂してしまった「名前ばかりの大学」(*uni*-versity-in-name-only)の現状を、精確に予言しているという。大学が「全体としての学問共同体の努力を正当なものにしていた共通の目標」を喪失してゆくに連れて、大学の研究者・教育者たちは、「研究活動に意味を与える」という目的のために「大学の外に目を向け始める」とトムソンは指摘している〔Thomson 2005: 151〕。

道具として役に立つ〔instrumentally useful〕成果を提供できる学問領域だけが(あるいは今日ではむしろその下位領域だけが)、こうした外部からの支援を安定して獲得することができるために、全ての学問領域がますます、それ自体を利用 - 価値〔use-value〕に換算して提示しようとしているのだ。これに対抗する理念がないままに、学生たちもまた、このように純粋に道具として役に立つ考え方を採用して、将来の高い給料のための手段としてしか教育を見なくなる。〔ibid.: 152〕

現代日本の高等教育が置かれている状況を眺め渡してみても、こうした指摘が非常に的を射たものであることに疑いの余地はない。現代では教育学を含む多くの学問研究が、ほとんど例外なく、固有の「利用価値」に換算されて評価されている。個々の学問研究が「役に立つか否か」という尺度に基づいて評価されることにより、有用性の低い研究や即効性に乏しい研究は、否応なく淘汰されてしまいかねないのが現状だろう。このことは、各々の研究対象を有用性と価値に還元して捉え返すようにという課題が、学問全体に厳しく要請されていることを意味している。教育を含めた人間の生も例外ではない。このような観点に基づくなら、学生にとっての教育が「将来の高い給料のための手段」でしかないのと同じように、教育にとっての学生はサービス業の顧客でしかなくなってしまうだろう。これまでの五名の論者と同じように、トムソンもまた、こうした有用性と価値の連関の背景に、ハイデガーの示したニヒリズムとしての形而上学の伝統を見て取っている〔ibid.: 153f.〕。

以上の検証作業によって本書は、ハイデガーの存在論を基礎とする教育理論に共通の課題意識を、浮かび上がらせることを試みてきた。これにより、特に近代以降の教育／教育学のなかに顕著に現れている、人間の主体性を拠り所とする有用性と価値の支配を問い質すことが、存在論に立脚した教育理論に共通の課題であることが明らかにされた。このような課題意識を支えているのは、ニヒリズムとしての形而上学の伝統や、「集め‐立て」としての近代技術の本質に関する、ハイデガー特有の洞察だった。本章の冒頭にも予告されたように、本書ではさしあたり、こうした課題意識を「有用性と価値の教育」に対する問いかけと呼んでおく。ハイデガーにいわせれば、この「有用性と価値の教育」の傾向というのは、プラトンの「洞窟の比喩」以来連綿と受け継がれてきた、教育／教育学の伝統なのだということになる。このような観点に基づくなら、近現代の教育思想というのは、西洋の形而上学に規定されたこのニヒリズムの思潮が、顕著に露呈してきた現場にほかならないともいえる。教育／教育学の伝統を規定している「有用性と価値の教育」という特徴を明らかにすると同時に、この伝統に内在している問題点を明確に浮かび上がらせた点に、存在論に立脚した従来の教育理論の功績があるだろう。

この「有用性と価値の教育」の特徴は、例えば、さまざまな現象を子どもの成長発達に役立つ「教材」として採用してきた教育／教育学の思考様式のなかに、顕著に露呈している。教育／教育学の伝統のなかでは、子どもを取り巻く事物や他者との人間関係などあらゆる現象が、子どもの成長発達に貢献する「教材」として実践・理論に組み込まれてきた。書物も遊具も教室も自然も、両親も教師も友人も動物も、愛情も信頼も不安も友情も、全ては成長発達の役に立つ契機として、価値を付与されて受け取られてきたのだ。人間の成長発達を尺度とする事物の「教材」化というこの傾向は、教育自体を優秀な「人材」を育成するサービス業にまで駆り立てる。このように有用性と価値に絡め取られた教育のなかでは、教師は情報の供給者として生徒は情報の消費者として、相互に「打算」に満ちた関係のなかに捕捉されることになる。ニヒリズムとしての形而上学に規定された「有用性と価値の教育」は、人間の生とそれを取り巻く世界の両方を、「或るもののため」という指針に基づく有意義性の連関に絡め取ってしまうのだ。[*30]

このように、この「有用性と価値の教育」に孕まれた問題点は、ボルノウの教育理論に内在している問題点として示された、「有意義性の連関による包摂」という問題と精確に一致している。件の「有意義性の連関による包摂」とは、人間の生に関わる種々の現象を「或るもののため」という指針に絡め取ることによって、有用性や価値には還元することのできない人間の生の多様性・重層性を、覆い隠し立て塞いでしまう傾向を示唆していた。危機、希望、被護性などこれまで教育学が軽視してきた種々の現象を、確固たる倫理学・道徳論を基礎とする価値判断に基づいて、人間の生と教育のために「役に立つ」契機として捉え直したボルノウの教育理論は、この「有用性と価値の教育」の伝統の忠実な継承者だったのである。このようにして、いまや「有意義性の連関による包摂」というこの問題は、独りボルノウの教育理論だけが抱えている問題で

＊30　教育／教育学の伝統に内在している、このような傾向を問い直した先駆的な研究として、日本においては矢野智司の論稿〔e.g. 矢野 2008〕がある。

はなく、ニヒリズムとしての形而上学に支配された教育／教育学の伝統を、全体として規定している深刻な問題であったことが露呈してくる。*31

こうした観点に立つなら、プラトンの「洞窟の比喩」を端緒とする教育思想の歴史というのは、人間を尺度とする事物の「教材」化という傾向の、終わりなき補強・拡張の歴史のようにも思われてくる。「ニヒリズムの克服」を唱えた和田の論稿から半世紀を経た現在にあっても、「有意義性の連関による包摂」というこの問題は、克服・改善されるどころかさらに複雑・広範なものとなっており、問題の所在を見極めることさえ困難になっている。というのも、上述のように現行の教育学研究そのものが、個々の研究内容とは無関係に、有用性と価値の連関に絡め取られているからである。このため「有用性と価値の教育」に内在している問題点を問い直すことはおろか、この問題点の所在へと目を向けることでさえ、非常に困難になっているのが現状だろう。このような状況のなかで、存在論に立脚した従来の教育理論は、ニヒリズムとしての形而上学に規定された教育／教育学の伝統に対抗して、どのような教育／教育学を構想したのだろうか。引き続き追いかけてみることにしよう。

第二節　「存在の真理」への教育

存在論に立脚した教育理論によって提示された、教育／教育学の構想を明らかにしようとするとき、さしあたり必要十分な見取り図を与えてくれるのは、ハイデガーによるプラトン解釈を主題としたトムソンの議論である。トムソンの解釈によれば、プラトンの「洞窟の比喩」に関するハイデガーの論稿こそ、「有用性と価値の教育」の伝統を克服することのできる、新しい教育／教育学の在り方を示唆するものなのだという〔Thomson 2005: 155ff.〕[*32]。

プラトンの「洞窟の比喩」に関するハイデガーの解釈は、パイデイア＝教育に関する議論と、アレーテイア＝真理に関する議論とを、接続しているところに特徴があった（前章参照）。プラトンの教育論としての「洞窟の比喩」のなかには、存在者の非隠蔽性としての真理と、認識の正しさとしての真理という、二つの真理概念が混在しているのだといわれた。「善のイデア」を核心に据えたプラトンの哲学思想は、前者の真理概念から後者の真理概念への移行の発端＝ニヒリズムとしての形而上学の歴史の発端として捉え返された。トムソンの言葉を借りるなら、「こうして真理は存在論ではなく認識論の主題に」なったのだ。以降デカルトを経てニーチェに至るまで、「存在者が我々に開示される仕方」ではなくて、「我々が存在者に関する知識を保証する仕方」が、真理の内実として取り扱われるようになる。「存在から人間の主体性への真理の場所の置き換え」は、「形而上学的ヒューマニズムのために道を拓いた」のだ〔ibid.: 160〕。

ところで、ハイデガーによれば、古代ギリシャのパイデイア＝教育概念は、「真理の本質とその本質の変遷の在り方」と深い関連を有しているのだった。トムソンはここにニヒリズムとしての形而上学を克服する可能性を見て取る。「洞窟の比喩」を典型とするプラトンの教説により、「非隠蔽性」としての真理は「正し

＊31　だからこそ加藤清は、ボルノウ教育学の「克服」と近代教育学の「克服」を、相互にパラレルな課題として把握することができた〔加藤 1983: 108〕。ただしここでは、近代教育学の「克服」という加藤の立論が、実存主義の「克服」というボルノウの立論と、全く同種の問題を孕んでいることが見逃されている。（この問題に関しては本章第三節を参照。）

＊32　なお、この他にハイデガーによるプラトン解釈を基礎とした教育理論としては、川村覚昭〔1994〕などの論稿がある。また、同じく「洞窟の比喩」を主題としながら、ＩＴ時代における「現実性」の意味を問い直した試みとして、加藤守通〔Kato 2006〕の論稿が示唆に富んでいる。

さ」としての真理に転換された。とはいえ、パイデイア＝教育が「真理の本質の変遷」に関わる営為なのだとすれば、このように「正しさ」に転換された真理の本質を、パイデイア＝教育によって再び「非隠蔽性」へと置き返すこともできるのではないか。「正しさ」としての真理から「非隠蔽性」としての真理への再転換に向けた教育というこの課題は、トムソンによれば、ハイデガー自身の探究課題だったのだという。

〔……〕なぜなら、ハイデガーが伝えようとした教育〔……〕そのものが、我々を存在論的教育〔the ontological education〕から呼び覚まそうとする試みなのだから。この存在論的教育というのは、我々が形而上学の伝統から「いつもすでに」受け取っているものである。〔ibid.: 162〕

トムソンのいう「存在論的教育」とは、「真理の本質の変遷」に関わる教育＝パイデイアを指している。この術語を用いるなら、人間の認識・行為へと還元された「正しさ」としての真理の本質は、ニヒリズムとしての形而上学による「存在論的教育」によって規定されているといえる。そして、この「正しさ」としての真理から「非隠蔽性」としての真理への再転換を進める試みもまた、やはり「存在論的教育」なのだということになる。トムソンにいわせればそれは「教育に‐対抗する‐教育」である。

別な言葉でいえば、ハイデガーは、既存の存在神論的教育に対抗して学生たちを教育しようとしたのだった。後に彼は、この教育に‐対抗する‐教育を、シンプルに「教えること」〔teaching〕と呼ぶようになる。〔ibid.〕*33

こうした観点に基づいて、トムソンは、プラトンの「洞窟の比喩」に関するハイデガーの論考を、「正しさ」としての真理から「非隠蔽性」としての真理への「教育」に関する議論として、読み解こうとした。洞窟からの解放を描いた物語の各段階を、ニヒリズムとしての形而上学からの解放のプロセスとして、解釈しようというわけだ〔ibid.〕。トムソンの提唱した「存在論的教育」とは「存在の真理への教育」であった。こうしたハイデガー解釈の妥当性はいまは問わない。トムソンの解説に従って「洞窟の比喩」の各段階を整理するなら、これを以下のようにまとめ直すことができる〔ibid.: 163ff.〕。

①壁に投影された影を実在だと信じている段階

この段階のことをトムソンは、ニヒリズムとしての形而上学に規定された段階として把握している。ここにおいては、「全ての存在者が、学生たち自身も含めて、単に最大限利用されるべき資源として現れてくる」といわれる。有用性と価値の連関に没頭していることの段階を克服させることが、トムソンのいう「存在論的教育」の当面の課題であった。

②影を投影している炎に気づく段階

これはトムソンによれば、近代技術による「集め‐立て」（人工の炎）が、「単なる資源として理解された存在者」（影）に光を当てていたのだ、という事実を認める段階であるという。これにより、ニヒリズムとしての形而上学による拘束が明確に認識され、「打ち壊される」ことになる。

③洞窟の外へと足を踏み出す段階

この段階は、「存在者が単なる資源以上のものであることを認めて、存在者の存在を別様に理解するべく自由になる」段階として把握されている。洞窟の外の「開かれた場所」は、存在の真理の「空け開

＊33　「存在神論」（ontotheology）とは、ハイデガーが形而上学に特有の傾向として規定した、「存在論‐神学」という二重性のことである（前章参照）。

き」として解釈される。「諸々の存在者が十全な・現象学的な豊饒さ・複雑さにおいて現れる」ときにこそ、「存在論上の自由は達成されるのだ」とトムソンはいう。

④他の囚人を解放するべく洞窟に戻る段階

以上の解釈に従うなら、この最後の段階は、存在の真理の空け開きに到達した人々が、他の人々をそこへ導こうとする段階だということになるだろう。「学ぶことは教えることにおいて最高の段階に到達する」というわけである。トムソンにいわせれば、何よりこれは、哲学者／大学教師としてのハイデガー自身の探究課題でもあった。

だとすれば、このように存在の真理の空け開きへと到達することによって、人間とそれを取り巻く事物との関係は、一体どのように変化するのだろうか。トムソンによれば、洞窟からの解放に喩えられた第三段階の目標は、学生たちが「存在者の存在に調和するのを助けること」にあるという。これによって、存在者の存在は「集め‐立て」という観点からは「十全には理解されえない」ということを、「見て取ることを教える」のだと〔ibid.: 164〕。このようにして「存在者の存在に調和した」状態のことを、トムソンは「住まうこと」(dwelling) と呼んでいる。

というのも、我々が住まうことを学ぶときには、〔……〕単に利用されるのを待つだけの本質からして無意味な資源として存在者を捉えるのではなく、存在者を概念的に正当に評価できるということよりも以上に、さらに豊かな意味を持つものとして存在者を理解・経験するようになり、こうして、ケア、謙虚さ、我慢強さ、感謝の念、畏怖などを持って存在者に関わることを学ぶからだ。〔ibid.〕

この箇所がトムソンの提唱した教育理論のクライマックスに当たる。存在の真理の空け開きへと到達した人々は、身の回りの存在者を「すぐに役に立つ」「備蓄品」として把握することを止める。それどころか、存在者は特定の概念によって規定することのできない、「さらに豊かな意味」を持ったものとして、「ケア、謙虚さ、我慢強さ、感謝の念、畏怖」といった感情に伴われて捉え返されることになるというのだ。こうした主張の曖昧さ・問題点に関しては次節に詳しく論じることにしよう。目下のところ重要なのは、この箇所の主張が、存在論に立脚した従来の教育理論に共通の教育理念・教育規範を示唆しているという事実を、確認しておくことである。

存在論に立脚した従来の教育理論は、ここまでトムソンの論考に即して見てきたように、ハイデガーのいう存在の真理の空け開きを、教育／教育学を導く指針として用いるところに、共通の特徴を持っている。この存在の真理という共通の指針を用いている以上、ここから論証される人間の生と教育の在り方に関する帰結が、かなりの程度まで似通ってくることは当然だといえる。特に上の引用に見られるような、有用性と価値の連関から自由な存在者との関係を、教育によって達成されるべき理想・目標として、あるいは教育が成立するための前提として掲げるところは、トムソン以外の五名の論者のあいだでも完全に一致している。この共通点を見定めるための指標となるのは、他者や事物に対する「応答」(response) または「責任」(responsibility) という理念である。以下ではこれらの理念に注目することで、トムソンの論稿を初めとする各論稿の帰結を、簡潔に辿り直しておくことにしよう。

トムソンの注釈によれば、「存在論的教育」における「学び」(learning) とは、「周囲の環境からの呼び求めに適切に応答すること」を意味しているという〔ibid.: 167〕。このトムソンの定義自体は、「学ぶこと」

〔Lernen〕に関する、ハイデガーの次のような規定を典拠としている。

学ぶことは、そのつど本質のようなものに即して我々に語り渡されるものに対して、行いの全て〔das Tun und Lassen〕を適ったものにすることをいう。〔GA 8: 17〕

存在と人間との相互関係に関する、前章の議論を思い起こそう。存在の真理に関わる人間の在り方は、存在からの「呼び求め」に聴き従うこととして告示された。この「呼び求め」と「聴き従い」の「転回」としての存在と人間の相互関係のなかで、ロゴス＝言葉によって、世界は世界として人間は人間として本質を贈られて覆いを取られる。したがって、存在の真理の空け開きにおける存在者との関係もまた、この存在と人間の「転回的関係」に対応した、「呼び求め」と「聴き従い」の関係として受け取られることになる。「本質のようなものに即して」語り渡されたものに「適う」とは、存在者の固定された本質についての「正しい」概念把握・意味理解などではなく、存在者が「存在者として」本質を贈られて立ち現れてくる、存在者の非隠蔽性としての真理へと耳を傾けることを意味している。以下の諸論稿に見られる「応答」や「責任」の理念も、単なる存在者同士の関係からではなく、こうした連関のほうから読み取られなければならない。

例えば、職業教育や資格教育の取るべき指針についてスタンディッシュは、技術の本質に関するハイデガーの議論を参照しながら、「一種の手仕事の復権」「施設の教育上の役割の再主張」「コミュニティの理念」「他者からの要求」という四つの指標を示している。一番目の指標は、「実践上のものが果たす役割」＝「職人の仕事が体現している原材料への応答能力〔answerability〕」の再生を目指すというものである。二番目の指標は、「主題に対する教師の応答能力」や、「特定の状況」に対する管理者の応答能力の必要性を訴えている。最後の三番目の指標は、「共同社会の中心点」としての「カレッジ」（college）の再編に向けた提案である。

指標は、「無条件に〜のかのために - 在ること」を求める、他者からの要求に注意を促している。この「〜のために - 在ること」(being-for)は、「共有」(sharing)や「互恵性」(reciprocity)などの理念から区別されているように、「或るもののため」(für etwas)という有意義性の指針とは無縁の、「倫理的存在者としての根本状態」を示唆している〔Standish 1997: 455ff.〕。いずれの指標にとっても、近代技術やそれに駆り立てられた「経営管理主義」に対抗する理念として、「原材料」「主題」「状況」「共同社会」「他者」などへの「応答」「応答能力」という理念が核心を占めている。

ハイデガーのいう「放下」を核心とするニーセラーの教育理論もまた、この「応答」や「責任」といった理念を重要視している。「技術」の理念が人間の生全体に浸透していることを危惧したニーセラーは、人間存在の「自律性」や「実行可能性」の限界を自覚するよう、再三に渡って忠告している。これらの諸理念に対抗するべく提示されるのは、現存在の「放下」という在り方を指針とする「最も近くの倫理」(eine Nächstenethik: 隣人の倫理)である。遠方へと拡大してゆく「最も遠くの倫理」と対比された「最も近くの倫理」は、「近隣における隣人に対する責任」を要求する。これは、「隣人に心を配る」ことや「小さな規模の社会ネットワーク」の形成を求めた、「キリスト教の倫理」をモデルとした倫理概念として説明されている〔Nießeler 1995: 52ff.〕。ここから、「放下した」(gelassen)教育者に求められる「倫理上の責任」は、「愛情」や「善意」や「正義」などの「基本美徳」に対する思慮分別を導くものとして把握されることになる〔ibid.: 135〕。この「放下」への道程は「在るに任せることのプラクシス」(die Praxis des Seinlassens)において始まるのだ、とニーセラーはいう〔ibid.: 200〕。他者や事物を「恣意に任せて」操作しようとする「意志」を放棄したうえで、他者や事物が「ありのままに」(wie es ist)「在るに任せる」(sein lassen)ことを推奨する点に、

「放下」という概念を指針とするニーセラーの理論の要点がある。

「集め‐立て」の理念に対抗する教育に関しては、加藤清も、ハイデガーの諸論稿を典拠としながら詳しく言及している。加藤によれば、「教育の本質」は「人間をその尊厳性において輝かしめること」にあるという。この主張の背景には、「人間は価値あるが故に尊いのではない。存在することが尊いのである」という認識がある〔加藤 1983: 112〕。ここから、「存在を受け応えること」を目標とする「存在教育論」が展開される。加藤が重視したのは、人間と事物の両方を「その固有の存在へと解き放つ」「実存への教育」である〔ibid.: 188〕。「実存への教育」は同時に「実存的な交わりへの教育」でもある。加藤によればこれは、教師との「真の交わり」のなかで、「その子自身の固有性」が呼び覚まされるような教育のことだという。双方の打算に満ちた「冷たい交わり」を越えて、子どもが「かけがえのない存在」として「気遣われ」「受け応えられ」、「計り知ることのできない尊厳性」において「輝き出る」のと同時に、教師も「かけがえのない教師」として「その尊厳性を現ずる」ような関係が、教育の理想とされている〔ibid.: 200〕。さらにこの関係は事物との関係に敷衍され、世界を「思いやる」ことを本質とする、「世界の内に住まうこととしての実存」への教育に接続されることになる〔ibid.: 207〕。子どもを初めとする存在者に対する、打算を抜きにした「受け応え」あるいは「応答」が、加藤にとっても重要な課題であったことが窺えるだろう。

このように存在者への「応答」「責任」を理念とする教育にとっては、人間の主体性を拠り所とした有用性や価値は疑わしいものとなる。存在論に立脚した従来の教育理論は、ニヒリズムとしての形而上学に規定された人間中心主義＝ヒューマニズムの理念を、厳しく問い直すことを要求する。この主体としての人間という理念からの脱却を、極限にまで突き詰めたのが、バラウフによって導入された「没我性」（die Selbstlosigkeit）という概念であった。この概念が意味しているのは、「知識」「経験」「職務」「課題領域」その他全ては「自己」に帰属している所有物ではなく、「私がこれら全てに帰属している」のであり、「どんな条件に従ってもこれら全てを自由に利用などしてはならない」ということだ、とバラウフは定義している〔Ballauff 1962: 30〕。この「没我性」概念を核心とするバラウフの理論は、これ以降の存在論に立脚した教育理論の趣旨を大幅に先取りしているため、少し詳しく見ておくことにしよう。「没我性」を理念とする教育学の特徴は次のように説明される。

こうした教育学は、豊かさ、安全、保証、自由裁量、計画、実現可能性を特徴とする自己自身だけを志向している社会のなかにあって、「現実にある」「存在している」と認められるべきもの全てに関する、裁量不可能性、保証不可能性、計画不可能性に、注意を向けさせないわけにはいかない〔……〕。〔……〕このような教育学は、受け継がれてきた陶冶の教説と、人間の自己権力志向による〔……〕歴史的な基礎付与を、打ち壊さなければならない。〔Ballauff 1966: 233f.〕

バラウフによれば、「陶冶の教説」は人間から「最善のもの」を奪い去ってしまうのだという。反対に、従来の教育／教育学を規定している陶冶の教説を乗り越え、この「最善のもの」を実現することが、バラウフの掲げた教育／教育学の最終目標だったのである。バラウフのいう「最善のもの」とは、「真理への没我的な責任」によって、「あらゆる事物・本質の代弁者・擁護者となること」を意味している。「存在の思索」(das Denken des Seins)へと「解き放たれる」ことにより、人間は「利己的意志」「強奪占拠」「自由裁量化」から「自由に」なる。没我性への教育における「自由」とは、「自己」「意志」「選択」「決断」としての自由から「身を引く」という「自由」であり、「全てをそのまま存在させておく」という課題に「ひたすら応じる」という「自由」である。この「存在の思索」はそれゆえ、何らかの「世界観」や「従来のモラル」や「規範を設定する慣習」などに依存することなく、「全てを見ること・解き放つこと」として規定される。こうして「見ること・解き放つこと」は、「全ての評価を包括・凌駕する全体」を「評価不可能性において知ること」に関連している〔ibid.: 234ff.〕。

ここにおいて人間は個人的な自己としての自分を獲得するのではなくて、ただ自己喪失の状態に留まることで人間になるのだ。〔……〕ただ事物や隣人そのものが存在するのに任せるときにだけ、私は人間になるのである。〔ibid.: 239〕

「主観・客観」という二分法からの脱却を唱えた和田もまた、バラウフより一足早く、存在の真理の空け開きへの「脱 - 存」を、戦後教育の核心を占める課題として提起している。和田の考証によれば、「我々の時代の教育者」とは、「存在の思考に生きる人間」「言葉の使用に心を砕く者」なのだという。思考が「真に存在に属している」とは、「そのことがら自体にあった発言がなされる」ということだと和田はいう。それは何か「非凡な生活をなす」ことではなく、「日常的な生活を日常的な生活として」「平凡に生きること」を意味している。ただし、和田のいう「平凡に生きること」は「無為に生きること」ではなく、「平凡さが平凡さとして贈られてくる存在の明るみを醒めて守って生きる」という、一種独特の生き方を指している〔和田 1959: 135f.〕。このような観点に立って、和田が立ち戻るのは、プラトンの「洞窟の比喩」である。これにより教育の本質は「人間全体を存在の開けの覚醒 Erweckung へと転回すること」にあると指摘され、「Bildung」としての教育に対する「Erweckung」としての教育の重要性が説かれることになる〔ibid.: 138〕[*34]。

とはいえ、この和田の論稿には、二年後に発表された続編がある。この続編のなかで和田は、ニヒリズムの歴史が「存在棄却」に由来する「存在の歴史」であることに注目して、ニヒリズムとは人間が勝手に「否定」したり「克服」したりすべきものではないと書いている。ニヒリズムは「存在の運命・贈与」として「積極的な意味と力をもつ」ものであり、「運命として受容」すべきものであるというのだ。とはいえそれは、存在の歴史に「無気力に隷従」することではなく、「在るべきものを在るべき姿においてその如く肯定してゆくこと」、あるいは「積極的にその価値を見出してゆくことである」と注記されている。和田にとってこの課題は、「参加する存在から存在するものへの再転回」、および「主体性としての人間の在り方の再肯定」を意味していた〔和田 1961: 47〕。こうした課題意識の背後には、存在の真理の空け開きこそ有用性や価値の起源にほかならない、というハイデガーの洞察がある。こうした洞察に基づいて、和田は、人間存在を二重の視点から捉え返すことを提起している。

このような事情から、私は主体性としての実存と、開存〔die Ek-sistenz〕としての実存を、いわば反転図形的に透視した人間理解が必要ではないかと思う。存在するものをそのものとして開示し、そこにおいて対象化が可能となる場所が自覚されているとき、総ては主体の条件として相対化されると共に、存在の運命として絶対性を与えられる。〔ibid.: 49〕

ここには、主体としての人間／「現・存在」としての人間という、人間存在の二重性に関する慧眼を見て取ることができるだろう。このような立論を端緒として、和田はさらにその翌年、「教育における魔的なる

＊34　ただし、この場合の「覚醒」は、ボルノウのいう覚醒とは区別されている。ボルノウのいう覚醒が、人間の主体性を基調とする「サルトル的実存」として規定されるのに対して、和田のいう覚醒は、存在の空け開きへの「脱・存」＝「ハイデッガー的実存」として規定されている〔和田 1961: 42f.〕。

もの」と題された続編を書き継いでいる。ここではドイツの神学者ティリッヒ（P. J. Tillich）の論稿を参照点としながら、「愛」「力」「正義」という三つの概念の「統一的把握」＝「それらを存在するもの総てに共通な構造として吟味すること」が試みられているが、この探究は遂に「未完」のまま閉じられている〔和田 1962〕*35。

以上の論考を通して本節は、存在論に立脚した従来の教育理論による、教育／教育学の構想を辿り直してきた。有用性と価値の連関に絡め取られた教育／教育学の伝統に対して、この連関には回収することのできない存在の真理の空け開きが、存在論を基礎とする教育／教育学に共通の指針となっている。この「存在の真理への教育」が掲げる理想・目標は、他者や事物に対する「応答」または「責任」を共通の核心として、「ケア」「謙虚さ」「我慢強さ」「感謝の念」「畏怖」「愛情」「善意」「正義」「放下」「固有性」「没我性」などの理念を用いて提示され、さらには「教育に‐対抗する‐教育」「一種の手仕事の復権」「在るに任せることのプラクシス」「実存への教育」「覚醒としての教育」などの指標によって方向性を示された。洋の東西を問わずに時代を越えて、同様の主題が反復されていることからも推察されるように、「有用性と価値の教育」の克服を共通の課題とするこれらの論稿は、現代の教育／教育学にとっても無視することの許されない、重要な論点を提示しているといえる。

だとすればしかし、人間の主体性を拠り所とする従来の教育／教育学に対抗して、存在の真理を指針として採用した教育／教育学を構築すれば、有用性と価値の桎梏から人間と教育を解き放つことができるのだろうか。すでに和田の論稿にも示唆されていたように、残念ながら課題はそのように単純ではない。存在論に立脚した従来の教育理論には、ニヒリズムとしての形而上学の克服という課題に固有の、避けることのできない問題点が孕まれている。

第三節　存在論に立脚した教育理論の問題点

存在論に立脚した従来の教育理論の問題点を明らかにするには、ボルノウによるハイデガー批判・バラウフ批判を参照することが有益だろう。ボルノウが「有用性と価値の教育」の正統な継承者であったことは、本章の第一節に指摘された通りである。なかには加藤清のように、実存哲学の諸概念を「効用化」「用在化」したボルノウの教育理論は、「主体性の形而上学」を拡大・推進するものだと、名前を挙げて厳しく批判している論者もいる〔加藤 1983: 97ff.〕。存在論に立脚した教育理論の探究にとって、「或るもののため」という指針に囚われたボルノウの教育理論が、主たる批判の対象となることは想像に難くない。しかし前節までに取り上げた諸論稿には、同時代に生きたバラウフを除いて、ハイデガーの存在論とそれに基づく教育理論を、ボルノウがどのように受け止めていたのか、という視点が欠けている。ここであえてその点に論及しておかなければならないのは、存在論に対するボルノウの批判を、ボルノウの意図を越えて徹底してゆくとき、存在論を基礎とする教育理論に孕まれた深刻な問題点が、図らずも露呈してくることになるからである。

岡本英明も指摘しているように、ボルノウはかなり早い時期から、存在者の存在を主題とするハイデガー

＊35　周知のように和田はその後ランゲフェルド（M. J. Langeveld）の教育思想に触れ、これを援用しながら独自の教育理論を展開することになる。このため以上の論稿に提示された教育／教育学の転換という課題は、ランゲフェルドの「現象学的教育学」を基礎として遂行されたと考えられる〔和田 1982 参照〕。とはいえまた、その後に至ってもなお、ハイデガーの存在論に言及しながら、「無心になってものの存在に聴き、ものの存在を守って生きることを学び直さなければならない」という課題提起が繰り返されていることは、本書の探究にとっては興味深い事実である〔和田 1995: 273ff.〕。

の哲学思想に対して、否定的な見解を示していた〔岡本 1972: 4ff. 参照〕。例えば、一九三三年に書かれた論稿「ハイデガーによるカントへの関わりについて」のなかで、ボルノウは次のように述べている。

本質が事実性に内在しているということは、本質に関する考察を事実性から切り離したり、これを前提したりすることが、もはや許されないということである。本質に関する考察はむしろ、遡ってみれば、事実性に依存しているのだ。したがっていまや、この両者のあいだに循環的な相互規定の関係が生じてくることになる。〔HVK: 230〕

この箇所においてボルノウは、ハイデガーが提示した「存在」と「存在者」の区別＝「存在論的差異」を、「本質」と「事実性」の区別に置き換えている。これを踏まえて岡本は、ハイデガーが「存在」の探究と「存在者」の探究とを分離させた点に、ボルノウがハイデガーと「袂を分かった」原因があるのだ、と説明している〔岡本 1972: 6〕。ハイデガーの存在論は、存在者に関する探究から絶縁された一面的なものであり、だからこそボルノウは、その思想に賛同することができなかったのだ、というのである。*36

こうした問題意識に基づいて、ボルノウは、バラウフの教育理論に対しても手厳しい批判を寄せている。一九六四年の論稿「体系的な教育学への新たな端緒」において、ボルノウは、バラウフの著書『体系的教育学』に一定の意義を認めながらも、辛辣な口調でそれを批判した。

完成された人間が再び自己に固有の意志を離れるべきであるということは、目標に向かう意志の意義や意志の教育の意義を廃棄するものではない。それゆえ、あのような最終的な目標設定から始めることができるより前に、重要な教育の課題が大量に生じてくるのだ。〔NASP: 568〕

これによっていっそう明白になったように、本書〔『体系的教育学』〕が抱えている本来の困難は、〔……〕原理的な問いかけに費やされた導入部と結論部の考察にある。これは我々が、自己を忘れた献身や俗世を越えた放下への教育として、特徴を示そうと試みてきたものである。〔ibid.: 569〕

さらにこれと同様の観点からボルノウは、ハイデガーの存在論に由来する「**出来事**」の概念を教育理論が偏重していることに対して、厳しい警鐘を鳴らしている。「思索が出来事になる」「真理が出来事になる」「話が出来事になる」「人間が出来事になる」といった用法は、ボルノウにとっては、承認することのできないものである。ボルノウにいわせれば、「思索するのは人間」であり、「話をするのは人間」であり、真理とは「人間によって発見される」あるいは「人間によって実現される」ものだからである〔ibid.: 574f.〕。ハイデガーによって示された「**出来事**」という概念の射程や、主体性の形而上学の問い直しという課題は、全くボルノウの眼中にない。ボルノウは人間存在を中心とする有意義性の世界に安住しており、それを疑うことがないのだから当然だろう。しかしそれでもなお、ボルノウの批判が的を射ている点があるとすれば、それはバラウフの理論が**出来事**を絶対視してしまっており、**出来事**のなかでは捕捉することのできない人間の生の局面を見落としてしまっているということを、曲がりなりにも指摘している点である〔ibid.: 575f.〕。

だとすればしかし、例えば和田修二の論稿に見られたように、主体としての人間／現‐存在としての人間という二重性を看取したうえで、両方の在り方を視野に入れた教育／教育学を構築すれば、ボルノウの批判

＊36 ただし、本書前章の議論からも明らかなように、ハイデガー自身の哲学思想に限っていえば、こうした批判は的を射たものであるとは言い難い。「存在」の探究と「存在者」の探究の相互補完という課題は、むしろハイデガーの存在論の中心を占める課題であった。『存在と時間』における「基礎存在論」もその後の「メタ存在論」も、存在と人間の「転回」に関する論考も、いずれも存在と存在者の不可分の関係に注目した探究であった（本書第五章参照）。

に答えたことになるのだろうか。実際に、バラウフの後継者ともいえるニーセラーもまた、いつも変わらず「放下して」いることが要求されているわけではないという点を認めたうえで、「自己権利付与」(die Selbstermächtigung)と「思索の没我性」(die Selbstlosigkeit des Denkens)の「均衡」(ein Ausgleich)や、「行為」(Tun)と「無為」(Nichtstun)の「均衡」を重要視している。

したがって、思索への道程は、初めて新しい出発点を打ち開き、一面的な解釈の危険とは対立するのだ。これにより、自己権利付与への衝動は、思索の没我性によって均衡を保たれることになる。〔Nießeler 1995: 179〕

基準を与える〔maßgebend〕のは諸々の理想ではなくて、〈行為と無為〉や〈落ち着かなさと落ち着き〉に関して、節度ある〔maßvoll〕均衡を獲得しようとする生の経験なのだ。〔ibid.: 270〕

このように「均衡」を重要視したニーセラーの立論は、バラウフの提唱した「没我性への教育」の一面性を補うものであり、確かにボルノウからの批判に答えるものだということができるだろう。「保護する空間」内外の「バランス」(das Gleichgewicht)を重要視したボルノウが、ニーセラーの「均衡」概念に賛同を示すだろうことは想像に難くない。

しかしながら本書としては、ボルノウによる上記の批判のなかにボルノウの意図した射程を越えて、存在論に立脚した教育理論に内在している深刻な問題点が、示唆されているのを見逃すわけにはいかない。バラウフの論稿が恣意を離れた「没我性」を「偏重」しているということは、ここで「没我性」に一定の価値が付与されていることを意味しているだろう。ニヒリズムとしての形而上学を克服するべく提示された「没我性」という概念は、バラウフにとって、教育によって達成されるべき「最終的な目標」として、確固たる価値を帯びた概念だったのだ。ここから、教育はこの「没我性」へと導くために「役に立つ」手段として捉え返されることになる。[*37]「有用性と価値の教育」による支配傾向を問い直すべく提起されたはずの「没我性」への教育が、結局は教育学の伝統を規定してきたのと同型の、有用性と価値の連関に絡め取られてしまっていることに注意しよう。有用性と価値の連関からの脱却を目指したはずのバラウフの教育理論は、相変わらず、「役に立つか否か」「良いか悪いか」という指標に規定された、「有用性と価値の教育」の圏域に囚われているのだ。

こうした観点に立てばすぐさま推察されうるように、これは独りバラウフの教育理論だけが抱えている問題ではない。本章が検証してきた存在論に基づく教育学の諸論稿は、「ケア」「謙虚さ」「我慢強さ」「感謝の念」「畏怖」「愛情」「善意」「正義」「放下」「固有性」「没我性」といった美徳を各々に掲げ、これらを教育によって達成されるべき理想・目標として定立していた。さらにこれらの理想・目標に到達するための手段・通路として、「教育に‐対抗する‐教育」「一種の手仕事の復権」「在るに任せることのプラクシス」「実存への教育」「覚醒としての教育」などの指標が提示されていた。「有用性と価値の教育」の克服を課題としていたはずの諸論稿が、結局は一定の価値を付与された美徳を教育の理念としており、有用性に規定された手段を教育の規範としていたことがわかる。たとえニーセラーのように、「自己権利付与」と「思索の没我性」との「均衡」を重要視している場合であっても、この事情は変わることがない。存在論を基礎とした従来の教育理論は一

---

*37　ただし、バラウフのいう「没我性」への教育は、「没我性」という在り方を直接に指導教授するものではなく、「思慮分別への解放や意志の放棄が出来事となりうるような場所や連関」への「手引き」(Heranführung) としての教育だった。「没我性」への教育が「意志からの自由」を目指した営為である以上、これを直接に「意志する」ことが許されないという難点を、バラウフは精確に見抜いていた〔Ballauff 1962: 130f. & Ballauff 1966: 238〕。

般に、有用性と価値に規定された形而上学の克服を課題としていながら、実際にはこの有用性と価値の連関に規定された教育学の伝統を、一歩も抜け去ってはいなかったのだ。

第一部の議論を振り返ってみれば明確になるように、存在論に立脚した教育理論が抱えているこの問題は、ボルノウの教育理論に内在していた問題点と、全く同型のものだということができる。実際に例えばニーセラーの論稿には、ボルノウの諸論稿に見留められたのと同じように、理論の核心に関わる箇所で議論の錯綜した点を見て取ることができる。

アリストテレスによれば、プラクシスにとっての決定的な基準は、活動の目的が行為自体のなかに存しているという点にある。〔ibid.: 60〕

「眺めるために眺めること」としてのテオリア（theoria: 観想）や、「練習のために練習する」子どもを例として、ニーセラーは、「生のプラクシス」が単なる目的 - 手段の相互連関には回収されないものであることに、繰り返し注意を喚起している。このように有用性の尺度を抜け去った「在るに任せることのプラクシス」が、「放下への道程」の始まりとして設定されていることは先にも確認された。あるいは、「放下というプラクシス」などの表現も用いられていることから、この両者はほとんど一致していると見ることもできるだろう〔cf. ibid.: 11 & 59〕。しかしながら、この「生のプラクシス」または「放下」を、教育／教育学の核心を占める理念として掲げるとき、ニーセラーは、これらが「役に立つ」という点を何度も主張している。

これ〔放下〕は、人間がこれを目指さなければならなかったり、これに挫折したり破綻したりしうるような、抽象的な理想などではない。むしろこれは生の役に立つ〔taugen〕。多種多様に加速された変動にあっても、生

が成功を収めることができるようにするのだ。〔ibid.: 200f.〕

このように、「生のプラクシス」または「放下」が「幸福な生へ導く」ということを、ニーセラーは躊躇うことなく明言しているのだ〔cf. ibid.: 215〕。これにより、単純な目的‐手段関係には回収できないはずのこれらの理念は、再び有用性の尺度のなかに絡め取られてしまうことになる。

また、「放下」という在り方は「美徳」であるのか否か、「美徳」は倫理・道徳に関わる価値を持つのか否か、という点に関しても、ニーセラーの議論は渾然と錯綜している。同書の冒頭近くにおいて、ニーセラーは、何より問題となるのは「特定の美徳や種々の義務ではなくて良き生である」と告げている。また、ハイデガーの用いた「放下」概念は、「宗教的な美徳」でもなければ「世俗的な美徳」でもないと説明されている〔ibid.: 12 & 25〕。ところが別の場所でニーセラーは、マイヤー（J. A. Mayer）に依拠しながら「放下」を「時間との正しい関係という基本美徳」であるといい、またハイデガーの議論に言及しながら「放下」は「人間の実現可能性への尽力を勘案した美徳」だと書き留めているのだ〔ibid.: 202 & 210〕。

「放下」が「美徳」であるとすれば、この美徳はニーセラーの称揚した「新しい倫理」＝「最も近くの倫理」に関わる美徳として、一定の価値を付与されていると推察される。実際にニーセラーは、「プラクシスとしての教育」に言及したおりに、ベーム（W. Böhm）の論稿を引用しながら、「価値の代理人」あるいは「生きられた生と論証的対話の事例」としての「教師と教育者」こそが、「このプラクシスの核心にあるのだ」と書いている。さらにはブレツィンカ（W. Brezinka）に依拠しながら、アリストテレスのいうところの「美徳」が、「持続する内面の良き状態」または「確固たる価値を有した根本態度」を意味していたことも確認されている〔ibid.: 130 & 204f.〕。ところがこのために、バルッチ（A. Baruzzi）からの引用に基づく、以下のような示唆に富んだ指摘もまた、前後の議論とのあいだに齟齬をきたしており、ニーセラーの論旨に対する疑問を生じさせかねないものとなっているのだ。

> 放下とは一種の良き状態・美徳・アレテーなのだ。ギリシャ語のアレテーというのは、美徳と翻訳されているが、まさにこの良き状態のことを指している。ここで「良い」というのは、評価的または道徳的なものとして、理解されてはならない。そうではなくて、「充分の・充分な・自足した（充足した）・滞留の・安らいだ・事象と自己自身のもとに存在する（*praxis*）」を示した語として、理解されなければならない。〔ibid.: 217〕

ニーセラーによる当初の立論に従うなら、「放下」や「生のプラクシス」は有用性と価値の連関を抜け去ったものであり、「役に立つ」や「価値がある」などの規定とは無縁の在り方だと推測される。実際にニーセラーも上記のように、「放下」や「生のプラクシス」を、有用性や価値には換算できない生の局面として提示していた。しかしまた、この「放下」や「生のプラクシス」が、幸福な生のために役に立つ「機能」を有しており、倫理学上の価値を付与された「美徳」として称揚されていることも事実なのだ。こうした議論の錯綜が生じてきた背景には、ニーセラーの理論が「有用性と価値の教育」の桎梏を離れ去ることができておらず、ボルノウ教育学と同じように、有用性と価値に規定された教育学の伝統のなかに留まっているという事情があると思われる。だからこそニーセラーの議論は、ヒューマニズムとしての形而上学を超克した教育／教育学の構想を目指していながら、「役に立つ」「価値がある」といった有用性概念・価値概念を捨て去ることができなかったのだ。なにより、有用性と価値の連関に規定されたボルノウの理論が、ニーセラーによって批判もなく援用されていることからも、本書のいう「有意義性の連関による包摂」という問題に対する、ニーセラーの認識不足を窺い知ることができるだろう。

ここではニーセラーの論稿を例に取って見てきたが、存在論に立脚した従来の教育理論には多かれ少なかれ、一般に、このように議論の錯綜した点が内在している。上述のようにこれは、ボルノウの教育理論に内在していたのと同型の問題であるが、一度は有用性と価値の連関に対する批判を出発点としているだけに、こちらのほうがいっそう複雑で見通しの利かない問題となっている。件の「有用性と価値の教育」からの離脱が、教育／教育学によって達成されるべき理想・目標として設定されるとき、この理想・目標を「実現」するための目的‐手段関係のなかで、一定の観点に基づく倫理学・道徳論を基盤として、有用性と価値の連関が再び息を吹き返してくることになる。ニヒリズムとしての形而上学からの脱却を主要課題としていながら、却って有用性と価値の連関による支配を補強・補完してしまうところに、存在論に立脚した教育理論に孕まれた問題の厄介な点があるといえるだろう。

「有意義性の連関による再包摂」とでも呼ぶべきこの問題は、ハイデガーによる「存在の問い」の「問い」（die Frage）としての性格が、無視または軽視されていることから避けがたく生じてくる。存在の真理という**出来事**は、世界が世界として人間が人間として、倫理が倫理として道徳が道徳として、本質を問い質され／与え返されて、改めて立ち現れてくる**出来事**だった。したがって、この存在の真理という**出来事**の最中にあっては、教育によって達成されるべき理想・目標もまた、理想・目標として改めて本質を問い質され／与え返されることになる。このように「全き疑わしさ」が浸透している存在の真理の空け開きに関わる論考のなかに、あらかじめ準備された教育理念・教育規範を持ち込むことは許されない。存在論に立脚した従来の教育理論は、この存在の真理を教育の理想・目標として祭り上げることで、「有用性と価値の教育」を乗り越えようとする意図とは裏腹に、却ってこの存在の真理という出来事を立て塞いでしまうという点で、深刻な挫折に直面することになるのだ。

第四節　「宙吊りの教育学」に向けて

すでに繰り返し言及してきたように、ハイデガーによる「存在の問い」は、教育の理想・目標を規定する倫理学的・道徳論的な価値判断とは無縁だった。『存在と時間』を始めとする著作のなかで、ハイデガーは、存在論を倫理学・道徳論に還元するような解釈を徹底的に拒否していた〔cf. GA 2: 57f. & 222〕。トムソンが「存在論的教育」のモデルとして採用したプラトンの「洞窟の比喩」も、ハイデガーにいわせれば、何か「倫理的なもの」や「道徳的なもの」を問題としているわけでは「ない」〔GA 34: 100〕。**出来事**としての存在の真理のダイナミズムに目を向けるかぎり、存在論の探究が倫理学的・道徳論的な価値判断を前提とすることはできない。ニヒリズムとしての形而上学の超克を、人間の生と教育の理想・目標に据えることは、存在の真理までをも有用性と価値の連関に絡め取ることを意味している。このような問題を考量するなら、素朴な倫理学・道徳論を拒否するハイデガーの忠告は、非常に的を射たものであったことがわかる。主体としての人間の在り方を超克した「現‐存在」という在り方は、存在の真理の空け開きに身を投げた人間の在り方として、「存在の問い」に携わる探究の指標とされることはあっても、共同体一般の理念・規範にまで敷衍しうるものではない。存在論に倫理学的・道徳論的な価値判断を持ち込むことは、「全き疑わしさ」を耐え抜く「存在の問い」の「問い」としての性格を等閑視して、人生の理想・目標を与える模範解答を、手前勝手に偽造してしまうことにほかならないのだ。

しかしながら、存在論の探究を人間存在の理想・目標に接続することから、ハイデガー自身が完全に自由だったのかというとそうではない。多くの研究者が指摘しているように、「本来性」や「非本来性」などの『存在と時間』以来の術語は、間違いなく後者を劣ったものとする考え方を助長するものだ。しかも現存在の日常性を記述するハイデガーの用語法は、「耽溺」「世間話」「好奇心」「曖昧さ」など、概して肯定的とは言い難いものが多かった。こうした言葉遣いから、ハイデガーの哲学思想は、無責任な世間への埋没から「本当の自分」への覚醒を目指す「決断主義」(der Dezisionismus) として、解釈されることも少なくないのである〔cf. Krockow 1958〕。「洞窟の比喩」の解釈にしても、理想の国家の在り方を論じた論稿に登場するこの比喩を、倫理学的・道徳論的な規定と分離して捉えることは「驚くべきこと」である。実際「洞窟の比喩」に関する講義が行われた時期を境にして、ハイデガーが、確固たる価値意識・規範意識に伴われた政治運動へと傾倒していったことは、周知の事実であろう〔cf. Safranski 1994: 266ff.〕。「本来性」の概念に関するハイデガーの議論は、共同体一般の規範を示したイデオロギーとして援用され、ナチズムへの加担という最悪の形で実現を構想されることになった。存在論から倫理学的・道徳論的な価値判断を退けようとしたハイデガー自身もまた、これを国家や民族全体に共通の到達目標にまで敷衍する誘惑には勝てなかったのだ。

ハイデガーの哲学思想が帯びていたこうした危険性については、周知のようにアドルノが、これを暴露したうえで厳しく批判している。アドルノにいわせれば、「本来性」というハイデガーの術語は、内容空虚な「隠語」(der Jargon) にほかならない。「本来性」という隠語は「全ての特殊な内実を取り除かれた」「言葉としてのイデオロギー」なのだ〔Adorno 1964: 132〕。内輪にしか通用しない隠語として祭り上げられた「本来性」概念が、大衆を熱狂させ煽動してゆく顛末を描くなかで、アドルノは次のように書いている。

ところがハイデガーは、彼によって本来性と名付けられたものが、言葉にされるや否や『存在と時間』が抵抗したのと同じような交換社会の匿名性に追従するということを、予測していなかった。〔ibid.: 18〕

しかし、この〔世間話を打ち倒すというハイデガーの〕言葉が向かう先にあるものが、彼〔ハイデガー〕が告発している当の状態と同一であるということが、ヒトラー〔A. Hitler〕の帝国において証明された。〔ibid.: 86〕

こうした指摘に顕著なように、アドルノによる批判は、ハイデガーの言説がハイデガーの思想を裏切ってゆく経緯を、精確に言い当てている。一九三〇年前後のハイデガーには、「存在の問い」を倫理学・道徳論から分離しようとする忠告も見られる一方で、まるで「本来性」が国家全体の理想・目標であるかのような振る舞いも目立ってくる。悪名高いフライブルク大学の「学長就任演説」（一九三三年）はその典型だろう。こうした振る舞いは、存在論の探究を倫理学的・道徳論的な価値判断へと絡め取ることを許してしまい、人間の主体性を拠り所とする有用性と価値の連関を補強してしまう。ハイデガーによるナチズム加担の背景には、しばしば批判される「倫理学の欠如」などではなく、むしろ対極の「倫理学の過剰」があったのだ。「存在の問い」の倫理学化・道徳論化を背景とする、有用性と価値の連関の拡大・昂進は、国民を国家の「備蓄品」へと駆り立てる全体主義の台頭と、見事に符合する。ハイデガーの意図に基づくことであったにしても、外部から強要されたことであったにしても、存在論の探究に倫理学的・道徳論的な価値判断が持ち込まれたことにより、「本来性」の概念は一種の大衆煽動の装置として機能することになったのだ。

しかしながら、前章に詳しく見たように、一九三〇年代後半以降、ハイデガーは「存在の意味」への探究を「存在の真理」への探究へと転換する。この探究はもはや、主体としての人間による主体としての人間のための営為ではなくて、**出来事**に関する／**出来事**からの／**出来事**による（vom Ereignis）探究だった。『哲学への寄与論稿』を始めとする著作・講義においては、主体としての人間のほうからは実現不可能な存在の真理という**出来事**に注目が集められ、存在の呼び求めとしての言葉そのものに聴き従う詩作者・思索者の使命が説かれる。「使命」(der Beruf) という表現は、詩作・思索が主体としての人間の恣意に任せた営為ではなく、存在棄却に由来する「窮迫」に差し迫られた「窮迫性」を帯びていることを指し示している。人間の主体性を拠り所として存在の真理の空け開きを実現することは不可能であり、この真理に関わる「現‐存在」という在り方を人間の理想・目標として掲げることも許されない。なぜなら、存在の真理の空け渡しとは、人間が人間として理想・目標が理想・目標として、本質を問いに付され改めて立ち現れてくるような、「全き疑わしさ」に伴われた**出来事**だからである。こうした探究の方向性の転換の背景に、人間とそれを取り巻く事物を「備蓄品」として用立てる近代技術の性格を色濃く反映したナチズムに対する、浅からぬ失望の念があったことは想像に難くない〔細川 1992: 465ff. 参照〕。

これに対して、存在論に立脚した従来の教育理論は、現存在の「本来性」を称揚するハイデガーの言説を、一九三〇年代後半以降の思想にまで敷衍することによって、存在の真理の空け開きの空け渡しを確固たる理想・目標として掲げる根拠を確保した。「謙虚さ」「我慢強さ」「畏怖」「没我性」などの教育理念は、「自己を超えた」(beyond the self)〔cf. Standish 1992〕ものに対する無条件の忠誠・献身・服従へと、簡単に横滑りする傾向を孕んでいる。これらの理念を通じて涵養される「自己犠牲」の精神は、国民を「総動員」する全体主義の体制にとっても、非常に「使い勝手の良い」ものであるに違いない。無論このように書いたからといって、存在論に立脚した従来の教育理論そのものが、悪しき全体主義だというわけではない。重要なのは、ハイデガーの存在論に基づいて提示された種々の教育理念・教育規範が、それだけでは「有用性と価値の教育」

に抵抗することのできる理念・規範とはならないのだ、という事実を率直に認めることである。ハイデガーのナチズム加担によって露呈した、存在論と倫理学的・道徳論的な価値判断とを接続することの問題性・危険性は、どれほど強調してもしすぎることはない。

教育／教育学の伝統を規定している「有用性と価値の教育」という特徴を明らかにし、これに内在している問題点を突き止めたことは、確かに、存在論に立脚した従来の教育理論の重要な功績であった。人間の主体性を拠り所とした有用性と価値の連関の問題点を問い直すという作業は、現代の教育学が全体を挙げて取り組むべき重要な課題だといえるだろう。とはいえ、アドルノの批判に耳を傾けるなら、教育／教育学は今後、軽率にハイデガー哲学の内容だけを取り沙汰して、それを確固たる教育理念・教育規範にまで祭り上げることを、厳しく自重しなければならない。ハイデガーのナチズム加担という重大な罪過を認めたうえで、存在論のイデオロギー化という傾向に絶えず抵抗しながら、「有用性と価値の教育」への疑問を繰り返し提起していくことが重要になる。これにより現代の教育／教育学は、ニヒリズムとしての形而上学の克服という課題に特有の拭い去ることのできない困難を、正面から引き受けていくことを余儀なくされる。端的にいうならそれは、人間の主体性を拠り所とする有用性と価値の連関に追従するわけにはいかないが、かといって、この有用性と価値の連関からの離脱を安易な理想・目標に掲げることも許されない、という身を裂かれるような困難である。ただ単に「有用性と価値の教育」の超克を唱えるだけでは、「有意義性の連関による（再）包摂」という問題圏から抜け出せないことは、本章が明らかにしてきた通りである。ここには、ニヒリズムとしての形而上学を克服しようとする課題意識そのものが、主体性、有用性、価値に絡め取られてしまうという、深刻なパラドックスを見て取ることができる。

次章以降の議論を先取りして書いておくなら、「存在の問い」に携わる探究を規定しているこのパラドキシカルな状況を、どのように引き受け・耐え抜くのかという問題こそ、ハイデガーが生涯をかけて取り組んだ探究課題であった。ニヒリズムとしての形而上学の伝統を批判したうえで、**出来事**としての存在の真理に関わる探究をこれに対置するかぎりにおいて、『哲学への寄与論稿』以降のハイデガーの論稿もまた、いつも倫理学・道徳論へと横滑りしてしまう傾向を孕んでいる。書き留めること／言い渡すこと自体が、書き留められ／言い渡された内容に価値を付与してしまうのだ。だからこそ、ハイデガーは、存在の真理という**出来事**が人間の恣意に任された現象ではないことや、「現‐存在」という在り方が倫理学的・道徳論的な価値判断とは疎遠なものであることを、幾度となく繰り返して強調しなければならなかった。「有用性と価値の教育」の伝統を問い直そうとする本書の探究にとっては、このようにニヒリズムとしての形而上学の伝統に追従するわけでもなく、かといって「存在の問い」を素朴な倫理学・道徳論へと還元するわけでもない、ハイデガーの振る舞いの両義性そのものが、重要な示唆を与えてくれるだろう。

第二部の冒頭にも言及したマイヤー＝ドラーヴェは、プラトンの洞窟の比喩を解釈しながら、「学びの始まり」について次のように書き留めている。

> 太陽の光に目を向けることはこの者を眩しがらせ、その目に痛みを与えるだろう。〔しかし〕再び洞窟のなかに向けられた眼差しは、〔網膜に〕残った光の明滅によって妨げられる。だからその者は、真理を見て取ることもできなければ、単なる思い込みという保護のうちへと引き返すこともできないのである。このような宙吊り〔die Schwebe〕の状態が、学びの始まりの特徴を示している。〔Meyer-Drawe 2005: 32〕

「有用性と価値の教育」を問い直そうとする探究は、まさにいま、マイヤー＝ドラーヴェのいう「宙吊り」の状態にある。現代の教育／教育学は、人間の主体性を拠り所とする有用性と価値の支配に素朴に迎合するわけにはいかないが、かといって、存在の真理の空け開きの空け渡しを教育の理想・目標として安易に掲げることもできない。「役に立つか否か」「或るもののため」という指針ばかりに追従する教育／教育学は、単純な有用性には還元することのできない世界と人間の生の多様性・重層性を押し殺してしまうだろう。素朴な倫理学・道徳論に依拠した価値判断に拘泥する教育／教育学は、一定の価値基準に絡め取られることを拒否する世界と人間の生の奥行きを立て塞いでしまう。しかしまた、このように有用性や価値に規定された有意義性の連関を抜きにしては、教育を含めた人間の日常生活が成り立たないのも事実である。目的‐手段関係から完全に自由な教育など考えることができない以上、主体性、有用性、価値などの理念を無視して、教育を問い直すことは無意味だろう。この「宙吊り」の状態をどのように引き受けていくのか、ここから人間の生と教育のどのような局面が打ち開かれるのかを模索することが、存在論に「鼓舞」された教育学の課題であるということができる。こうした洞察に導かれて、本書第一部から引き継がれた「有意義性の連関による（再）包摂」という問題に関わる探究は、「宙吊りの教育学」の探究へと接続されることになる。

第七章　「知の宙吊り」という方法

――「存在の問い」を規定する探究方法の変遷

本章の概要

本章の課題は、ハイデガー哲学を規定していた探究方法を、時代を追って明らかにすることにある。哲学者であると同時に大学教師でもあったハイデガーにとって、存在の意味や存在の真理に関わる探究の方法は、存在の意味や存在の真理に関わる教育の方法をも規定していた。このため、ハイデガーの存在論を規定している方法に関する論稿を紐解くことによって、有用性や価値の桎梏に囚われることのない教育／教育学両方の取るべき指針に関して、重要な示唆を得ることができると期待される。ハイデガー哲学を規定していた探究方法／教育方法に注目することで、世界と人間存在の奥行きを奥行きとして学び知り／教え伝えることのできる探究と教育の方法を明らかにし、宙吊りの教育学を構想するための端緒を築くことが本章の課題である。
こうした課題を受けて本章は次の三つの節に区分される。

第一節　「形ばかりの告示」と「知の宙吊り」
第二節　詩作者の知としての予感／黙示
第三節　予感／黙示と「知の宙吊り」

第一節においては、『存在と時間』出版前後の時期における、ハイデガー哲学の探究方法／教育方法を明らかにすることが試みられる。「実際の生」の探究が「存在の問い」へと移り行き展開してゆくこの時期に、ハイデガーは、自身の論稿に用いられた諸概念を、あくまで「形ばかりの告示」として受け取るようにと、読者や学生たちに注意を促している。ハイデガーによれば、「実際の生」や存在者の存在は、主体としての人間に対立する客体として立ち現れてくる事物ではなく、確固たる認識の対象として命題のなかに固定されることを拒否するのだった。このように、単なる知識や伝達の対象として固定されることを拒否する事柄に関する探究の方途として導入されたのが、「形ばかりの告示」であった。ハイデガーの注釈によれば、この「形ばかりの告示」は、「実際の生」や存在者の存在が単なる認識の対象として受け取られることを「禁止」すると共に、禁止することによってこれらを一種の「前触れ」のなかに告げ知らせるのだという。いわば「知の宙吊り」とでもいうべきこの「形ばかりの告示」の性格を明らかにすることにより、存在論の探究に固有の学び知ること／教え伝えることの特徴を示すことが、第一節の課題である。

第二節以降においては、一九三〇年代後半以降の、ハイデガー哲学の探究方法／教育方法を明らかにすることを試みる。「存在の意味」の探究が現存在の主観性に回収されてしまいかねないことを危惧したハイデガーは、『存在と時間』から十年を経て「存在の真理」の探究に着手したのだった。このとき、それまでの探究方法／教育方法の指標だった「形ばかりの告示」もまた、告示する主体の主体性を想定させるものとして放棄された。これに代わって注目されるようになるのが、詩作者の知識と伝達の在り方としての「予感」と「黙示」である。ヘルダーリンの詩歌を読み解くことによって、ハイデガーは、学び知ることを差し控えることによって学び知る予感と、教え伝えることを差し控えることによって教え伝える黙示という、詩作者による学び知ること／教え伝えることの特徴を示してみせる。真理の空け開きに身を委ねる「現‐存在」としての詩作者は、元来「隠れることを好む」存在が存在者のように認識の対象として型取られることを拒み去り、幽かな予感／果敢ない黙示によって、真理の空け開きに留まることを学び知り／教え伝える。この予感／黙示としての知識／伝達の在り方に注目することにより、存在の真理に関わる探究方法／教育方法を検討するための準備を整えることが、第二節の課題である。

これを受けて第三節においては、存在の真理の探究に携わる思索者の知識／伝達の在り方に関する、ハイデガーの論考が紐解かれる。これにより、詩歌の言葉の「聞き手」としての思索者もまた、詩作者と同じく予感／黙示としての知識／伝達の在り方を、「存在の問い」に関わる探究方法／教育方法として求められていることが判然としてくる。ただし、あくまで形而上学の伝統の内側に踏み留まる思索者にとって、真理の空け開きへと身を委ねた詩作者の在り方は実現不可能な「ありうべきもの」に留まる。思索者にとっての予感すること／黙示することは、詩作者のように真理の空け開きに留まることを学び知ること／教え伝えることではなく、有用性と価値に規定された世界に滞在しながら、主体のほうからは決して踏破することのできない世界と人間存在の「奥行き」を、学び知り／教え伝えることにほかならない。有用性や価値に絡め取ることのできない世界と人間存在の奥行きを学び知り／教え伝えることは、学び知ることを差し控える予感と、教え伝えることを差し控える黙示により、初めて許されることになる。思索者の知識／伝達としての予感／黙示の特徴を明らかにすることによって、存在の真理の探究を規定している探究方法／教育方法が、「形ばかりの告示」と同じように「知の宙吊り」という特徴を有していることを示すことが、第三節の課題である。

第一節　「形ばかりの告示」と「知の宙吊り」

ハイデガーによる存在論の探究は、どのような探究方法を取っていたのか、また、その探究方法は探究内容とどのような関連にあったのか。『存在と時間』においてハイデガーは、「実存」(die Existenz) という鍵概念を取り上げて、これについて次のように書き留めている。

> この称号は形ばかりの告示によって次のことを示している。現存在は理解しながら存在しうることとして存在している。このように存在することにおいて、現存在にとってはその存在が、現存在に固有の存在として、重要なのである。〔GA 2: 307〕

後半に書かれた内容は本書がこれまで検証してきたことである。本章の課題にとって重要なのは、「形ばかりの告示」(formale Anzeige) という見慣れない術語によって、「実存」概念の特徴が説明されていることである。実のところ、「形ばかりの告示によって」というこの目立たない注釈こそ、『存在と時間』の探究を規定している探究方法の指標にほかならない。[*38]

本節は、ハイデガー哲学のなかでも「実際の生」や「存在の意味」への探究を規定していた、この「形ばかりの告示」という探究方法を詳しく検証する。この論考は次の三つの項に区分される。

(1) 「実際の生」の探究と「形ばかりの告示」
(2) 「存在の意味」の探究と「形ばかりの告示」
(3) 「宙吊りの知」としての「形ばかりの告示」

(1) 「実際の生」の探究と「形ばかりの告示」

「形ばかりの告示」というこの名称の登場は早く、すでに一九二〇年前後に書かれた論評や一九一九／二〇年冬学期の講義録にも散見される。一九二〇／二一年冬学期の講義録は「形ばかりの告示」の説明に一章を充てており、また一九二一／二二年冬学期の講義録では至る所にその使用例を見ることができる。「形ばかりの告示」は「方法上の要素として現象学に帰属する」とハイデガーはいう〔GA 60: 63〕。フッサールから継承された「現象学」という理念が、ハイデガー独特の読み替えを経て『存在と時間』の方法原理にまで彫琢されたことは、周知の事実である〔GA 2: 36ff.〕。「形ばかりの告示」は存在論の探究方法として現象学に帰

＊38 「形ばかりの告示」に関する先行研究としては、他所でも参照した小野真の論稿が、生涯に渡るハイデガーの思索の変遷をも視野に収めた、大変詳細かつ丁寧な報告を残している〔小野 2002 参照〕。

属している。

それでは、件の「形ばかりの告示」とは、どのような特徴を持った探究方法なのだろうか。まずは『存在と時間』以前の論稿を紐解くことで、「実際の生」の探究に由来する「形ばかりの告示」の来歴を明らかにしよう。

「形ばかりの告示」とは「一種の抵抗」なのだとハイデガーはいう。「実際の生」に関する探究の難しいところは、これを単なる認識の対象に還元してしまったのでは、「生の事実性」を損なってしまうという点にある。「形ばかりの告示」はこの「客観的なもの」への滑落に抵抗する〔GA 60: 64〕。本書第五章の議論を振り返るなら、主観‐客観という二項対立の起源としての西洋形而上学の伝統に対する問題意識が、この「抵抗」に含意されていることがわかる〔小野 2002: 51f. 参照〕。認識される客体と認識する主体を分離させた形而上学は、「実際の生」を「実際の生」として探究することができなかった。こうした問題意識を背景として、「実際の生」に関わる探究に導入されたのが、一種の「抵抗」としての「形ばかりの告示」という探究方法だった。

哲学の「定義」は「告示的」（anzeigend）でなければならないと指摘しながら、ハイデガーは次のように続けている。

> それは私が内実に「向かわ」ないようにという、一種の予防‐「措置」のことをいうのだ。哲学的定義は「形式的に」〔formal〕告示的である。「道」であり「発端」〔der Ansatz〕にある。〔GA 61: 19f.〕

ここには「形ばかりの告示」の二つの特徴が示されている。「抵抗」としての「形ばかりの告示」は、「一種の予防措置」であると同時に「前触れ」（der Ansatz）であり、それゆえ「禁止的」であると同時に「示唆的」である〔ibid.: 141〕。

定義の「内実」を拒否することによって抑制されているのは、「実際の生」が一定の命題の内容として固定されてしまい、単なる認識の対象に還元されてしまうことである。近代に隆盛を極める「確実な客観性」という理念は、ハイデガーにいわせれば、「事実性からの不確実な逃避」にすぎない〔ibid.: 90〕。こうした客観性・確実性への偏向に対して、「形ばかりの告示」は、「存在意味に照らして検討されてもいない対象性の即自的規定性」に向けて「範疇の意味を盲目的・独断的に固定すること」を「禁止する」〔ibid.: 142〕。「形ばかりの告示」とは「形ばかりの」告示として、「実際の生」が対象として命題のなかに固定されることに抵抗する、「一種の禁止」なのだ。主観 - 客観という二項対立を構築してきた諸範疇による「定義」が、「形ばかりの告示」としてその内実を奪い去られてしまい、客観性や確実性といった特徴を剥奪されていることに注目しよう。

とはいえ「形ばかりの告示」は形ばかりの「告示」でもある。内実の空虚なものが同時に「遂行の方向を与える」とハイデガーはいう。「形ばかりの告示」によって「一つの全く特定の前触れの方向」が言い渡されている〔ibid.: 33〕。「本来の前触れとなる理解」は「存在の意味の十全な意味での把握ではない」。「形ばかりの告示」が要求するのは、「前触れ」としての「形ばかりの告示」の「前触れという性格」を受け取ることである。告示の「前触れという性格」は、それが「形ばかりの」ものであることに由来する。内実に満たされた命題は、言い渡された内容を、確固たる対象として固定してしまう。これに対して「形ばかりの告示」は、内実を持たない「形ばかりの」告示であるからこそ、その余白の向こうに一定の「方向」を指し示し「道」を予描してみせるのだ〔ibid.: 34〕。「形ばかりの告示」は、「実際の生」あるいは「生の事実性」を、一種の「前触れ」のなかに告げ知らせるのである。

「実際の生」を認識の対象として固定してしまうことを「禁止」しながら、これを一種の「前触れ」のなかに告げ知らせるという点に、「形ばかりの告示」の特徴がある。探究の主題となるはずの命題の内実と呼べるものがあるとすれば、それはそのつど「形ばかり」を言い渡された「前触れ」のなかに告げ知らされている。「実際の生」への探究が「存在の意味」の探究に転換された後も、この「形ばかりの告示」という探究方法はそのまま引き継がれることになる。なぜなら、「生の事実性」と同じように存在者の存在もまた、やはり、確固たる認識の対象として命題のなかに固定されることを拒否するからである。

(2)「存在の意味」の探究と「形ばかりの告示」

『存在と時間』の序論のなかで、ハイデガーは、存在論の方法原理としての現象学の特徴を、次のように説明している。

> それゆえ現象学とは次のことをいう。ἀποφαίνεσθαι τὰ φαινόμενα、何かそれ自体を示してくるものが、そちらのほうからそれ自体を示してくるよう、そちらのほうから見えるようにしておくこと。〔GA 2: 46〕

ここで「見えるようにしておく」といわれている当のものは、対象として見え隠れする存在者ではなく「存在者の存在」である。とはいえ、存在は存在者のように実体として立ち現れてくるわけではない。実体として認識の対象へと還元された途端、存在はもはや存在としてのダイナミズムを喪失してしまう。「それ自体を示してくる」とは「立ち現れることでは全くない」とハイデガーは忠告している〔ibid.: 47f.〕。存在は立ち現れてこないものとしてそれ自体を示してくる。したがって、存在論＝現象学が存在を「見えるようにしておく」（sehen lassen）という探究課題は、立ち現れてこないものとしての存在を、立ち現れてこないものとして示されたままにしておくことを要求する。晩年のハイデガーの言葉を借りるとすれば、存在論の探究というのは、対象としては立ち現れてくることの「ない」存在に関わる探究＝「現れないものの現象学」（eine Phänomenologie des Unscheinbaren）なのだ〔GA 15: 399〕。

「現れないものの現象学」というこのパラドキシカルな探究課題のために、『存在と時間』が採用したのが「形ばかりの告示」であった。「禁止的」でありながら「示唆的」でもある「形ばかりの告示」は、存在が確固たる対象として命題のなかに固定されてしまうことを拒み去りながら、立ち現れてこないものとしての存在を「前触れ」のなかに告げ知らせる。形而上学の伝統に規定された哲学の概念は、認識の対象として命題のなかに固定することのできない存在を把握することはできない。存在を概念把握しようとする作業は、存在と存在者を同一視してしまうために、却って存在のダイナミズムを破壊してしまう。存在論＝現象学の「方法上の要素」としての「形ばかりの告示」とは、いわばこの把握できないということを把握できないこととして言い渡すことである。これは何らかの命題のなかに存在を捕捉することができるわけではないから、形而上学の命題としては内実を欠いているといわざるをえない。しかし、この「把握できない」というまさにそのことが、「形ばかり」を言い渡された告示の余白の向こうに、「現れないもの」の「前触れ」を告げ知らせるのだ。[*39]

*39　筆者としては、こうした観点から『存在と時間』の「未完」問題を捉え直すことができると考えているが、この課題は

存在論の探究にみられる「形ばかりの告示」に関しては、一九二九／三〇年冬学期の講義録『形而上学の根本諸概念』が詳しく論じている。この講義録の後半には、形而上学の概念に関する「誤解」について論及した箇所がある。*40

> しかし、言葉に表されるとき哲学は誤解に曝されている。〔……〕通俗的な理解は、哲学的に言葉に表されたものとして出会われる全ての事物を、何か眼前に在るモノのように議論してしまい、とりわけそれが本質的なように思われる場合には、始めから日常的に従事している事物と同じ平面でそれを取り扱って、次のことを熟思することも理解することもできないためである。すなわち哲学が取り扱うものは総じて、人間の現存在の変容のなかで変容のほうからのみ明け渡される、ということである。〔GA 29/30: 422f.〕

ここでもやはり、言い渡された事柄が「眼前に在るモノ」のように、要するに対象として存在する存在者のように、取り扱われることが危惧されている。このような忠告を繰り返すことによって、ハイデガーは、巷に溢れる誤解から形而上学＝哲学を擁護しようとしているようにも見える。とはいえ、そもそもこうした誤解の背景には、主観‐客観の二項対立を推し進めてきた形而上学の伝統があるだろう。あらゆる事物を「眼前に在るモノ」として把握してしまう「通俗的な」誤解は、西洋の形而上学の伝統によって規定された誤解である。したがって、ハイデガーが次のように宣告するとき、そこには、形而上学の諸概念を用いながら形而上学の伝統に対して差異を仕掛けようとする、形而上学の問い直しに関わる独特な課題意識が反映されている。

> 哲学の諸概念は全て形ばかりを告示している。ただ哲学の諸概念がこのように受け取られたときにだけ、哲学の諸概念は真正な概念把握の可能性を与えるのだ。〔ibid.: 425〕

形而上学＝哲学の概念「全て」を「形ばかりの告示」として捉え返すという課題は、客観性・確実性を偏重してきた形而上学の伝統の内側から、形而上学の概念を用いてこの伝統を転覆しようとする挑戦を含んでいる。これまで受け継がれてきた形而上学の体系の外側に、何か新しい体系を打ち立てることで、権利争いを引き起こそうというのではないのだ。形而上学の諸概念を規定している伝統の桎梏を十全に自覚しながら、なおもこの伝統の内側に踏み留まり、あくまで形而上学の概念を用いながらこの伝統に差異を仕掛けていこうとするところに、ハイデガーの探究の特徴がある。

ハイデガーによれば、例えば『存在と時間』に由来する「本来性／非本来性」という区別も、単なる「眼前に在るモノの性質や付け足し」ではなく「告示」として受け取られるときにだけ、初めて理解されるのだという。この「告示」が告げ知らせているのは、何より「理解が存在者の通俗的な把握から身を離さなければならず、特に理解するなかで現‐存在へと変容しなければならない」ということである〔ibid.: 428〕。「死」「覚悟性」「歴史」「実存」などの諸概念には、全て「この変容への呼び求めが存しているのだ」とハイデガーはいう。ただし、このとき「形ばかりの告示」に託されている「しなければならない」(müssen) という要求は、何か倫理学的・道徳論的な価値判断に基づく命題のようなものとして、受け取られてはならない。「現‐存在」への変容に向けた呼び求めは、「概念把握されたものに後から付け足されたいわゆる倫理学的応用」などではなく、概念把握や倫理学・道徳論に「先行する」「概念把握しうるものの次元の開示」だといわれる〔ibid.: 428f.〕。概念把握しうる存在者を存在者として存在させている存在そのものへの探究は、「現‐

本書の射程を越えている。

＊40　本講義では「形而上学」と「哲学」は並列されている。

存在」へと変容することを通してしか完遂することができないということを、件の「形ばかりの告示」は一種の「前触れ」として告げ知らせるのだ。

とはいえ、この「形ばかりの告示」の告げ知らせによって、「現‐存在」への変容が引き起こされるわけではない。ハイデガーによれば、「形ばかりの告示」は「常にそうした変容への呼び求めに呼び求めさせておくだけ」なのであり、「それ自体が変容を引き起こすことができるわけでは決してない」のだという〔ibid.: 429〕。「形ばかりの告示」として捉え返された形而上学＝哲学の諸概念は、「それが関連している宛先を直接に指し示したり言い渡したりはしない」。「形ばかりの告示」は内実を欠いた「形ばかりの」告示であるから、告げ知らされている「内実」を正しく読み解くことで、「現‐存在」への変容が完了するというわけではないのだ〔ibid.: 430〕。さらにここで注目しておきたいのは、『存在と時間』刊行の二年後に記されたこの講義録のなかで、ハイデガーが、すでに「現‐存在」の実現不可能性に言及していることである。

このようにして哲学しながら、人間が人間の裡の現存在に立ち入ったり・立ち退いたりするということは、いつも単に準備を整えることができるだけであって、実現されることは決してできない。〔ibid.: 510〕

「現‐存在」への変容は、「単なる善き意志」や「人間の器用さ」の問題ではなく「運命」の問題であり、人間に「与えられるかまたは与えられないか」の問題なのだとハイデガーはいう〔ibid.〕。

しかしこのように偶然に満ちたものは全て、我々がそれを待ち続けており待つことができる場合にだけ、いつか起こるべきものとなり・実際に起こることになるのだ。とはいえこの待つことの力を獲得することができるの

は、ただ秘密を尊重する者だけである。〔ibid.〕

(3)「宙吊りの知」としての「形ばかりの告示」

「待つ」(warten) ということ、「秘密」(ein Geheimnis) を尊重すること、特に後者は今後本書の核心を占める中心概念となるだろう。形而上学＝哲学の概念は、いつも何らかの内実を伴って言い渡されてきたし、また何らかの内実に注目して聞き取られてきた。これを内実を欠いた「形ばかりの告示」として捉え返そうというハイデガーの課題提起は、客観性・確実性を重要視してきた形而上学の伝統を問いに付してしまう。「形ばかりの告示」として捉え返された形而上学の命題は、言い渡された事柄を認識の対象として把握してはならないという「禁止」と、「現‐存在」への変容を要求する「示唆」のあいだで、命題としての確固たる内実を「宙吊り」にされてしまう。「禁止／示唆」という観点から捉え直された命題は、「現‐存在」という実現不可能な「ありうべきもの」(das Mögliche) を「待つ」ことへの「呼び求め」となる。とはいえ、こうして告げ知らされた一種の「前触れ」そのものが、単なる認識の対象として命題のなかに固定されることを拒否する事柄であって、学び知ることも教え伝えることも躊躇わせる一種の「秘密」である。

哲学者であると同時に大学教師でもあるハイデガーにとって、存在論に特有の探究の方法としての「形ばかりの告示」は、この探究へと学生を導くための教育の方法でもあった。「形ばかりの告示」に関するハイデガーの長い注釈は、「現‐存在」としての人間存在の在り方を「どのように」教え伝える (lehren) ことができるのかを模索しながら、これを「どのように」学び知る (lernen) ことができるのかを告知しようとしている。有用性と価値に囚われた「主体」としての人間とは異なる、「現‐存在」としての人間存在の在り方は、確固たる理念・規範として命題のなかに固定された途端に、再び有用性と価値の桎梏に絡め取られてしまう。有用性の尺度や価値の思想を越えた世界と人間の在り方を学び知ること／教え伝えることは、これを単純な理想・目標として受け取ることに対する禁止を学び知ること／教え伝えることであり、この禁止の最中に「ありうべきもの」の「前触れ」を聞き取ること／告げ知らせることでなければならない。存在論の探究方法としての「形ばかりの告示」は、一定の命題のなかには固定することのできない事柄に関わる、いわば「知の宙吊り」とでもいうべき学び知ること／教え伝えることの在り方を提起している。

「有意義性の連関による（再）包摂」という問題に取り組む本書にとって、「知の宙吊り」としての「形ばかりの告示」という探究方法は、有用性や価値を逸脱する世界と人間の多様性・重層性を、素朴な倫理学・道徳論に絡め取ることなく探究するための、貴重な指針を与えてくれる。この「形ばかりの告示」に関する論考を経たことによって、本書は、有意義性の世界＝地上に住まいながらこれを越えた世界＝天空を「仰ぎ見る」という、二重性を帯びた人間存在の在り方に向けて、幾許か歩を進めることができた。存在論の探究方法としての「形ばかりの告示」には、単に有用性と価値の桎梏を甘受するのでもなく、といって、この桎梏からの脱却を素朴な理想・目標として掲げるのでもない、世界と人間の二重性を引き受ける人間の在り方が反映されている。

とはいえ、人間とそれを取り巻く世界の奥行きに関わる教育／教育学の方法として、この「形ばかりの告示」をそのまま採択するわけにはいかない。実のところハイデガーは、一九二九／三〇年冬学期の講義以降、この「形ばかりの告示」という探究方法の指標には、言及しなくなる。これには、「存在の意味」の探究から「存在の真理」の探究への転換が、大きく関与している。「存在の意味」の探究が人間の主観性に還元される危険性を察知したハイデガーは、一九三〇年代の後半以降「存在の真理」の探究へと舞台を移したのだった（本書第五章参照）。このとき、告げ知らせる主体の主体性を想定させる「形ばかりの告示」という指標も、同時に放棄されたと考えるのが自然だろう。形而上学＝哲学の概念を用いた「形ばかりの告示」にあっては、主観‐客観という二項対立に基づいた認識を「禁止」することも、この二項対立を抜け去った「現‐存在」という在り方を「示唆」することも、いずれもこれを言い渡している「主体」の営為に還元されてしまいかねない。「形ばかりの告示」は「存在の意味」の探究と同じように、いまだ主体性の形而上学による支配圏域を脱却していないのだ。これに代えて「存在の真理」への探究において注目されるのが、ヘルダーリンを始めとする詩作者による詩歌の言葉である。

第二節　詩作者の知としての予感／黙示

思索者としてのハイデガーにとっては詩作者としてのヘルダーリンこそが、人間の主体性やこれを拠り所とする有用性の尺度・価値の思想を離れ去って、存在の真理の空け開きを空け渡された人間のモデルだった（本書第五章参照）。形而上学の概念を用いる思索者と、詩歌の言葉を用いる詩作者は、ときに同一の文脈に乗せられることがあるとしても、ハイデガーの思想のなかでは厳密に区別されている。ここには、形而上学の伝統を引き受けてきた思索者として、詩作者にはなれなかったハイデガーの、自覚と矜持を見て取ることができる。形而上学の諸概念を用いた「形ばかりの告示」に代えて、「存在の真理」の探究方法のモデルとして採択されたのは、詩歌の言葉による「予感」（die Ahnung）と「黙示」（der Wink: 合図・ほのめかし）という、風変わりな知の在り方だった。

本節の課題は、この詩作者の知としての「予感」と「黙示」に関する論稿を精査することである。この論考は以下の三つの項に区分される。

(1) 詩作者の帰郷と存在の「近み」
(2) 詩作者の知識としての「予感」
(3) 詩作者の伝達としての「黙示」

(1) 詩作者の帰郷と存在の「近み」

真理の空け開きを空け渡された詩作者は、存在への「近み」に「住まう」のだといわれた〔GA 9: 337〕。「帰郷」(Heimkunft) と題されたヘルダーリンの悲歌を導きの糸として、ハイデガーは、この存在への「近み」に住まうとはどのようなことかを説き起こしている。この論稿を紐解くことによって本書は、存在の真理のなかで打ち開かれる「現‐存在」という人間の在り方を、二重に縁取られた世界の二重性を引き受ける在り方として、改めて浮かび上がらせることができるだろう。

悲歌「帰郷」には、スイスで家庭教師をしていたヘルダーリン自身の、故郷シュヴァーベンへの帰還が詠まれている。「帰郷」という標題からして人々は、まず素朴に故郷に辿り着くことの喜びや、家族や友人との再会を思い浮かべるかもしれない。実際、旅を終えて帰還する様子を描いたこの詩歌は、幾つもの箇所で、帰郷の喜びや故郷の美しさを詠んでいる。しかし詩歌の最終節に記された「心を配る」(sorgen: 関心を抱く)

という言葉に注目したハイデガーは、この節が「心配りなく故郷に辿り着いた者の喜ばしさに関して何も表現してはいない」ことに心を留める。帰郷とは単に慣れ親しんだ土地へと帰還することなのか、それとも何か「奇異なこと」を孕んでいるのだろうか。件の詩歌の第一節は、美しいアルプスの山並みを描きながら、それが「計り知れぬ作業場」を秘めていることを詠んでいる〔Hölderlin 1951: 96〕。ハイデガーによれば、それは何か「無気味なもの」(das Unheimliche) である。この「計り知れぬ作業場」の「谺《こだま》」が「辺り一面に響いている」。「故郷」(die Heimat) という「慣れ親しんだ」(heimisch) はずの場所への帰還は、しかし何か秘密めいた (heimilich) 無気味な (unheimlich) 詩情に伴われている。帰郷者にとっては、慣れ親しんだ岸辺への到着ですら、どこかしら「奇異なこと」のように感じられるものだというのである〔GA 4: 13〕。

この点においてすでに、故郷という場所の二重の性格、帰郷者が目の当たりにする世界の二重性が示唆されている。帰郷者にとって故郷は、慣れ親しんだはずの場所でありながら、どこか馴染みのない縁遠さを孕んだ場所でもある。「君の探しているもの、それはすぐ近くにあって、もう君に出会っている」とヘルダーリンは詠んだ〔Hölderlin 1951: 97〕。これに事寄せてハイデガーは、「到着したとはいっても、帰郷者はいまだ、故郷に辿り着いてはいないのだ」と指摘する。「到着者はいまだ探究者でもある」〔GA 4: 13f.〕。帰郷者はすでに故郷の岸辺にいるのだが、このとき故郷は故郷として、改めて立ち現れてくるのでなければならない。「喜ばしさ」に伴われた帰郷において帰郷者は、自己の生まれ育った所縁の場所が所縁の場所として、忘れ去られた習慣・規律が習慣・規律として、この場所に帰属している事物が事物として、改めて本質を贈られて立ち現れてくるのを目の当たりにする。帰郷の喜ばしさを「晴れやかさ」と言い換えたうえで、ハイデガーは次のように書いている。これはボルノウの空間論にも援用されていた箇所である。

晴れやかさ、朗らかさ、ただそれだけが、他のものにそれに相応しい場所を空け整えることができる。〔……〕晴れやかにすることは全てを空け渡す〔lichten〕ので、晴れやかさは事物に本質の在り処を提供する。各々の事物はその在り方に即して、この本質の在り処に帰属している。これによって、その本質の在り処のなかで、まるで静かな光のように、晴れやかさの輝きのなかに、各々の事物が固有の本質に自足する。〔GA 4: 16〕

この「空け渡す」（lichten）とは存在の真理の「空け開き」（die Lichtung）の「空け渡し」（das Lichten）のことだった。この一節からは、帰郷が存在の真理という**出来事**（das Ereignis）を背景とする一種の出来事（ein Ereignis）であることが読み取れる。帰郷というのは、故郷が故郷として本質を問いに付され／本質を与え返されて、改めて立ち現れてくる出来事なのだ。喜ばしさに伴われているはずの帰郷が、同時に一種の無気味さによって支配されているのは、これによって「全き疑わしさ」に伴われた存在の真理の空け開きが空け渡されるからである。この「全き疑わしさ」に伴われた存在の真理という**出来事**のなかで、有用性や価値に規定された本質を抜き去られた世界と、この本質を改めて与え返された世界という、世界＝故郷の二つの在り方が明け渡される。「祖国にいて憂慮している〔besorgt〕汝ら」とも詠まれているように、郷里の人々にとっての故郷は、「手配」や「世話」に明け暮れる、有意義性の連関に規定された世界である。これに対して存在の真理の空け開き＝「現‐存在」の「現」の空け開きとは、有意義性の連関全体が機能停止させられた「四方の関係領域」としての世界のことだった。出来事としての帰郷の最中にあって、故郷は、有用性と価値によって規定された慣れ親しみのある世界と、有用性と価値の桎梏を脱け去った慣れ親しみのない世界という、二重の性格を帯びたものとして立ち現れてくるのだ。

とはいえしかし、帰郷者を包み込んでいる「無気味なもの」としての「谺」は、アルプスの「計り知れぬ作業場」から響き渡ってくるのだった。さらに、ヘルダーリンの悲歌のなかでは、「喜ばしさ」は何より「雲」によって詩作されるものとして、あるいは「混沌」を打ち震えさせるものとして、または「神」によって喜ばれるものとして、総じて元来「アルプスの山並み」に属するものとして謳われている〔Hölderlin 1951: 96ff.〕。だとすれば、有用性や価値に囚われることのない存在の真理の空け開きは、まさにこの「アルプスの山並み」において空け渡されるはずではないのか。アルプスという「天高きものの城郭」こそ「全ての喜ばしさの起源」なのだとすれば、まさにこの「城郭」に真理の空け開きの空け渡しの由来が仮託されているのではないのか。こうした疑問を代弁するように、ハイデガーは次のように問うている。

〔……〕最高の喜ばしさを探し求める詩作者は、喜ばしき者たちが住まうあの場所を、滞在地としてはならないのだろうか〔……〕。〔GA 4: 20〕

なぜ探究者としての帰郷者は、「アルプスの山並み」にも「アルプスの麓」にも留まることなく、「天高きものの城郭」を後に、あえて故郷への道程を行くのだろうか。「帆走するにつれて、遠く広がる湖面には、喜ばしい白波が起こり」とヘルダーリンは詠んだ〔Hölderlin 1951: 97〕。これを受けてハイデガーは、「アルプスの麓」に滞在することが「断念」されて、故郷へと向かう船が湖を行くまさにそのとき、初めて喜ばしさが喜ばしさとして贈られるのだという。「天高きものの城郭」を離れることの「代償」としてのみ、初めて「喜ばしさが花開く」というのである。これは確かに「いっそう奇妙な」ことに違いない。しかし、この「いっそう奇妙な」ことが、帰郷という出来事に関するハイデガーの論考を導いている〔GA 4: 21〕。

したがって、そうすると、最高の喜ばしさへの近み、すなわち全ての喜ばしさの起源への近みは、あの「アルプスの麓」ではないということになる。だとすれば、起源への近みに関しては、何か秘密に満ちた事情があるのだ。アルプスの山並みから遠く離れた、シュヴァーベンの故郷こそ、まさに起源への近みを有する場所なのである。〔ibid.: 22〕

「天高きものの城郭」に帰属する「最高の喜ばしさ」は、「アルプスの麓」においてではなく、故郷に向かう道程にあって初めて、「全ての喜ばしさの起源」として送り届けられる。存在の「近み」＝存在の真理の空け開き＝「現」の空け開きに住まうことは、存在へと直接狙いを定めて接近することによって達成されるのではない。有用性や価値による規定から抜け去った世界は、有用性や価値によって規定された世界と相互に映しあうことにより、初めてその輪郭を縁取られる。この存在の真理の空け開きのなかで、実体としての存在者は覆いを取られ、「無」としての存在は覆い隠される。このとき初めて、実体として立ち現れてくることのない存在が、元来「隠れることを好む」空け開きの空け渡しの起源として、存在者とは区別されて告げ知らされるのだ。こうして詩作者は二重世界の二重性を二重性として引き受けながら、存在者の明け渡しの起源としての存在の「近み」に住まう。こうした洞察に基づいて、ハイデガーは、「近み」の特徴を次のように書き留めている。

普段我々は、近みということを、二つの場所の距離ができるだけ短いことだと、理解している。これに対して今、近みの本質は、近さ〔das Nahe〕を遠くに - 保つことによって近づける、という点に現れている。起源への近みとは一種の秘密なのだ。〔GA 4: 24〕

「近みは遠さを、また遠さとして、近くにもたらす」とハイデガーはいう。「近みは遠さを維持しているのだ」と〔GA 7: 179〕。逆説に満ちた洞察には違いない。しかし元来「隠れることを好む」という存在の特徴を勘案するなら、ここに「起源への近み」に仮託して説かれていることも判然としてくるだろう。詩作者は存在の「近み」に住まうといわれた。これは、存在の真理の空け開きが空け渡される現場へと身を委ねて「脱‐存」することであり、主体としての人間とは異なる「現‐存在」としての人間の在り方だった。存在の「近み」に住まう「現‐存在」としての詩作者は、存在の真理の空け開き＝「現」の空け開きのなかで、実体としては立ち現れてくることのない「存在」を立ち現れてこないものとして、立ち現れてこないまま「遠くに保つ」。存在というのは元来「隠れることを好む」ものであるから、ただこのように立ち現れてこないことのなかに、立ち現れてこないこととして、「遠くに保たれて」いるときにだけ、探究者としての詩作者はその「近み」に留まることができるのだ。

だとすればしかし、「近さ」と「遠さ」とのこの逆説に満ちた関係は、存在の真理の探究に関わる「知」の在り方に関して、どのような示唆を与えてくれるのだろうか。項を改めて詳しく検討していこう。

(2) 詩作者の知識としての「予感」

「起源への近みとは一種の秘密なのだ」と告知したうえで、ハイデガーは、探究者としての帰郷者の帰郷とは、この「秘密」を「知る」(wissen) あるいは「学び知る」(wissen zu lernen) ことなのだと推断する。とはいえ、「起源への近み」＝「存在への近み」という秘密を「学び知る」ことは、「秘密のヴェールを剥いだり分析したりすること」からは程遠い。存在への「近み」という秘密を知ることにおいて重要なのは、「秘密を秘密として守る」ことなのだとハイデガーはいう〔GA 4: 24〕。ここには、帰郷者としての詩作者に特有の、「学び知る」ことの在り方が示唆されている。

> 起源への近みは差し控えておく近みである。〔……〕とはいえ、この近みは最高の喜ばしさを棚上げにするわけではなくて、これをまさに取り置かれたものとして立ち現れるようにしておくのだ。〔……〕近みが近さを差し控えておくという点にこそ、最高の喜ばしさへの近みの秘密がある。〔ibid.〕

「最高の喜ばしさ」を「取り置かれた」ものとして＝「立ち現れない」ものとして「立ち現れるようにしておく」というハイデガーの言説は、論理学に規定された形而上学の伝統を挑発している。遠くに留まることによって近みに留まる、立ち現れないものが立ち現れる、などと主張することは、形而上学の伝統にとってみれば、「矛盾律に違反しているか」あるいは「空虚な語彙を弄んでいるか」または「何か不遜なことを目論んでいるのか」だろう〔ibid.: 24f.〕。存在の「近み」に留まることは「一種の秘密」として、形而上学に規定された「慣れ親しんだ理解」とは相容れることのない、両義性に満ちた「学び知ること」の在り方を要請する。「最高の喜ばしさ」は結局「立ち現れてくる」と受け取られてもならないし、かといって「立ち現れてこない」と結論されてもならない。「起源への近み」＝「存在への近み」という秘密を「学び知る」ことは、「立ち現れてこない」ものとして「立ち現れてくる」というこの両義性が、「慣れ親しんだ理解」によって一定の命題のなかに捕捉されてしまうことのないように、両義性のままに開き保っておくこと＝秘密を「秘密として守る」ことなのだ。

真理の空け開きとしての存在の「近み」に留まることは、二重世界の二重性を無視した「単なる」（einfach: 一重《ひとえ》の）「知識」（das Wissen: 知ること）の対象として把握されることや、一定の命題の内実として固定されることを拒み去るような「一種の秘密」である。とはいえそれは、単に前もって獲得された情報を隠し通すことでもなければ、解き明かせないものを解き明かせないものとして放置しておくことでもない。存在の「近み」という秘密を「学び知る」ことは、単なる知識の対象として「学び知る」ことに対する拒絶を拒絶として受け止めることであり、存在から遠くに留まることによってその近みに留まるという両義性を両義性として引き受けることなのだ。こうした両義性を孕んだ詩作者の知識を、ハイデガーは、ヘルダーリンの詩行に言葉を借りて「予感」(die Ahnung) または「予感すること」(das Ahnen) と呼んでいる。

> 詩作者たちの知識とは予感することなのだ。〔ibid.: 63〕

悲歌「帰郷」と同時期に書かれた詩歌のなかで、ヘルダーリンは、詩作者は「いつでも予感している」と詠んだ〔Hölderlin 1951: 118〕。この一節に言葉を寄せて、ハイデガーは次のように書き留めている。

> 予感は遠さのほうへ先んじて思索しているが、この遠さは遠ざかってゆくのではなく、むしろ遠さが到来しようとしているのだ。〔GA 4: 55〕

予感としての詩作者の知識のなかで、元来「隠れることを好む」存在の遠さが遠さとして開き保たれ、実体としては立ち現れてこない存在が、立ち現れてこないものとして告げ知らされる。単なる知識の対象として「学び知る」ことに対する拒絶を受け止める詩作者の予感は、客観性・確実性を重要視してきた形而上学の諸命題とは異なった知の在り方を示唆している。「差し控えておく」(sparen) こととしての存在への「近み」という秘密は、諸々の対象に関する単なる知識として学び知られた途端にその知識から抜け落ちてしまう。真理の空け開きの起源としての存在への「近み」は、確固たる証拠・証言に基づいて証明された命題としてではなく、ただ遠さを遠さとして到来させる幽かな予感として、遠さのままに学び知られるほかはない。帰郷者としての詩作者の知識としての予感とは、将来起こるかもしれない諸々の事象に関する単なる不確実な予想・予測などではなく、存在の「近み」を「秘密として守る」こととして、学び知ることを拒み去ることによって学び知ることであり、実体として立ち現れてくることのない存在の遠さを遠さとして耐え抜くことなのだ。

『哲学への寄与論稿』はこれを次のように書いている。

> 探し求めること――それはすでに、隠れ行くものと立ち退くものの開かれの裡において、真理の-裡で-持ち堪えること。〔GA 65: 80〕

「人間は**存在**を予感するのだ」とハイデガーはいう。探究者としての人間は「**存在**を予感する者」なのだと。さらにこれには、「なぜなら存在は人間を出来事にするのだから」という注釈が付されている〔ibid.: 245〕。存在の真理の空け開きのなかでは、他の存在者と同じように、人間もまた「主体」「自己」といった固定された本質を抜き去られるのだった。世界が世界「である」ということ・人間が人間「である」ということ自体が、真理の空け開きのなかで改めて深刻な「問い」として浮上してくる。このときまさに、単なる知識としては固定することのできない「問い」の宛先として、真理の空け開きの起源としての存在が予感される。有用性や価値に規定されることのない世界に直面させられた「驚嘆」や、「隠れ行く」存在への「問い」を「問い」として耐え抜く「慎ましさ」や、「最も遠きもの」の「近くに留まる」在り方としての「畏敬」が、この予感の基調をなしている〔ibid.: 14〕。

これまでの議論からも推察されることだが、ハイデガーによれば、詩作者の知識としてのこの予感は、形而上学の諸概念を用いた証明によってではなく、詩作しながら詩歌の言葉によって予感されるのだという。とはいえ、詩作者による詩作は、予感のなかで存在への「近み」を空け渡すという「目的」のための、この「目的」と分け隔てられた「手段」ではない。

詩作とはこの予感されたことの言葉であって、言葉として予感されたもの自体である。〔GA 39: 257〕

詩作とは存在の真理という**出来事**を詩作することであり、詩作しながら存在の真理の空け開きが空け渡されるのに任せることであった〔cf. GA 5: 59f.〕。存在者の非隠蔽性／存在の自己隠蔽としての存在の真理を詩作しながら、詩歌の言葉は、各々の存在者の本質を抜き去り／各々の存在者に本質を与え返し、これにより改めて存在者を存在者として立ち現れさせる。このような観点からハイデガーは、詩作としての芸術とは「真理を作品の‐裡に‐抱かせること」(das Ins-Werk-Setzen der Wahrheit) だと推断した〔GA 5: 65〕。遠さとしての存在の遠さを予感することとしての詩作とは、存在への「近み」の空け渡しという「目的」と分離された「手段」ではなく、存在の真理の空け開きの空け渡しという**出来事**と表裏一体の出来事なのである。秘密を「秘密として守る」こととしての予感することは、詩作しながら詩歌の言葉によって、二重世界の二重性のなかで存在の真理の空け開きを開き保つ。

ヘルダーリンの悲歌「帰郷」は、単に詩作者の帰郷に「ついて」(über) 書かれた詩歌ではなく「故郷への帰還そのもの」なのだ、というハイデガー一流の解釈は、このような観点から受け取られなければならない。詩作者は詩作しながら詩歌の言葉によって、有意義性の連関に規定された世界としての故郷との緊張関係のなかに、存在への「近み」＝存在の真理の空け開きとしての故郷を空け渡す。「故郷への帰還は何より詩作することに存している」というわけである〔GA 4: 25〕。とはいえもちろん、詩作しながら存在の真理の空け開きを空け渡すというこの営為は、決して詩作者としての人間の恣意に任された行為ではない。「真理を作品の‐裡に‐抱かせること」に含まれる「der Wahrheit」という属格には、「本質に関わる両義性が隠されている」とハイデガーはいう。「真理を作品の‐裡に‐抱かせること」としての詩作にとって、真理は目的語であるだけでなく同時に主語でもあるのだというのである〔GA 5: 65〕。存在の呼び求めに聴き従う詩作者の「被投性」に関する議論を思い起こそう。詩作とは主体としての人間の自由裁量によって行われる営為なのではなく、存在からの呼び求めによる「窮迫」によってその窮迫性を与え返された「被投的企図」なのだった。この問題に関しては後に詳しく論じることにしたい。

存在は存在者のように客体として存在するわけではないため、主体としての人間には、存在者の存在に価値を付与したり「ありのまま」を享受したりすることはできない。これは「現‐存在」としての詩作者にとっても変わらない。諸々の存在者の存在あるいは「ありのまま」は、立ち現れてくるかと思うと立ち退いてゆき、立ち退いてゆくことによって立ち現れてくるような、捉え所のない「躊躇いながらの拒絶」として「**出来事**になる」。本質に伴われて眼前に立ち現れてくる身近な存在者に対して、これを存在させている存在は最も遠いものである。存在の真理の空け開きのなかで、存在は「無」として立ち退き隠れ行くことにより、「無」ではないものとしての存在者の本質を承認するのだ。詩作しながら詩歌の言葉によって、確固たる証拠に基づいて証明された命題として学び知ることを拒み去ることによって、初めてこの存在の「遠さ」を遠さとして保持しながら存在への「近み」に留まることが許される。この存在への「近み」という秘密を「秘密として守る」詩作者は、単なる知識へと絡め取られることに対する拒絶を拒絶として耐え抜くことによって、形而上学の概念には汲み尽くすことのできない「問い」の宛先として存在者の存在を予感する。確固たる命題の内実として学び知るのでもなければ学び知らないのでもない、学び知ることを拒み去ることによって学び知るというこの両義性が、詩作者の知識としての予感に特徴を与えているのだ。

(3) 詩作者の伝達としての「黙示」

存在への「近み」に関わる知識としての予感の両義性は、この両義性を立て塞ぐことなく引き受けられる伝達の在り方を要求する。「愚かしげに私は語る」とヘルダーリンは詠んだ〔Hölderlin 1951: 98〕。形而上学の伝統によって規定されている故郷の人々の視点からすれば、遠くに留まることによって「近み」に留まることと＝予感することとしての詩作は、不条理に満ちた取るに足りない言葉の戯れとして映るかもしれない。ハイデガーによれば、この唐突に差し挟まれた「愚かしげに」という副詞は、こうした事情を詩作者が十全に自覚していることを示唆しているという。

このため、差し控えておく近みという秘密に関わる言葉をあえて口にした途端に、詩作者は自身の言葉を遮らなければならない。〔GA 4: 25〕

故郷の人々が詩歌の言葉を受け取るときの視点は、客観性や確実性を重要視してきた形而上学の伝統によって規定されているため、存在の真理の空け開きや存在への「近み」という秘密は、言葉にされた途端に、有用性や価値に規定された単なる知識へと還元されてしまいかねない。詩作者が詩作しながら言葉を慎まなくてはならないのはこのためである。こうした指摘からは、詩作者の知識／学び知ることとしての詩作が、同時に他者への伝達／教え伝えることでもあることを、窺い知ることができるだろう。単なる独白ではなく故郷の人々への告げ知らせが問題となっているのでなければ、故郷の人々の観点に立った「愚かしげに」という言葉が登場してくるはずもない。

したがって、最高の喜ばしさへの差し控えておく近みが保護されたままであるように〔damit〕、詩作の言葉は心を配らなければならない。喜ばしさのほうから聞こえてくる〔grüßen: あいさつする〕ものが、ただし差し控えているものとして〔als das Sichsparende〕聞こえてくるものが、喜ばしさのなかで無造作に扱われたり失われたりしないように。〔ibid.〕

悲歌「帰郷」に関する議論の始めに、ハイデガーは、帰郷者の「心配り」(Sorge: 関心)に注目していた。『存在と時間』以来心配り＝関心は、さしあたり「或るもののため」という指針に基づく有意義性の連関に規定された、日常世界を生きる現存在の在り方として、また最終的には現存在の「本来性」としての「先駆的覚悟性」を含めた、現存在の存在規定として議論されてきた(本書第二章参照)。詩作者の心配りが「ために」(damit)という接続詞を含んでいるからといって、これを故郷の人々の「手配」や「世話」と同一視してはならない。故郷の人々による手配や世話は、現存在としての人間を中心とする目的‐手段関係の連鎖としての、有意義性の連関によって規定されている。これに対して、詩作者による心配りは、人間中心主義としてのヒューマニズムにも、単なる目的‐手段関係にも還元することができない。これまでの議論と重複している部分もあるが、簡単に検証しておくことにしよう。

「我々は多くの場合に沈黙せねばならない、聖なる名前が欠けているのだ」とヘルダーリンは詠んだ〔Hölderlin 1951: 99〕。ハイデガーによれば、詩作者は確かに「晴れやかさに目を向けている」が、「高きもの自体を見てはいない」のだという。なぜなら、この「高きもの」を「言い渡し・言い渡しながら立ち現れるようにしておく」ための「名前を与える言葉が欠けている」ためである〔GA 4: 27〕。詩作者による詩歌の言葉は、元来「隠れることを好む」存在を、存在者のように概念把握することができるわけではない。概念把握されることによって「或るもの」として立ち現れてくる存在者に対して、概念把握を拒み去り立ち現れてこないままに留まるのが存在であった。詩作者が詩作しながら「沈黙しなければならない」のは、これによって何か人間の利益になることが生まれるからではなく、あるいはこれが何らかの価値を付与された美徳だからでもなく、そもそも「最も遠きもの」としての存在を存在として型取る言葉が欠落しているからなのだ。元来「隠れることを好む」存在のほうから、詩作しながら沈黙することが要請されている。詩作者は存在の真理の空け開きを開き保つ「ために」沈黙するのだが、この「ために」は人間を中心とした有意義性の連関を抜け去っている。詩作者の心配りとしての沈黙とは、人間の主体性を拠り所とする有用性や価値とは無縁の、存在と人間の「転回的関係」に由来する沈黙なのである。

詩作するものとしての詩作者は、詩作しながら沈黙しなければならないが、逆にいうなら沈黙しながら詩作しなければならない。存在者の非隠蔽性としての存在の真理を「作品の - 裡に - 抱かせる」ことを抜きにして、存在の真理の空け開き＝存在の「近み」を空け渡すことはできないからである。存在の遠さを遠さとして到来させる「存在の近み」は、ただ詩作しながら沈黙することによって、また沈黙しながら詩作することによって、空け渡され開き保たれる。とはいえ、詩作することがそうであったように、この沈黙は真理の空け開きの空け渡しという「目的」のための「手段」ではない。詩作者による心配りとしての沈黙もまた、詩作に帰属している沈黙として、または詩作を構成している沈黙として、存在の真理という**出来事**と表裏一体の出来事なのだ。

詩作者の使命は帰郷にある。この帰郷によって初めて、故郷は根源への近みの場所として整えられる。最高の喜ばしさへの差し控えておく近みという秘密を守ること、さらにはこれを守りながら繰り広げることが、帰郷に属している心配りなのだ。〔ibid.: 28〕

このように、人間中心主義や目的 - 手段関係とは無縁の詩作者の心配り＝関心は、有意義性に規定された故郷の人々の手配や世話からは、明確に区別されていなければならない。本書第四章の議論を振り返るなら、このように有意義性を越えた世界に関わる心配りが、「いたわり」(das Schonen) と呼ばれていたことに思い至る。存在の真理の空け開きを空け渡す詩作者の詩作は、詩作しながら沈黙すること／沈黙しながら詩作することとして、人間の主体性を拠り所とする有用性や価値による支配を抜け去った世界＝「四方の関係領域」に対する「いたわり」である。この区別を告示するかのように、悲歌「帰郷」の最後の一節は次のように締め括られている。

このように心を配ることを、否応なしに、魂のうちに／多くの場合歌い手は担わなければならないが、他の人々はそうではない。〔Hölderlin 1951: 99〕

悲歌「帰郷」には「近しき人々に宛てて」という献辞が付されている。詩歌の終わりに「他の人々」として呼び止められているのは、この「近しき人々」としての故郷の人々である。とはいえ、「帰郷」と題されたこの詩歌は、なぜ故郷の人々に「宛てられて」いるのか。この問いを共に問いながら、ハイデガーは、詩行を締め括る「ない」(nicht) という言葉へと、繰り返し注意を促している。

この「ない」は、祖国にいる他の人々に「宛てた」、聞き手になるようにという秘密に満ちた呼びかけなのだ。

これによって、他の人々が故郷の本質を学び知るように。〔GA 4: 29〕

故郷の人々は詩作者のように、有意義性を越えた世界を「いたわる」ことは「ない」。しかし、このように「ない」ということが言葉にされることにより、故郷の人々は、「詩作者が思うこと／または歌うこと」の「聞き手」になるようにと呼び止められる。故郷の人々は「差し控えておく近み」という「秘密」を「思慮することを最初に学ばなければならない」とハイデガーはいう。「思慮」(das Bedenken) は「思索」(das Denken) とも言い換えられている。存在への「近み」という秘密を思索する人々は、沈黙しながら詩作された「発見」を「無造作に扱ったりはしない」といわれる〔ibid.〕。詩歌の言葉の「聞き手」となった故郷の人々は、存在の真理を詩作する詩作者となるわけではないが、「詩作のなかに詠まれたことを思索する」思索者として、やはり真理の空け開きとしての存在への「近み」に「差し向けられている」。詩作者としての帰郷者と思索者としての故郷の人々は、存在への「近み」という「同じこと」へと、「一致して心を奪われている」〔ibid.〕。詩作者としての帰郷者からの呼びかけに聴き従うことによって、故郷の人々は、詩作者とは異なる仕方で二重世界の二重性を引き受ける思索者となるのだ。この思索者としての人間の在り方や、詩作者と思索者の関係については、次節で詳しく検討する。

詩作者の知識／学び知ることとしての詩作は、同時に他者への伝達／教え伝えることでもある。とはいえそれは、学び知ることを差し控えることによって学び知ることとしての予感に関わる伝達として、詩作しながら沈黙すること／沈黙しながら詩作することであり、教え伝えることを差し控えることによって教え伝えるという、両義性を孕んだ伝達である。予感と同じように両義性を孕んだこの伝達の在り方は、やはりヘルダーリンの詩行に言葉を借りて、詩作者の「黙示」と呼ばれている。存在への「近み」に関わる予感を予感として詩作することによって、詩作者は、存在への「近み」という秘密を思索することに向けた黙示を、他の人々へと送り届ける。詩作者による伝達としてのこの黙示の特徴もまた、詩作者の知識としての予感と同じく、「近さ」と「遠さ」の逆説に満ちた関係に託して告示されている。

日常においてすでに黙示とは標示とは異なるものであり、黙示することは何かを指し示すことや、単に何かに注意を引きつけることとは異なる。〔……〕そうではなくて、黙示することというのは例えば、別離に際しては広がり行く距離のもとでなお近みに身を堅持することであり、反対に到来に際しては喜ばしい近みのなかでなお支配している距離を開示することである。〔GA 39: 32〕

詩作者の知識としての予感も、詩作者の伝達としての黙示も、いずれも詩作しながら詩歌の言葉によって予感／黙示される。ただしそれは、学び知られ／教え伝えられるべき確固たる内実が先に存在していて、これが詩歌の言葉を用いて描写されるというのではない。詩作者による詩作すること自体が、存在の遠さを遠さとして到来させることとして、存在への「近み」という秘密を秘密として学び知ることであり、この秘密を沈黙しながら教え伝えることなのだ。学び知ることを差し控えることによって学び知ること、教え伝えることを差し控えることによって教え伝えること、という逆説を孕んだ両義性が、詩作者の知識／伝達としての予感／黙示の特徴なのである。

第三節　予感／黙示と「知の宙吊り」

以上の議論から、詩歌の言葉によって開かれる予感／黙示と、形而上学の諸概念を用いて告げ知らされる「形ばかりの告示」との類縁性は明らかだろう。いずれも、存在論の「問い」の宛先としての存在に関わる学び知ること／教え伝えることが、学び知ること／教え伝えることに対する禁止または抑制を含んでいるという点を特徴としている。『存在と時間』を始めとする「存在の意味」の探究のなかで、「形ばかりの告示」に託された「知の宙吊り」という方法は、『哲学への寄与論稿』を始めとする「存在の真理」の探究のなかでは、詩作者の予感／黙示へと託されているのだ。このように両義性を孕んだ知の在り方が提示される背景に、客観性・確実性を重要視する形而上学の伝統に対する問題意識があったことは、これまでにも繰り返し指摘された通りである。

とはいえ、「形ばかりの告示」という指標が放棄された背景には、この指標が主体の主体性を想定させてしまいかねないという問題があった。詩作者の予感／黙示が存在への「近み」に関わる知の在り方として改めて提示されるとき、この問題はどのように問い直されているのだろうか。また、予感／黙示という学び知ること／教え伝えることの在り方は、これまでのところあくまで詩作者の知識／伝達の在り方として検証されてきた。しかしながら、詩作者あるいは「現‐存在」という人間の在り方は、主体性という理念に囚われた人間の試行錯誤によっては、実現することが見込めないのだった。だとすれば、哲学者／大学教師としてのハイデガーは、「詩作者による」予感／黙示を、そのまま存在論の探究方法／教育方法として採用するわけにはいかなかっただろう。有用性と価値の桎梏に囚われた形而上学の伝統を問い直そうとする、存在論の探究は、この有用性と価値の桎梏が克服された状態を出発点とするわけにはいかない。単に形而上学の伝統の外側に別の体系を打ち立てることではなく、形而上学の伝統の内側に踏み止まりながら形而上学の諸概念を用いて、この伝統に差異を仕掛けていくことが、思索者たるハイデガーの探究課題だった。したがって、詩作者の知識／伝達としての予感／黙示が、どのようにして思索者の探究方法／教育方法として彫琢されたのかを、詳しく検証しなければならない。

ところが相等しきものは相異なるものとしてだけ相等しいのであり、それでも詩作することと思索することは言葉の心配りの深さ〔die Sorgsamkeit〕という点で最も純粋に相等しいのだから、両者は同時にその本質において最も遠く分け隔てられている。〔GA 9: 312〕

こうした課題意識に導かれて、本節は詩作者の予感／黙示の起源や、詩作者と思索者の関係を精査することで、「存在の真理」に関わる探究方法／教育方法に関する示唆を得ることを試みる。この論考は次の三つの項に区分される。

(1)「存在の黙示」と詩作者の使命
(2) 思索者の知としての予感／黙示
(3)「宙吊りの知」としての予感／黙示

(1)「存在の黙示」と詩作者の使命

存在への「近み」に関わる詩作者の予感／黙示が何に由来しているのかは、これまでの議論から推し量ることができるだろう。「存在の真理」の探究の道程を記した『哲学への寄与論稿』には、「**存在**の黙示」や「出来事としての黙示」といった表現を見て取ることができる。詩作者の予感／黙示としての詩作は、「最も問うに値するもの」としての存在からの黙示に由来するものであり、この「最も問うに値するもの」としての存在へと「差し向けられて」いる。「**存在**の空け渡しながらの隠蔽」としての真理を論じるなかで、ハイデガーは次のように書き留めている。

> 黙示とは躊躇いながらの拒絶であり、このなかで、現-**存在**すなわち空け渡しながらの隠蔽を耐え抜くことが、黙示を贈られるのだから。そしてこれが呼びかけと聴き従いのあいだの転回の振動であり、出来-事であり**存在**そのものなのだから。〔GA 65: 380〕

存在の真理という**出来事**のなかで出来事として、**出来事**としての存在のほうから、件の「躊躇いながらの拒絶」としての黙示が贈られる。元来「隠れることを好む」存在が、真理を空け渡しながら隠れ行くこととして、この「躊躇いながらの拒絶」は存在そのものである。実体として立ち現れてくることのない存在は、唯一「躊躇いながらの拒絶」＝黙示として**出来事**になる。存在は実体として立ち現れてこないという「存在棄却」の事実が、立ち現れてこないものとしての存在に由来する黙示として、**出来事**としての存在へと差し向けられた黙示を送り届ける。

「存在の問い」は「存在棄却」という「窮迫」に由来している、といわれたことを思い起こそう（本書第五章参照）。日常生活において人々は、身の回りの存在者が「存在する」という事実を、ことさら気に留めることがない。ニヒリズムとしての形而上学の伝統は、存在者を有用性と価値に換算することによって、存在者が存在するという事実を忘却している。とはいえ、この存在忘却としてのニヒリズムは、人間の怠慢によって引き起こされたのではなく、元来「隠れることを好む」存在のほうからの棄却を起源としているのだった。このため、形而上学の伝統に規定された「通俗的な」理解は、存在者の存在に思いを馳せないというだけでなく、存在が忘却されていることさえも忘却しているという、「二重の忘却」の状態にあるといわれた。このように存在者が存在するという事実が忘却されているということ、それどころか忘却されているという事実さえ忘却されているということが詩作者を「驚嘆」させる。あるいはこの存在棄却に由来する存在忘却に「驚嘆」させられた者が、「存在の問い」の探究者としての詩作者となるのだ、というほうが事柄に即しているだろうか。存在者が「存在する」という事実はいつも忘れ去られており、慣れ親しまれた存在者の「ありのまま」は閑却されている。存在棄却に由来するこの存在忘却という事態こそ、詩作者を詩作することへと駆り立てる「存在の黙示」であり、「現‐存在」への変容を「差し迫る」（nötigen）窮迫なのだ。

存在棄却の差し迫りとしての「存在の黙示」はまた、存在からの「呼び求め」または「呼び声」（der Ruf）ともいわれていた。この**出来事**としての存在の黙示に呼び止められた詩作者は、「存在の問い」を問いながら、この黙示を「他の人々」へと送り届けることを「使命」（der Beruf）とする。「存在の黙示」を受け取ることは、詩作しながら予感することであり、これを他の人々へと送り届けることは、詩作しながら黙示することである。

詩作者の言い渡しとはこの黙示を受け取ることであり、さらにそれを同胞〔sein Volk〕へと黙示することである。このように、黙示を受け取ることは受領することであるが、それは同時に、新たに贈与することでもあるのだ。〔GA 4: 46〕

詩作者の知識／伝達としての予感／黙示とは、存在棄却という窮迫としての「存在の黙示」を詩作しながら予感すると共に、これを「他の人々」へと送り届けるべく詩作しながら黙示することである。詩作することとは、「存在の黙示」を詩作者の予感として受け取り、詩作者の予感を「他の人々」への黙示として送り届けることなのだ。実体として立ち現れてくることのない存在からの黙示は、学び知ることを差し控える予感によって学び知られるほかはなく、教え伝えることを差し控える黙示によって告げ知らされるほかはない。このように、存在棄却に由来する「存在の黙示」を予感として学び知り／黙示として教え伝えることが、探究者としての詩作者の「使命」なのだ。詩作者の知識／伝達としての予感／黙示は、「呼び求め」と「聴き従い」の「相互振動」としての存在と人間との関係＝「転回」に帰属している。

したがって、詩作者の知識／伝達としての予感／黙示は、主体としての人間の主体性を拠り所とする知識／伝達ではない。存在者は実体として立ち現れてくるのに、存在は立ち現れてくることがなく、存在者の「ありのまま」は閑却されているという事実が、「存在の黙示」として「存在の問い」を駆り立てる。詩作者の予感／黙示は、「役に立つか否か」を指針とする有用性や、倫理学的・道徳論的な価値判断に依拠しているのではなく、この「存在の黙示」によって「窮迫性」を与え返されているのだ。詩作としての予感／黙示は、主体としての人間の恣意に任せた行為ではなく、「せざるをえない」(müssen)という窮迫に差し迫られた「被投的企図」である。

だからこそ詩作者は、かれが言葉と共になしてきた経験を、殊更すなわち詩的に、言葉にもたらさざるをえない〔müssen〕という境地にまで到達することがある。〔GA 12: 152〕

「言葉が言葉を話す」あるいは「言葉が言葉として発語する」とハイデガーがいうとき、そこには、詩作者の詩作を駆り立てる「存在の黙示」からの差し迫りによって、主体性を奪い去られた人間と言葉との関係が示唆されている。ハイデガーの説くところによれば、人間が常日頃「言葉を話す」ことができるのは、「日常の話においては言葉が言葉を言葉にもたらさない」ためだという。「言葉が言葉を話す」ということが生じてこないときにだけ、或るものに関して「話のなかで取り扱ったり、対話を始めたり、対話を続けたり」といったことが実現されるのだというのである〔ibid.: 151〕。これに対して、言葉が人間の主体性を越えて発語されるのは、次のようなときである。

だとすれば、言葉そのものが言葉として語に到来するのはどういう折か。奇妙なことにそれは、我々に襲いかかり、我々を引き攫い、悩ませたり励ましたりする何かに対して、正しい語が見つからない折である。〔ibid.〕

「正しい語」(das rechte Wort)という表現は、正しさ(die Richtigkeit)としての真理を標榜してきた形而上学の伝統を想起させる。形而上学の伝統に規定された日常の対話にあっては、言葉の内実は「正しいか誤りか」を基準として評定される。しかしときには、「これまで言葉にされたことがない或るもの」が問題となるときには特に、これに関わる「正しい語が見つからない」ということが起こりうるだろう。このとき重要になってくるのは、主体としての人間の尽力によって「正しい語」＝客観性・確実性の高い語を探し当てることではなく、「言葉がこれに相応しい語を送り届けてくれるのか拒否するのか」ということなのだ、とハイデガーはいう〔ibid.: 151f.〕。このとき、言葉は人間の主体性を拠り所として選び取られるのではなく、言葉が言葉のほうから人間へと送り届けられるということが起こる。これが「大文字のロゴス」(ὁ Λόγος) としての「存在の黙示」にほかならない(本書第五章参照)。

世界が世界であること・人間が人間であることの自明性が奪い去られる存在の真理という**出来事**とは、ロゴス＝言葉によってロゴス＝言葉として、世界と人間の本質が与え返され本質が承認される**出来事**でもあった。形而上学の伝統に規定された「正しい語」が「見つからない」とき、存在者が存在者であるということの自明性が崩れ去り、実体として立ち現れてくることのない存在が、「全き疑わしさ」を伴った「問い」の宛先として予感される。予感することはロゴス＝言葉によってロゴス＝言葉として、「存在の黙示」に聴き従いながら、存在者の非隠蔽性としての真理を空け渡すことであり、このとき立ち退き隠れ行く存在の「近み」という秘密を学び知ることだった。このように存在のほうから贈られた言葉によって予感することは詩作することであり、詩作することは「存在の黙示」を「他の人々」へと黙示することでもある。黙示することはロゴス＝言葉によってロゴス＝言葉として、「存在の黙示」に聴き従いながら、存在の「近み」という秘密を無造作に扱うことのないように、沈黙しながら教え伝えることであった。このようにして、「せざるをえない」という窮迫性に伴われた詩作者の予感／黙示が、詩歌の言葉として「他の人々」に言い渡され、「存在の問い」に関わる探究へと人々を駆り立てるのだ。

(2) 思索者の知としての予感／黙示

だとすれば、詩作者からの黙示としての詩歌の「聞き手」となるべき思索者とは、どのような人間の在り方を指しているのだろうか。「存在の黙示」の窮迫に差し迫られた詩作者とは異なって、「他の人々」のなかの思索者は未だ有用性や価値の桎梏に囚われたままであり、主体としての人間という本質規定からも抜け去ってはいない。主体としての人間の尽力によって、主体としての人間という理念を超克しようとする営為は、例えばバラウフの教育理論に顕著に露呈していたような、深刻なアポリアに直面することになる。「現 - 存在」あるいは詩作者という人間の在り方を、主体のほうから主体の意志に基づいて実現することは不可能なのだ（本書第六章参照）。それゆえ、詩作者による黙示の聞き手としての思索者という在り方を、詩作者という在り方と簡単に同一視するわけにはいかない。両者にとっての知の在り方も異なるだろう。「存在の真理」への探究を規定している探究方法／教育方法を明らかにするべく、詩作者の知識／伝達としての予感／黙示に関する論考に導きを得ながら、思索者という在り方に関するハイデガーの論稿を辿り直すことにしよう。

功績に満ちて、しかし詩作者のように、人間はこの大地の上に住まう。〔Hölderlin 1951: 372〕

このヘルダーリンの詩行に寄せて、ハイデガーは次のように書いていた。

ひたすら苦労ばかりの領域のなかでだけ、人間は「功績」のために努力する。そこで人間は功績をたっぷりと手に入れる。しかし同時に人間には、この領域においてこの領域から、この領域を突き抜けて、天空のようなものを仰ぎ見ることも許されているのだ。仰ぎ見ることは、上方へと突き抜けて天空に向かうが、下方では大地の上に留まってもいる。〔GA 7: 198〕

悲歌「帰郷」の言葉を借りるなら、「功績」に満ちた有意義性の世界に留まりながら、「功績をたっぷりと手に入れる」のは、真理の空け開きへと「脱 - 存」している詩作者とは違い、故郷に留まる「他の人々」である。有意義性の連関に規定された世界に留まる故郷の人々は、慣れ親しんだ有用性の尺度や価値の思想に疑いを差し挟むこともない。しかしまたこの人々には、有意義性の世界を「突き抜けて」、「天空のようなもの」を「仰ぎ見る」ことも許されている。これは単に人間中心の有意義性の連関に埋没することではなく、この連関を越えた世界と人間の在り方に思いを致すことであった。詩作者が真理の空け開きへと身を委ねるのとは異なり、故郷の人々が「天空のようなものを仰ぎ見る」ということは、あくまで有意義性の世界のなかで有意義性の世界のほうから、有意義性を越えた世界に思いを致すことを意味している。有用性と価値に規定された世界に留まる人々は、詩作者としてではなく「詩作者のように」、詩作者とは異なる仕方で二重世界の二重性を引き受けるのだ。

ハイデガーにいわせれば、「住まう」ということは全て、「詩作者のように」ということを含んでいるのだという。というのも、詩作することが初めて人間を「住まうことへともたらす」からであり、しかも、「尺度を - 受け取ること」として、人間を「住まうことへともたらす」からである〔ibid.: 196 & 200〕。詩作しながら詩歌の言葉によって、存在の真理の空け開きのなかで存在者の本質が与え返され、規範や規則を定立するための尺度が送り届けられる。このように「住まうこと」が実現される空け開きを空け渡し、存在者を存在者として尺度を尺度として明け渡す詩作の働きを、ハイデガーはシンプルに「建てること」(das Bauen)

と呼んでいる。「建てること」としての詩作によって空け渡される、存在の真理の空け開きを抜きにしては、人間が「住まうこと」は不可能だというのだ。こうした意味において、詩作することは「住まうようにすること」であるといわれ、さらには「住まうこと」そのものであるともいわれている〔ibid.: 193〕。

無論このことは、全ての人間が詩作者であるという意味ではないし、全ての人間が厳然と「詩作者のように」住まうという意味でもない。もしそうであれば詩作者と思索者の区別は消失してしまうだろうし、存在の「近み」を守ろうとする詩作者の「いたわり」も意味をなさないだろう。「有用性と価値の教育」の隆盛を省みても推察されるように、形而上学の伝統に規定された現代社会にあっては、むしろ「詩作者のようにではなく」(undichterisch) 住まうことが、優位を占めているといえる。とはいえ、「詩作者のようにではなく」住まうことができるのは、「住まうことが本質において詩作者のように住まうことだから」だとハイデガーはいう〔ibid.: 206〕。有意義性の世界に慣れ親しんだ人々は、有用性や価値を越えた存在の真理の空け開きや、この空け開きを空け渡す存在のことを、さしあたりいつも忘れ去っている。しかし、有用性の尺度や価値の思想に基づいて、一定の規範や規則を定立しながら、諸々の存在者との関係のなかで生きることは、存在者の非隠蔽性／存在の自己隠蔽としての真理の空け開きを前提としている。有用性や価値に規定された世界は、有用性や価値を越えた世界と映しあうことにより、初めてその輪郭を縁取られるといわれたことを思い起こそう（本書第四章参照）。

だとすれば、有意義性の世界に留まりながら、二重世界の二重性へと思いを致して、ことさら「詩作者のように」住まう者とは誰だろうか。これまでの議論に基づくなら、詩作者の黙示によって呼び止められて、存在への「近み」という秘密を学び知るよう言い渡された、詩歌の「聞き手」としての思索者こそが、「詩作者のように」住まう者であると推察される。詩作者の黙示としての詩作によって呼び止められた人々は、詩作者とは異なる仕方で「存在の問い」に携わる思索者として、存在の「近み」という秘密を思索しながら、詩作者とは異なる仕方で二重世界の二重性を引き受ける。有意義性の世界に踏み止まる思索者の知識／伝達の在り方は、真理の空け開きへと身を委ねた詩作者の知識／伝達の在り方とは異なるものである。とはいえしかし、思索者の知識／伝達の在り方は、さしあたり詩作者からの黙示によって、ひいては存在からの黙示によって、否応なしに規定されている。思索者は詩作者として詩作するわけではないが、とはいえ「詩作者のように」思索するのだ。

『哲学への寄与論稿』の冒頭付近において、「存在の真理」への探究における「問い」に固有の性格に関して、ハイデガーは次のように注釈している。

〔思索的な言い渡しの〕予行演習のなかで言い渡されるのは一種の問うこと〔ein Fragen〕である。この問うことは、目標を定めた個々人の行為でもなく、制約を課された共同体の打算でもなく、何より一つの黙示をさらに黙示すること〔das Weiterwinken eines Winkes〕である。この黙示は最も問うに値するものから来ており、最も問うに値するものへと差し向けられたままである。〔GA 65: 4〕

また、同書の終盤には次のような一節を見ることもできる。

たとえ遠くからであっても存在の拒絶という衝撃に打ち当てられており、また打ち当てられることによって予感するものであろうと意志するのなら、準備を整える者たち〔思索者〕は、根拠を与える者たち〔詩作者〕からは、なおも遠く離れて立つことができなければならない。〔ibid.: 465〕

こうした注釈・忠告は、「詩作者のように」思索する思索者の知識／伝達が、詩作者の知識／伝達と同じように、予感／黙示という特徴を有していることを示唆している。実際にハイデガーは、他の論稿のなかで、ヘルダーリンの詩歌によって送り届けられる言葉を「予感」と呼んでおり、ハイデガーや他の思想家によって言い渡される言葉のことを「黙示」と呼んでいる。[*41] これによれば、詩作者の詩歌の「聞き手」として「詩作されたものを思索する」ということは、例えば「ヘルダーリンの頃の『表象世界』や彼の心情状態を再構成・追体験」しようとする営為ではないのだという。「詩作されたものを思索する」ことは、「詩作者自身をも越えて詩作しているものを予感する」ことであり、さらには「この予感から本質に関わる知識を展開する」ことだというのだ〔GA 52: 7f.〕。また、思索者の用いる言葉とは「謎に満ちた」(rätselhaft) 一つの黙示であり、「黙示を送る」(zuwinken) こともあれば「黙示しながら拒む」(abwinken) ということもあるのだという。思索者の用いる言葉としての黙示は、この黙示が元来そこから「思いがけず生じてくる」由来に向けて、「我々に黙示を送る」というのだ〔GA 12: 111〕。思索者の知識／伝達としての予感／黙示は、詩作者からの黙示を聞き届けながらこれを越えて、真理の空け開きの空け渡しの起源としての「存在の黙示」へと差し向けられているのである。

もちろん、詩作者の知識／伝達としての予感／黙示と、思索者の知識／伝達としての予感／黙示には、明確な差異が見留められなければならない。何より思索者とは有意義性の世界に留まる人々であり、主体性の形而上学の伝統を受け継いだ人々であった。したがって、思索者は詩作者のように「現‐存在」という人間の在り方を実現することはできないし、存在の真理の空け開きへと身を委ねることもできない。思索者は直接に「存在の黙示」へと聴き従うことができるわけではないため、詩作者の黙示を媒介として「存在の問い」に携わることができるにすぎない。詩作者ならざる思索者が「予感する」という仕方で学び知り、「黙示する」という仕方で教え伝えるのは、「現‐存在」としての詩作者が立っている存在の真理の空け開きの「遠さ」

であり、したがって、有用性や価値に換算されることのない世界と人間の在り方の「遠さ」である。詩歌の「聞き手」としての思索者は、有用性や価値に囚われることのない世界と人間の在り方を、学び知ることを差し控える予感によって学び知り、教え伝えることを差し控える黙示によって教え伝えるのだ。

前章に詳しく指摘されたように、有用性や価値の桎梏を越えた世界と人間の在り方は、到達・維持されるべき生と教育の理想・目標として掲げられた途端に、再び有用性の尺度と価値の思想の支配圏域に絡め取られてしまう。有用性と価値の桎梏に囚われた形而上学の問い直しという課題は、主体としての人間の主体性やこれを前提とした倫理学・道徳論を基礎としているかぎり、形而上学の伝統から一歩も外に出ることができない。有用性や価値に還元されることのない世界と人間の在り方が、学び知ることを差し控える予感としての知識や、教え伝えることを差し控える黙示としての伝達を、思索者に対して要請するのはそのためである。有意義性の連関に囚われることのない「四方の関係領域」としての世界も、ヒューマニズムを抜け去った「現 - 存在」としての人間も、到達されるべき目的地や獲得されるべき美徳として命題に掲げられた途端に、「役に立つか否か」や「良いか悪いか」といった指針に絡め取られてしまう。学び知ることを差し控える「予感」としての知識と、教え伝えることを差し控える「黙示」としての伝達によってのみ、有意義性の世界に留まる思索者は、二重世界の二重性を学び知り／教え伝えることができるのだ。

世界と人間存在の二重性が裂け開かれる「あいだ」に身を賭した詩作者とは異なり、詩歌の「聞き手」としての思索者は、有意義性の世界に留まりながら世界と人間存在の二重性を引き受ける。これは有用性や価値に還元されることのない世界と人間の在り方の「遠さ」を遠さとして保ち、この「遠さ」を遠さのままに

＊41　cf. GA 52: 4, 8, 51, 60, 95, 104, 128, 149, 188 & GA 12: 108, 109, 111, 113, 131, 133, 136, 137. etc.

到来させることとして、世界と人間存在の二重性を一種の「奥行き」として引き受けることであるといえる。「奥行き」または「奥ゆかしさ」とは、いまここに現れているものを越えて、絶えずその向こうへと差し向けられてあることを指しているとされた（本書第四章参照）。世界と人間存在の二重性の裂け開きとしての「奥行き」とは、計り知ることのできない深淵としての真理の空け開きからの誘惑なのだ。思索しながら世界と人間存在の二重性を引き受けることは、二重に縁取られた世界と人間存在の「奥行き」を奥行きとして開き保つことであり、人間のほうからは踏破不可能な「ありうべきもの」の遠さあるいは深さを、遠さあるいは深さとして到来させることである。

(3)「宙吊りの知」としての予感／黙示

予感／黙示としての思索者の知識／伝達は、世界と人間存在の奥行きを学び知ることを差し控えることによって学び知り、さらに教え伝えることを差し控えることによって教え伝える。詩作者とは異なる思索者の知識／伝達としての予感／黙示もまた、「形ばかりの告示」と同じように、「知の宙吊り」としての学び知ること／教え伝えることの在り方を示唆しているのだ。有用性と価値の連関を越えた世界と人間の在り方は、単なる認識の対象として確固たる命題のなかに固定されたり、素朴な倫理学・道徳論に基づく理想・目標として掲げられたりした途端、改めて有用性と価値の桎梏に絡め取られてしまう。存在への「近み」という秘密のほうから差し迫られた、遠さと近さの逆説に満ちた関係を引き受けることのできる予感／黙示によってのみ、世界と人間存在の奥行きを奥行きとして学び知り／教え伝えることが許される。学び知ることを差し控える予感によって学び知り、教え伝えることを差し控える黙示によって教え伝えるという、「宙吊り」にされた知識／伝達の在り方が、世界と人間存在の奥行きのほうから要請される探究方法／教育方法として、形而上学の伝統の問い直しを課題とする「存在の真理」の探究を規定しているのだ。

この思索者の知識／伝達としての予感／黙示が、「存在の黙示」を起源とする詩作者の黙示に差し迫られているかぎりにおいて、思索者もまた存在からの呼び求めに聴き従いながら思索しているのだといえる。このためハイデガーは、詩作者ならざる思索者が話題になっている場合にも、件の「現‐存在」という呼称を用いることがある。とはいえ、本節の冒頭に引いた箇所にも指摘されていたように、このように「同じこと」へと「一致して心を奪われている」最も「近しき」ものだからこそ、詩作者と思索者は最も「遠く」隔てられてもいる〔cf. GA 9: 312〕。本書としては、両者の区別を明確にするため、真理の空け開きへと「脱‐存」する詩作者にのみ「現‐存在」という呼称を用い、有意義性の世界に留まる思索者に関しては「現存在」という呼称を充てることにしたい。これまでにも何度か言及してきたように、特に形而上学の伝統の内側に踏み留まり形而上学の概念を用いて思索するという点に、詩作者とは異なる思索者に固有の特徴を見て取ることができる。形而上学の伝統を問い直すために、この伝統の外側に全く異なる体系を打ち立てただけでは、単なる権利争いを引き起こすのが関の山だろう。ジャン・ボーフレに宛てた書簡（本書第五章参照）に関して、ハイデガーは、後年次のような欄外注を書き残している。

この書簡は依然として、形而上学の言葉のなかで話しており、しかも故意にそうしている。他なる言葉は背景に留まっているのだ。〔GA 9: 313〕

とはいえ、詩作者の黙示に聴き従いながら思索することとは、単に詩歌の言葉を形而上学の概念に置き換えて、確固たる内実に伴われた命題として読み解くことではない。「存在の黙示」を起源とする詩作者の黙示は、単なる認識の対象として一定の命題に絡め取られることを拒否し、世界と人間存在の奥行きに関わる予感／黙示としての知識／伝達の在り方を要求する。このため、形而上学の伝統の内側に留まる思索者が、詩歌の言葉に呼び止められて「存在の問い」に携わるとき、形而上学の概念やこれを用いた命題は、存在への「近み」に関わる予感／黙示という性格を与え返されることになる。「全き疑わしさ」としての真理の空け開きへと差し向けられた形而上学の概念・命題は、認識の対象となるべき確固たる内実を「宙吊り」にされ、幽かな予感／果敢ない黙示として改めて捉え返されることになるのだ。詩作者の黙示＝「存在の黙示」に呼び止められた思索者にとっては、客観性・確実性を重要視してきた形而上学の思想そのものが、単なる認識の対象として捕捉することのできない、真理の窮迫を響かせるものとして立ち現れてくるのである。

実際にハイデガーは、プラトンやニーチェの形而上学を単に糾弾するだけではなく、むしろそこに存在の真理という**出来事**に由来する「存在の黙示」の響きを聞き取ることを、すなわち、存在の自己隠蔽＝存在棄却としての窮迫を聞き取ることを、「存在の問い」に携わる思索者の探究課題としている。例えば、プラトンの「洞窟の比喩」を読み解いた件の論稿（本書第五章参照）の冒頭には、次のような忠告が書き留められている。

> 或る思索者による「教説」〔die Lehre〕とは、この思索者による言い渡しのなかで言い渡されていないこと〔das Ungesagte〕である。この言い渡されていないことのために自己を蕩尽する〔sich verschwenden〕ように、人間はこの言い渡されていないことに曝されている。[*42]〔GA 9: 203〕

また、ニーチェの「永劫回帰」に関する講義録の末尾にも、ハイデガーの次のような指摘を見ることができる。

最高の思索の言い渡しとは、本来言い渡されるべきことが、この言い渡しのなかで単純に黙秘される〔verschweigen werden〕だけではなく、これがまさに無言の裡に〔im Nichtsagen〕名指される〔genannt werden〕ようなしかたで、これを言い渡すことなのだ。〔GA 44: 233〕[*43]

形而上学の思想としてのプラトン、ニーチェの思想のなかで、言い渡されることなく沈黙の裡に告げ知らされていることに注目することは、各々の思想のなかで教え伝えることを差し控えることによって教え伝えられようとしていることに、耳を傾けようとすることにほかならない。実体としての存在者を主題とする形而上学の伝統は、存在者が本質を問いに付され／本質を与え返される存在の真理という**出来事**を話題にすることがない。プラトンからニーチェへと至る形而上学の歴史は、存在忘却としてのニヒリズムの歴史である。ところが形而上学が存在を無視しているというこの事実を注視するとき、実体として立ち現れてくることのない存在が、存在者のように概念把握することのできない「問い」の宛先として浮上してくる。形而上学の伝統に規定された哲学思想を問い直すことによって、却って、形而上学の思考様式によっては捕捉することのできない存在の真理の空け開きが、本質に伴われた存在者の起源として輪郭を縁取られることになるのだ。ニヒリズムの歴史としての形而上学の歴史は、捉え方を変えてみるなら、存在が忘れ去られているというその事実によって、存在への「近み」という秘密を「秘密として」沈黙の裡に、教え伝えているのだと考える

＊42　『真理に関するプラトンの教説』は、一九三〇／三一年冬学期の講義を基にして、これを要約・加筆・修正して一九四〇年に出版された〔cf. GA 34〕。

＊43　『ニーチェ』と題された二巻本は一九六一年に刊行されているが、その原型となったのは一九三六年〜一九四一年に行われた講義と、一九四〇年〜一九四六年に書かれた論稿だった。本文に引用したのは一九三七年夏学期の講義録の一節だが、これとほぼ同様の表現が一九六一年の著作にも見られる〔cf. GA 6-1: 423〕。

こともできるのである。

このように、形而上学の概念やそれを用いた命題が「宙吊り」の予感／黙示として捉え返されることによって、客観性・確実性を重要視してきた形而上学の思想が内実を奪い去られて脱臼させられ、詩作者の予感／黙示としての詩歌の言葉が聞き届けられる余地が空け開かれる。こうして形而上学の思想のなかで沈黙の裡に告げ知らされていることに耳を傾け、「存在の黙示」を起源とする詩作者の黙示が聞き届けられる余地を開き保っておくことこそ、ハイデガーによれば、詩歌の言葉を規定している「窮迫」に差し迫られ、抜き差しならない「窮迫性」に駆り立てられた、思索者に特有の「使命」(die Bestimmung) にほかならないのだという。

> これに従うなら、哲学とはいまや何より、最も近い前庭の建設というしかたで、哲学の準備を整えることである。この前庭の空間構造のなかで、ヘルダーリンの言葉が聞かれるようになり、現-存在によって応答をされ、この応答のなかで将来的な人間の言葉のために基礎を与えられる。こうして初めて、人間は、存在への最も近くゆっくりとした小さな橋梁へと、足を踏み入れるのだ。〔GA 65: 421f.〕

形而上学の概念やそれを用いた命題が「宙吊り」にされることにより、存在の「近み」という秘密が「秘密として」受け取られるよう準備が整えられる。詩歌の言葉に呼び止められた思索者は、予感／黙示として捉え返された形而上学の概念によって、世界と人間存在の奥行きを奥行きとして学び知り、さらにこれを「他の人々」へと教え伝える。詩歌の言葉の「聞き手」としての思索者は、存在の真理の空け開きに身を委ねた詩作者と、有意義性の世界に安住している「他の人々」とのあいだの、いわば仲介者として思索するのだ。ここにはハイデガーが構想していた詩作者と思索者の共同関係を読み取ることができる。形而上学の伝統に規定された「他の人々」にとって、論理学の基本原理を遵守することのない詩作者の詩作は「愚かしげに」響くばかりだろう。形而上学の思想を「宙吊り」にする思索者の思索によって初めて、出来事としての存在の真理に由来する予感／黙示が、予感／黙示として聞き届けられる余地が空け開かれ開き保たれる。詩作者と思索者が協働することによってのみ、世界と人間存在の奥行きが「奥行きとして」告げ知らされ、存在の「近み」という秘密が「秘密として」学び知られることになるのだ。

このように、有用性や価値に囚われることのない世界と人間の在り方を学び知ること／教え伝えることは、すでに和田修二が精確に見抜いていたように、形而上学の伝統に規定された思考様式を問い直すことと表裏一体の関係にある。この点に関してハイデガーは、「学んだことを忘れる」(verlernen) という印象深い言葉を用いて、次のように書き留めている。

何より今日の我々が学ぶ〔lernen〕ことができるのは、そのつど常に学んだことを忘れる〔verlernen〕ときだけである。従来の思索の本質を根本から忘れ去る〔verlernen〕ときにのみ、我々は思索することを学ぶことができる。しかしこのためには、同時に従来の思索の本質を学び知ることが差し迫られている。〔GA 8: 10〕

これまでの論旨からも明らかなように、ここにいう「学んだことを忘れる」とは、単なる記憶の欠落や技能の衰退などではない。「学んだことを忘れる」ということでハイデガーが告げているのは、客観性・確実性を重要視されてきた形而上学の命題を問い直すことによって、詩歌の言葉が聞き届けられる余地を空け開いておくという、存在の真理に関わる思索の探究課題そのものなのだ。しかしまた、主体としての人間を根底から規定している形而上学の伝統を問い直すことができるのは、この伝統の特徴を端緒から完成に至るまで徹底的に学び知るときだけだろう。プラトンからニーチェに至る形而上学の歴史に関するハイデガーの論考は、形而上学の伝統を「学び知る」ことによって「忘れ去る」という、徹底された問い直しの営為であったことがわかる。

とはいえ、「学んだことを忘れる」ことが問題になるのは、なにもプラトンやニーチェの思想が話題となっているときばかりではない。存在の真理に関わる探究もまた、形而上学の伝統の内側において形而上学の概念を用いて行われる以上、最も重要なことは、いまここに教え伝えられ／学び知られたことを忘れ去るようにとの呼び求めである。詩歌の言葉に関する講演の終わりに、結論に代えて、ハイデガーは次のように述べている。

> この思索に値するもの〔言葉の秘密〕が詩作に適うのと同じように、これに相応しいしかたで後に先に思索するために、我々はいま言い渡されたこと全てを忘却に委ね渡すことにしよう。〔GA 12: 225〕

学び知ったことを忘れ去るようにという呼び求めは、学び知ることを差し控えることに向けた差し迫りとして、教え伝えることを差し控えることであり、これまでに示された命題の内実を宙吊りにしてしまう結びの言葉である。確固たる内実を伴っていたはずの論考を「忘却」へと委ね渡そうという呼び求めにより、宙吊りにされた知識／伝達としての幽かな予感／果敢ない黙示が、予感／黙示として聞き届けられる余地が空け開かれることになる。

「秘密」「沈黙」「忘却」などの術語はいずれも、学び知ることを差し控えることによって学び知る予感や、教え伝えることを差し控えることによって教え伝える黙示に関わる指標として、受け取られなければならない。秘密とは単に既知の事柄を隠すことではないし、沈黙もまた単に口を閉ざしておくことではないし、忘却といっても単に記憶から消去してしまうことではない。これらはいずれも、客観性・確実性を重要視されてきた形而上学の命題を宙吊りにし、存在の「近み」に関わる予感／黙示が聞き届けられる余地を空け開く、存在論の探究方法／教育方法に帰属しているのだ。「知の宙吊り」としての幽かな予感／果敢ない黙示という方法によって初めて、有用性の尺度や価値の思想に絡め取ることのできない世界と人間存在の奥行きを、奥行きとして学び知り／教え伝えることが許される。学び知ること／教え伝えることに対する禁止・抑制を主眼とするという点や、それが形而上学の概念の問い直しによって遂行されるという点に注目するなら、「形ばかりの告示」と予感／黙示とは極めて似通った特質を持っているといえる。「形ばかりの告示」に存在の真理という起源を与え返し、学び知ること／教え伝えることの不条理に満ちた性格をさらに強調したものが、思索者の知識／伝達としての予感／黙示なのだと結論するとしても、それほど的外れではないだろう。

以上によって本章は、ハイデガーの存在論を一貫して規定している探究方法／教育方法を、「形ばかりの告示」や予感／黙示に見られる、「知の宙吊り」という方法として明らかにしてきた。特に存在の真理に関わる知識／伝達としての予感／黙示は、学び知ること／教え伝えることを差し控えることによって学び知り／教え伝えるという、不条理に満ちた知の在り方にほかならない。重要なのはこの予感を疑いのない確信に変えることでもなければ、黙示を解析して記録に残すことでもない。存在の真理に関わる探究にとって課題となるのは、学び知ること／教え伝えることに対する拒絶を、**出来事**としての存在の真理に由来する拒絶として聞き届け／言い渡し、「宙吊りの知」としての予感／黙示が聞き届けられる余地を空け開くことなのだ。したがって、思索者の知識／伝達としての予感／黙示は、有用性や価値の桎梏を越えた世界へと越境するための通路となることもなければ、主体性を超克した人間の在り方を実現するための手段となることもない。

出来事としての存在の真理を起源とする思索者の予感／黙示とは、有用性や価値に絡め取られることのない世界と人間の在り方を、主体のほうからは到達不可能な「ありうべきもの」として引き受け、これに身を委ねるような知識／伝達の在り方である。

これまでに本書が取り上げてきた、ボルノウを初めとする教育学者たちは、いずれも、ハイデガー哲学を規定しているこの探究方法／教育方法の重要性を無視してしまっている。ボルノウの教育理論だけでなく存在論に依拠した教育理論でさえもが、「有意義性の連関による（再）包摂」という問題圏に囚われたままであったのは、おそらくは主観‐客観関係の克服を課題とした和田修二でさえ、存在論の探究方法に対する課題意識が希薄だったためだと考えられる。このような問題意識から次章では、「形ばかりの告示」と予感／黙示に共通した「宙吊りの知」の構造を解き明かし、これを教育／教育学の方法論として彫琢するための方向性を模索したい。有用性と価値の連関に囚われることのない、教育／教育学の両義性に満ちた在り方＝「宙吊りの教育学」の構想を提示することが、本書に残された最後の課題である。

第八章　宙吊りの教育学の構想

――ボルノウ教育学の再興に向けて

本章の概要

本章は、ハイデガー哲学を規定していた「知の宙吊り」という探究方法を、改めて教育／教育学の方法論として彫琢することを課題とする。このとき重要な指針を与えてくれるのが、「宙吊りの知」としての「形ばかりの告示」や予感／黙示を規定している、「**として**」という目立たない指標である。この指標を詳しく分析することにより、有用性と価値の連関に規定された教育／教育学の方法論が再度問い直され、新たに「知の宙吊り」という観点から再構築されることになるだろう。これを受けて最後に、「宙吊りの知」としての予感／黙示のモデルを提示することで、「知の宙吊り」を探究方法とする「宙吊りの教育学」の構想を示すと同時に、ボルノウ教育学を新たな視座から捉え直して再興するための端緒を築くことが、本章に与えられた課題である。
こうした課題を受けて本章は次の四つの節に区分される。

第一節　「知の宙吊り」と「**として**」
第二節　宙吊りの教育／教育学の方法
第三節　「知の宙吊り」のモデル
第四節　ボルノウ教育学の再興に向けて

第一節の課題は、ありふれた「**として**」という接続詞に関するハイデガーの分析論を、詳しく検証することにある。日常会話のなかでも頻繁に用いられるこの接続詞は、実のところ、ハイデガーの哲学思想のなかで非常に重要な位置を占めている。特に「形ばかりの告示」や予感／黙示といった探究方法を注視してきた本書としては、この「**として**」という接続詞に関する分析論を避けて通ることができない。なぜなら、本書が「知の宙吊り」と呼ぶこれらの知識／伝達の在り方は、この接続詞に関するハイデガーの洞察と一体となって、成立してきたものだからである。議論を先取りして述べておくなら、ハイデガーにとってこの「**として**」という接続詞は、形而上学の伝統を突破していく一種の亀裂のようなものだった。ただし、「存在の意味」の探究から「存在の真理」の探究への移行に従って、この接続詞にも異なる宛先が与えられることになる。「知の宙吊り」という探究方法に関わる「**として**」という接続詞の位置を明確にすることによって、有用性と価値の連関に規定された教育学の方法論を問い直すための準備を整えることが、第一節の課題である。

これを受けて第二節においては、実際に「**として**」という接続詞に注目することによって、ボルノウの提唱した「個々の現象の人間学的な解釈の原理」が問い直され、「宙吊りの教育学」の探究方法が構想されることになる。ボルノウの提唱した「個々の現象の人間学的な解釈の原理」には、形而上学の伝統を突き抜けてゆく「**として**」という指標が、ほとんど注視されることのないままにすでに含み込まれていた。この「**として**」という指標を形而上学の伝統に刻み込まれた亀裂として捉え返すことで、ボルノウ教育学を規定していた方法原理は、有用性と価値の連関に規定された世界と人間への問いと、この連関を抜け去った世界と人間への問いという、相容れることのない二つの方向へと引き裂かれることになる。これにより、この二つの方向へと引き裂かれた問いを耐え抜く「宙吊りの教育学」の方法原理が構築されると同時に、ボルノウの唱えた「開かれた問いの原理」や「問いへの教育」との対比のなかで、「知の宙吊り」という探究方法／教育方法の特徴が改めて示されることになるだろう。

第三節の課題は、このように特徴を示された「知の宙吊り」という探究方法のモデルとして、再度ハイデガーの論稿を読み直すことにある。「知の宙吊り」のモデルとして本節が読み解いていくのは、ボルノウやニーセラーも援用していた『放下』という著作である。従来この著作は、近代技術に対する批判と「放下」という理念を提示したものとして、したがってハイデガー哲学が理想・目標とする人間の在り方を提示したものとして、受け取られてきた。しかし、この著作の構成と内実を丁寧に辿り直してゆくなら、この著作が提示している課題はそれほど単純ではなかったことが判然としてくる。自家撞着や同語反復に満ちており、答えのない問いが繰り返されるこの著作は、核心に迫ったかと思えば核心から遠ざかってゆく、「行きつ戻りつ」の「問いの螺旋」とでも呼ぶべき様相を呈している。この「問いの螺旋」としてのハイデガーの著作の性格を明らかにすることにより、これを「宙吊りの知」としての予感／黙示のモデルとして提示することが、第三節の課題である。

このような探究に基づいて第四節においては、「有用性と価値の教育」の伝統を受け継いだボルノウの教育理論を、「宙吊りの教育学」の観点から読み直して再興するための、端緒が築かれることになる。本書前半の論考は、ボルノウの教育理論に内在している、議論の錯綜した点を浮かび上がらせてきた。しかし「知の宙吊り」を探究方法とする「宙吊りの教育学」の視座に立つとき、この「議論の錯綜した点」は単に修正されるべき問題点としてではなく、有用性と価値の連関に規定された教育学の伝統を問い直すための、一種の「突破口」としての性格を与え返されることになる。というのも、「知の宙吊り」を探究方法とする「宙吊りの教育学」は、この「議論の錯綜した点」を「行きつ戻りつ」の「問いの螺旋」として捉え返し、ここに「宙吊りの知」としての予感／黙示が聞き届けられる余地を見て取ることができるからだ。「知の宙吊り」のモデルを拠り所としながら、「宙吊りの教育学」の視座からボルノウの教育理論を捉え返すための端緒を築くことが、第四節に与えられた課題である。

第一節　「知の宙吊り」と「として」

本節は、「として」という指標に関するハイデガーの分析論が、「知の宙吊り」としての存在論の探究方法／教育方法にとって、重要な位置を占めていることを示すことを試みる。この論考は次の四つの項に区分される。

(1) 世界の開示性と「として‐構造」
(2) 「として‐構造」と「形ばかりの告示」
(3) 存在の真理と「として」という指標
(4) 「として」という指標と予感／黙示

(1) 世界の開示性と「として‐構造」

「形ばかりの告示」に関する注釈を含む一九二九／三〇年冬学期の講義録は、世界の開示性（Offenbarkeit）に関する分析論をクライマックスとしている。この世界の開示性に関する分析論は、「形ばかりの告示」に関する注釈を境として、「aはbである」という「立言命題」（der Aussagesatz）の基礎構造に関する分析論に接続される。本書が注目したいのは、ここで世界の開示性の構成要素として注視されている、「**として**」（als）という指標である。*44

ハイデガーによれば、世界には「存在者**として**の存在者に関する開示性」＝「或るもの**として**の或るもの」（etwas *als* etwas）に関する開示性が帰属しているのだという。「世界は存在者**として**の存在者の全体における開示性なのだ」というわけである〔GA 29/30: 397 & 412〕。「存在者**として**の存在者」は、古代より形而上学の中心を占める主題であった。世界が立ち現れてくる在り方を見定めるべく、ハイデガーは、「**として**」という

*44 以下存在論の術語としての「として」を「**として**」と強調表記することで、日常語の「として」（日本語においては助詞と動詞の連語）と区別する。

この「謎めいた」指標に繰り返し注意を喚起している。「bとしてのa」が一般に「bであるa」と言い換えられるという事実は、ハイデガーを、世界の開示性を構成している「として」が「単純な立言命題に帰属している」という洞察へと導く。ただしこれは、後に見るように、世界の開示性が論理学の基本命題に依拠している、ということではなく、むしろ反対に立言命題のほうが「として」という指標を含んだ世界の開示性を基盤としている、ということを示唆している。

存在者に関する開示性というのは、いつも存在者**として**の存在者に関する開示性である。件の「**として**」は開示性に帰属しており、我々が単純な言明と呼んでいる構造体に、開示性と共通の住処〔die gemeinsame Heimat〕を持っている――「aはbである」に。〔ibid.: 418〕[*45]

この「aはbである」という立言命題に注目することによって、ハイデガーは、さしあたり「**として**」を一つの「関係」として規定する。「**bとしてのa**」の「**として**」は、「aはbである」と言い換えられるような仕方で、aとbを「関係」させている。しかし、この規定はすぐさま「最も空虚な規定」として退けられることになる。このとき危惧されているのは、「**として**」=「関係」という素朴な規定によって、これが「a」「b」という「眼前にあるモノ」同士の関係として把握されてしまうことである〔ibid.: 424〕。

「aはbである」という命題の特徴を見定めるべく、ハイデガーは、ロゴスに関するアリストテレスの論考を紐解いてゆく。アリストテレスの『命題論』を参照することで、件の立言命題=「明示するロゴス」(λόγος ἀποφαντικός)は「覆いを取るか覆い隠すかということが本質に帰属しているロゴス」として規定される。「aはbである」という立言命題の「根底に横たわっている」のは、「覆いを取ること」(=真理)と「覆い隠すこと」(=虚偽)の「内的可能性」だというのである〔ibid.: 450〕。さらに『霊魂論』におけるアリストテレスの議論に基づいて、これら真理／虚偽という諸可能性に基礎を与えている作用が看取されることになる。ハイデガーの翻訳によれば、真理／虚偽の基礎とは、「いわば聞き取られたものが一種の統一性を形成するような」「聞き取られたものの合成」だという。「統一性を形成する聞き取り」あるいは「聞き取りながら統一性を形成すること」こそが、覆いを取ることと覆い隠すことの根拠なのだというのである〔ibid.: 454〕*46。

> そもそも或るものを――たとえそれが存在しているようにであっても、存在していないようにであっても――明示するには、要するに明示しながら覆いを取るか覆い隠すかできるためには、この明示が関与している当の事柄が、前もって、その諸規定の統一性において聞き取られていなければならない。この諸規定の統一性のなかで、当の事柄を明確に規定することができるのであって、しかも、あれやこれや**として**〔als so und so〕という特徴において規定することができるのだ。〔ibid.: 455f.〕

或るものはいつもすでに「あれやこれや**として**」受け取られている――これは主著『存在と時間』における「道具性」の分析論以来、主体‐客体の二項対立と実在性を前提とする近代の認識論に対して、ハイデガーが一貫して主張してきた論点だった。受け取られる事柄の「諸規定の統一性」とは、単なる認識の対象となるべき「眼前にあるモノ」の相互関係ではなく、当の事柄とそれを取り巻いている世界の「全体性」

---

*45　後にも確認されるように、ここで用いられた「Heimat」は「起源」という意味の「故郷」ではなくて、いつもそこに現れてくる、そこを「住処」としている、というほどの意味である。したがって無論これは、後年のヘルダーリン解釈に見られる「帰郷」や、存在の真理の起源の問題とは無関係である。

*46　ただしここでの真理概念は、後年の「存在の真理」とは異なる。後述のように存在者の覆いを取ることは現存在の企図に委ねられており、存在の自己隠蔽を背景とする**出来事**としての真理という概念は、いまだ彫琢されていない。

(Ganzheit) である。アリストテレスが「統合」(σύνθεσις : Synthesis) と呼んだこのロゴスの基礎連関こそは、ハイデガーが「**として‐構造**」(die als-Struktur) として見定めた、世界の開示性の核心を占めている構成要素にほかならない〔ibid. 456〕。

ただし、元より分け隔てられているものだけが結び合わされることができるとすれば、「**bとしてのa**」を構成している「**として‐構造**」は、常に「統合」と「分離」という二重の性格を兼ね備えていなければならない。したがって、「或るもの**としての**或るもの」を受け取ることは、「分離しながら統合すること」だということになる。ハイデガーによれば、この統合／分離という二重の性格を兼ね備えた「**として‐構造**」が、「aはbである」という論理学の基本命題に基礎を与えているのだという。覆いを取られるべき事物の統一性の指標である「**として**」とは、「ロゴスに貼り付けられ接ぎ木された性質」などではなくて、何より「このロゴスの可能性の条件」なのだというのである〔ibid.: 456f.〕。世界の開示性に帰属している「**として‐構造**」が、事物の「諸規定の統一性」を打ち立てる「分離しながらの統合」によって、件の「aはbである」という立言命題の基礎をなしているというわけである。*47

「aはbである」という立言命題の構造を分析することにより、統合／分離という「**として‐構造**」の特徴が明らかにされた。ここでハイデガーは、この論理学の基本命題の分析論を、「存在の問い」に関わる探究へと接続している。「**として‐構造**」が「明示するロゴス」に基礎を与えているのだとするなら、「**として**」は何らかの仕方で「ある」ということに、要するに存在者の存在に関わっていることになるだろう。ハイデガーが精確に見抜いているように、「aはbである」という論理学の基本命題は、「存在について」(über das Sein) 何事かを述べているわけではないが、「存在に関して」(vom Sein: 存在から) 何事かを述べていることは間違いない。それゆえ、「aはbである」という命題が「存在者**としての**存在者」を明示するのだ、といわれるとき、これには二重の意味が込められていることになる。一般に「存在者**としての**存在者」とは、「存在者そのもの」(das Seiende selbst) と「存在者の諸性質」を指し示しているとされる。しかし他方において、この表現は、「存在するかぎりでの」存在者に向かう目配せをも、要するに「存在によって規定されている」存在者へと向かう目配せをも、いつも含み込んでいるのだ〔ibid.: 466f.〕。

言明のなかで示されているのは存在者であり、覆いを取ることも覆い隠すことも存在者を標的としている。とはいえ存在も一緒に理解され一緒に示されているのだ ―― 付け加えて後からというわけではなく、まさにその覆いを取るものの最中にあってのことである。〔ibid.: 467〕

「存在者**としての**存在者」に関わる立言命題は、存在者に関わるだけでなく存在者の存在にも関与している。とはいえ、存在者の存在への関与という点で重要なのは、論理学の基本命題ではなく、これを支えている「**として**‐構造」のほうである。「ロゴスが存在者**としての**存在者への連関を初めて打ち立てるわけではなく、ロゴスのほうがこの連関に基づいているのだ」とハイデガーは注釈している。件の立言命題は「存在者への連関を打ち立てることがないだけでなく、存在者の開示性を打ち立てることもない」というのだ〔ibid.: 492f.〕。「aはbである」という命題が存在者の覆いを取ることができるのは、「**として**」を構成要素とする世界の開示性が、これに先立って「存在者**としての**存在者」への連関を打ち立てるからである。このよ

＊47　この箇所でハイデガーが用いている「不便な黒板」の例は、この著作が講義録であることを改めて想起させ、同時に講義の臨場感をも伝えてくれる。孤立した実体としての「黒板」が先にあって、後からそこに「不便」という性質が付け足されるのではない、というのがハイデガーの論旨である。「不便に立つ黒板」は「まずその統一性において受け取られており、この統一性に基づいてそれとの関連のなかで分離されるのである」というわけだ〔GA 29/30: 460f.〕。

うに、立言命題に先立って立言命題に基礎を付与している開示性のことを、ハイデガーは、「述語以前の開示性」(vorprädikative Offenbarkeit)「論理以前の真理」(vorlogische Wahrheit) と呼んでいる〔ibid.: 494〕。ロゴスによって打ち立てられる「妥当性」としての真理の背景には、これに先立って、存在者の開示性そのものを打ち開く別な真理が働いているのだというのである。

ただし、立言命題を支えているこの「論理以前の真理」もまた、後年探究の主題となる「存在の真理」とは異なるという点には、注意が払われなければならない。というのも、ハイデガーはここで、「存在者**としての存在者**」に向けて「開かれていること」(ein Offensein) を、「人間の現存在における根本生起」としての企図に帰着させているからである。世界の開示性の構成要素とされる「**として**」もまた、現存在の企図に由来するものとして把握されている。存在者の非隠蔽性／存在の自己隠蔽という**出来事**としての存在の真理という概念は、当然のことながら、この講義においてはいまだ彫琢されていないのだ。

> 企図とはあの根源に関わる単純な生起である。これは〔……〕結び付けることと分け隔てることという、相矛盾するものを一つに取りまとめている。ところが、この企図はまた〔……〕件の「**として**」が生い立つ関連付与でもあるのだ。というのも、この「**として**」は一般に存在者が存在において開示されているということに、すなわち、存在者と存在の区別が生起しているということに、表現を与えるものだからである。〔ibid.: 530f.〕

ハイデガーの注釈によれば、「現存在の根本生起」は、三つの要素から構成されているのだという。「拘束性の差し渡し」「全体形成」「存在者の存在の暴露」の三つである〔ibid.: 506〕。簡潔に注釈しておくなら、「拘束性の差し渡し」とは、「あれやこれやの態度を取りながら、存在者へと自己を関連させること」を指している。また「全体形成」とは、覆いを取られるべき存在者とこれを取り巻く世界の全体性＝「全体における」

(im Ganzen) が、個々の存在者の覆いを取ることに先立って、打ち立てられていることを意味している。加えて、このように世界の全体性のなかで存在者との関係を取り結ぶことにおいて、たとえ表立ったかたちではないにしても、存在者の存在に関して何事か理解をされているはずだろう。「存在者の存在の暴露」とはこのことである〔ibid.: 492ff.〕。世界の開示性の構成要素としての「**として**」は、これら三つの要素の統一体である「現存在における根本生起」に由来しており、だからこそ存在者の存在とも密接な関係を持っている、というのがハイデガーの見解である。

このように三重の構造を持った現存在の企図が、存在者を存在者として開示するとき、初めて存在者と存在の区別が生起してくる。これこそ、ハイデガーのいう「存在論上の差異」である〔ibid.: 521〕。現存在の企図はこの存在者と存在の「あいだ」(Zwischen) への「破り入り」であり、「**として**」はこうして裂け開かれた「あいだ」を指し示している「指標」なのだ、とハイデガーは説く。「**として**‐構造」に伴われた現存在の企図が、存在論上の区別を裂け開いて、「存在者**として**の存在者」への関係を取り結ぶことで、「aはbである」という論理学の基本命題に基盤を与えるのだというのである〔ibid.: 529ff.〕。

最初に「或るもの」を持っていて、それから「別の或るもの」を持っていて、こうして或るものを或るもの**として**受け取るための可能性を持つ、というのでは全くない。正反対である。我々がすでに企図のなかで、すなわち「**として**」のなかで活動しているときにだけ、初めて、或るものが我々に与えられるのだ。〔ibid.: 531〕

(2)「として‐構造」と「形ばかりの告示」

以上のように、『存在と時間』刊行の二年後に行われた本講義は、「**として**」というありふれた接続詞を、存在者の開示性に関わる重要な指標として捉え返している。世界の開示性に帰属している「**として‐構造**」は、存在者とこれを取り巻いている世界の統一性の形成＝統合／分離の構造として、存在者の覆いを取る立言命題に基礎を与えている。この「**として**」は存在者との関係を取り結ぶ現存在の企図を起源とするものであり、企図によって裂け開かれる存在者と存在の「あいだ」を指し示している指標でもある。無論このことは、人々が普段の生活のなかで存在者に関わりながら、いつも存在者と存在の区別を把握している、ということを意味するわけではない。現存在の企図によって裂け開かれる「存在論上の差異」を、「我々はいつも聞き逃している」とハイデガーはいう。「aはbである」という命題などによって、存在者への関係を持つときには、常にこの区別を「用いている」にもかかわらず、日常性を生きる現存在はこの裂け開きを見留めることがないというのだ。

古代より形而上学の主題であった「存在者**としての**存在者」に注目しながら、ハイデガーは、これに含まれている「**として**」という構成要素に光を当てた。これによって、「aはbである」という論理学の基本命題は、統合／分離という基礎構造にまで遡及して捉え返され、存在者が存在者「である」という単純な事実が、改めて存在者とは区別された問いの宛先として浮かび上がってきた。この世界の開示性の分析論の最中にあって、「根本的な方法上の思慮」として、「形ばかりの告示」に関する注釈が差し挟まれているのは偶然ではない。一方でこの注釈は、「**として**」が客体として実在する存在者同士の相互関係として受け取られることに対する、一種の牽制を含んでいる。しかし他方でこの注釈は、以下に展開される「aはbである」という命題の分析論と、この立言命題に基礎を与えている「論理以前の真理」への探究の行く先を、あからさまに告げることなく言い渡してもいるのだ。

「aはbである」という論理学の基本命題の捉え直しは、この論理学を基礎としている形而上学に規定された概念や命題一般の問い直しでもある。統合／分離という基礎構造にまで遡及して捉え返された立言命題は、存在者が存在者「である」ということの自明性を奪い去られ、世界の全体性における論理以前の開示性へと送り返されて、命題としての確固たる内実を宙吊りにされることになる。「**として**‐構造」に注目した立言命題の捉え直しは、形而上学に規定された概念や命題一般の問い直しとして、「形ばかりの告示」という知の在り方に向けた探究を含み込んでいる。「**として**」という接続詞に関するハイデガーの論考は、全体を通して「形ばかりの告示」に関する長い注釈でもあるのだというとしても、それほど的外れではないと考えられる。形而上学に規定された概念や命題一般を、「形ばかりの告示」として捉え返すことは、この概念や命題をその「根底に横たわっている**b**として**の** aという経験」〔ibid.: 436〕へと差し戻し、これに「**として**」という基礎構造を与え返すことなのだ。

「**として**‐構造」が際立たせられることにより、存在者が存在者「である」という事実の自明性を奪い去られた立言命題は、もはや、学び知ること／教え伝えることの内実を確固たる認識の対象として提供することがない。このとき「**bとしてのa**」という統合／分離の連関の裂け開きに、実体としての存在者からは区別された存在が、謎めいた問いの宛先として浮かび上がってくることになる。このように、世界の開示性と「**として**‐構造」に関するハイデガーの分析論は、「禁止」と「示唆」という「形ばかりの告示」の特徴を、改めてその由来のほうから明確に説明してくれる。これに加えて重要なのは、形而上学に規定されたこの立言命題の問い直しが、ロゴスに関するアリストテレスの論考を参照しながら進められていることである。あくまで形而上学の伝統を引き受けながら、この伝統のなかで盲点となっている「**として**」という指標に目を向けることにより、これまで受け継がれてきた知の在り方を変革しようと試みた点に、ハイデガーの探究の核心がある。形而上学の伝統に対するこのような取り組みの姿勢は、アリストテレスの論考に関するハイデガーの両義性を帯びた態度からも、窺い知ることができるだろう。

これに関連してアリストテレスが統合に関して話したとき、彼は我々が「**として**」‐構造と名付けたものを示していたのだ。彼はこれを示していたのではあるが、無論はっきりとこうした問題の次元に向けて進んでいたというわけではない。〔ibid.: 456〕

〔……〕ロゴスを統合と分離へと立ち戻らせたとき、アリストテレスはこれ〔現存在の根本生起〕に向かって動いていたのだが、この構造連関を構造連関として見ることはなかった。〔ibid.: 511〕

古来「存在者**として**の存在者」(ὂν ᾗ ὄν : Seiendes als Seiendes) を探究の主題としてきた形而上学は、しかし、ここに含まれた「**として**」に注意を払うことがなかった、というのがハイデガーの見解である。ロゴスに基礎を与えている統合／分離という構造を見抜いたアリストテレスでさえ、この「**として**」という指標に孕まれている独特の連関を見て取ることはなかった。「**として**」に注意を払うことがなかったということは、先の議論に基づくなら、存在者と存在との区別に無頓着だったということであり、存在を存在者のように実体として取り扱っていたか、存在自体に目を向けることがなかったか、いずれかであったことを示していることになる。このように「**として**」という指標の分析論に基づくハイデガーの形而上学批判は、一九三〇年代後半以降、さらに厳しさを増しながら提起され続けることになる(次項参照)。

形而上学の伝統に対する批判意識から取り組まれた、この「形ばかりの告示」に関する注釈であったが、この方法が本講義を境として用いられなくなることは、前章にも指摘されたとおりである。この背景には、現存在の分析論を基軸とする「存在の意味」への探究が、意味を理解する人間の主体性に還元されてしまいかねない、という危険性に対する洞察があった。本講義における世界の開示性に関する分析論も、すでに見てきたように、「存在者**としての**存在者」の開示性を、現存在の企図に由来するものとして把握している。このことから、現存在の「被投性」に力点を置く「メタ存在論」の構築を目指したこの講義もまた、結局は『存在と時間』と同じように、人間の主体性という理念に回収されてしまいかねない危険性を孕んでいることがわかる。とはいえ、この講義が行われた一九三〇年前後といえば、「存在の意味」への探究が抱えている問題を、ハイデガーが明確に自覚し始めた時期でもあった。実際に本講義には、現存在の分析論に紙幅を割いた『存在と時間』の探究に対する、自己批判とも受け取れるような、次のような忠告を見て取ることもできる。

三重の特徴を示された現存在の根本生起という根源構造を、現存在の構造を利用することで組み立てることがあってはならない。反対に、この生起の内的統一性を把握することで、まさにこれによって初めて現存在の根本状態への洞察を手に入れるのでなければならない。〔ibid.: 513〕

「存在者**としての**存在者」に関わる「論理以前の開示性」は、世界の全体性に関わる「全体における」という特徴を持っているといわれた。これに関連してハイデガーは、次のように書き留めている。

何よりこの「全体における」は、ちょうど我々が何らかの仕事の最中に目の前に持っているような存在者だけに該当するのではない。そうではなく、そのつど関係を持つことのできる全ての存在者が、我々自身も含めて、この全体に包括されている。我々自身が、この「全体における」のなかに一緒に含み込まれているのだ〔……〕。〔ibid.: 513〕

「存在の意味」への問いは現存在の分析論＝「基礎存在論」へと折り返され、さらに現存在の分析論は「存在者の全体」に照明を当てた「メタ存在論」へと折り返される、といわれたことを想起しよう（本書第五章参照）。存在者全体のただなかへと投げ出された現存在の在り方を注視することによって、基礎存在論を前提から捉え直そうとするのが「メタ存在論」の探究だった。本講義においてハイデガーは、現存在における根本生起としての企図の作用を、全体としての世界の開示性のほうから捉え返そうとしている。こうした課題意識は、すでに見てきたように近い将来、「存在の意味」の探究から「存在の真理」の探究への転換を準備することになる。こうした観点から眺めるなら、一九二九年から一九三〇年にかけて行われたこの講義は、ハイデガーによる「存在の問い」の転換点に当たるということができる〔小野 2002: 261ff. 参照〕。

(3) 存在の真理と「として」という指標

一九三〇年代後半以降のハイデガーの存在論は、存在者の非隠蔽性／存在の自己隠蔽としての存在の真理に関わる探究であった。「存在の意味」の探究からこの「存在の真理」の探究への転換に際しては、実のところ件の「**として**」という指標の新たな捉え直しが大変重要な位置を占めている。存在の真理への探究における「**として**」という指標の位置を検証しようとするなら、まずはこの時期のハイデガーによる形而上学批判の展開を辿ることが有益である。

これまでにも繰り返し確認してきたように、西洋の「主体性の形而上学」に対するハイデガーの批判の骨子は、これが「存在者**としての**存在者」を主題とする探究でありながら存在自体を等閑視している、という点にあるのだった。例えば一九四九年に書かれた『形而上学とは何であるか』の序論は、形而上学の抱えているこの問題を明確に指摘している。[*48]

いつも単に存在者を存在者**として**表象している〔vorstellen〕だけである以上、形而上学は存在そのものを思索することがない。〔GA 9: 367〕

形而上学は、「存在者**としての**存在者への問いに対する回答のなかで」、常にすでに「これに先立って存在を表象してしまっている」とハイデガーはいう。主観‐客観という二項対立を基礎としている形而上学は、実体としては立ち現れてこないはずの存在をも、主体による認識の対象として固定してしまう。このため、存在者の非隠蔽性／存在の自己隠蔽としての存在の真理は、いつも簡単に見逃されてしまっているというのだ〔ibid.: 369〕。

この「序論」の数年前に書かれた論稿に、『ニーチェ』第二巻に収められた、「存在の歴史からみたニヒリズムの規定」がある。ニヒリズムの発端でもあり体現でもある形而上学の特徴を描写したこの論稿には、件の「**として**」という指標に着目した次のような文章が書き留められている。

存在者**としての**存在者を思索することによって、思索しながら形而上学は存在に軽く触れている。しかし、こ

＊48 『形而上学とは何であるか』という論稿自体は一九二九年の刊行であり、その後一九四三年に「後記」が、一九四九年に「序論」が付加されている。なお、本書が引用したのは一九七六年刊行の全集版『道標』所収の同論稿である。

れによって形而上学は、存在者のために存在を無視してしまっており、この存在者へと立ち戻り・立ち寄っている。したがって、形而上学は確かに存在者としての存在者を思索してはいるが、この「それ自体**として**」〔als solches〕そのものを思慮することがないのだ。「それ自体**として**」は存在者の覆いが取られていることを言い渡している。ὂν ᾗ ὄν の ᾗ、ens qua ens の qua、「存在者としての存在者」の「**として**」は、本質のほうからは思索されてこなかった非隠蔽性に、名を与えている。〔GA 6-2: 317〕

前項に検証された講義録と同じように、ここでも、「存在者**としての**存在者」に含まれる「**として**」という指標を見落としていることが、ニヒリズムとしての形而上学に孕まれている傾向として指摘されている。ただし、存在の真理の探究によってハイデガーは、現存在の企図を基軸とした真理観を抜け去って、**出来事**としての真理の空け開きに行き当たったのだった。これにより、存在者の非隠蔽性に「名を与えている」「**として**」という指標もまた、現存在の企図を起源とするものとして把握されるのではなくて、存在の真理という**出来事**に帰属するものとして、新たに由来を与え返されることになる。

「存在の意味」の探究から「存在の真理」の探究への転換期に行われた講義に、『哲学の根本的問い』がある。この講義には『「論理学」の精選「諸問題」』という副題が付されている。一般に流布した「正しさ」としての真理概念を、古代ギリシャの真理観にまで遡行して問い直すことが、本講義の課題だった。「正しさ」としての真理概念の問い直しは、この真理概念に規定された論理学の問い直しであり、ひいてはこの論理学に基づく形而上学の問い直しである。プラトンの「洞窟の比喩」に関する論稿のときと同じように、形而上学の発端へと遡行することによって、「正しさ」としての真理概念が生い立ってきた由縁を明らかにすることで、古代ギリシャにおける「非隠蔽性」としての真理の在り方を示すことが、ハイデガーが掲げた探究課題であった〔cf. GA 45〕。目下のところ本書にとって重要なのは、哲学の起源としての「驚嘆」と「**として**」

という指標との関係を論じた、講義録の最終第五章である。

周知のように、プラトンやアリストテレスは、「驚嘆」こそが哲学の起源であると考えていた。これを受けてハイデガーは、この「驚嘆」に関する論考を導きとして、古代の哲学思想の発端＝「最初の始まり」を捉え直そうとした〔ibid.: 151ff.〕。ハイデガーによれば、「最も慣れ親しまれたもの」が「最も慣れ親しみのないもの」として立ち現れてくるところに、特筆するべき驚嘆＝タウマゼインの特徴があるのだという。「最も慣れ親しまれたもの」とは、慣れ親しまれているという事実さえ「気に留められることもない」ほどに、慣れ親しまれたものを意味している。この「最も慣れ親しまれたもの」という言葉によってハイデガーは、存在者としての存在者が存在するという事実と、存在しているかぎりでの存在者の両方を表現している。哲学の起源としての驚嘆とは、存在者が存在するという謎めいた事実に直面しての驚嘆であり、したがって、存在者の存在が一種の謎として浮かび上がってくることへの驚嘆だというのだ〔ibid.: 165ff.〕。

この最も慣れ親しまれたもの（存在者）の全てが、驚嘆にとってみれば、この存在者がそれで在るもので在る〔daß es ist, was es ist〕という一つのことにおいて、最も慣れ親しみのないものになるのだ。〔ibid.: 167〕

この存在者の存在に対する驚嘆を、ハイデガーは、最も慣れ親しまれたもの＝普段の存在者と、最も慣れ親しみのないもの＝存在者の存在の、「あいだ」に立つことだと注釈している。驚嘆は「最も慣れ親しみのないもの」を目の当たりにして逃れ去ることができないが、かといって、「最も慣れ親しみのないもの」に「説明」を加えて接近することもできない。「説明しながら精通すること」は「最も慣れ親しみのないもの」を「まさに破壊してしまうから」である。驚嘆は慣れ親しまれた存在者のもとへと立ち返ることもできないし、慣れ親しみのない存在に慣れ親しむこともできない。驚嘆は「最も慣れ親しまれたもの」＝存在者と「最も慣れ親しみのないもの」＝存在の「あいだ」に立つことだ、といわれるのはこのためである〔ibid.: 167f.〕。まさにこうして驚嘆することの最中において、存在者と区別された存在者の存在が、「最も慣れ親しみのないもの」＝一種の問いの宛先として、浮上してくることになるのだ。

これに続く議論のなかでハイデガーは、驚嘆が「唯一」驚嘆するべきもののことを、「全体**としての**全体」「存在者**としての**全体」「存在者の全体」または「存在者がそれで在るもので在ること」といった言葉に置き換え、最終的には「存在者**としての**存在者」としてこれを一括している〔ibid.: 168f.〕。ただしここで注目すべきなのは種々の言葉の置き換えではなく、強調表示されている「**として**」という指標のほうである。

> ここで「als」や qua や ᾗ という名を与えられているものこそ、驚‐嘆のなかで引き裂くように投げられている件の「あいだ」であり、ほとんど予感されることも思慮されることもない遊動の空間の開かれなのだ。この開かれのなかで存在者は存在者**として**遊動のなかに、要するにこの存在者がそれで在るところの存在者**として**、この存在者の存在の遊動のなかに到来するのだ。〔ibid.: 169〕

存在者が「それで在るところの存在者**として**」立ち現れる「遊動の空間」とは、**出来事**としての真理の空け開きを指している。存在の真理に関わる探究における「**として**」という指標は、通常は「予感」も「思慮」もされることのない、存在者の非隠蔽性／存在の自己隠蔽としての、存在の真理の空け開きを示しているというのだ。存在者が存在するという謎めいた事実を目の当たりにした人間は、「存在者を存在者**として**聞き取る以外には何もできなくなる」とハイデガーはいう。「驚‐嘆させられたもの」は、「存在者**としての**存在者」の非隠蔽性を「存在者の始まりに関わる本質承認として」耐え抜かねばならないというのである

〔ibid.〕。かつて現存在の企図に由来するものとして把握されていた「**として**」という件の指標が、存在の真理に帰属している「空け開き」の指標として、改めて捉え返されていることに注意しよう。

なお、このような議論が展開されているからといって、主体としての人間に利用されるべき「役に立つ」手段として、驚嘆に利用価値を認めるようなことがあってはならないだろう。というのも、存在の真理とは全ての原因-結果に先立つ**出来事**であって、因果関係に依拠する全ての連関が生い立つ起源だからである。このため、ハイデガーが的確に指摘しているように、驚嘆の「遂行」には「根本気分の混乱と破壊の危険が存している」。存在者の存在への探究を成し遂げようとすることには、「独断に任せること」や「拘束のない目標設定」や「始まりにあった窮迫という窮迫性から脱け去ること」といった、当初の意図さえも裏切るような種々の危険性が孕まれているのだ〔ibid.: 180〕。

> こうなってしまうと、驚-嘆という根本気分のところに、学び知ることや算定できることへの渇望が入り込んできてしまう。いまや哲学そのものが、諸々の行事のなかの一つになり、一つの目標に従属させられる。この目標はより高く祭り上げられるほどに怪しいものになる —— 例えば、我々が不正確にも「教育」と翻訳している、プラトンのパイデイアのように。〔ibid.〕

驚嘆によって何かを学び知ろうとか、驚嘆を役に立つ手段にしようといった意図は、驚嘆と驚嘆に由来する哲学の探究を骨抜きにしてしまう。ハイデガーが示唆しているように、こうした問題が最も顕著に現れてくるのが、形而上学に規定された「有用性と価値の教育」である（本書第六章参照）。近現代の学校教育に顕著なように、形而上学に規定された教育が、主体としての人間という理念を前提としている以上、これは当然の帰結だといえる。存在に対する驚嘆を発端とする形而上学の始まりは、ハイデガーにいわせれば、非隠蔽性としての真理から正しさとしての真理への、転換の始まりでもあった。真理の空け開きの指標としての「**として**」は顧みられることがなくなり、主観‐客観の二項対立に基づいた、実体としての存在者に関する探究が、存在者の存在への問いを差し置いて、形而上学の探究の主眼となった。

(4)「として」という指標と予感／黙示

以上の論考によって、存在の意味に関わる探究のときと同じように、存在の真理に関わる探究にとってもまた、「**として**」という件の指標が重要な位置を占めていることが判然としてきた。だとすれば、「形ばかりの告示」と同じように、予感／黙示という探究方法／教育方法にとっても、「**として**」という指標に関する分析論が重要な示唆を与えてくれるのだろうか。結論から書き留めておくなら、この問いに対する本書の答えは是である。

形而上学の伝統を起源にまで遡行することによって、件の「**として**」という指標に真理の空け開きという宛先を与え返したハイデガーは、この指標が閑却されていることが存在忘却の発端であることを見抜いた。これに対して、存在への問いを問いとして引き受けるべき存在論の探究は、存在の真理の空け開きに関わるこの「**として**」という指標に、改めて耳を傾けることを求められる。哲学者／大学教師としてのハイデガーは、思索者＝詩歌の「聞き手」として、詩作者による予感／黙示としての詩作を、この「**として**」という指標が前景に現れてくる舞台として見定めた。存在への「近み」という秘密を学び知ることが、「秘密を秘密**として**守ること」だといわれたことを想起しよう。詩作者による予感／黙示の特徴を書き留めるとき、あえて「秘密」ではなく「**として**」という指標が強調されているのは偶然ではない。詩歌の「聞き手」たることを自覚したハイデガーは、詩作者による予感／黙示としての詩作のなかに鳴り響いている、形而上学によって閑却されてきた「**として**」という指標に、改めて耳を傾けるよう促しているのである。「神々」や「全ての事物」に「名を与える」(nennen)という詩作者の使命を論じた箇所で、ハイデガーは次のように書き留めている。

> このように名を与えることは、前もってすでに見知られているものが単に名前を授けられる、ということに存しているのではない。そうではなくて、このように名を与えることによって初めて、存在者は、それが何で在るかということに向けて任命される〔ernannt werden〕のである。こうして存在者は存在者**として**見知られるようになるのだ。〔GA 4: 41〕

ここでも「**として**」という指標が強調されることによって、真理の空け開きに関わる詩作の特徴が示唆されている。詩作者による詩作とは、存在者の本質が問い質され／与え返される、存在の真理の空け開きの空け渡しのことだった（本書第五章参照）。「全き疑わしさ」に伴われた真理の空け開きのなかでは、存在者が存在者「である」ことの自明性が奪い去られてしまい、改めて、本質を与え返された存在者「**としての**」存在者が覆いを取られる。形而上学が閑却してきた「**として**」という指標が、真理の空け開きに身を委ねた詩作者の詩作により、存在者と存在の「あいだ」を裂け開く指標として前景に現れてくる。詩作によって前景に移し置かれた「**として**」という指標は、「全き疑わしさ」に伴われた真理の空け開きの指標であり、存在者の存在が問いに付されていることの指標である。存在者から分け隔てられた存在は、論理学のいう「繋辞」としての役割の自明性を奪い去られ、一種の問いの宛先として浮かび上がってくることになる。詩作者が存在の真理の空け開きに身を委ねるということは、この「**として**」という「遊動の空間」を開き保つことであり、存在者から区別された存在への問いを問いとして耐え抜くことにほかならない。

このように詩作することは詩作者にとって、存在への「近み」＝真理の空け開きに踏み留まり、実体としては立ち現れてくることのない**出来事**としての存在を、実体としては立ち現れてくることのない**出来事**として、学び知り／教え伝える在り方なのだといわれた。詩作者による学び知ること／教え伝えることの在り方は、各々学び知ることを差し控える予感／教え伝えることを差し控える黙示として、特徴を示された（本書第七章参照）。真理の空け開きに身を委ねた詩作者の詩作は、件の「**として**」という指標を前景へと移し置くことによって、存在者からは区別された存在を、問いの宛先として「遠く」に保つ。真理の空け開きに関わる「**として**」という指標は、存在者と存在の「あいだ」を裂け開いておくことによって、存在が単なる認識の対象へと還元されることを拒み去り、存在を問いの宛先として受け取ることを求める。こうして、学び知ること／教え伝えることを差し控えることにより、却って、存在者から分け隔てられた存在の「近み」に留まりながら、元来「隠れることを好む」存在を学び知ること／教え伝えることが、初めて許されることになる。このように、詩作者の知識／伝達の在り方としての予感／黙示には、件の「**として**」という真理の空け開きの指標が帰属しており、この指標が「存在の問い」に特有の不条理に満ちた知の性格を規定しているのだ。

詩歌の「聞き手」としての思索者は、この「**として**」という真理の空け開きの指標に耳を傾けることによって、形而上学の概念や命題一般にもともと孕まれていた「**として**」という指標を与え返し、詩作者による予感／黙示が予感／黙示として聞き届けられる余地を開き保つ。「**として**」という指標を与え返された形而上学の概念や命題一般は、「全き疑わしさ」に伴われた真理の空け開きへと差し向けられて、確固たる認識の対象としての内実を宙吊りにされてしまう。詩歌の言葉に呼び止められた思索者は、プラトン以来の形而上学の概念を問い直すことによって、詩作者の予感／黙示が聞き届けられる余地を開き保つのだといわれた。ここへきて、真理の空け開きに関わる「**として**」という指標が、この探究課題にとって重要な位置を占めていることが判然としてくる。思えば形而上学の起源＝「最初の始まり」への遡行とは、この「**として**」という指標が生い立つ由来への遡行であり、いうなれば、形而上学の探究が真理の空け開きに「軽く触れている」結節点／分離点への探究だったのだ。この探究を経ることによって、ニヒリズムとしての形而上学の伝統の内側から、存在の真理の空け開きに向けて打ち開かれた亀裂が穿たれ、詩作者による予感／黙示としての詩作が聞き届けられる余地が開き保たれることになる。

形而上学が閑却してきた「**として**」という指標を注視することにより、詩歌の「聞き手」としての思索者は思索者なりの仕方で、存在の真理の空け開きという「秘密」を学び知り／教え伝える。存在の真理の空け開きへと差し向けられた「**として**」という指標は、「aはbである」という命題一般の自明性を奪い去り、単なる認識の対象としての知識／伝達の内実を宙吊りにしてしまう。思索者による学び知ること／教え伝えることの在り方としての予感／黙示は、存在者が改めて存在者「**として**」立ち現れてくる現場へと、この「**として**」という指標を介してそのつど差し向けられている。ヒューマニズムに囚われることのない「現‐存在」という人間の在り方も、有意義性の連関を抜け去った「四方の関係領域」という世界の在り方も、予感／黙示の宛先としてのみ立ち現れてくる「ありうべきもの」として、固定された命題のなかに型取られることなく学び知られ／教え伝えられるほかはない。このように、真理の空け開きに関わる「**として**」という指標の分析論は、学び知ること／教え伝えることを差し控える予感／黙示という知の在り方を、改めて示唆してくれる。存在の真理への探究に関わる探究方法／教育方法は、真理の空け開きへと差し向けられた「**として**」

という指標を介した、学び知ること／教え伝えることを差し控える「宙吊りの知」としての予感／黙示である。

このように詩作者によって導かれた存在の真理への探究は、「最初の始まり」としての形而上学の起源と対比して、「別の始まり」への探究と呼ばれている。「別の始まり」を告げ知らせる詩作者の詩作は、件の「**として**」という指標を介して、「最初の始まり」へと遡行する思索者の思索と協働しながら、真理の空け開きに関わる予感／黙示を送り届ける。詩作しながら「最初の始まり」から「別の始まり」へと移行することは、形而上学に規定された「正しさ」としての真理から、存在者の非隠蔽性／存在の自己隠蔽としての真理に向かって跳躍することである。詩作者の詩作のほうから「別の始まり」の予感／黙示を受け取った思索者は、真理の空け開きに関わる「**として**」という指標を、形而上学の概念や命題一般に与え返すべく、「最初の始まり」に向かう道程を辿り直す。いまや、或るものを或るもの「である」と説明した諸命題が、事実と合致しているのか否か＝「正しさ」ではなく、或るものを或るもの「**として**」捉え返すことによって、存在者が覆いを取られ存在が隠れ行くこと＝存在者の非隠蔽性／存在の自己隠蔽が、真理に向かう探究の関心事となる。「別の始まり」へと跳躍する詩作者と、「最初の始まり」へと遡及する思索者によるこの共同関係を、ハイデガーは次のように注釈している。

別の始まりへの跳び込みは、最初の始まりへの戻り行きであり、反対も成り立つ。とはいえ、最初の始まりへの戻り行き（取り・戻し）は過ぎ去ったものへの置き移しではない〔……〕。最初の始まりへの戻り行きはむしろ、まさにそこから距離を取ることであり、また件の始まりにおいて件の始まりとして開始されたものを経験するために差し迫られている、例の遠くに置くことという関連の付与なのだ。〔GA 65: 185〕

第二節　宙吊りの教育／教育学の方法

以上の論考を経ることによって、本書はようやく「宙吊りの教育学」の構想に着手することができる。「有用性と価値の教育」に孕まれている問題点を問い直すために、予感／黙示という「宙吊りの知」が要求されるのだとして、実際に教育／教育学はどのようにこの課題に取り組めば良いのか。有用性や価値の桎梏を越えた世界と人間存在の奥行きに関わる、教育の方法／教育学の方法とは、どのようなものでなければならないのか。「宙吊りの教育学」の探究方法の彫琢を経ることで、この問いに一定の回答を示すことが本節の課題である。

ニヒリズムとしての形而上学に規定された「有用性と価値の教育」の問題点を問い直すべく、「知の宙吊り」を探究方法とする「宙吊りの教育学」は、件の「**として**」という指標に注意を向ける。有用性と価値に絡め取られた教育学の伝統の内側に踏み留まりながら、なおこの伝統に揺らぎをしかける「**として**」という亀裂を見定めることが求められる。ところが、いま振り返ってみれば、本書はすでにかなり早い段階において、形而上学に規定された教育理論の核心に、「有用性と価値の教育」に差異をもたらす亀裂としての、この「**として**」という指標を一度目にしていたことに気づく。

> 生の事実のなかに与えられたこの特殊な現象が、人間の本質全体のなかで目的合理的・必要不可欠な部分**として**把握されるためには、人間の本質全体はどのような性質を持たなければならないか？〔AP: 37〕〔傍点引用者〕

これは、「開かれた問いの原理」と並んでボルノウ教育学の方法原理の核心を占めていた、「個々の現象の人間学的な解釈の原理」の定式だった。この原理が他の二つの方法原理を統括・敷衍するものであり、ボルノウの教育理論を全体として規定するものであったことは、本書の第一章に確認された通りである。この「個々の現象の人間学的な解釈の原理」の定式のなかに、件の「として」という指標が含まれていることに注目しよう。無論これは、真理の空け開きの指標としてことさら注視されているわけではなく、単なる接続詞として用いられた「として」にすぎない。ボルノウはハイデガーの「存在の問い」に異を唱えていたわけだから、この「として」という指標に特別な関心が払われていないとしても、驚くには当たらないだろう。とはいえしかし、この「として」という指標が示している宛先を無視して、「宙吊りの知」としての予感／黙示への探究を省みなかった点に、ボルノウ教育学に内在している問題の由来があるのだとすればどうだろうか。こうした問題意識から「宙吊りの教育学」は、ボルノウ教育学の方法原理に差し挟まれた「として」という指標を、真理の空け開きへと打ち開かれた亀裂として捉え返すことによって、「宙吊りの知」としての予感／黙示を教育学の探究方法へと彫琢することを試みる。[*49]

この論考は次の四つの項に区分される。

(1) 方法原理の構成要素の再解釈
(2) 方法原理の再構築
(3) 「知の宙吊り」と「開かれた問いの原理」
(4) 「知の宙吊り」と「問いへの教育」

(1) 方法原理の構成要素の再解釈

存在論の視座から捉え返された「**として**」という指標は、ボルノウによって提示された教育学の方法原理を、存在の真理の空け開きへと差し向けて、これを全体として問い直すことを要求する。この要求を受けて本書としては、件の定式に含まれていた「目的合理的な」(sinnvoll)「必要不可欠な」(notwendig)「人間の本質全体」(das Wesen des Menschen im ganzen) という三つの構成要素に目を向けて、「存在の問い」に関わる視座からこれらを捉え直すことで、「宙吊りの教育学」の探究方法を構築するための端緒としたい。[*50]

(A)「sinnvoll」――理解可能性を与える

本書が「目的合理的な」と翻訳してきたボルノウの「sinnvoll」に対して、存在論の視座から捉え返された「sinnvoll」という概念は、どのような内実を与え返されることになるのだろうか。ハイデガーが「Sinn」という概念に詳細な注釈を施したのは、主著『存在と時間』の第32節「理解と解釈」であった。このなかでハイデガーは次のように書いている。

> Sinnとは或るものに関する理解可能性がそこに留まっているところをいう。〔……〕Sinnとは先持・先視・先把握により構成された企図の宛先であり、ここから或るものとしての或るものが理解可能になるのだ。〔GA 2:

＊49 教育学の領域において、この「として」という契機に注目した先駆的な研究として、皇紀夫の論稿〔e.g. 皇 1996〕がある。

＊50 ボルノウの教育理論における、「sinnvoll」「notwendig」の訳語にまつわる問題については、本書第一章に詳しく論じた。

201〕

この箇所に「企図の宛先」の例として示されているのは、「有意義性の全体」としての日常世界である。「世界内部の存在者は一般に世界に向けて、要するに有意義性の全体に向けて企図されている」というわけだ〔ibid.〕。現存在を取り巻いている存在者は、さしあたり「或るもののため」を指針とする有意義性の連関に向けて企図されており、有意義性の連関のほうから理解されている、というのがハイデガーの論点だった。

存在論の視座から規定された「Sinn」=「意味」とは、さしあたり諸事物に理解可能性を与えている多種多様な連関の全体であり、諸事物を理解するための企図の宛先であるということができる。とはいえ、この宛先=「意味」に照らして諸事物を「理解する」ということは、単に対象として与えられた事物について観察すること／記述することではなく、当該の事物をその「ありうべき」諸可能性の全体に向けて「解き放つ」ことである。ハイデガーが得意とした金槌の例を借りるなら、金槌で釘を打つことは金槌という対象だけではなく、これが役に立つか否かという有意義性の連鎖全体のなかで、また作業場やそこで働く人間との関係全体のなかで、金槌の持っている諸可能性を解き放つことなのだ。この連関の全体がいつも判然と目に見えているわけではないが、有意義性の全体=日常世界はさしあたり常に、諸事物に関する理解を支える企図の宛先として与えられている〔cf. ibid.: 190ff.〕。

このような洞察に基づくなら、存在論の視座から捉え返された「sinnvoll」という概念は、「理解可能性を与える」という内実を与え返されることになる。これは「考え抜かれ目的に適した」というボルノウが用いていた語義よりは、「意味内実・思想の内容・意義をもたらす」という語義のほうに近いだろう。特定の現象が「sinnvoll」であるということは、この現象に照らして何らかの存在者を理解することができるということをいう。この図式を「個々の現象」と「人間の本質全体」の関係に適用するなら、「個々の現象」が「sinnvoll」であるか否かを問うことは、「個々の現象」を注視することで「人間の本質全体」の諸可能性が解き放たれるか否かを問うことだといえる。これは先に示されたボルノウ教育学の方法原理の定式から、有用性と価値の連関によるバイアスを抜き去り、基本方針だけを抽出したものだと見ることもできるだろう。このように「sinnvoll」という概念を捉え直すことによって、個々の現象は有用性や価値に換算されることなく、ただ世界と人間存在の「ありうべき」在り方が解き放たれる「宛先」となるのか否かを問われることになる。

(B)「notwendig」——窮迫を差し迫らせる

それでは本書が「必要不可欠な」と翻訳してきたボルノウの「notwendig」は、存在論の視座からどのように捉え直されることになるのか。一九三〇年代後半以降のハイデガーの諸論稿にあっては、この「notwendig」の名詞形に当たる「Notwendigkeit」が頻繁に登場してくる。この概念についてはこれまでにも何度か言及してきたが、ここでも簡潔に辿り直しておくことにしよう。

一九三七／三八年冬学期の講義において、ハイデガーは、真理の本質を問うことの「Notwendigkeit」に関する論考に紙幅を割いている。

> なぜなら、哲学の問いというのは〔……〕Notwendigkeit を孕んでいなければならない〔in sich tragen müssen〕から、いうなれば Notwendigkeit に向けて立ち戻るよう指示していなければならないからだ。〔GA 45: 119〕

この哲学の探究のNotwendigkeitとは、客観的な観察や論理的な証明から導かれるような、論理学の規則や因果の法則に基づくNotwendigkeitではない。「全てのNotwendigkeitは窮迫のほうから人間に向かって跳びかかるのだ」とハイデガーは注釈している〔ibid.: 129〕。存在の真理に関わる探究が「窮迫」(die Not)に差し迫られたNotwendigkeitに駆り立てられている、という件の発想は、一九三七/三八年前後には成立していたのである。さらにハイデガーは、先にも言及された存在と存在者の「あいだ」に関連させながら、この「窮迫」という概念を規定している。これによれば、真理への探究のNotwendigkeitが生い立つ起源としての「窮迫」とは、真理の空け開きとしての「あいだ」から「出ることも・入ることも・知らないこと」なのだという〔ibid.: 152〕。存在の真理に関わる探究へと駆り立てる「窮迫」が、主体としての人間の「無力」を告げ知らせる「ない」という言葉によって規定されたうえ、「無いという性格を持つもの」(ein Nichthaftes)と呼ばれていることに注目しよう〔ibid.: 159〕。

真理の空け開きとしての「あいだ」に「入ること」だけでなく「出ること」も問題になっているのは、この箇所の議論の主題が、「最初の始まり」としての形而上学の起源だからである。「最初の始まり」に帰属していたプラトン以前の思索者たちは、「別の始まり」を詩作する詩作者と同じように、やはり真理の空け開きへと身を委ねていた。これに対して、存在忘却の歴史としての形而上学の歴史に規定された現代の思索者たちにとっては、むしろ、この「あいだ」へと「入ることも・入らないことも・知らない」ということが、真理への探究を差し迫る窮迫の特徴となっているということができる。存在論の視座から捉え返された窮迫とは、日常生活を中断させる個々の厄介事や心配事を指しているわけではなくて、真理の空け開きへと身を委ねる自由も身を委ねない自由も、主体としての人間には与えられていないという境遇を示している。ハイデガーによれば、これは存在の自己隠蔽=存在棄却を起源とする窮迫であり、存在者の存在が忘れ去られているという窮迫だった（本書第五章参照）。

こうした観点に立つなら、存在論の視座から捉え返された「notwendig」という概念には、「窮迫を差し迫らせる」という訳語が適っていると考えられる。ここには、ボルノウが採用していた「絶対に必要な」「必要不可欠な」といった語義より、むしろ「避けられない」「どんな事情があっても」「やむをえない」といった語義が反映されている。**出来事**としての存在の真理が忘れ去られて、世界と人間存在の奥行きが閑却されていることに驚嘆した思索者は、このことを「言葉にせざるをえない」という窮迫に差し迫られる。しかし、真理の空け開きを背景とする世界と人間の二重性は、単なる認識の対象として学び知られ／教え伝えられた途端に、確固たる命題の内実として骨抜きにされてしまう。詩作者による予感／黙示としての詩作は、件の存在への「近み」という秘密が「秘密として」守られるように、この予感／黙示が予感／黙示として聞き届けられる余地を開き保つことを求める。有用性と価値に規定された世界に留まる思索者にとって、存在の真理に関わる探究へと差し迫る窮迫は、学び知ることを差し控える予感／教え伝えることを差し控える黙示という、風変わりな知の在り方＝「宙吊りの知」へと差し迫る窮迫でもあるのだ。

⒞「das Wesen des Menschen im ganzen」――世界内存在としての人間の本質承認

最後に「das Wesen des Menschen im ganzen」について検証しておこう。ここで重要なのは、「der Mensch」＝人間という言葉を挟む「das Wesen」と「im ganzen」という概念である。『Duden deutsches Universalwörterbuch』の「Wesen」の項目には、やはり多種多様の語義が掲載されている。

①⒜或る事柄に固有のもの・特徴を示すもの、この事柄を他のものから区別する概観、⒝或る事物が出現する

外観を刻印するもの、その外観の根底に存するもの、その外観を（内在的・一般的な法則性として）規定しているもの

② 一人の人間の振る舞いや、生き方や、考え方や、感じ方や、自己表出の仕方に、特徴を付与している精神の性質の総和

③ (a)特定の形態において、特定の在り方で、（しばしば単に想定・表象されただけの）、実在するもの、立ち現れてくるもの、(b)〔被造物としての・生き物としての〕人間

④ やることなすこと全て〔Tun u. Treiben〕

「本質」という訳語によって翻訳され、哲学思想の探究の主題とされてきたのは、主として①に記された語義の「Wesen」だろう。要するにこの概念は、「事物の不変の性質」や「固定された特徴」などを表現する言葉として受け取られてきたのだ。しかしハイデガーがこの概念を術語として用いるときには、事物の固定された「何性」とは別に、真理の空け開きにおける「本質の承認」が示唆されていた。存在論の視座から捉え返された「Wesen」という概念は、「事物の不変の性質」が問い質され／与え返される、存在の真理という**出来事**を指しているのだ。このように捉え返された「Wesen」という概念は、一般に「人間の本質」と翻訳されてきた「das Wesen des Menschen」を、あるいは「人間の本質とは何か?」という問いを、この「本質」がそのつど改めて生い立つ真理の空け開きへと差し向ける。「本質の承認」としての「Wesen」への／「Wesen」からの探究は、唯一「正しい」事物の「本質」を解き明かすための探究ではなくて、諸々の事物が一定の性質を与え返されて「覆いを取られる」**出来事**への／**出来事**からの探究となるだろう。

続く「im ganzen」は『Duden deutsches Universalwörterbuch』にも成句として掲載されており、「全部あ

わせて」(insgesamt: 全体としては)「全て」「全ての個々の側面を考え併せて」などの語義が記されている。存在論の文脈のなかで「im ganzen」といわれるときにも、こうした基本語義が踏襲されていることは間違いないだろう。ただし、このとき含意されている広い射程が見落とされてはならない。ハイデガーの論稿にこの「im ganzen」が用いられるときには、「das Seiende im ganzen」という熟語に含まれていることが多い。このとき「im ganzen」という指標は、存在者の全体が企図される宛先としての、世界との関連を示唆している。世界は主体としての人間から独立した客体ではなく、現存在としての人間もここに「一緒に含み込まれている」。存在論の視座から捉え返された「im ganzen」という指標は、単に他の存在者から孤立した主体としての人間の全容を指すのではなく、諸々の存在者との関係に編み込まれた「世界内存在」としての人間の在り方を示しているのだ。

こうした観点から捉え直すなら、「das Wesen des Menschen im ganzen」は、「世界内存在としての人間の本質承認」と読み解くことができる。ここには、真理の空け開きへと差し向けられた人間の在り方と、存在者の全体のなかに投げ込まれた人間の在り方の、緊張関係を聞き取ることができる。「das Wesen」と「im ganzen」とのあいだに挟み込まれた「der Mensch」は、真理の空け開きと有意義性の世界のあいだで宙吊りにされた人間の在り方を示唆している。「世界内存在としての人間の本質承認」に関わる探究とは、世界と人間存在の二重性に規定された探究であり、二重に縁取られた世界と人間存在の奥行きに関わる探究なのだ。この探究は、人間の本質が問いに付され／与え返されて、人間が人間「**として**」改めて立ち現れてくる**出来事**に「軽く触れている」。真理の空け開きに身を投げることもできなければ、有意義性の世界に満足して安住することもできない、両者のあいだで宙吊りにされた人間の在り方こそ、宙吊りの教育学に与えられた探究の主題だった。

(2) 方法原理の再構築

こうして存在論の視座から捉え返されることにより、ボルノウによって提唱された教育学の探究方法は、異なる二重の方向へと裂け開かれることになる。「知の宙吊り」としての宙吊りの教育学の探究方法は、有用性と価値の連関に規定された世界と人間の在り方への問いと、この規定を抜け去った世界と人間の在り方への問いという、相互に矛盾した問いを同時に問うことを要求する。件の定式を構成している「sinnvoll und notwendig」は、「als」という指標を亀裂として、「目的合理的・必要不可欠」という局面と「理解可能性を与える・窮迫を差し迫らせる」という局面という、世界と人間の在り方に帰属している異なる二つの位相へと引き裂かれることになる。人間の生に関わる個々の現象を、「目的合理的・必要不可欠」なもの**として**捉え返そうとする問いと、これを「理解可能性を与える・窮迫を差し迫らせる」もの**として**捉え返そうとする問いは、別々の問いではなく二重の方向へと打ち開かれた一つの問いとして、不即不離の関係のなかで同時に問われるのでなければならない。

このように二重の方向へ打ち開かれた宙吊りの教育学の探究方法の特徴は、上掲の三つの構成要素に即して、以下のように整理することができるだろう。論述上の都合からこれまでとは順序を入れ替えた。

①宙吊りの教育学の探究は、確かに世界と人間の「本質」に向けた探究には違いないが、単に固定された不変の性質に関する問いではなくて、世界と人間の本質が問い質され／与え返される、**出来事**とし

ての「存在の真理」の空け開きへと差し向けられた探究である。

「世界内存在としての人間の本質承認」に関わる宙吊りの教育学にとって、形而上学を規定してきた「正しさ」としての真理は、もはや探究の方向性を決める指針を与えてはくれない。存在者が改めて立ち現れる真理の空け開きに差し向けられた探究は、既存の現実との「整合性」や「妥当性」を探究の指針とすることはできない。これに代わって宙吊りの教育学の探究の指針となるのは、存在者が覆いを取られること＝「非隠蔽性」としての真理である。宙吊りの教育学にとって重要なのは、或るものが或るもの「である」ことを説明した命題が、現実の世界や人間の在り方と「合致している」か否かということではなくて、或るものを或るもの「**として**」捉え返すことによって、世界と人間のどのような在り方が「覆いを取られる」のかということなのだ。

②この探究においては、当該の諸現象が人間にとって「必要不可欠な」ものであるか否かだけでなく、同時に存在者が「存在する」という事実への問いを駆り立てるものであるか否か、要するに真理の空け開きに関わる探究への「窮迫を差し迫らせる」ものであるのか否かが問題となる。

このため、このとき「覆いを取られる」世界と人間の在り方へと向かう問いが、有用性と価値に規定された在り方への問いと、この規定を越えた在り方への問いという、二重性を帯びていることが重要になる。一方において宙吊りの教育学は、当該の事物や現象が有用性と価値の連関のなかで「不可欠の」役割を果たすものであるのか否か、またこのようなもの「**として**」捉え返すことにより世界と人間のどのような在り方が告げ知らされるのかを問う。また他方においてこの探究は、当該の事物や現象が有用性や価値を越えた件の**出来事**からの「窮迫」に関わるものであるのか否か、またこのようなもの「**として**」捉え返すことにより世界と人間のどのような在り方が告げ知らされるのかを問う。このように相矛盾した二重の方向へと打ち開かれた問題設定によって、宙吊りの教育学は、世界と人間の二重性を二重性として問おうとするのだ。

③宙吊りの教育学の探究にとっては、与えられた事物や現象が有用性と価値の連関に適った「目的合理的な」ものであるか否かだけでなく、これが世界と人間の「理解可能性を与える」か否か、世界と人間の諸可能性が解き放たれる宛先となるのか否かということが、併せて問題となる。

「或るものを或るもの**として**」捉え返すことによって告げ知らされるのは、世界と人間が実際にどう在るのか＝「現実性」(die Wirklichkeit)ではなく、この世界と人間がどのように在りうるのか＝「可能性」(die Möglichkeit)と、これに基づいて照らし返された件の事物や現象の「可能性」にほかならない。とはいえ、こうして告げ知らされた諸可能性を現実のものとするために尽力したり、これを教育の理想・目標として掲げたりすることは、宙吊りの教育学の探究課題とはなりえない。「非隠蔽性」としての真理を指針とする探究にとっては、相矛盾する二重の方向に引き裂かれた問いによって告げ知らされた世界と人間の在り方を、「ありうべきもの」(das Mögliche)として「ありうべきもの」のままに引き受けることができるか否かが問題となる。しかしこれは、有用性と価値に規定された世界と人間の在り方も、この規定を越えた世界と人間の在り方も、いずれも現実のものではないということを表現しているのではない。宙吊りの教育学の探究は、これら諸可能性のいずれか一方または両方が、現実のものであるのか否かという問題には頓着することなく、ただ双方の諸可能性を諸可能性として開き保っておくことを課題とするのだ。

こうした観点に立つなら、ボルノウが先の方法原理に付与していた「仮説」という性格を、存在論の視座から捉え返すことが求められる。件の「**として**」という指標へと注意を払う探究は、真理の空け開きに「軽く触れる」とはいうものの、存在者が「覆いを取られる」**出来事**としての存在の真理を、自由に引き起こすことができるわけでは当然ない。「或るものを或るもの**として**」捉え返すことによって告げ知らされる、「ありうべきもの」としての世界と人間存在の在り方は、あくまでも一つの仮説として与えられ仮説のままに留まるほかはない。ボルノウの方法原理にとっては、与えられた事物や現象が「目的合理的」「必要不可欠」だという仮説を、後から「正当なものとして証明」することが課題とされていた。実際にボルノウの諸論稿は、哲学者や文学者による証言を繰り返し援用しながら、個々の現象が人間の本質に関わる機能を果たしていることを「証明」しようとしていた。これに対して宙吊りの教育学においては、或るものを或るもの**として**捉え返すところから、これによって告げ知らされる世界と人間の在り方を示すところまで、全てが証明不可能な仮説のままに留められることになる。というのも、相矛盾する二重の方向へと引き裂かれた問いが、いずれか一方のまたは両方の帰結が「正しい」と証明された帰結として、確固たる命題のなかに固定されることを厳しく戒めているからだ。

相容れることのない二重の方向へ打ち開かれた問いに対する答えは、やはりいつも一致することのない二重の方向へと引き裂かれているため、単なる知識／伝達の対象として受け取ることのできる世界像／人間像を結ぶことがない。この二重の方向に打ち開かれた問いと答えの二重性を耐え抜くことによって、宙吊りの教育学は、学び知ることを差し控える予感／教え伝えることを差し控える黙示が、予感／黙示として聞き届けられる余地を開き保つのだ。こうして「ありうべきもの」として告げ知らされた、有用性と価値に規定された世界と人間の在り方と、この規定を抜け去った世界と人間の在り方のあいだに、二重に縁取られた世界と人間存在の「奥行き」が、奥行きとして幽かに予感され／果敢なく黙示されることになる。重複を恐れずに繰り返すなら、こうして予感／黙示された世界と人間存在の奥行きとは、確固たる命題のなかに固定されるような知識／伝達の対象ではない。二重の方向に打ち開かれて宙吊りにされた世界と人間の在り方は、二重の方向へと打ち開かれた問いが立てられる度ごとに、「そのつど」学び知ることを差し控えながら予感され／教え伝えることを差し控えながら黙示されるほかはないのだ。

(3)「知の宙吊り」と「開かれた問いの原理」

このように、相矛盾した二重の方向へと打ち開かれた問いを耐え抜くことによって、形而上学に規定された知識／伝達の在り方を宙吊りにし、予感／黙示が聞き届けられる余地を開き保つという点に、宙吊りの教育学を規定するべき「知の宙吊り」という探究方法の特徴がある。この探究の成果を一種の理論と呼ぶことができるとしても、この理論は他の人々を納得させるための「説明」とはなりえないし、特定の生き方を称揚するような「教説」とも無縁である。宙吊りの教育学の探究は、確固たる論述根拠や一定の価値意識ではなく、真理の空け開きに由来する窮迫に駆り立てられている。件の『哲学への寄与論考』のなかで、ハイデガーは、真理の空け開きに関わる探究の証明不可能性というこの問題に、繰り返し注意を促している。

こうした思索は決して一種の教説とさせられることがなく、思慮の偶然性から完全に抜け去っている〔……〕。

〔GA 65: 7〕

避けられなければならないのは、説明の試みによって〔存在の真理という「始まり」の**出来事が**〕欠け損なわれることである。〔ibid.: 188〕

〔……〕件の存在の思索すなわち全ての哲学は、「事実関係」によっては、あるいは存在者によっては、決して証明されることができないということ〔……〕。〔ibid.: 435〕

存在論としての哲学を理解しうるものにすることは「哲学の自殺だ」とハイデガーはいう。人生の指針となるべき確固たる世界像／人間像を求める人々にとってみれば、非隠蔽性としての真理を指針とする探究は、いつまでも「理解不可能」なものに留まり続ける。とはいえそれは人々に理解力が欠けているからでも、人々の知識が不足しているからでもない。ハイデガーの言葉を借りるなら、真理の空け開きに関わる探究の言葉は、「いつも問いながらの語りに留まる」からこそ、確固たる世界像／人間像を求める要求を満たすことがないのだ〔GA 6-2: 304〕。相矛盾する二重の方向へ打ち開かれた問いに規定されているかぎり、宙吊りの教育学の探究は、説得のための説明や証明された教説とは無縁な、予感／黙示という知識／伝達の圏域に踏み止まることになる。

このように「問うこと」を探究の核心に置いているという点において、「知の宙吊り」という方法は、ボルノウ教育学の全体を規定していた「開かれた問いの原理」と類縁性を持っている。この「開かれた問いの原理」によって示唆されていたのは、人間の本質に関する探究が結論を前提することの不可能性や、完結した人間像を与えることの不可能性だった。これが人間の「計り知れなさ」と生の諸現象の「はてしなさ」を

「真剣に受け取る」ことを求める原理であるかぎり、世界と人間存在の奥行きに関わる宙吊りの教育学もまたこの原理を支持する。もしも現代の人文諸科学の探究がこの原理を抜きに推し進められるなら、その探究は不遜の誹りを免れることができないだろう。とはいえしかし、この「開かれた問い」と「知の宙吊り」のあいだには、無視することのできない差異があることも事実である。

「開かれた問いの原理」が完結した人間像を提供することの不可能性を主張するのは、人間の生を取り巻く現象が汲み尽くされることがなく、したがって新たに探究の主題とされた現象によって人間の生の新しい側面が見えるようになるかもしれず、従来の固定された人間像が変更を迫られることもあるという見識からだった。これに対して「宙吊りの知」としての予感／黙示が学び知ること／教え伝えることを差し控えるのは、与えられた現象が単なる知識／伝達の対象として命題のなかに固定された途端、こうして命題のなかに固定された現象自体が瓦解してしまう場合がある、という洞察に基づいてのことだった。世界と人間の二重性に関わる宙吊りの教育学にとっては、単に目新しい現象によって人間の本質が問い直されることを念頭に置くだけでなく、素朴に何事かを学び知り／教え伝える知識／伝達の限界を見極めることが求められている。「宙吊りの知」としての予感／黙示という知識／伝達の在り方は、この課題に一定の指針を与えるものであり、この点において「開かれた問いの原理」には欠けていた視点を補うものだということができる。

このように彫琢された「知の宙吊り」という方法の特徴を、いっそう明確にしようとするなら、ボルノウの教育理論が扱っていた現象を、宙吊りの教育学の視座から捉え返してみるのがよいだろう。ここでは本研究の出発点となった「危機」という現象を、二重の方向へと打ち開かれた問いのなかに置き移し、ここから見えてくる人間の在り方を眺めてみることにしよう。

危機という現象に焦点を合わせるなら、二重の方向へと打ち開かれた宙吊りの教育学の問いは、次のように定式化することができる。

有用性と価値の連関のなかで目的合理的・必要不可欠の役割を果たすもの「**として**」、また同時に有用性と価値の連関を越えた理解可能性を与える・窮迫を差し迫らせるもの「**として**」、危機という現象を捉え返すとすれば、これによって世界と人間のどのような在り方が告げ知らされるのか?

本来不即不離の関係にあるこの問いの二重性を、仮に有用性と価値の連関に関わる問いとこの連関を越えた問いという、二つの位相から見てみよう。

前者の問いに関しては、本書第二章に検証されたボルノウの論稿に、改めて探究の導きを求めることができるだろう。仮に人間の生にとって重要な「機能」を持った現象「**として**」危機を捉え返すなら、これによって告げ知らされるのは、危機を経ることによって成熟に向かう人間の在り方である。この「成熟」の内実は、「新しい始まり」「自立した判断」「経験の豊かさ」といった指標によって言い渡された。危機を経ることによって人間は、これまでの凝り固まった慣習による拘束を打ち破って、「新しい衝動と共に新たに始める」ように強制される。このことは、これまで自明なものとして受け取られてきた種々の意見・規範に対する批判意識の生い立ちと、密接な連関を持っている。この批判意識こそ「自立して自分の責任において立場を決める」自立した判断の産屋にほかならない。危機のように苦痛に伴われた出来事を潜り抜けることによって、ここから何か「教訓」を学び取ることは「経験」と呼ばれる。ただし「経験の豊かさ」とは単に多くの知識や確かな技術を有しているということではなく、この知識や技術を修正する「新しい経験」へと開かれた態度を含んでいる。こうして危機を耐え抜くことによってのみ、人間は「成熟のさらに高次の段階」に辿り着くことができる。以上が、危機と人間の生の成熟との関連についてのボルノウの理論だった。

宙吊りの教育学は、こうして告げ知らされた人間の在り方と危機の性格を、現実に合致した「正しい」ものとして証明するのではなく、「ありうべきもの」に留め置いて「ありうべきもの」として引き受けることを課題とする。ここに示唆された人間の在り方や危機の性格が実現されるかどうかは、個々の人々に委ねられている問題であり、宙吊りの教育学はこれを「ありうべき」諸可能性として告げ知らせるにすぎない。ただし、この「ありうべき」人間の在り方や危機の性格は、単なる知識／伝達の対象として学び知り／教え伝えられた途端に、却って危機と成熟の連関を立て塞いでしまう。「ありうべきもの」としての人間の在り方や危機の性格は、いうなれば一種の「秘密」として学び知り／教え伝えられるほかはなく、言葉を換えれば、学び知り／教え伝えられた途端に「忘れ去られ」なければならない。

これと同じことが後者の問いに関してもいえる。いま仮に真理の空け開きに関わる探究への「窮迫を差し迫らせる」現象「**として**」危機を捉え返すなら、これによって告げ知らされることになるのは、危機を経ることによって有用性と価値の連関から離脱するような人間の在り方である。慣れ親しまれた秩序を破壊してしまう危機は、個々の存在者が存在者「である」ということに関わる自明性の崩壊を招き、「或るもののため」という有用性の指針や「良いか悪いか」という価値判断の基準を動揺させる。危機のような「出来事」に襲われた人間は、有用性や価値の規定を抜け去った真理の空け開きに投げ出され、存在者が本質を問い質され／本質を与え返される、存在の真理という「**出来事**」に立ち会うことになる。存在者が「覆いを取られる」**出来事**に巻き込まれた人間は、この**出来事**を「言葉にせざるをえない」という境遇に置かれる。こうして真理の空け開きへと身を委ねた人間は、恣意に任せてではなく存在からの贈り届けに聞き従いながら、存在者の本質を与え返す詩作者となるのだ。このとき危機は詩作者による詩作として詩作のなかでのみ、学び知ることを差し控える予感／教え伝えることを差し控える黙示によって、初めて真理の空け開きが空け渡される機会として立ち現れ告げ知らされることになる。

こうして告げ知らされた人間の在り方や危機の性格も、諸々の証拠を用いて「正しい」ものとして証明されるのではなく、あくまでも「ありうべきもの」として留め置かれ引き受けられるほかはない。特に最後の点が事実として証明されて命題として掲げられるなら、危機は改めて有用性と価値の桎梏に絡め取られてしまうだろう。真理の空け開きに関わる人間の在り方や危機の性格は、やはり「ありうべきもの」に留め置かれたまま、一種の秘密として学び知り／教え伝えられなくてはならない。しかしながら、こうして二重の方向へと打ち開かれた探究によって、二重の方向へと引き裂かれた問いのあいだに、世界と人間存在の奥行きが浮上してくることになる。相矛盾する二重の方向へと引き裂かれた問いの答えは、いずれも「正しい」と証明された知識／伝達の内実となることを拒み去るため、世界と人間存在の奥行きは、学び知ることを差し控える予感／教え伝えることを差し控える黙示によって、学び知られ／教え伝えられるほかはない。別な言葉でいうなら、相矛盾する二重の方向へと引き裂かれた問いは、二重の方向へと引き裂かれたまま耐え抜かれなければならない。まさにこの点に、「知の宙吊り」という宙吊りの教育学の方法を、ボルノウ教育学の方法原理から区別する、固有の特徴があるといえるだろう。

(4)「知の宙吊り」と「問いへの教育」

以上の論考によって、宙吊りの教育学を規定している「知の宙吊り」という探究方法の特徴が、いっそう詳しく示された。加えて、形而上学に規定された知識／伝達の在り方の問い直しに基づくこの論考により、すでに、世界と人間存在の奥行きに関わる教育方法の特徴もまた、半ば明確になったといって良いだろう。

これまでにも指摘されたように、哲学者としてのハイデガーが用いた存在の真理に関わる探究方法は、大学教師としてのハイデガーが用いた存在の真理に関わる教育方法でもあったのだった。相矛盾する二重の方向へと打ち開かれた探究の方法に関する洞察は、すでに、相矛盾する二重の方向へと打ち開かれた教育の方法に関する示唆をも含み込んでいる。

「学ぶこと」（das Lernen）と対比された「教えること」（das Lehren）に関して、ハイデガーは、一九五一／五二年の講義のなかで次のように話している。

なぜ教えることは学ぶことよりも困難なのか？　これは、教師がいっそう大きな知見〔Kenntnissen〕の総和を所有していなければならず、いつでもこれを準備しておかなければならないからではない。教えることが学ぶことよりも困難なのは、教えることが学ばせること〔lernen lassen〕をいうからなのだ。本来の教師は ―― 学ぶこと以外には ―― 何も学ばせることはない。〔GA 8: 17f.〕

これを素朴に受け取れば、教師の最大の仕事は子どもを勉強机に向かわせることであり、またどのように学習を進めるべきかを指導することであるというような、ありふれた教育論に落とし込まれることになるかもしれない。しかしこれまでの議論を省みるなら、こうした素朴な読解が、ハイデガーの洞察を捉え損ねていることは明白だろう。存在論の視座から捉え返された学び知ること＝予感することは、「ありうべきもの」として告げ知らされた世界と人間の奥行きを、単なる認識の対象として命題のなかに固定することを差し控えながら、「ありうべきもの」として引き受けて身を委ねることを意味していた。講義のなかでハイデガーは、これを次のように注釈していた。

学ぶことは、そのつど本質のようなものに即して我々に語り渡されるものに対して、行いの全てを適ったものにすることをいう。〔ibid.: 17〕

「学ぶこと」を「行いの全て」へと関連させたこの規定は、もちろん単なる「知行合一」や「行動第一」の思想を称揚しているのではなくて、世界と人間存在の奥行きを引き受ける探究者の在り方を示唆している。これに従うなら、「学ぶことを学ばせること」としての「教えること」とは、世界と人間存在の奥行きを「ありうべきもの」として引き受けて、これに身を委ねるように他者を導くということを意味していることになる。とはいえこれは、有用性と価値に規定された世界と人間の在り方と、この規定を越えた世界と人間の在り方の両方を、単なる知識の内実として伝達するということではない。有用性と価値の連関に絡め取ることのできない世界と人間存在の奥行きは、学び知ることを差し控える予感によって学び知られるほかはないとされた。存在論の視座から捉え返された「教えること」は、「学ぶことを学ばせること」として、学び知ることを差し控えながら予感することを「学ばせる」ことをいう。

したがって、この「学ぶことを学ばせる」という課題を引き受ける「教師」(der Lehrer: 教え手)となりうるのは、真理の空け開きに身を委ねた詩作者か、あるいは、この詩作者の詩歌へと耳を傾ける思索者だということになる。この「教師」としての詩作者／思索者の在り方に関して、前頁の引用に続けてハイデガーは次のように書き留めている。

教師はひとえに学び手たちより遥かに多く学ぶべきことを持っているという点で、学び手たちに対して卓越している。要するにこれが学ばせるということなのだ。教師は学び手たちよりも教え導かれることがありうるのでなければならない。学び手たちが彼らの事柄に関して確信を持っているのに比べると、教師は彼の事柄に関して遥かに少ししか確信を持っていない。〔ibid.: 18〕

無論ここでも、教師は生徒たちより学習への意欲が旺盛でなければならないだとか、みずから学んでいる姿を生徒たちに見せなければならないといった、耳慣れた教育論が展開されているわけではない。詩作者／思索者としての教師が学び手たちよりも多く学ぶべきことを持っているとすれば、これは詩作者／思索者が非隠蔽性としての真理を指針とする探究に携わっており、常に改めて立ち現れてくる存在者の本質を問い尋ねているためである。詩作者／思索者としての教師が学び手に比べて事柄に関する確信を持つことがないという指摘は、詩作者／思索者の知識としての予感を規定している、確固たる認識の対象として学ぶことを「差し控える」という特徴を示唆している。

詩作者／思索者としての教師にとっての「教えること」は、世界と人間存在の奥行きを予感することを「学ばせること」として、この奥行きを教え伝えることを差し控えながら教え伝える黙示にほかならない。真理の空け開きに身を委ねた詩作者は、存在の「近み」＝真理の空け開きという秘密を秘密として学び知るよう、詩作しながら「他の人々」に向けて黙示を送り届ける。この詩歌の「聞き手」としての思索者は、二重の方向へと引き裂かれた問いを耐え抜くことによって、詩作者による予感／黙示としての詩歌の言葉が聞き届けられる余地を開き保つ（本書第七章参照）。これらはいずれも、世界と人間存在の奥行きを予感することに向けた呼び求めとして、「学ぶことを学ばせること」としての「教えること」の特徴を示している。とはいえハイデガーもまた精確に見抜いていたように、詩作者／思索者としての教師による「教えること」としての黙示が、必ずしも学び手を「学ぶこと」としての予感へと導くことに成功するわけではない。詩作者

／思索者としての教師にできることは、ただ真理の空け開きに関わる予感／黙示が聞き届けられるよう呼び求めながら、学び手たちが「学ぶに任せる」(lernen lassen) ことだけなのかもしれない。

世界と人間存在の奥行きに関わる「教えること」は、「学ぶことを学ばせる」こととして、学ぶことを差し控える予感へと学び手を導くことをいう。これは実際には二重の方向に打ち開かれた「問い」の渦中への誘惑にほかならないのだから、ここに提唱された「教えること」の内実は、ボルノウが重視していた「問いへの教育」(Erziehung zur Frage) と高い類縁性を持っている。しかし「知の宙吊り」を指針とする探究方法が「開かれた問い」とは似て非なるものであったように、「知の宙吊り」を指針とする教育方法と「問いへの教育」とのあいだにも、やはり無視することのできない差異がある。

「問うこと」を「情報の問い」と「内省の問い」とに区別したボルノウは、個々の人間自身とこれを取り巻いている秩序の全体が「疑わしい」ものとなる「内省の問い」を耐え抜くことによって、初めて人間は「自己自身」になるのだと考えた。これまで自明視されてきた自己の根拠が問われる「内省の問い」によって、「素朴な集団の意識の世界」と「無思慮に甘受された意見や見解」を突き抜けて、自己自身の生に「みずから獲得してみずから責任を負う基礎」を与えるのだというのである〔FG: 1058〕。こうした洞察に基づいてボルノウは、「人間とは問う存在である」と「定義」している〔ibid.: 1055〕。「問うこと」の重要性に関するこの議論が、危機に関する議論とパラレルな関係にあることは明白だろう。ボルノウの論考に従うなら、危機こそが「内省の問い」へと駆り立てる契機であり、また「内省の問い」こそが危機を生の成熟の機会とする契機だということになる。とはいえ、危機を手前勝手に演出することが教育者の不遜として戒められたのに対して、「問うこと」へと導くことは教育者の重要な役割として位置づけられている。この「問いへの教育」を実践する教育者の在り方を、ボルノウは次のように規定している。

しかし、みずから誠実に問うことができるもののみが、問うことへと教育することができるのです。〔……〕みずから真の対話のなかへとかれが入ってゆくとき、そのときかれは固定的となった自分の確信を新たに問いのなかにおき、こうして他者を問いへと導こうとすることによって、みずからもまた問うことを学ぶのでなければなりません。〔EF: 203〕

しかしながら、ボルノウの主張を「正しい」ものとして受け取るなら、この「問いへの教育」は主体としての人間には実現が不可能だということになる。というのも、「問いへの教育」に携わる教育者が、これまで甘受していた秩序を問い質さなければならないのだとすれば、自立した「自己」を教育の理想に掲げる価値判断や、「人間は問う存在である」といった「定義」を、これまでと同じように保持することなどできないはずだからだ。「問うこと」が教育の目標として定立されているかぎり、「内省の問い」には最初から確固たる回答の指針が与えられているようなものなのだから、「問いへの教育」を実現しようとする企図は挫折するほかないだろう。ところがボルノウはというと、「問うこと」を教育の目標として掲げ、自立した「自己」を人間の理想として掲げることに、何ら躊躇いを覚えていないように思われる。危機、希望、被護性などの現象に関する議論のときと同じく、ボルノウの理論は、「内省の問い」によって問い質される秩序とは別個に、動揺することのない有用性と価値の連関に基づく秩序を前提しているために、この有用性と価値の連関をも逸脱するはずの「問い」の射程を、論考のなかに組み込むことができなかったのだ。

「問うこと」が一定の価値を付与された「常套句」として流布することに対して、ハイデガーは次のような忠告を残している。

とはいえ我々は、何でも手早く片付けてしまう大衆との関連のなかで、もっと別なことに注意を払うことにしよう。いますぐまさに明日にでも、全ては問うに値すること〔die Fragwürdigkeit: 疑わしさ〕に懸かっているのだ、という常套句〔das Schlagwort〕が流布するようなことが、容易に起こりうるのだ。この売り文句によって、ひとは問うている人々の仲間に属するような外観を呈する。〔GA 8: 189〕

これに対して、世界と人間存在の奥行きに関わる「教えること」は、やはり二重の方向へと打ち開かれた問いに関連した教育であるが、「問うこと」やこれによって到達される人間の在り方を教育の理想に掲げることはない。みずから世界と人間存在の奥行きを予感／黙示する詩作者／思索者は、「問うこと」こそ教育の目標であるという価値判断や、「人間は問う存在である」という定義に基づいてこれを教え伝えるのではなく、「言葉にせざるをえない」という窮迫に差し迫られてこれを学び知り／教え伝えるのだった。存在者の非隠蔽性／存在の自己隠蔽という**出来事**を起源とする窮迫の差し迫りは、有用性と価値の連関による規定とは無関係な、拒み去ることを許さない無条件の差し迫りである。「全き疑わしさ」に伴われた真理の空け開きに関わる探究者は、この無条件の差し迫りに駆り立てられて、世界と人間存在の奥行きを教え伝えることを差し控えながら教え伝えることで、この奥行きを学び知ることを差し控えながら学び知ることへと「学び手」を導くのだ。

第三節　「知の宙吊り」のモデル

以上の論考によって本書は、世界と人間存在の奥行きに関わる教育／教育学を規定している、「知の宙吊り」という方法の特徴を概観してきた。とはいえ、実際に世界と人間存在の奥行きが問題となる場合には、学び知ること／教え伝えることを差し控えながら学び知り／教え伝えるという課題は、個々の教育者／研究者によってどのように遂行されることになるのだろうか。仮初にも宙吊りの教育／教育学の方法原理が構築されたいま、改めて求められるのは、たとえ未完成なものであるとしても、「知の宙吊り」という探究方法／教育方法を体現した知識／伝達のモデルを提示することだろう。

この課題を受けて本節は、ハイデガーの論稿のなかでも探究に向かう姿勢や戦略が顕現している箇所に注目することによって、「知の宙吊り」としての予感／黙示という知識／伝達の在り方を例示することを試みたい。哲学者であると同時に大学教師でもあったハイデガーが執筆／講義に向かうスタイルは、世界と人間存在の奥行きに関わる教育／教育学に指針を与えるべき、最初のモデルとなるだろう。さらにこうして与えられた洞察は、世界と人間存在の奥行きに関わる視座から、改めてボルノウの論稿を読み解き直すことを許してくれると期待される。この論考は次の三つの項に区分される。

(1) 問いの螺旋へ —— 幾つかの証言
(2) M・ハイデガー『放下』を読み直す
(3) 「知の宙吊り」と『放下』

(1) 問いの螺旋へ —— 幾つかの証言

ハイデガーの論稿を「知の宙吊り」という探究方法のモデルとして読み解くための準備として、まずはハイデガー自身が彼の著作の性格をどのように把握していたのかを確認しておくことにしよう。ハイデガーが残した証言として最も有名なものは、全集第一巻の冒頭に掲載された次の一節だろう。

道 —— 作品にあらず〔Wege - nicht Werke〕。〔GA 1〕*51

これには『思索とは何をいうのか？』の次の一節が対応している。

思索そのものが一つの道である。我々はただ途上〔unterwegs〕に留まるという仕方でのみこの道に添う。道を建てるべく、道の上にあって、途上にあるということは、一つのことである。〔GA 8: 173〕

ハイデガーは自身の著作が完成された「作品」としてではなく、いつも途上にある「道」として受け取られることを求めた。膨大な数の著作を目にして、そこから何か完結した「成果」（Werk）だけを収穫しようとする研究は、探究の「道程」（Weg）を目的地と取り違えるという誤謬を犯している。ハイデガーの著作を手に取った読者は、ハイデガーが迷いながら歩んできた道程を、共に歩み進むことを求められることになる。ただしこれは、単にハイデガーの敷設した通路を辿り直すことではなく、残された「道標」（Wegmarken）を拠り所として、改めて道を開拓することでなければならない。ハイデガーによって拓かれた道は、多くの

*51　書籍の扉に手書きのまま印刷されており頁数の記載はない。

場合に道とすら見えない「杜の道」〔Holzwege〕であり、繰り返し新たに開拓されるほかはない道なき道なのだ。*[52]

杜〔Holz〕とは森〔Wald〕の古い名前をいう。杜には幾つかの道がある。道は人通りがない所で草木に覆われて突然に途絶している。〔GA 5〕*[53]

したがってハイデガーのいう「道」とは、皆が歩きやすいように舗装された道路ではなくて、新たに道を拓こうとする者にだけ見え隠れする、草木に覆われて消えかかった足跡のようなものでしかない。道は「途上」においてのみ「立ち現われ立ち消える」とされる〔GA 9: IX〕。繰り返し新たに道を拓きながら歩くことは、どこか明確な目的地に向かって歩を進めることではない。「杜の道」に在ること〔auf einem Holzweg sein〕は「思い違いをすること」〔auf dem Holzweg sein〕にも通じているように、いつも「迷いの中を行く」ことをいう〔GA 13: 91〕。例えばかつて秘境と呼ばれた観光地へと続く通路のように、順路正しく「杜の道」を進むことが奨励されているわけではない。ハイデガーが歩みを進めた道は、個々の思索者が否応なしに「迷いの中を行く」「問い」の道であって、確固たる理想・目標を掲げて歩まれる「答え」の道ではなかった。

思索の‐道程というのは、走り固められた車道のようにどこからかどこかへと延びているのでもなければ、それ自体が一般にどこか眼前に在るわけでもない。歩み行くことだけが、すなわちここでは思索しながら問うことが、初めて道を‐拓く〔Be-wegung〕のだ。〔GA 8: 174〕*[54]

このような「問うこと」の道程としての探究の特徴を、ときにハイデガーは「円環運動」〔der Kreisgang〕あるいは「螺旋」〔eine Spirale〕という言葉で表現している。これらの言葉はいずれも、「迷いの中を行く」

とされた「杜の道」の、「途上に留まる」という性格を色濃く反映している。

このため我々は円環運動を遂行しなければならない。これは当座しのぎの処置でもなければ欠陥でもない。この道に踏み込むことこそが思索の強度であり、この道に留まることこそが思索の祝祭なのだ。〔GA 5: 3〕

まるで思索が魔法の円環のなかで、絶えず同じものの周りを巡らされているか、あるいは愚弄され惑わされていながら、それでいてこの同じものには一向に近づくことができずにいるように思われる。しかしおそらくこの円環は、一種の覆い隠された螺旋なのだろう。〔GA 9: 410〕

確固たる理想・目標を掲げて一直線に歩いてみても、問いの宛先には辿り着くことができないという点に、真理の空け開きに関わる探究の困難があった。探究者はそのつど与えられた道を「繰り返し行きつ戻りつしなければならない」〔GA 5: 211〕。こんなふうに堂々巡りをしていても空け開かれた場所には辿り着けそうにもないし、実際に主体としての人間の恣意に依拠しているかぎり辿り着くことはできないだろう。しかしながら、このように「迷いの中を行く」「行きつ戻りつ」の堂々巡りが、一種の「円環運動」として歩まれるうちに、密かにこの歩みを規定している「中心」が浮かび上がってくる。いつもそれを「めぐって」(um) 問われている問いの宛先 (das Woraufhin) が、円を描く問いの歩みによっておぼろげに輪郭を縁取られる。

＊52　「Wegmarken」「Holzwege」はハイデガーの著作名でもある〔GA 5 & 9〕。
＊53　書籍の扉に掲載されており頁数の記載はない。
＊54　ドイツ語の「Bewegung」は「運動」というほどの意味だが、ハイデガーは「Be-wegung」という分かち書きによって、これに「道を拓く」という意味を持たせようとした。この語義がさらに強調される場合には、「Be-wëgung」という造語が用いられることもある〔小野 2002: 453ff. 参照〕。

ときに中心へと近づいたり中心から遠ざかったりする、この螺旋状の円環運動によって、証明された命題には回収することのできない問いの宛先が、あたかも初めからそこに実在していたかのような仕方で幽かに予感され／果敢なく黙示されるのだ。

とはいえ、一度はこうして輪郭を縁取られた探究の中心も、到達されるべき確固たる理想・目標として掲げられ、探究者の歩みが直接そちらへ向けられた途端に、「杜の道」の闇にまぎれて消え去ってしまう。探究者の歩みを規定している「問いの宛先」は、この宛先をめぐる「問いの螺旋」が歩まれているときにだけ、この円環運動の中心として輪郭を縁取られるのだ。このように中心への求心力と中心からの遠心力がせめぎあう「問いの螺旋」は、近さを遠ざけることによって近みに留まるという、予感／黙示としての知識／伝達の在り方と精確に一致している。学び知ること／教え伝えることを差し控える予感／黙示とは、真理の空け開きをめぐる探究の「途上」に踏み留まることであり、この「問いの螺旋」の中心に問いの宛先の輪郭を縁取ることなのだ。

とはいえ、このように「問いの螺旋」に踏み留まる「行きつ戻りつ」の探究は、形而上学の伝統に規定された従来の思考様式からすれば、認めがたい「逸脱」(die Verrückung) にほかならないだろう。

日常の表象が全ての事物の唯一の尺度と見做されるとすれば、哲学というのは何かいつも常軌を逸した所業〔Verrücktes〕である。〔GA 41: 1 & cf. ibid.: 37〕

件の『哲学への寄与論稿』のなかでハイデガーは、繰り返し「現‐存在」への「逸脱」に論及している。*55「問いの螺旋」を歩む思索者たちと同じように、あるいはおそらくそれ以上に、真理の空け開きへと身を委ねた詩作者たちは、形而上学に規定された日常の思考から見れば「常軌を逸している」。一九三〇年代以降のハイデガーが、ヘルダーリン、ニーチェ、ゴッホ（V. v. Gogh）など、いわゆる「精神病」（Geisteskrankheit）を患ったとされる詩作者、思想家、芸術家に、繰り返し言及しているのは偶然ではない。無論ハイデガーは、医師によって下された「診断」や、各々の「病名」に関心があったわけではない。近代社会が「精神病」の兆候として「診断」してきた詩作／思索の営為のなかに、主体としての人間の恣意を越えた、存在の真理という**出来事**の余韻を聞き取ることができるとすればどうか。このような**出来事**に触れて真理の空け開きへと身を委ねた人々が、形而上学の伝統に基づく思考様式によって、「精神病」患者として「嘲笑」または「忌避」されてきたのだとすればどうか。こうした点にハイデガーの問題意識があった〔cf. GA 45: 215f.〕[*56]。

こうして「問いの螺旋」の歩みが「常軌を逸した」ものであることを告げ知らせることにより、ハイデガーは、形而上学の伝統に規定された知識／伝達と探究者の予感／黙示との差異を強調した。実際にハイデガーの講義や研究会に出席した人々の証言は、「迷いの中を行く」ハイデガーの探究が、いかに従来の学問の規範を「逸脱」したものであったかを伝えている。例えば、ハイデガーの高弟レーヴィット（K. Löwith）は次のように書いている。

すぐにも一つの困難が立ちはだかってくる。ハイデガーの難解さである。慣れ親しみのない思想の行程を、前提・帰結・曲折と、一歩ずつ辿っていくことが容易でない、といっているのではない。〈首尾一貫した前進〉と

＊55　cf. GA 65: 14, 26, 122, 235, 314, 317, 325f., 338, 355f., 372, etc.
＊56　精神科医の視点から、ハイデガーの哲学思想と「精神病」あるいは「狂気」との関連を読み解いた研究として、加藤敏の著作〔加藤 2002〕がある。

いう意味での論証や「論理的」展開が原則として忌避されており、これによってこれに代えて、いつも新たな変奏によって同一の主題の周りを徘徊している〔umgehen: 迂回してゆく・避けて通る〕思索を追いかけるという、特別の困難のことをいっているのだ。〔Löwith 1953: 9〕*57

彼の講演技術の真骨頂は、一個の思想建築物を組み立てておいて、これを再びみずから撤去してしまうことで、期待に満ちた聴衆を謎の前に立たせ、空虚のなかに置き去りにするという点にあった。〔Löwith 1986: 43〕

次に引くのは、ハイデガーの長年の知己であったペツェット（H. W. Petzet）が、ハイデガーとの交流を書いた著作からの一節である。

講演は私に予想もしない・驚くべき影響を及ぼした。暗く曇ったあの空を巨大な稲妻が引き裂いたかのようだった。〔……〕ほとんど苦痛さえ伴うような明るさのなかで、世界の諸事物がそこ〔da〕に隠れなく横たわっていた。〔……〕講堂を出たときには言葉が麻痺していた。一瞬世界の根底を見てしまったかのようだった。〔Petzet 1983: 18〕

最後に、スイスの精神科医ボス（M. Boss）がハイデガーを自宅に招いて、同僚や学生を集めて開いたゼミナールの記録から、ボスの序言を引用しよう。

何回かのゼミナールの記録を読めば、これが最初どれほど途方もなく骨を折って実施されたものであったのかが、読者にも明らかになるに違いない。〔……〕こうしたゼミナールの状況は、火星人が地球の住民の集団に初めて出会って、意思を通わせようとしているかのような空想を、何度も喚起したものである。〔ZS: XIV〕

レーヴィットの冷静な分析は、「行きつ戻りつ」の「円環運動」としてのハイデガーの探究の性格を、流石によく見抜いている。ペツェットの回想はいささか感傷的だが、当時学生たちを夢中にさせた講義の熱気をいまに伝えてくれる。どこか大袈裟とも思われるボスの証言も、「常軌を逸した」思想に触れた精神科の医師たちの困惑をよく表している。学生たちから「メスキルヒの魔術師」と渾名されたハイデガーの「問いの螺旋」は、実際のところどのような渦を巻き起こしていたのだろうか。以上の証言を念頭に置いたうえで、「知の宙吊り」という探究方法のモデルを求めるべく、実際にハイデガーによって著された一冊の論稿を、丁寧に読み解いていくことにしよう。

(2) M・ハイデガー『放下』を読み直す

「問いの螺旋」としての探究の特徴が顕著に現れている論稿として、ここでは特に、ボルノウも援用していた著書『放下』に注目する。一九五九年に上梓されたこの著作には、一九五五年にハイデガーの故郷メスキルヒにて行われた講演の記録と、これに先立つ一九四五年に執筆された対話の記録が収録されている。ただし、講演録が実際の講演の内容をほぼ忠実に書き起こしたものであるのに対して、対話篇が実際の対話を忠実に再現したものであるという確証はない。おそらく、例えば『言葉についての対話から』がそうであったように、実際に行われた対話にハイデガーの構成・脚色を付加したものであると推察される。ハイデガーの「著作」の大半が講演録や対話篇によって占められている背景には、件のジャン・ボーフレに宛てた書簡

*57　cf. Löwith 1953: 19, 73, 108f., etc.

（本書第五章参照）のなかに記されている、以下のような問題意識があったことが知られている。

貴方の手紙に記されたこうした問いは、むしろ直接の対話のなかでこそ、おのずから明らかになることだろう。書かれたものの内にあっては、思索は容易にその活力を失ってしまう。何より書かれたものの内にあっては、思索に固有の領域の多次元性を保持しうるとしても、大変な困難を伴うことになる。〔GA 9: 315〕

(A) 一九五五年の講演録

さて、著書『放下』のなかでは対話篇より前に講演録が置かれている。これは単純な時系列に従えば逆順に並んでいることになる。訳者の辻村公一の言葉を借りれば、これは「一般向きの平易な記念講演」が、「難解な対話」への「導入」として置かれているのだと見ることもできる〔GL：邦訳書 149ff.〕。しかし、こうした自然な観点からは見落とされてしまう緊張に満ちた関係が、講演録と対話篇とのあいだにあるとすればどうだろうか。発表の順序からいうなら、かつて対話篇のなかで輪郭を縁取られた「放下」への探究が、講演会のなかで改めて明確な主題として提示されたのだと見ることができる。これに対して、「一般向き」に整理された講演録から複雑に絡み合う対話篇へと戻りゆく著作の構成は、いわば「行きつ戻りつ」の「思索の道程」を体現したものであるとすればどうだろうか。相互に挑発しあう講演録と対話篇とのあいだの円環運動として、予感／黙示が聞き届けられる余地を空け開く、「問いの螺旋」の軌跡が浮かび上がってきているのではないか。

著作の構成に従ってまずは講演録から見てみよう。現代の人間の「土着性」（die Bodenständigkeit）の喪失の背景に、「計算」や「打算」に絡め取られた「計算的思索」（das rechnende Denken）の隆盛を見て取ったハイデガーは、「最も身近にあるもの」に関わる「観照的思索」（das besinnliche Denken）をこれに対置した。これについてハイデガーは次のように話している。

観照的思索は我々に次のことを要求している。すなわち我々が一つの表象に一面的に執着することのないことを、また、我々が一つの表象の方向へと偏狭に突き進むことがないことを。観照的思索は我々に次のことを要求している。すなわち見たところ決して調和することのないものへと、我々が巻き込まれる〔sich einlassen〕ことを。〔GL: 24〕

辻村も注記しているように、ここにいう「見たところ決して調和することのないもの」とは、後に出てくる「技術世界への同時の是と否」を示唆している〔ibid.: 邦訳書 33〕。この「技術世界への同時の是と否」こそ、ハイデガーがこの講演のなかで「放下」と呼ぶものにほかならなかった。第五章にも引いた箇所だが再度引用しておくことにしよう。

我々は技術的な事物の避け難い使用に対して「是」ということができる。また、この諸事物が我々を独占的に酷使して、我々の本質を歪曲させ・混乱させ・最後には閉塞させてしまうことを、我々が拒否するかぎりにおいて、我々は同時に「否」ということもできる。／〔……〕この技術世界に対する〈同時の是と否〉という態度を、古い言葉を用いて諸事物に対する放下と名付けることにしよう。〔GL: 24f.〕

このように漫然と講演の論旨だけを追っていると、現代の人間に「土着性」を取り戻すために役立つ契機として、「放下」という風変わりな在り方が、一定の価値を付与されて称揚されているように読める。ニーセラーの論稿にも見られたこのような理解は、この講演録だけに限定してみればおそらく一定の権利を持っている。しかし、こうした読解が無視または軽視しているのは、「同時の是と否」といわれるときの「Ja」と「Nein」の緊張関係であり、「見たところ決して調和することのないもの」に孕まれている不条理なのだ。「放下」を規定している「Ja」と「Nein」の同時性は、例えばニーセラーが提唱した「均衡」のような理念には回収することができない、異なる方向へ引き裂くような両義性を抱えている。「放下」という一個の概念によって取りまとめられた「見たところ決して調和することのない」両義性は、人間の生と教育を導くべき規範として掲げられた途端に、「一つの表象」として型取られ骨抜きにされてしまうことになるだろう。

(B) 一九四五年の対話篇① 「非 - 意欲」

「放下」という在り方に孕まれている両義性は、講演録のなかでは単に「見たところ決して調和することのないもの」として、控えめに告げ知らされているにすぎない。何よりこうした概念規定をどれほど重ねたとしても、結局これも「一つの表象」として「計算」と「打算」に捕捉されてしまうだろう。「放下」という在り方を称揚しているかに思われる講演録の命題は、この「放下」に関わる探究が輪郭を与えられた起源へと送り返されることで、改めて「一つの表象」に絡め取られることのない引き裂かれるような両義性を与え返されなければならない。講演録より前に成立していながら講演録より後に収録された対話篇は、次のような謎めいた問いかけから始まる。

研究者 以前貴方はこう主張されました。人間の本質への問いは人間への問いではないと。〔ibid.: 31〕

この対話篇を構成しているのは、近代科学の思考様式に慣れ親しんだ**研究者**（Forscher）、哲学の歴史に精通した博識の**学者**（Gelehrter）、存在の真理への問いに携わる**教師**（Lehrer）の、三者による対話（ein

Gespräch）である。*[58] 誤解のないように先に述べておけば、筆者はこの対話に登場する**教師**こそが、「宙吊りの教育／教育学」のモデルとなる人物だと期待しているのではない。そうではなくて、講演録から対話篇への折り返しというこの著作の構成と同様に、この三者による対話の進行全体を、「問いの螺旋」を歩み進む「知の宙吊り」のモデルとして読み解いてみたいのだ。したがって、**教師**一人が何をどのように説いているか、ということだけが重要なのではない。三者による対話全体を一つの「問いの道程」として捉え返したときに、これがどのような紆余曲折を経ながら歩み進められており、またこのなかでどのような事態が告げ知らされているのかという点にこそ、注意が払われなければならない。

「いかにして人間から目を離すことで人間の本質が発見されるべきなのか」という**研究者**からの疑問に対して、**教師**は「私にもそれは理解し難いのです」と答える〔ibid.〕。謎めいた幕開けであることは間違いない。続けて疑問を投げかける**研究者**に対して**教師**は、人間の本質と思索の関係に注意を促している。本書が検証してきたところによれば、存在の真理の空け開きとは、人間の本質が改めて生い立つ由来だった。**教師**のいう思索は真理の空け開きに関わる思索として、人間の本質の由来と密接な関係を有していることになる。人間の本質に関わる思索の本質が洞察されうるのは、「思索から目を逸らす」ときだけだと**教師**はいう〔ibid.〕。ここで初めて**学者**が口を挟む。

学者　とはいえ、伝来の見方によって表象として把握された場合、思索とは一種の意欲のことですね。〔ibid.〕

*58　以下、他の用法と区別するために、対話篇の登場人物を強調表示する。

最初の問いは問いとして残されたまま話は進んでゆく。思索が意欲であるのに思索の本質が思索とは別の所にあるとすれば、「思索は意欲とは違う何物かだということになりますよ」と**研究者**はいう〔ibid.: 32〕。全く正当な疑問であるが、これに対して**教師**は次のように答える。

教師　だから私は、思索の本質への我々の省察において私が元々何を意欲しているのか、という貴方の問いに対しても、次のように答えたわけです。私は非‐意欲を意志している〔ich will das Nicht-Wollen〕と。〔ibid.〕

だとすれば、**学者**がカントを引きながら話した思索＝意欲という定義のほうはどうなるのか、どこかで思索の本質への問いが混乱していないか、**研究者**はおそらくこのように問いたかったのだろう。「非‐意欲」という表現はどうやら「曖昧なものとして示されました」と**研究者**はいう。ところが、**学者**は「曖昧」(zweideutig) というこの言葉を文字通り「二義的」と受け取り、「非‐意欲」の二重の内実に話題を変える。「非‐意欲」という概念は、「意志をもって意欲を拒否すること」と「まさに全ての種類の意志の外部に留まるもの」という、二重の内実によって説明される〔ibid.〕。これを把握しようとして**研究者**は、後者の「非‐意欲」について、「だからこれは意欲によっては遂行も達成もされないのですね」と受ける。ところが、**教師**はこれに答えて次のようにいう。

教師　しかしひょっとすると我々は、最初にいわれた非‐意欲という種類の意欲によって、これに近づくことができるかもしれません。〔ibid.〕

近代科学の思考様式に慣れ親しんだ**研究者**としては、非常に違和感を覚える議論であるに違いない。この後、**学者**と**教師**が二種類の「非‐意欲」の関係について議論するのを聞いて、**研究者**は意を決したように次のように尋ねる。

研究者　もし私が最初の非‐意欲と後の非‐意欲との関係を、次のように規定するとしたら、これは正しく憶測していることになりますか？　貴方は意欲の拒否という意味での非‐意欲を意欲しておられ、これによって我々はこの非‐意欲を通り抜けて、意欲とは異なった、求められている思索の本質へと巻き込まれることができるか、または少なくともこれに向けて準備を整えることができるのだと。〔ibid.: 33〕

注意深く読めばすぐにわかるように、これは先に**教師**が述べたことの反復にすぎない。しかしこのような「憶測」を話したことによって、**研究者**は大変な称賛を受けることになる。**教師**は**研究者**が「本質的な何かを発見した」のだと「神に懸けて」いい、**学者**は**研究者**が「我々と貴方自身を越えて行った」と「賛辞」を贈る〔ibid.〕。ほとんど祝福にも近い称賛を受けた**研究者**は、これは「私のおかげではなくこのあいだに突然訪れた夜のおかげです」と謙遜を述べることになる。そしてさらに、この対話を先導している「現れない案内者」に、「囚われもなく信頼を置きます」とさえいうのだ〔ibid.: 34〕。形而上学に規定された「科学知」の代表者である**研究者**が、いつのまにか、人間の主体性を越えた「知」の在り方を容認し始めている点に注意しよう。

(C)　一九四五年の対話篇②「開かれた場所」

ここから話題は「意志という習慣から抜け去ること」に移り、ここで初めて「放下」という言葉が議論に導入される。

教師　もし私が本当の放下をすでに持ってさえいたなら、ここにいう習慣からの脱却ということからすぐにも解放されるのですが。〔ibid.〕

この「放下」という在り方に関する**教師**と**学者**の注釈に対して、**研究者**は、「意志から放下への移行はなんとも困難であるように思われますね」と述べ、「放下」と関連させられた「思索の本質」を「どんなに意志しても」(mit dem besten Willen)「表象できません」と告白する。これに答えて**教師**は的確にも、まさにその「意志」と「表象」が「貴方を邪魔している」のだと指摘する〔ibid.: 35f.〕。「それでは私は一体何をなすべきなのでしょう」という**研究者**と**学者**の問いに対して、「何もせずに待つべきなのだ」と**教師**は答える〔ibid. 36〕。「我々はどんな慰めも期待するべきではない」という**教師**の忠告を受けて、とうとう**研究者**はわけがわからなくなってしまう。

研究者　そうすると我々は何を待つべきなのでしょう？　またどこで待つべきなのでしょう？　私はもはや自分がどこにいて誰であるのか、ほとんどわからなくなってしまいました。〔ibid.: 37〕

しかし、この困惑に対する**教師**の答えは極めて冷静である。

教師　そのことは、我々が無理に何かを信じ込むことを止めるやいなや、もはや我々全員にとってわからなくなるのです。〔ibid.〕

なかなか満足のいく答えを得られない**研究者**は、以前行われた対話のなかで話題となったらしい、「超越論的‐地平的表象」としての思索に話題を向ける。しかし、表象作用の基礎をなす「地平」(der Horizont)について**教師**は、これは「我々を取り囲んでいる開かれた場所の我々に向けられた側面にすぎない」と注釈を加える〔ibid.: 39〕。本書が確認してきたように、この「開かれた場所」とは、ハイデガーのいう真理の空け開きを指している。**教師**による注釈の要点は、主体 - 客体関係を基礎に置いた「表象としての思索」は、真理の空け開きから贈られた一つの思索の在り方にすぎないという点にある。この後しばらく三者の対話は、「開かれた場所」を「周域」(eine Gegend) や「会域」(die Gegnet) などと言い換えながら、これを存在者が存在者として立ち現れる現場として解き明かすことに傾注される〔ibid.: 39ff.〕。

特に注目しておきたいのは、この議論のなかで**学者**や**研究者**によって吐露される困惑と、これに対する**教師**の答えである。

学者　貴方がいまいわれたことについて、何事かを理解できるかどうか、私には確信がありません。

教師　「理解」ということで貴方が、いわば与えられたものを既知の事柄のなかに押し込み、これによって確保するといったような、表象する能力のことを指しておられるのだとすれば、私にもそれ〔先に話したこと〕は理解することができません。〔ibid.: 40〕

この後**研究者**も同様の困惑を表明することになるが、今度は**学者**が**教師**の代わりにこれに答えている〔ibid.: 43〕。**教師**は「周域」「会域」などさまざまな言葉を用いながら、「開かれた場所」の特徴を説き起こそうとする。ところが、形而上学の伝統に慣れ親しんだ**研究者**や**学者**は、これを知識／伝達の「対象」として把握しようとする傾向から、どうしても完全に抜け去ることができずにいる。真理の空け開きに関わる議論は、主体 - 客体の二元論に基づく認識論へと、容易に回収されてしまう傾向にある。このため存在の真理への探究は、形而上学の伝統に規定された知識／伝達の在り方に対して、繰り返し差異を仕掛けるのでなければならない。**研究者**や**学者**が、対話の内実に関する理解不可能性を、何度も繰り返し吐露するのは、形而上学の伝統からの最後の抵抗であると同時に、この伝統に対する違和感の表明でもあるように思われる。これに対して**教師**の答えは、従来の知識／伝達に対するこの違和感を、臨界点まで推し進める推進力を与えている。

こうした三者の対話を一本の「問いの道程」として捉え返すなら、ここには形而上学の伝統を内側から問い直そうとする、思索者に特有の探究の在り方が示唆されていると見ることができる。存在の真理をめぐる「問いの道程」は、主体 - 客体の二元論に規定された知識／伝達の在り方と、この規定からは抜け去った知識／伝達の在り方のあいだを、繰り返し「行きつ戻りつ」しながら歩み進められるほかはない。これら二種類の知識／伝達の在り方のあいだの緊張関係こそ、思索者の「問いの道程」に固有の特徴なのだといえる。「もはや全く表象などではない」思索とはどのようなものか、という**研究者**からの問いに対して、教師はまたも答えをはぐらかすかのように呟く。

教師　ひょっとすると我々はいま、思索の本質のなかへと巻き込まれる所の、すぐ近くにまで来ているのかもしれません……。〔ibid.〕

(D)　一九四五年の対話篇③「待つこと」

これを受けて**学者**は、「我々が思索の本質を待つことによってですね」と付け加える。しかしここで、「待つこと」（Warten）は期待することとは異なって確固たる対象を持たないという**教師**や**学者**と、「待つこと」は常に何物かを待つのだという**研究者**のあいだで見解がわかれる。**教師**によれば、「待つこと」は「開かれた場所」へと「巻き込まれる」のだという。「遠さの遠大さへ」と**学者**が後を引き受ける。「待つこと」がそこに留まる「暫時」(die Weile) は、「遠さの近みのなかに」あるのだと**教師**はいう。「我々が思索するときには、我々は待ちながら、会域に巻き込まれている」のだと〔ibid.: 44f.〕。

会域とは「開かれた場所」の別名であったから、待ちながら思索する思索者は何らかのかたちで、真理の空け開きへと「巻き込まれて」いることになる。この点を銘記して先に進もう。これまでの議論を受けて**研究者**は、これを取りまとめるようにして、控えめに次のようにいう。

研究者　そうすると、思索とは〈遠さの近みに - 来る - こと〉だ、ということになりますが。〔ibid.: 45〕

ところが、これによって再び**研究者**は、思いもよらぬ立場に立たされることになる。**学者**はこれを「思索の本質の大胆不敵な規定です」というし、教師もまた「とはいえ貴方は何かを思索したのですよ」と告げる。これを聞いて恐縮した**研究者**は、「これまでいわれたことを表象することなく要約した」だけだと述べ、「何を待っているのかは知らずに待っていた」だけなのだと告白する〔ibid.〕。しかし、「どこから貴方は突然に待つことができたのですか」という**学者**の疑問に対して、**研究者**は改めて自分の置かれた状況を整理し始める。

研究者　いまになって初めて明確にわかったのですが、私は我々の対話のなかでずっと思索の本質の到来を待っていたのでした。しかし、いまや待つこと自体がいっそう明瞭になりました。そして、これと一つのこととして、我々全員がこの対話の途中にいっそう待つようになったのだということも。〔ibid.: 45〕

「貴方が私を個々の言葉に縛りつけるという危険」がないなら、と留保したうえで**研究者**は、「私は全ての表象から私を解き放とうとした」のだという。こうして「ただ会域に身を委ねたままでいようとした」のだと。これに対して**教師**は、「貴方は放下へと巻き込まれることを試みたのですね」という。しかし**研究者**は、「放下」を初めとする個々の事柄を対象として表象していたわけではなく、「対話の進行」こそが彼を待つことのうちへ巻き込んだのだと告げる。これを受けて**学者**と**教師**もまた、この「対話」こそが「放下」への「機縁」だったのだと認める〔ibid.: 46f.〕。

学者　しかしそうしますと、対話こそが我々を道にもたらすものであり、この道こそが放下にほかならないようだということになりますね……。

教師　この放下とは何か落ち着きのようなものです。〔ibid.: 46f.〕

このように確認したうえでさらに**学者**は、この「放下」という「道」がどこへ続いており、この「道」にふさわしい運動＝道拓き（die Bewegung）はどこに落ち着くのかと問う。これに対して**教師**は、「会域のほかにどこへ」と答え、さらに「放下」とは「会域」に向けた「放下」なのだと付け加える〔ibid.: 47〕。「放下した（gelassen）」思索者は「会域」としての真理の空け開きへの道程の「途上に」あるという仕方で、真理の空け開きに「巻き込まれている」というわけだ。ここには、真理の空け開きへと身を委ねた詩作者とは異なる、「放下した」思索者に固有の両義性に満ちた在り方を読み取ることができるだろう。*59

しばらく後に見られる対話を先取りして引用しておこう。

学者　だから我々は会域に帰属していると共に帰属していないのです。

研究者　これは再び是と否のあいだの落ち着きのない往来なのですね。

学者　我々はこの両者のあいだに、いわば留め置かれているのです。

教師　しかしこの〈あいだ〉における滞在こそ待つことです。〔ibid.: 53〕

(E) 一九四五年の対話篇④「我々」

しかし実際の対話の進行はそれほど単純ではない。「放下」が「会域」への道程であるといわれたのを受けて、**研究者**は、先に彼が身を委ねようとした在り方が、「どういった点で」「放下」といえるのか、という疑問を抱く。これを受けて「命名」(Benennen) ということが話題になる。これに続いて再び「待つこと」の内実が問い直され、**学者**は「会域のなかに入っていくこと」が「待つこと」だという。これに対して**研究者**は、「入っていく」ということは、「我々が以前は会域の外にいたというように聞こえる」という。この会話を受けて**教師**は次のように指摘する。

教師　我々は会域の外部にいるのであって、しかし外部にいるのではないのです。〔ibid.: 50〕

これに続く**教師**の注釈の要旨は次のような点にある。思索「以前」の人間は「表象」しながら事物と関係しているかぎりにおいて、すでに何らかの仕方で「地平」としての「会域」の「なかにいる」といえるが、同時にまだ「表象」の「地平」を抜け去っていないかぎりにおいては、「会域としての会域そのもの」の「なかにいない」ということだ〔ibid.: 51〕。これに対して、これに続けて、思索者の在り方は次のように注釈されることになる。

＊59　cf. GA 12: 188. 本書第四章にも引いた吉村文男であれば、こうした在り方を、「至り着いて同時に途上である」と呼ぶかもしれない〔吉村 2006: 233〕。

教師　すでに貴方がいわれたように、待ちながら我々は、地平への超越論的関係から解き放たれている〔losgelassen sein〕のです。〔ibid.〕

ここから改めて「会域に向けた放下」ということが話題になり、前項の最後に引いた議論へと至ることになる。すなわち、対話者たちは真理の空け開きへの帰属と非‐帰属との「あいだ」に滞在していることが説かれる。

この前後の議論は大変複雑に絡み合っているのだが、まずは筆者の力量の及ぶかぎり整理してみよう。話題の中心は、「放下して」思索に携わる人々と、思索に携わる以前の人々が、各々どのように真理の空け開きと関係しているのかということだ。両者とも、真理の空け開きのなかにいながら空け開きのなかにはいない、空け開きの外部にいながら外部にはいない、という共通した特徴を持っている。存在者との関係を保っているかぎりにおいて、人間はいつも何らかの仕方で真理の空け開きの「なかにいる」。とはいえ、全ての人間が常に真理の空け開き「**としての**」空け開きの「なかにいるのではない」。空け開き「**としての**」空け開きということでいわれているのは、個々の存在者が存在者「**として**」立ち現れてくる、存在の真理という**出来事**の現場のことである。思索者と「他の人々」との相違点はというと、後者が主体‐客体関係に基づく「表象」の「地平」に束縛されているのに対して、前者はこの特定の「地平」による束縛から解き放たれているという点にある。形而上学に規定された認識の在り方に差異を仕掛けることで、思索者たちは真理の空け開き「**としての**」空け開きの輪郭を縁取る道程の「途上」を歩む。

しかしながら、このように内容を整理してみても、何かを言い足りないような、何かを言い過ぎているような、拭い去れない違和感がつきまとう。真理の空け開きの「なかにいる」と同時に「なかにいない」という言明は、何か重要なことを示唆しているとしても、どうにも釈然としない不条理を孕んでいる。加えて、上に整理されたこと全てが、対話のなかで「我々」(wir)という主語を用いて話されているという事実が、この違和感に拍車をかけている。形而上学の伝統に規定された人々のことも、この規定から抜け去ったという思索者のことも、同じように「我々」という主語を用いて語られているため、三名の対話者が一体どのような立場から発言しているのかが不明瞭になっているのだ。ここへきてこの対話篇の読者は、先に**研究者**が用いていた言葉を借りて、当惑を表明せざるをえない。すなわち、三名の対話者たちが「どこにいて誰であるのか、ほとんどわからなくなってしまいました」と。

対話篇に登場する三名の対話者たち＝「我々」は、今まさに「問いの道程」を歩み進めている思索者たちなのか、それとも思索者たることを志している人々なのか、あるいはこれら両者を高みから俯瞰している観察者たちなのか。辻村が注釈しているように、**研究者**、**学者**、**教師**という区別に基づけば、三者各々が別々の立場から、この対話に参加しているようにも読める。とはいえ、だとすれば三者を一括してしまう「我々」という主語は、一体誰を指しているのだろうか。もう一つ考えられるのは、三名の立場が対話のなかで、刻一刻と変化しているというシナリオである。これは、対話こそが「放下」＝思索の道程へと運ぶ「機縁」だったといわれていることからも、かなり信憑性の高い解釈だということができるだろう。しかしこの場合にも、思索者としての「我々」に関する話題と、思索以前の「我々」に関する話題が、あまりに近接しているという問題が残る。どの解釈も一長一短であり、三名の対話者各々の立場を見定めることは、思いのほか困難を極めているのだ。

(F) 一九四五年の対話篇⑤「予感と忘却」

読者にとって最も深刻なのは、対話篇に内在している以上のような問題が、思索者の「放下」という在り方を把握するための明確な像を獲得することを、何より困難にしているという点に尽きるだろう。冗漫な繰り返しや曖昧な発言に満ちた対話のプロセスは、一定の観点から理路整然と解釈されてしまうことを、徹底して拒み去っているように映る。対話者＝「我々」が一定の人物像を結ぶことがないのと同じように、「放下した」思索者もまた確固たる人物像のなかに捕捉されることがない。確かに「放下」という在り方について何事かがいわれていることは間違いないのだが、発言の内実は絶えず受け取りを拒否するような別の発言によってはぐらかされ、繰り返される問いと答えの微妙な断絶によって謎に包まれてしまう。

しかしながら、実のところこれこそが、学び知ること／教え伝えることを差し控える予感／黙示としての、ハイデガー一流の探究方法だったのだとすればどうだろうか。「放下」をめぐる対話の道程が明に暗に繰り返し告げ知らせているのは、これを単なる命題の内実として学び知ること／教え伝えることに対する禁止ではないか。明確な概念把握に近づいたかと思えば遠ざかってゆく「問いの螺旋」は、「放下」が軽率な理想・目標として掲げられることに、徹底した拒否を突きつけているのではないか。「放下」をめぐって書かれたこの対話篇は、書かれた内容よりも先に書かれた方法によって、有用性と価値に規定された世界に対する「同時の是と否」を生きる「放下した」思索者の在り方を、告げ知らせているのではないか。したがって、このようなかたちで供された対話篇こそが、「宙吊りの知」としての予感／黙示という奇妙な知識／伝達の在り方の、貴重なモデルを与えてくれるものではないか。

だからこそ、ここに至ってハイデガーは、「待つこと」に関する**教師**の発言に続いて、いまや直接に次のような台詞を書き留めることができた。

学者　〔……〕我々は思索の本質を放下として予感しています。

教師　これを再びすぐにも忘れ去るために。[*60]〔ibid.: 54〕

「予感」という言葉が探究内容＝台詞として舞台に登場するときには、学び知ることを差し控える知識の在り方はすでに、対話篇の探究方法＝舞台装置に隠れて巧妙に予告されている。このように、探究方法が探究内容の範型として見え隠れする「重ね録り」の構造にこそ、「メスキルヒの魔術師」ハイデガーの論稿の、「真骨頂がある」ということができるのではないだろうか。ちなみに、当時すでにこの「予感」にハイデガーの「思惟の本質」を見て取っていた辻村の洞察は、流石というべきだろう〔ibid.: 邦訳書 138〕。しかし、続く**教師**の台詞「これを再びすぐにも忘れ去るために」を、単なる「皮肉と警告」として読み取ったのでは、この「予感」が内包している「遠さ」に届かない〔ibid.〕。「学んだことを忘れること」(Verlernen) に関するハイデガーの注釈を思い起こそう（本書第七章参照）。思索者の予感／黙示と関連させられた「忘却」は、第一に形而上学の伝統に規定された知識／伝達の在り方に差異を仕掛けることを、第二にこの伝統に基づいて獲得された命題を捨て去ることを指していた。「放下」という在り方を「再びすぐにも忘れ去る」という**教師**の台詞は、単なる「皮肉と警告」などではなくて、学び知ること／教え伝えることを差し控える予感／黙示の性格を精確に言い当てているのだ。

この後の議論においても三名の対話者たちは、同語反復や自家撞着を恐れることなく言葉を交わし、問いに対しては常に確固たる答えを差し控えながら、「行きつ戻りつ」の「問いの螺旋」を繰り返し歩み続ける。

＊60　cf. ibid.: 59.

例えば、真理の空け開きに向けた「放下」を耐え抜く「切実さ」が、一遍の詩行に基づいて「高貴な心情」(der Edelmut) として規定されたときなどには、すぐさま幾重もの留保＝「差し控え」が差し挟まれることになる。

研究者　このありえないような〔unwahrscheinlich〕夜が、貴方がた二人を誑かして、熱狂〔das Schwärmen〕へと誘惑しているように思われます。

教師　確かに、貴方が待つことにおける熱狂ということをいっているのだとしたら。この待つことにおける熱狂を通して我々は、いっそう待つようにもなり、いっそう冷静にも〔nüchterner〕なるのですよ。〔GL: 63〕

辻村が「陶酔的幻想」という訳語を用いているように、「Schwärmen」とは何か、通常の判断が機能不全を起こした状態を意味している。「Schwärmer」「Schwärmgeist」といえば、「感激屋」や「夢想家」や「狂信者」などの語義を持った言葉である。「高貴な心情」という規定は一定の価値判断を含んだものとして受け取られても不思議ではないが、だからこそ、ここではこれに対して三重の留保が差し挟まれている。第一に、「高貴な心情」という言葉を耳にした**研究者**は、**教師**と**学者**がこのようなことを言い出したのは、いままさに降りて来ようとしている「ありえないような夜」のせいであり、この「夜」が二人を「熱狂」へと「誘惑」したためではないかと推し量る。第二に、これを聞いた**教師**は否定するのではなくて、「確かに」といって肯定してしまう。「熱狂」しているはずの当の本人によって「熱狂」が承認されたことにより、「通常・非常」「正常・異常」という対立構造は骨抜きにされ、「高貴な心情」という規定が「正しい」か「間違い」かという問いが基礎を奪われてしまう。第三に、待つことにおける「熱狂」によって「いっそう冷静にもなる」という矛盾に満ちた指摘によって、**教師**の台詞を一定の命題として確保しようとする意図は挫かれ、ここにいわれたことの全体が宙に浮いてしまう〔ibid.: 62f.〕。このような三重の留保によって、「高貴な心情」という件の規定を学び知ること／教え伝えることが、即座に拒み去られ差し控えられているのだ。

(G) 一九四五年の対話篇⑥「遠さと近さ」

いよいよ対話の終盤に差しかかっても、渦巻く「問いの螺旋」は止むことを知らない。「本来の放下」とは人間が「会域に帰属している」こと、または「会域に委ねられていること」なのだと**研究者**はいう。これを受けて**学者**は、「偶然ではなく」「最初から」と続ける。しかし、思索によって「会域」に至り着くことは「できない」。「というのもそこで思索の本質が始まるからです」と**教師**が付け加える〔ibid.: 63〕。「放下した」思索者の人物像はいまだ曖昧なまま揺れ動いており、確固たる命題のなかに固定されることを拒否している。真理の空け開きの「なかにいる」と同時に「なかにいない」という一つの帰結が提示された後だというのに、「放下」という在り方と真理の空け開きとの関係は、再び問いの渦中に投げ込まれて宙に浮かんだままなのだ。

こうしたなか、最後に改めて「思索の本質」が直接の話題となる。

> **学者**　高貴な心情こそ思索の本質〔das Wesen des Denkens〕であって、したがってまた、感謝の本質〔das Wesen des Dankens〕なのでしょうね。〔ibid.: 66〕

「Denken」と「Danken」とを関連させたこの言葉遊びは、言葉遊びにふさわしくすぐさま忘れ去られて話題から外れる。この規定によって「思索の本質」を「発見した」という**学者**に対して、**研究者**は「会域の本質」を発見したのだと「仮定すれば」と補う〔ibid.: 67〕。これに続く**教師**の台詞は、仮定として提示され仮定のままに留まる、予感／黙示の性格をよく示している。

教師　このことは単に仮定されているだけなのですから、おそらく貴方もお気づきのように、我々はこれまで長いあいだずっと、全てのことを仮定という仕方でしかいっていないのです。〔ibid.〕

ここから「会域」への遠さと近さの逆説に満ちた関係が言葉にされてゆく。**研究者**としては、「会域の本質」は「近づいている」のに、「会域そのもの」は「以前より遠ざかった」というのが実感なのだという。これを受けて**学者**は、「貴方は会域の本質の近みにいて会域そのものの遠くにいるというのですね」と確かめる。しかし、「会域の本質」と「会域そのもの」は「異なる二つのモノではありえない」と**研究者**は躊躇いを口にする。このように「会域」への距離を問題とした議論を受けて、**教師**は次のように述べる。

教師　そうすると対話を通じての我々の経験は、おそらく次のように言明されることを許すでしょう。我々は会域の近みにまで来たのであって、同時に会域の遠くに留まっていると。この場合の留まるということは、もちろん立ち戻るということですが。〔ibid.: 67f.〕

学者にいわせればこれこそ「待つことと放下の本質」にほかならない。「会域そのもの」が「近づけるものであり遠ざけるものなのです」と**研究者**はいう。「会域」こそ「遠さの近み・近みの遠さ」なのだと**学者**が言葉をつなぐ〔ibid.: 68〕。ここでも「予感」という言葉が用いられているので見ておこう。

教師　〔……〕この思索の本質は会域へと向かう切実な放下として、会域への本質的・人間的な連関なのです。これを我々は遠さへの近みとして予感しているのです。〔ibid.: 70〕

最後に**学者**が何度も留保と躊躇を繰り返しながら、この「思索の本質」を射当てた言葉として、ギリシャ語の「Ἀγχιβασίη」（アンキバシエー）という単語を差しだす。ヘラクレイトスの断篇から取られたこの単語は、「Herangehen」（取りかかること・近くに寄ること）と翻訳される〔ibid.: 71〕。これを受けて**教師**と**研究者**は、「Ἀγχιβασίη」を「近み - に - 行く - こと」「近みの - なかへ - 巻き込まれる - こと」などと言い換えてみせる。これを聞いた**学者**は、この言葉こそは「我々が発見したもの」の「最も美しい名前」だと喜ぶ。しかし、**教師**としてはこれに対しても厳しい留保を求める。すなわち、だとしてもまだ「我々」は、これを「探し求めている」のだと〔ibid.: 72〕。これを受けて**学者**は、「Ἀγχιβασίη」という言葉は「我々の今日の野道の歩み行きのための名前」のように思われるという〔ibid.: 73〕。ここに記された対話の「道行き」こそ、真理の空け開きの「近み - に - 行くこと」だったのだというのである。これに対して教師は「是」とも「否」ともいわず、この「歩み行き」が「我々」を、「深く夜へと導いたのです」と呟くに留まる〔ibid.〕。

(3)「知の宙吊り」と『放下』

以上本節は、「知の宙吊り」という探究方法のモデルを求めて、ハイデガーの著作『放下』を読み解いてきた。これによって示唆された「知の宙吊り」という探究方法の特徴を、最後に改めて整理しておくことにしよう。形而上学の伝統に規定された知識／伝達の在り方に差異を仕掛け、学び知ること／教え伝えることを差し控える予感／黙示が聞き届けられる余地を空け開くことが、ハイデガー哲学の全体を規定している探究課題だった。存在の真理の空け開きのほうから要請されたこの課題に対して、『放下』という著作はどのように取り組んでいたのか、簡単に振り返っておきたい。

最初に本書が注目したのは、この著作全体の構成だった。一九五五年に行われた講演の記録から一九四五年に書かれた対話篇へと戻りゆく著作の構成は、終わりのない円環運動を続ける「問いの螺旋」へと読者を誘い込む。講演録のなかでは一直線の通路として示されたかに見えた「放下」への道程は、対話篇のなかでは「迷いの中を行く」「行きつ戻りつ」の道程として立ち現れてくる。これにより、講演録のなかで提示された「技術世界への同時の是と否」という理念は「宙吊り」にされ、「見たところ決して調和することのないもの」としての不条理に満ちた性格を与え返されることになる。

第二の特徴として、対話篇における「問い」と「答え」の行き違いがある。**研究者**や**学者**によって立てられた問いに対して、**教師**から明確な答えが与えられることは滅多にない。「問い」と「答え」のあいだには常に微妙な行き違いが孕まれており、この行き違いから生じてきた新たな話題をめぐって対話が進行していくことも多い。問いに対する明確な答えが与えられないということは、この問いの宛先へと向かう直接の通路が与えられていないということである。「放下」という在り方を「めぐる」三者の対話は、折に触れてこの核心に近づいたり核心から遠ざかったりを繰り返しながら、この「放下」の周囲を螺旋状に「行きつ戻りつ」しているのだ。

第三に本書は、主体‐客体関係に基づく「表象」を戒める忠告が、対話篇のなかで繰り返されているのを目撃した。形而上学の伝統に規定された「表象」への固執は、対話の内実を「理解できない」という形を取って露呈してくる。というのも、話題となっている事柄を「表象」(vorstellen) しようとすることは、これを「目の前に‐立てる」(vor-stellen) ということであり、問いの宛先を目指して直接に歩みを進めることを意味しているからだ。真理の空け開きやこれに関わる「放下」という在り方は、到達されるべき目標や獲得されるべき理想として掲げるのではなく、これらを「めぐる」問いの「円環運動」のなかでおぼろげな輪郭を縁取られるほかはない。

第四の特徴として、探究の核心に関わる洞察が訪れるときの唐突さがある。対話篇のなかには、**研究者**の控えめな発言が思いがけない称賛を受ける場面が見られた。いずれの場合にも、「非 - 意欲」や「思索」に関する**研究者**の発言自体が、実はすでに一種の「待つこと」あるいは「思索すること」だったのだという点が強調されていた。「放下」という在り方に関わる探究は、これをめぐる「問いの螺旋」のなかを「行きつ戻りつ」歩むうちに、いつのまにか、思いがけず「放下」という在り方に「巻き込まれて」しまうことがある。対話篇の演出としてはやや露骨な印象があるが、「知の宙吊り」という探究方法のモデルを求めるうえでは、無視することのできない論点だろう。

第五に、対話篇に多く見られる自家撞着のように、整合性や論理性への執着を打ち壊すような、不条理に満ちた議論の特徴にも言及しておきたい。例えば三名の対話者＝「我々」は、「会域に帰属していると共に帰属していない」といわれ、「会域」の「外部にいる」と同時に「外部にいない」とされ、さらには、「会域」の「なかにいる」と同時に「なかにいない」ともいわれていた。これによって、講演録のなかで提示された「技術世界への同時の是と否」としての「放下」という在り方が、文字通り「決して調和することのない」不条理に満ちた在り方として、改めて立ち現れてくることになる。

最後に、これら全ての洞察を念頭に置いて、この『放下』という著作における、探究内容と探究方法の「重ね録り」という特徴に触れよう。対話篇のなかでハイデガーは、遠さと近さの逆説に満ちた関係に関わる「予感」の特徴を、最後の最後に著作の「内容」として舞台の上に提示していた。ところが、これまで検証してきたことを勘案するなら、学び知ることを差し控える予感の特徴は、この著作全体の構成や対話篇の進行のなかに、著作の「方法」＝舞台装置として最初から組み込まれていたことがわかる。したがって、真理の空け開きの「近み」に留まるという「放下」の特徴を、この著作の一つの帰結として受け取ろうとするとき、読者はすでにこの空け開きへの「近み」としての「問いの螺旋」へと巻き込まれており、我知らず真理の空け開きへの「途上」を歩んでいることになるのだ。

これまでにも繰り返し指摘されてきたことだが、ハイデガー哲学に見られるこうした知識／伝達の在り方を、著者の恣意に基づいて選択されたものとして受け取ることはできない。「知の宙吊り」としての予感／黙示という知識／伝達の在り方は、存在の真理という**出来事**のほうから**出来事**によって、一定の命題として学び知られること／教え伝えられることに対する拒否として、否応なく差し迫られた探究方法だった。不条理に満ちた議論の構成や問いに対する答えの行き違いなどを、喜び勇んで称揚すればよいというわけではない。形而上学に規定された命題によっては捕捉することができないという、「窮迫」あるいは「切実さ」に差し迫られているのでなければ、予感／黙示はただの「秘密主義」や「衒学趣味」に貶められてしまうことになるだろう。学び知ること／教え伝えることを差し控える予感／黙示は、存在の真理という**出来事**からの差し迫りを起源とする知識／伝達の在り方として受け取られるときにのみ、初めて十全な射程を与え返されることになるのだ。

第四節　ボルノウ教育学の再興に向けて

以上に示された「宙吊りの教育学」の構想に基づいて、本書全体の議論を振り返るとき、これまでとは異なる一つの視野が開かれてくる。本書前半の探究は、ボルノウの教育理論に内在している議論の錯綜した点を露見させ、これをもとに「有意義性の連関による包摂」という問題点を明らかにしたのだった。しかしながら、この「議論の錯綜した点」を「知の宙吊り」という観点から捉え返すことで、いま改めて、ボルノウの教育理論に新たな射程を与え返すことができるとすればどうだろうか。形而上学と「有用性と価値の教育」の伝統を受け継いだボルノウの理論のなかに、期せずして開け拓かれた、予感／黙示が聞き届けられる余地を見て取ることができるのではないか。

「宙吊りの教育学」の視座から捉え返した場合、ボルノウの教育理論に内在している「議論の錯綜した点」は、単に修正されるべき問題としてではなく、緊張に満ちた衝突の痕跡として立ち現れてくる。これは、生の現象を有用性と価値に換算しようとする探究方法からの要請と、これに対する個々の現象からの否認とのあいだの、避けられない衝突である。「有用性と価値の教育」の伝統は元来、個々の現象に由来するこの否認を巧みに覆い隠し見えなくしてきた。ところが、危機、希望、被護性などの現象を扱うボルノウの理論においては、この否認が「議論の錯綜した点」として衝突の痕跡を残しているのだ[*61]。

したがって、「有用性と価値の教育」の伝統のほうから眺めれば、ボルノウの教育理論は、事物の「教材化」を完璧に遂行できなかった「失敗作」だということになる。とはいえ、これはボルノウの分析能力の不足によるのではなく、むしろ諸現象に対する洞察の深さからくる「失敗」だといえる。危機、希望、被護性などの現象を取り扱うとき、ボルノウは、有用性と価値の連関に規定された方法論を用いていながら、この連関

*61　ボルノウの空間論のなかにおいて、「一つの根本的に微妙な事態がそういう事態として典型的にあらわになっている」ことを見て取ったとき、上田閑照が見抜いていたのも、こうした実情ではなかったか〔上田 2002: 90 参照〕。

へと絡め取られることに対する諸現象からの否認の声を、完全に無視することができなかった。この結果ボルノウの理論は、一方で有用性と価値の連関を抜け去った現象を取り扱っていながら、他方でそれを有用性と価値に換算してしまうという矛盾を抱えることになった。形而上学に規定された教育学の伝統にとってみれば、これは立派な自家撞着であり修正されるべき破綻した理論だということになるだろう。もっとも、従来の教育学研究にとっては有用性と価値の連関が当然の前提であったため、この「矛盾」は「矛盾」として認知されることすらなかったのだが。

これに対して再び「宙吊りの教育学」の視座に立つなら、ボルノウの理論に内在している「議論の錯綜した点」は、この理論最大の問題点であると同時にこの問題点の突破口でもあると見ることができる。というのも、「知の宙吊り」を探究方法とする「宙吊りの教育学」は、この「議論の錯綜した点」あるいは「矛盾」を、「宙吊りの知」としての予感／黙示が聞き届けられる現場として捉え返すことができるからだ。各々の論考の核心に関わる「議論の錯綜した点」に目を向けているかぎり、危機、希望、被護性などに関するボルノウの理論を、固定された内実に伴われた確固たる命題として受け取ることはできなくなる。件の衝突の痕跡としての「錯綜した点」を孕んだ議論は、単なる知識／伝達の対象として学び知られ／教え伝えられることを拒み去ってしまい、形而上学に規定された命題とは異なった知識／伝達の在り方を要求し始める。形而上学に規定された「有用性と価値の教育」は、件の矛盾を許容することができない。しかし「宙吊りの教育学」の構想を経てきた本書は、ここに「宙吊りの知」としての予感／黙示が聞き届けられる余地を見て取ることができる。

危機、希望、被護性などの現象が「目的合理的・必要不可欠」であることを「証明」しようとするボルノウの論稿は、いつも探究方法からの要請と個々の現象からの否認との衝突の痕跡としての、「議論の錯綜した点」を抱えている。この「議論の錯綜した点」は、相矛盾した二つの方向へと引き裂かれた問いが、衝突と離反を演じる舞台として、有用性と価値の連関に対する「同時の是と否」が生み落される場所にほかならない。このように捉え返されることによって、この「議論の錯綜した点」を抱えたボルノウの論稿は、「問いの宛先」としての「人間の本質全体」を直接に目指すのではなく、この周囲をめぐって歩まれる「行きつ戻りつ」の「問いの螺旋」としての性格を与え返されることになる。このとき、輪郭を縁取られる「円環運動」の中心としての「人間の本質全体」は、「ありうべきもの」としての人間存在の本質が問い質され／与え返される、「世界内存在としての人間の本質承認」の生起する現場となる。このように、人間が人間として本質を問い質され／与え返される現場としての、真理の空け開きを縁取る「問いの螺旋」こそ、「宙吊りの知」としての予感／黙示が聞き届けられる余地が開き保たれる、「思索」の道程にほかならなかった。

このように学び知ること／教え伝えることを差し控える探究の行程として、ボルノウの教育理論を捉え返すことが許されるのか否か、この問題については今後の裁定に委ねることにしよう。本書としては、件の「議論の錯綜した点」を「宙吊りの教育学」の観点から捉え返すことにより、「有用性と価値の教育」の伝統を受け継ぐボルノウの教育理論を、新たな視座から捉え直して再興するための端緒を築いたことで、満足しなければならない。当初より本書の探究課題は、単にボルノウ教育学が抱えている問題点を暴露して非難することにあるのではなく、この問題点に特別の注意を払うことによって、教育／教育学の両義性に満ちた局面を開拓することにあった。本書がボルノウの教育理論に「内在している」問題点に目を向けて、ボルノウの教育理論の内側からこれを問い直してきた理由もここにあった。こうしていまや、「宙吊りの教育学」の構想に基づいてボルノウ教育学を再興するための端緒が築かれたことで、本書に与えられた探究課題はひとまず遂行されたと見ることができるだろう。最後に第二部全体の探究の成果をまとめて、本書の探究を閉じることにしたい。

第二部の総括 ――「方法ならざる方法」としての方便

(1) 第二部の総括

本書第二部の探究の成果は以下の諸点に集約することができる。

①「存在の問い」に関わるハイデガーの哲学思想のなかでも、従来の教育学によって注目されることのなかった諸々の論点を、詳しく検証した点。

②存在論に立脚した教育理論の来歴を詳しく紐解き、既存の諸論稿に共通の課題意識と、これまで目に留まることのなかった問題点を明らかにした点。

③ハイデガー哲学を規定している探究方法に目を向け、「宙吊りの知」としての「形ばかりの告示」や予感/黙示の特徴を明らかにした点。

④「**として**」という指標に注目することで、ボルノウ教育学を規定していた方法原理を問い直し、「宙吊りの教育学」の構想を示した点。

⑤以上の議論に基づいて、「知の宙吊り」という探究方法のモデルを提示することで、ボルノウの教育理論

を再興するための端緒を築いた点。

第一部の場合と同じくこれらもまた、従来の教育学のなかでは、詳しく検証されることのなかった論点である。ハイデガーの論稿を丁寧に辿り直してゆくことで、本書は、素朴な倫理学・道徳論には回収することのできない、存在の真理の空け開きに関わる議論に行き当たった。世界と人間の本質が問い質され／与え返される真理の空け開きに関わる探究は、形而上学の伝統に規定された命題に絡め取られることのない、詩作者／思索者に特有の知識／伝達の在り方を要求される。本書が「宙吊りの知」として特徴を示した、学び知ることを差し控える予感／教え伝えることを差し控える黙示がそれだった。存在論に立脚した従来の教育理論は、この「宙吊りの知」に関するハイデガーの議論を見落としていたために、結局は「有用性と価値の教育」の桎梏から逃れ去ることができなかった。これに対して本書は、「知の宙吊り」としてのハイデガー哲学の探究方法を、教育／教育学の方法論へと彫琢することで、「宙吊りの教育学」の構想を提示するに至った。さらにこの「宙吊りの教育学」の視座に立つことで、ボルノウの教育理論に見られる「議論の錯綜した点」を捉え返して、ボルノウ教育学を再興するための端緒を築くことができた。無論これと同じ視座から、存在論に立脚した従来の教育理論を捉え返すこともできるだろう。

(2)「方法ならざる方法」としての「方便」

とはいえ見落とされてはならないのは、「宙吊りの教育学」の探究方法としての「知の宙吊り」とは、有用性と価値に規定された世界を抜け去るための通路でもなければ、主体としての人間という理念を突破するための道具でもない、という点である。主体としての人間のほうから、主体としての人間の営為を拠り所として、真理の空け開きへと立ち至ることはできないし、他の人々をそこに導き入れることも叶わない。詩作者とは異なる思索者は詩歌の「聞き手」として、真理の空け開きへの「途上」に踏み止まりながら、答えの与えられない「行きつ戻りつ」の「問いの螺旋」の道行きに、存在からの予感／黙示が聞き届けられる余地を開き保つのみである。このため、形而上学に規定された観点から眺めた思索の性格について、ハイデガーは次のように話している、

しかし人は次のように反論するだろう。このような思慮は知らないうちに現実から宙に浮いてしまう〔schweben〕と。このような思慮は根拠を失う。このような思慮は進行中の諸々の事業の成功のためには何の役にも立たない。このような思慮は実践の遂行のためには何ももたらさないと。〔GL: 15〕

ここから、「宙吊りの知」としての予感／黙示を、これまで通り「方法」と呼んで済ませることが許されるのか、という疑問が浮かんでくる。特に、形而上学の伝統に基づいて、「方法」という概念が次のように受け取られている場合には、この名称と「知の宙吊り」の相性は疑わしいものになる。

一個の科学の厳密さは、〈事象領域への観点取得の〉措置と〈研究の遂行と叙述の〉手続きの仕方において、すなわち「方法」〔die Methode〕において開花することになる。この措置は対象領域をそのつど〈説明可能性〉という特定の方向へともたらす。これは、一種の「成果」が間違いなく生じるということを、もともと原理的に確保している。〔GA 65: 146f.〕

「方法」という概念を用いることによって、学び知ること／教え伝えることを差し控える予感／黙示は、

目的から分離された手段として把握されてしまいかねない。学び知ること／教え伝えることを差し控えることは、世界と人間存在の奥行きを学び知り／教え伝えるための手段ではなくて、差し控えること自体がこれを学び知り／教え伝えることにほかならない。「知の宙吊り」を核心とする宙吊りの教育／教育学は、有用性と価値の連関を越えた在り方へと人々を導くこともできなければ、人々を導くための手段を提供することもできない。宙吊りの教育／教育学に許されているのは、ただ有用性と価値の連関に規定された在り方と、この連関を越えた在り方の「あいだ」に踏み留まりながら、二重に縁取られた世界と人間存在の奥行きを、学び知ることを差し控えることによって学び知り、教え伝えることを差し控えることによって教え伝えることだけなのだ。黙示することとしての教えることは、予感することとしての学ぶことを教えることであり、予感することとしての学ぶことは、この予感／黙示を聞き届けることを学ぶことにほかならなかった。

「行きつ戻りつ」を繰り返す「問いの螺旋」は、核心に近づいたり核心から遠ざかったりしながら、いつまで経っても問いの宛先に辿り着くことがない。このため本書としては、形而上学に規定された近代科学の「方法」とは異なる性格を持った「知の宙吊り」に、「方法」とは似て非なる「方便」という言葉を充てることを提案したい。これにより、目的 - 手段関係に絡め取られることのない、「知の宙吊り」に固有の特徴を示唆するためである。

「嘘も方便」などは日常的に用いられる表現であるが、「方便」(ほうべん)という言葉は元来仏教の用語である。「方便」とは衆生を「真実」へと導くための「教化方法」を指すが、他者を導く場合だけでなく自己の修行に関しても、それを「方便」と呼ぶことがある。特に「真実」と対比される場合、「方便」は「仮に設けた法門」「仮のてだて」であると説明される。「方便安立諦」といえば「思慮言語をもって説くことのできない真如を方便として仮に差別を立て、名目を設けて説くこと」を意味する。「方便」は目的と手段が直接的・単線的に接続された「方法」とは似て非なるものであり、むしろこの素朴な「方法」に内在する限界への洞察を背景とした、「仮の方法」または「方法ならざる方法」なのだ。とはいえそれは、「方便」だから好い加減なものであってよい、ということでは決してない。むしろ事情は正反対である。親鸞は「方便」そのものが「阿弥陀如来である」と説いた〔親鸞 1987: 117〕。「方便」とは一方では「真実」と対をなす「仮の手段」でありながら、他方では「真実」そのものの顕現でもあるとされたのだ。仏教語の辞典を紐解くと、「種々のはたらきがそのまま絶対の意義を実現しているということ」を意味する「方便爲究竟」という語彙や、同じように「方便がそのまま究竟であるとすること」を意味する「方便究竟」という語彙も掲載されている。一方で衆生を導く手段としてはあくまで「仮の」ものでありながら、他方では「真実」そのものであるという点に、仏教の用語としての「方便」(ほうべん)の両義性がある。[*62]

これに対して、同じく「方便」と書いて「たずき」と読むときには、かなり一般的な「手段」「方法」という意味に近くなる。これは「手着き」「手付き」に由来するといわれており、特に物事を始めるための手段、物事を知るための手がかりといった意味のほか、「生計」あるいは「生活の手段」という意味でも用いられてきた。「方便」という表記は当て字であると思われるが、「方法」や「手段」ではなくて仏教語の「方便」が当てられている点は興味深い。これには、「たずき」という言葉が元来多くの場合に、「しらず」「なし」「すくなし」といった打ち消しの語と一緒に用いられていた、という事情が関係していると推察される。『日本国語大辞典』に列挙された文例を見渡しても、その多くが、「手段」「手がかり」「生計」などが欠けていること・失われていること・頼りないことを書いたものである。「方便なし」といえば文字通り「拠り所がない」

*62 以上、仏教語の語義については中村元編『広説佛教語大辞典』に依拠した。

「頼るものがない」「方法がない」ということを意味する。「方便」（たずき）が「方便」（たずき）として問題となるときには、そのつど同時に「方便なし」ということにも併せて思いが傾けられているのだ。「方便」（たずき）が否応なく帯びているこの頼りなさ・果敢なさの感覚は、「方便」（ほうべん）が「真実」へと導くための「仮初めの」手段であることと響きあう。「方便」（たずき）とは方法・手段を意味していながら同時にその方法・手段の欠如をも想起させる言葉であり、「方便」（ほうべん）とはその位相が異なるとはいえ、やはり独特の両義性を孕んだ言葉なのである。

こうした語源学的な探究を経ることで、私たちは「方便」という言葉が引き受けてきた、幾重にも折り重なる意味の層を目の当たりにする。「ほうべん」は一方では衆生を「真実」へと導くための「仮の手段」でありながら、他方では「真実」「真如」そのものの顕現であるとされた。物事に取り組むための方法や生活を営むための手段を意味する「たずき」とは、同時にその方法・手段の頼りなさ・果敢なさの感覚を委ねられた言葉でもあるのだった。「知の宙吊り」を一種の「方便」として捉えるとき、注視されているのは、「方便」という言葉が孕んでいるこの重層性である。本書はハイデガー哲学を仏教の教説に基づいて解釈しようとするものではないし、反対に、仏教の教説をハイデガー哲学へと還元しようとするものでもない。「宙吊りの教育学」の構想にとって重要な点は、この「方便」という言葉の重層性を指標として、世界と人間存在の奥行きに関わる探究の特徴を、幾許かでも示唆することにあった。

(3) 今後の課題

ボルノウ教育学に内在している問題点の再考を出発点とした本書の探究は、「有用性と価値の教育」の伝統の問い直しへと歩を進め、有用性と価値の連関に規定された世界と人間の在り方と、この規定を抜け去った世界と人間の在り方の両方に関わる、教育／教育学の両義性に満ちた局面を開拓するに至った。これにより本書は、存在論を基礎とする「宙吊りの教育学」の構想を提示し、ボルノウ教育学を再興するための端緒を築くという、当初の課題を遂げたことになる。とはいえ、これは確かに一つの到達点であるが、もちろん同時にまた新たな探究の出発点でもある。最後に、「宙吊りの教育学」が今後取り組むべき課題を示して、本書の結びに代えることにしよう。

本書が提示してきた「知の宙吊り」という学び知ること／教え伝えることの在り方が、現代の教育／教育学にとって無視することのできないものであるとすれば、「宙吊りの教育学」が次に取り組むべき課題は、この風変わりな知識／伝達の在り方が、実際の教育／教育学のなかでどのように発現してくるのか、どのように働くのかを明らかにすることだろう。この課題は次の二つの探究を通して遂行される。すなわち、①ボルノウの教育理論を始めとする従来の教育学の諸論稿を、存在論に基づく「宙吊りの教育学」の観点から改めて読み解くことで、これら諸論稿に内在していながらこれまでのところ看過されてきた、「宙吊りの知」が発現している現場を突き止めること、および②家庭や学校を始めとする現場における個々の教育実践を、同じく「宙吊りの教育学」の観点から改めて省みることで、個々の教育実践に内在していながらやはり見逃されてきた、「宙吊りの知」が発現している現場を突き止めること、という二種類の探究である。無論これら二つの探究は、いずれか片方だけで完結しうるものではなく、相互に深く関連しあっている。

本稿が明らかにしてきた、学び知ることを差し控える「予感」や教え伝えることを差し控える「黙示」は、これまで当然とされてきた通常の知識や伝達の在り方と、どのように関係しあい補完しあっているのだろうか。この風変わりな学び知ること／教え伝えることの様式は、個々の教育理論や教育実践のなかでどのように立ち現れており、各々の理論や実践にどのような影響を与えているのだろうか。「知の宙吊り」を方法とする「宙吊りの教育学」の視座に立つとき、教育に関わる現行の理論／実践が、これまでとは異なった相貌に伴われて捉え返されることになるだろう。「宙吊りの知」としての予感／黙示が聞き届けられる余地を開き保つことによって、これまで有用性と価値の連関によって束縛されていた教育の理論／実践に、「ありうべき」両義性に満ちた性格を与え返すことが、「宙吊りの教育学」の次なる課題である。

補章　O・F・ボルノウ『練習の精神』とメビウスの輪

本章の概要

ここに補章として収録された論稿は、学位論文の脱稿後、「宙吊りの教育学」の課題を引き継ぐものとして執筆された小論である。本稿の課題は、ボルノウの著作『練習の精神』を改めて読み解くことにより、この著作に孕まれている従来は見落とされてきた議論の「ねじれ」を浮かび上がらせ、この「ねじれ」をバネとして打ち開かれる練習をめぐる問いの地平を解き明かすことにある。いまだ洗練されていない試行錯誤の結果ではあるが、これにより、学ぶこと／教えることを差し控える「宙吊りの知」という知識／伝達のスタイルが、ボルノウの教育理論のなかでどのように立ち現われているのかを解き明かすと同時に、本書が構想してきた「宙吊りの教育学」の射程を幾許かでも明らかにすることができると期待される。

邦訳書監訳者の岡本英明も巻末に述べているように、一九七八年に上梓された『練習の精神』は、従来軽視されていた練習という営みの価値を「正しく」解き明かし、教育／教育学における練習の意義を明らかにした著作として、これまでにも高く評価されてきた〔GÜ 邦訳書：216ff.〕。しかしながら、本書の読解を試みた従来の諸研究は、ボルノウの論考に孕まれている議論の「ねじれ」を見落としているという点で、本書の全体を貫く重要な趣向を取り逃している。以下に解き明かされるように、本稿が注目しようとするこの奇妙な「ねじれ」こそは、練習という営みをめぐるボルノウの探究の、核心を占める特徴にほかならない。というのも、この「ねじれ」を孕んだ議論のプロセスを丁寧に辿り歩くことによって初めて、練習という現象の両義性に満ちた特徴が、両義性を両義性として保たれたまま輪郭を縁取られることになるからだ。

『練習の精神』の全体を規定している議論の「ねじれ」を浮かび上がらせ、この「ねじれ」をバネとして打ち開かれる練習をめぐる問いの地平を解き明かすために、本稿の議論は以下のように構成される。

第一節　練習と「正しい生活」
第二節　『練習の精神』に対する批判
第三節　「放下」というアポリア
第四節　目的 - 手段関係を越えた視座
第五節　『練習の精神』の議論の「ねじれ」
第六節　『練習の精神』とメビウスの輪

第一節においては、人間が「正しい生活」を営むに当たって、練習が果たすべき「機能」に関する、ボルノウの論考が概観される。第二節においては、『練習の精神』に対する重要な批判として、桐田清秀による論稿が詳細に検証される。第三節においては、ボルノウが重視していた「放下」という理念を精査することで、桐田による批判の根拠が明らかにされる。

続く第四節においては、『練習の精神』の議論のなかに、桐田の指摘したような問題点を克服しうる射程が、すでに組み込まれていたことが解き明かされる。第五節においては、『練習の精神』に組み込まれている二つの異なる視座の特徴が解き明かされ、相互に矛盾した二つの視座が絡み合うことで生じる、議論の奇妙な「ねじれ」の存在が明らかにされる。最終第六節においては、この議論の「ねじれ」こそが『練習の精神』の核心を占める趣向であり、練習という現象の十全な解明に欠くことのできない構造であることが解き明かされる。

第一節　練習と「正しい生活」

ボルノウによれば、西洋の歴史と伝統のなかで、練習（die Übung）は非常に軽視されてきており、人間学の分野にあっても「ほとんど注目されることがなかった」という。これに対してボルノウは、人間は練習によってのみ「生の十全な発展と充実に至る」ということを証明するべく、練習の果たすべき「機能」（die Funktion）を解き明かそうとした〔GÜ: 11〕。これまで単に「退屈で面倒な」だけの「生徒と教師にとっての重荷」として把握されていた練習という営みを、私たちの生の「発展と充実」に欠かせない要素として捉え直した点に、『練習の精神』に固有の意義があることは間違いないだろう〔cf. ibid.: 1〕。「練習の復権」に関わるこの課題意識を、ボルノウは、次のような「問い」として提示している。

〔……〕練習が、人間の生のなかで目的合理的かつ必要不可欠な遂行として、そのなかでのみ人間の生が十全な充実を得ることのできる何かとして、立ち現れてくるようにするためには、我々は、人間の生をどのように概念把握しなければならないか。〔ibid.: 18〕

本節においては、ボルノウが「本来の練習」の機能をどのように解き明かしているかという点に的を絞って、『練習の精神』の論旨を概観しておこう*63。

結論を先取りして述べておくなら、ボルノウにとって練習とは、「正しい生活への道」にほかならない。私たちは普段、例えば「ピアノの練習」という場合のように、何か一定の技能を獲得することや上達させることこそ、練習の目的だと考えている。練習にこうした役割があることは、無論ボルノウも認めている。しかしボルノウによれば、こうした見方は練習の「本来の目的」を捉え損ねているという。特定の領域における技能の獲得や上達などではなく、人間を「正しい生活」へと導くことこそが、練習の果たすべき最も重要な機能なのだというのである。このように、「練習において獲得されるべき技能」だけを重視してきた従来の練習概念を大きく転換させ、「正しい生活」へと向かう生のラディカルな転換を練習の「本来の目的」に据えた点に、『練習の精神』の核心を占めるボルノウ一流の提言があった〔ibid.: 58〕。

だとすれば、ボルノウのいうところの「正しい生活」(das richtige Leben)とは、はたしてどのような生活のことを指しているのだろうか。

「練習における心の状態」と題された『練習の精神』の第七章において、ボルノウは、練習には「精神集中」

（die Konzentration）を形成するような働きがあることを解き明かしている。ボルノウによれば、練習が一定の成果を収めるためには、「練習されるべき行為」に対する「我を忘れた没頭」（die selbstvergessene Hingabe）が求められるのだという。とはいえこれは、練習を始める以前から完備されていなければならない前提ではない。そうではなくて、我を忘れて練習されるべき行為に集中しているこの状態は、練習のなかで練習を通して初めて形成されるべきものなのだ、というのである〔ibid.: 55f.〕。

生徒に練習に対する精神集中が要求される場合に、この精神集中は単に練習を始める前に満たさなければならない前提条件なのではなく、練習のなかで初めて形成され育まれるものなのだ。〔ibid.: 56〕

ボルノウが「正しい生活」と呼んだのは、このように練習を通して育まれる「精神集中」を身につけ、私たちが陥りがちな「無節操と注意散漫の状態」を抜け去った生活のことである。「ピアノの演奏」のように特定の技能を獲得することではなく、この「精神集中」を育むことによる「人間の変化」こそ、練習の「本来の目的」なのだという点に、ボルノウの論点があった〔ibid.: 57f.〕。

ここから、単なる諸技能の獲得や上達に留まらない、練習の機能に関するボルノウ固有の探究が始まる。練習のなかで形成される「精神集中」に関する洞察を深めるため、ボルノウは、例えば日本の弓術の練習などに見られる、「無我」（die Ichlosigkeit）の境地に注目した。日本滞在中に弓術に取り組んだヘリゲル（E. Herrigel）による報告を参照しながら、ボルノウは、日本における弓術の練習の目的が、やはり単なる技能

＊63　『練習の精神』の概要については、日本においても邦訳書の出版以降に、中野優子（2010）による図書紹介（『教育哲学研究』第101号）が概説をしているほか、広岡義之〔2010〕が詳細に論じている。

の獲得や上達にあるのではないことを見て取った。弓術の練習を通してヘリゲルが感得したのは、練習を通じて「練習者自身が変化するべき」なのだということであり、練習者自身の「内面の完全性」を達成することこそが練習の真の目的なのだということだった〔ibid.: 60f.〕。ここで重要視されるのが、我欲を離れ去った「無我」の境地である。

ボルノウがヘリゲルに依拠しながら述べているところによれば、弓術の練習者は、自己を捨て去り「無意図」かつ「無我」になることを求められるのだという。弓術の練習にとって重要なのは、的に当てるための技術を磨くことよりも、むしろこのように「無欲」を極めた心の状態に到達することだというのだ。このとき、練習者は「的と一つになり」、矢は「まるで自然に」弓を離れて、「誤りのない確実さで的に当たる」。こうした「無我」の境地が初めて体験されるとき、練習者は言葉にならない幸福感を味わうとされる。この点においてボルノウは、日本における弓術の練習が、練習される内容（弓術）とは無関係に練習自体として、固有の「価値」と「目的」を保持していることを見て取った〔ibid.: 61 & 63〕。

> このとき重要なのは、練習を通して、人間の内面の態度が変化することである。なぜなら、日常のせわしない活動を越えた高みという件の内面の状態は、単に遂行の完全さを達成するための前提なのではなくて、練習を通して達成されるべき目的になるからだ。〔ibid.: 63f.〕

こうした洞察に基づいて、ボルノウは改めて、人間の「自己形成」に対して練習が果たすべき役割を、詳しく解き明かそうとした。練習を通して達成されるべき件の「正しい生活」は、「無我」の境地に関する議論に示唆を得ながら、改めて「内面の自由」(die innere Freiheit) と「放下」(die Gelassenheit) という二つの概念を用いて、詳細な特徴を解明されることになる。

ボルノウによれば、前者の「内面の自由」という概念は、「人間が状況の諸条件と調和しているという感情」を表現しているのだという。とはいえこれは、人間が全ての「依存」や「強制」から解放されている、ということを意味しているのではない。人間を取り巻いている環境が人間に勝手を許すというのではなく、むしろ、人間のほうが自己を改めて環境と「調和」しながら生きている状態のことを、ボルノウは「内面の自由」という言葉で表現したのである〔ibid.: 76〕。この「内面の自由」の基調をなしているのが、環境と衝突しかねない「我意」や「我欲」を「手放した」(gelassen haben)、「放下」という状態にほかならない。私たちを取り巻く「状況の総体」との調和を実現するには、手前勝手な「我意」や「我欲」に囚われることのない、放下した(gelassen)態度が要求される。この放下した「内面の自由」に向かって練習者の自己変容を引き起こす点に、人間形成に関わる練習の深い意義がある、とボルノウは考えた〔ibid.: 77f.〕。

こうして、練習を通した「精神集中」の育成に関する議論は、日本の弓術の練習に関する検証を経ることで、練習を通した「無我」または「放下」の達成という課題に逢着することになる。これ以降ボルノウは、件の「内面の自由」に規定された「正しい生活」のことを、改めて「在るべき生活」と呼び、「内面の自由への道」としての練習の役割を細かく検証していく。本稿の課題に照らして特に興味深いのは、練習が、人間の意図と努力に基づいて「内面の自由」を獲得するための、代わりの利かない「唯一の手段」だという指摘である。

ボルノウによれば、「内面の自由」に規定された生活＝「在るべき生活」に到達するための「道」(Weg)は一つではないという。実際に、この「在るべき生活」に至るための道程として、ボルノウは練習以外にも二つの通路を認めている。実存哲学によって示された、「生の危機」を潜り抜けて、単に漫然と過ごしてきた日常生活を抜け出してしまい、現存在の「覚悟性」に至るという道が一つである。また、ニーチェの「大いなる真昼」のように、「大きな幸福の瞬間」に「深い満足の感情」に貫かれて、「もはや望むべきものが何も残っていない」ような状態に至るという道もある。これら二つの可能性を、ボルノウは、近現代の哲学によって提供された道程として紹介している〔ibid.: 80f.〕。

とはいえボルノウによれば、「在るべき生活」に向かうこれら二つの道程と比較しても、練習は特別重要な位置を占めているのだという。なぜなら、危機や幸福の瞬間は「意図的に招き寄せることができない」のに対して、練習は「在るべき生活」への変化を「意図的に」しかも「自己に固有の努力によって」引き起こすことができるからである。練習とは、放下した「内面の自由」を、単に偶然に任せるのではなくて、私たちの意図と努力に基づいて獲得できる、「唯一の手段」であるという点に、ボルノウの主張の核心がある〔ibid.: 81〕。

> 誤解されないように明確に強調しておくなら、練習は、ここで追求されている生の充実を達成するための、唯一の方途というわけではない。けれども、練習は、この変化を意図的に意識的な努力によって引き寄せるための、唯一の手段なのだ。〔ibid.〕

こうして練習は「正しい生活への道」＝「内面の自由への道」として捉え返され、私たちが「在るべき生活」に到達するための通路として、一定の技能の獲得や上達に留まらない機能を与え返される。

第二節　『練習の精神』に対する批判

このように、練習の機能についてのボルノウ議論は、西洋の伝統における練習の概念と、日本の弓術などに見られる無我の思想を橋渡しして、後者の視点から前者を問い直そうとした点に、固有の意義を持っているということができる。しかしながら、このように東西の文化を混交してみせたボルノウの議論に対して、厳しい疑問を投げかけている研究者もいる。なかでも、ボルノウの用いた「練習」の概念と、日本における「稽古」の概念との差異に目を向けた、桐田清秀の論稿は、本稿の課題にも関係してくる重要な批判を含んでいる〔桐田 1985〕。なお、以下においては、桐田の論稿に関連する箇所においてのみ、彼に従って「練習」と「稽古」を区別しておく。

ボルノウが導きの糸とした、日本の伝統文化のなかの「練習」を、「稽古」あるいは「修行」と言い直した桐田は、西洋の「練習」と日本の「稽古」の差異を次のように解き明かしている。①練習はかならず一定の技能の獲得・上達に関係しているが、稽古はかならずしも一定の技能の獲得・上達と関係しているわけではない。②稽古にはあらかじめ模範となるべき一定の「型」が与えられているが、練習にはこうした「型」が与えられていない。③稽古は練習とは違って徹頭徹尾「身体」に関わる問題であり、心や頭の動きではなく、身体の動きを習得することを重視している〔ibid.: 11ff.〕。これら三つの相違点に注目することで、桐田は、練習と稽古を同一視したボルノウの議論の欠点を、次のように指摘している。論述の都合から、先程とは論じる順序を逆にした。

③稽古と身体の密接な関係について桐田は、この関係をボルノウが詳しく論じていないことに「不満」を抱いている。稽古には、ボルノウがいう「精神の領域における練習」など存在しないし、これと「身体の領域における練習」を区別するような考え方もないというのである。稽古は「徹頭徹尾」身体に基づいて身体に関して行われる。この身体の動きに「専心没頭」するからこそ、身体の動きを身体に委ねて、自己の意識への執着を捨て去った、「放心」「無心」「不動心」といわれる状態に到達することができるのだ、と桐田は説いている〔ibid.: 17f.〕。

確かにボルノウは、日本の弓術における稽古について論じるさいに、無我の境地の重要性を強調するあまり、稽古者の身体性について詳しく論及していない。もしも桐田のいうように、稽古が「徹頭徹尾」身体の動きのみに関わる営為だとすれば、ボルノウのこの議論が片手落ちであるとの印象は否めない。しかしそれは、このときボルノウの問題意識が、個々の稽古のプロセスよりも、人間全体の変容に向けられていたからだろう。ボルノウが弓術の稽古に関する思想を紹介したのは、「精神集中」を身につけた「正しい生活」の特徴を、さらに詳しく解き明かすためだった。したがって、稽古と身体の密接な関係を指摘した桐田の批判は、極めて重要な論点を補うものではあるが、ボルノウの論考の価値を大きく損なうものではないと考えることができる。

②桐田はまた、稽古には最初から「進むべき道」が設定されており、この「進むべき道」を歩むための型が先に与えられていることを、ボルノウが見逃しているとして批判している。稽古には型があるため、稽古の先に何が起こるのか「予測可能」であり、「身心の準備」を整えることができる、と桐田はいう。このことはすでに「ボルノウが想定している練習と大きく異なる」というのだ。さらに桐田が指摘しているところによれば、稽古の要点は、一定の技能を獲得することではなく、一定の所作を「型通りに行うこと」にある

のだという。しかもこの「型通りに行うこと」に向けた稽古は、単に型通りに「できる」ようになるだけでは不満足であり、これを「自然に」行うことができるようになるまで、さらには「完璧に」行うことができるようになった後にも、継続されなければならないというのだ〔ibid.: 14ff.〕。

しかしながら、確かに練習には稽古のような「型」の思想はないかもしれないが、だからといって練習が何の模範も規範もないまま、闇雲に行われているわけではないだろう。「ピアノの演奏」の練習には、優れた演奏の模範があり、「英単語の発音」の練習にも、ネイティブスピーカーのお手本が付きものではないか。このような点において、練習も稽古と同じように、この先に起こることを「予測可能」であり、「身心の準備」を整えることもできるに違いない。加えて、練習は一定の技能を獲得することで終わるのではなく、人間はいつも練習を続けなければならないという指摘は、ボルノウの論稿にも繰り返し現れていた。人間とは「練習する存在」であり、「練習者」であることこそが人間の本質なのだ、という命題などは、練習が一定の技能を獲得することで終わるわけではないという事実を、ボルノウが精確に見抜いていたという証拠だろう〔GÜ: 52 & 94〕。人間とは「練習する存在」であるというボルノウの命題の射程を、桐田は誤って狭く見積もっていたのではないだろうか。

①桐田が最初に「違和感」を表明しているのは、ボルノウが、稽古を一定の技能の獲得との関連のなかでしか捉えていない、という点である。ヘリゲルらの紹介している弓術の稽古を、禅の思想と結び付いた「修行」として把握した場合、技能の獲得という目的との関連は「ほとんどない」と桐田はいう。「真実の意味での宗教」は、一定の技能ではなく、「人間存在のあり方」に関わるのだ、というのである。さらに桐田はこの論点を敷衍しながら、上記のようなボルノウの見方が、稽古を一定の「目的」への「手段」として捉える見方と緊密な関係にあり、このため稽古の特徴を見落としてしまっていると批判している。ボルノウは、

無我の境地に関する議論を経た後でさえ、「内面の自由」を獲得するための「手段」として、練習を捉えていた。これに対して桐田は、このように稽古を一定の「目的」のための「手段」として捉える見方が、「本来の意味の稽古」を取り逃してしまい、却って「内面の自由」への道程を立て塞いでしまうことを見抜いて、鋭い疑問を提出したのである〔桐田 1985: 11ff.〕。

ボルノウが、練習または稽古を一定の技能との関連のなかで捉えていることは、間違いない。しかし、桐田も言及しているように、ボルノウもまた、人間の「存在」(das Sein) に深く関わる重要な営為として、練習を捉え直そうとしたのだった。「正しい練習」において何より重視されるのは、一定の技能を獲得することではなく、「最も本来的な人間の存在を実現すること」なのだ、という指摘などを見れば、ボルノウの議論と桐田の議論の親近性を読み取ることさえできるだろう〔GÜ: 68f.〕。一定の技能の獲得よりもむしろ、「正しい生活への道」を開くことにこそ、「正しい練習」の「本来の目的」があるのだという点に、『練習の精神』の議論の核心があった。

とはいえ、『練習の精神』に対する桐田の批判から、得るべきものは何もないのかというと、そうではない。稽古を「目的のための手段」として把握することに対する、桐田の厳しい異議申し立ては、本稿の課題に照らしても注目に値するものである。桐田が批判の対象としているのは、例えば前節の最後にも引用した、『練習の精神』の次のような一節である。

> 誤解されないように明確に強調しておくなら、練習は、ここで追求されている生の充実を達成するための、唯一の方途というわけではない。けれども、練習は、この変化を意図的に意識的な努力によって引き寄せるための、唯一の手段なのだ。〔ibid.: 81〕(傍点引用者)

これに対して桐田は、稽古を「目的のための手段」であると「いいきってしまう」ことにより、稽古から抜け落ちてしまうものが「多くあるように思う」と懼れている。なぜなら、手段と見做されることによって、稽古は目的に従属することになり、稽古自体に含まれている意味が見失われてしまうからである。このように目的と手段を区別するような考え方に対して、桐田は、目的と手段を分離することなく、「統合していく」ような考え方こそ、稽古にふさわしいものだと主張している。稽古が単なる手段だと見做されているあいだは、稽古によって何らかの「内面の状態」が形成されることは「ない」と桐田は断言する。稽古は「手段ではなくなった」ときに初めて、「本来の意味の稽古になる」というのである〔桐田 1985: 13f.〕。

実のところ、桐田によるこの批判もまた、ボルノウの議論の射程を誤って狭く見積もっており、『練習の精神』に対する批判としては精確なものではない。けれども、練習＝稽古を単なる「目的のための手段」として捉える考え方が、「内面の自由」への道程を立て塞いでしまうという指摘は、一定の根拠を持っている。節を改めてこの根拠を突き止めることにしよう。

第三節　「放下」というアポリア

桐田が指摘したのは、「内面の自由」という目的のための手段として稽古を捉えると、却って「内面の自由」への道程を立て塞いでしまう、ということだった。しかしなぜ、稽古を「目的のための手段」と捉える考え方が、「内面の自由」への道程を立て塞いでしまうことになるのだろうか。この疑問に対して桐田は、詳しい回答を残していない。この問題を考えるうえで貴重な示唆を与えてくれるのは、「正しい生活」あるいは「内面の自由」の基調をなしている、我意を手放した「放下」という「心の状態」に関する、ボルノウの論考である。

ボルノウによれば、「放下」という心の状態とは、人間を取り巻いている環境と衝突しかねない「我意」や「我欲」を「手放した」状態を指していた。このような概念が用いられた背景には、例えば弓術の稽古に関するヘリゲルの報告に見られるような、無我と無欲の境地に関する洞察があった。「内面の自由」と「放下」との関係を解き明かすなかで、ボルノウは、適度に抑制の利いた筆致で次のように書いている。

> 以上によって同時に明らかになったことは、我意の放棄は意志一般の放棄ではなく、単に邪魔な我田引水から意志を純化することを意味しているということ、また「無我」というのも〔……〕狭小な関心と過敏さを伴った「小さな」日常の自我にのみ関係しているということである。〔GÜ: 77〕

この「放下」に関してボルノウは、『練習の精神』の数年前に刊行された著作のなかで、これが純粋な「直観」を獲得するための前提条件となることを、解き明かしている。ボルノウによれば、直観とは「実用上の取り扱いのような単純な図式主義に邪魔されることなく、現実性の充実を受け止めること」だという。言い換えるなら、「有用性の思考の制約から解き放たれて、諸事物を固有の存在において」捉えることが、ボルノウのいう「直観」の特徴にほかならない〔DW: 81f.〕。この純粋な「直観」を獲得するために要求されるのが、「我意を離れ去って、信頼を抱きながら、干渉してくる出来事へと身を委ねた」「放下」という状態である。このように純粋な直観の前提条件となるかぎりにおいて、「放下」は、人間の「高度の完全性」への要求に答えるものだとさえいわれる〔ibid.: 86ff.〕。

この箇所においてボルノウは、「放下」という概念を導入するに当たって、『練習の精神』の場合とは違い、弓術の稽古には特に言及していない。この箇所において「感謝と賛意を込めて」参照されているのは、おなじく「放下」の概念を用いて、形而上学の伝統に差異を仕掛けた、ドイツの哲学者ハイデガーの思想である。ハイデガーによれば、主体としての人間を世界の中心に置き、操作されるべき客体として事物を捉えるような近代科学の傾向は、人間中心主義としての形而上学の伝統に基づいている。近代科学のこの傾向は、事物を利用されるべき「資源」として捉え、人間をも活用されるべき「人材」として把握するような、現代社会の特徴と深く結びついている。このように、有用性の尺度と価値の思想に絡め取られた近代科学の傾向を突破するべく、ハイデガーは、「放下」という概念を用いて、形而上学の伝統に差異を仕掛けたのだった〔cf. GL〕。

以上の検証作業に基づいて、本節の最初に提示された問題に戻ろう。これまでの議論から、次のことが判然としてきた。ボルノウのいう「放下」とは、意志一般や自我一般を放棄することではなく、自己を中心とした我田引水の範疇や有用性の尺度から解き放たれることを意味している。現代社会を生きている私たちは、普段、ほとんど意識しないままに、「何の役に立つのか」という有用性の尺度に基づいて、身の回りの事物や人物を評価している。しかもこの「何の役に立つのか」という尺度には往々にして、「私にとって」という我田引水の範疇が含まれているものだろう。『練習の精神』の核心を占める「放下」という概念は、このような事物の有用性への固執を捨て去り、自己の利益への執着を離れ去った、「開かれた」状態のことを意味しているのだ。

だからこそボルノウは、このように我意を離れ去った「放下」を、「内面の自由」に不可欠の特徴として、練習の目的に掲げたのだった。ところが、まさにこの点において、練習の目的として掲げられた「放下」という概念に、一種のアポリア＝難問が孕まれていたことが明らかになる。「放下」が「内面の自由」に不可欠の特徴として目的に掲げられ、さらに練習がこれを実現するための手段として捉えられた途端に、「放下」と練習の両方が、我田引水の範疇と有用性の尺度に絡め取られてしまう。というのも、練習によって「放下」を達成しようとする者は、「放下」を達成したいという我欲に囚われており、この目的のための手段として用いられる練習は、我欲を満たすために「役に立つ」と考えられて有用性に換算されているからだ。手前勝手な自我から解き放たれた「放下」という状態は、これを実現することが目的に掲げられた途端に、我田引水の範疇と有用性の尺度に絡め取られてしまうという、パラドキシカルな性格を孕んでいたのだ。

ここから、練習を「目的のための手段」として捉える考え方が、「内面の自由」への道程を立て塞いでしまう、という、桐田の批判の根拠が判然としてくる。何らかの「目的のための手段」として練習を把握するとき、練習と練習者はともに、我田引水の範疇と有用性の尺度に縛られている。練習が「内面の自由」という目的のための手段として捉えられた途端、この練習は「正しい生活」や「高度の完全性」を実現するのに「役に立つ」手立てとして、練習者の我意・我欲を満たすために用いられることになる。このように「内面の自由」を獲得する「ために」行われる練習は、目的・手段の二項対立に囚われているゆえに、最初から我田引水の範疇と有用性の尺度に束縛されてしまっており、このため却って「内面の自由」に向かう道程を立て塞いでしまうのである。

第四節　目的‐手段関係を越えた視座

このような洞察を得たことにより、単に練習が何の役に立つのかを明らかにした著作として、素朴な目的‐手段関係に基づく観点から『練習の精神』を評価することは、厳しく戒められることになる。桐田による批判を端緒として、私たちは、「正しい生活への道」＝「内面の自由への道」としての練習に関するボルノウの論考を、これまでとは異なる観点から改めて読み解くことを求められることになるのだ。このとき注目されるべきは、『練習の精神』の議論に組み込まれている、練習を目的‐手段関係に回収しえない営みとして捉えるような、独特の視座の存在である。

確かに、桐田が指摘しているように、また本稿も確認してきたように、ボルノウは練習という営みを「内面の自由」という目的を達成するための手段として把握していた。こうした箇所を読むかぎり、ボルノウが練習を目的‐手段の二項対立へと絡め取っており、却って「内面の自由」への道程を立て塞いでしまっている、という指摘は正しいようにも思われる。ところが、『練習の精神』の議論には、このように練習を目的‐手段の二項対立のなかで捉える見方を、あたかも反転させたかのような視座が組み込まれている。桐田はこの点を見逃していた。第一節に引用した練習の機能に関する問いに続いて、これと並列するように、ボルノウは次のような問いを立てている。

〔……〕正しく理解された練習は、すでに練習自体として、外から持ち込まれた何らかの動機になどよらなくても、喜びを生むのであって、それゆえ人間は、練習によって獲得される何らかの利益のためではなく、練習すること自体の純粋な喜びから、好んで練習するのではないだろうか。〔GÜ: 19〕*64

この問いに対する答えは、最終章の第八節「結語」の末尾に、最も明確なかたちで与えられている。

ここに至って、我々が出発点とした、あの繰り返し嘆かれた教授法の困難が、登場してくる。練習とは何か面倒なものであり、子どもを練習へと向かわせるには、外からの動機による誘惑を用いるしかない、と。〔しかし〕練習が正しい仕方で――それ自体のなかで目的合理的な行為として体験されるや否や、こうした困難は消え去って、練習は高度な幸福をもたらす行為として経験されることになるのだ。〔ibid.: 115f.〕（傍点引用者）

この箇所に提示されているのは、練習を練習の外に立てられた目的のための手段として捉えることを止め、目的 - 手段の二項対立の図式から解き放とうとする視座である。「それ自体のなかで」(in sich selbst) という言葉によって、練習を目的と手段が混然一体となった行為として捉えようとするこの視座は、目的と手段を分離することなく「統合していく」ことを唱えた桐田の立場に、通じるところがある。この視座に立つことによって、練習は目的 - 手段の二項対立に回収しえない営みとして捉え返され、我意や我欲を離れた「内面の自由」への通路が、練習という営み「それ自体のなかに」開き保たれることになる。

練習は練習の外に設定された目的を持ってはおらず〔……〕。〔ibid.: 65〕

目的 - 手段関係に回収しえない営みの典型といえば、子どもの遊びが思い浮かぶだろう。子どもは素朴に遊ぶことが楽しいから遊ぶのであって、遊ぶことの外に何か目的を掲げているわけではない。もちろん、健全な身体の育成や仲間関係の構築を、遊びの目的として規定することはできるし、事実、教育学はこのような視点から遊びを捉えてきた。しかしこれらはいずれも、教育に携わる大人の視点から遊びの意義を分析したものであって、実際に遊んでいる子どもが（大人も）こうした目的を掲げているわけではない。将来達成されるべき目的を掲げた途端に、遊びは「目的のための手段」＝作業または労働となり、遊びを遊びとして楽しむことはできなくなってしまう。遊ぶことに目的があるとすれば、当該の遊びを心ゆくまで楽しみ、十全に遊ぶことだけだろう[*65]。

もちろん、練習は子どもの遊びとは異なり、目的‐手段の二項対立から完全に自由なわけではない。例えば、ピアノの練習にはピアノの演奏の上達という目的があるように、練習はいつも、練習の外に立てられた練習を通して達成されるべき目的を持っている。これについてはボルノウも、練習が「自己目的」と化してしまうことを警戒して、練習と「真剣な責任を伴う生活連関」との関係を強調している。練習を通して獲得された能力は、「生活連関のなかで一定の遂行を」果たさねばならず、練習は「生活連関から離れたままで」あってはならないというのだ〔ibid.: 91〕。練習がピアノの演奏の上達のような個別の課題に関わる目的を持っているかぎりにおいて、これを遊びのように「純粋に」目的‐手段関係を離れた営みとして捉えることはできない。

しかしながら、件の「内面の自由」の獲得という課題は、このように練習と区別されて練習の外に掲げら

＊64　cf. ibid.: 43.
＊65　素朴な成長発達の理論に回収することのできない、「遊ぶこと」の不思議さ・奥深さに関しては、矢野智司の近年の論稿〔矢野 2006〕が重要な示唆を与えてくれる。

れた目的とは、異なる次元にある。「内面の自由」の獲得という課題は、練習という手段から分離された目的ではなく、練習という営みのなかに編み込まれた、練習から分離することのできない課題なのだ。こうした洞察は、日本における弓術の稽古に関する検証を通して、確証を与えられ深められたものだった。ヘリゲルらによる報告から導かれる帰結として、ボルノウは次のように書き留めている。

〔……〕〔内面の自由を基調として達成される〕完璧な遂行も、練習のなかで達成される人間の内面の状態も、常に繰り返されるべき練習のなかでのみ成就するのであり、この練習から分離されることはできない。〔……〕絶えまない練習としてのみ、人間の生は充足されるのだ。〔ibid.: 68〕

また別の箇所では次のようにもいわれている。

人間の行為の究極の意味は、〔……〕特定の諸目的を達成することのなかに存しうるものではなく、行為それ自体のなかに、すなわち存在全体との調和によってここで達成されるべき人間の本質の充足のなかに存しているのだ。すなわちまたしても正しく練習することのなかに。〔ibid.: 94〕

「人間は練習している場合のみ全き人間でいられる」というボルノウの命題は、このように、「正しく練習すること」と「内面の自由の獲得」を一つに織りあわされた課題として捉える洞察に基づいている。「内面の自由」は練習という営みを離れてあるわけではなく、したがって、一度獲得すれば練習を止めても持続するような所有物ではない。ボルノウが練習「本来の」目的として定めた「内面の自由」を獲得することは、とりもなおさず、練習という営みを練習として十全に実現することにほかならない、といえるだろう。このような視座に立つことで、練習は「内面の自由」という目的から分離された手段であることを止め、目的-

手段の二項対立に回収しえない営みとして、それゆえ我田引水の範疇と有用性の尺度を越えた営為として捉え返されることになる。こうした視座を確保している点において、『練習の精神』の議論は、桐田の指摘したような問題点を、克服しうる射程を備えていたといえるだろう。

第五節　『練習の精神』の議論の「ねじれ」

しかしながら、目的 - 手段の二項対立と練習の関係をめぐる問題は、これで平和裡に解決したのかというと、残念ながらそうはいえない。というのも、『練習の精神』の議論のなかには、この目的 - 手段関係に基づいて練習を捉える視座と、目的 - 手段関係に回収しえない営みとして練習を捉える視座が、表裏一体となって並存しているからだ。これら二つの異なる観点は、入れ代わり立ち代わり議論の前景に登場してきて、あたかもコインの表裏を返して見せるかのように、練習という現象の異なった側面に照明を当ててみせる。ここに至って本稿は、『練習の精神』の議論に孕まれている、無視することのできない「ねじれ」を、いよいよ目の当たりにすることになる。

(1)『練習の精神』の困難

ボルノウが『練習の精神』に託した課題とは、西洋の伝統のなかで軽視されてきた練習の「機能」を詳しく解き明かし、これまで低く見積もられてきた練習の意義を再評価することにあった。このため『練習の精神』は、練習を「内面の自由」を獲得するための「唯一の手段」として規定することで、これまで見落とされてきた練習の役割を解き明かそうとした。しかし、練習を何らかの「目的のための手段」として捉えてしまうと、練習自体が我田引水の範疇と有用性の尺度に絡め取られてしまい、「内面の自由」への道程が閉塞されてしまう。この難問を克服するには、練習を「内面の自由」という目的から分離された手段として捉えるのではなく、「正しく練習すること」と「内面の自由の獲得」を相互に織りあわされた一つの課題として捉えることが求められた。

ところが、このように練習を目的 - 手段関係に回収しえない営みとして捉える視座に立つとなると、練習の機能を解き明かすという当初の課題を満たすことが難しくなる。なぜなら、この視座は目的 - 手段の二項対立から自由でなければならず、この視座に立っているかぎり、練習が「何の役に立つのか」という問いを、素朴に問うことができないからだ。このために『練習の精神』の議論は、練習を「目的のための手段」として捉える目的 - 手段関係に基づく視座を、捨て去ることができない。練習の意義を再評価するという当初の課題を満たすためには、一度は「正しく練習すること」と二つの課題として捉えられた「内面の自由の獲得」という課題を、改めて、練習の外に置かれた目的として把握することが欠かせないのだ。

このように『練習の精神』は、練習が「何の役に立つのか」を解き明かすという課題と、練習を目的 - 手段の二項対立に絡め取らずにおくという課題を、容易に両立させることができないという困難を抱えている。これにより『練習の精神』の議論には、件の目的 - 手段関係に基づいて練習を捉える視座と、目的 - 手段関係に回収しえない営みとして練習を捉える視座とを、相互に絡み合わせたような、奇妙な「ねじれ」が生じることになった。

(2) 目的 - 手段関係に基づく視座の特徴

目的 - 手段関係に基づいて練習を捉える視座の特徴は、練習の核心に「目的の達成への意図」を置く点にある。この傾向が最も顕著に現れているのは、桐田も引用していた次の箇所である。

> 誤解されないように明確に強調しておくなら、練習は、ここで追求されている生の充実を達成するための、唯一の方途というわけではない。けれども、練習は、この変化を意図的に意識的な努力によって引き寄せるための、唯一の手段なのだ。〔ibid.: 81〕（傍点引用者）

ここではまさに、練習が、「内面の自由」という目的を「意図的」「意識的」に達成するための、「唯一の手段」であることが強調されている。この練習者の「意図」や「意識」に基礎を与えているのは、「内面の自由」を達成したいという「我欲」や、このために練習を利用しようとする「我意」にほかならない。この我意や我欲を基礎とすることで、初めて「目的」や「手段」といった概念が育まれ、練習を通して「内面の自由」を獲得しようという意図や意識が醸成されることになる。これにより、「内面の自由」は達成するべき目的として、練習はこれを達成するための手段として、我田引水の範疇と有用性の尺度に基づく目的 - 手段の二項対立に組み込まれる。

こうした「我意」「我欲」の介入を象徴しているのが、目的 - 手段の二項対立を仲立している「～のために」や「～するために」といった表現である。例えば、先に引用した箇所に続いて、ボルノウは次のように書いている。

〔日本の伝統文化のなかで〕ひとが個々に適した技芸を学ぶのは、学ぶなかで獲得されるべき実践上の能力のためではなく、学ぶなかで達成されるべき人間の浄化と内面の変化のためなのだ。〔ibid.: 81f.〕（傍点引用者）

このように、「内面の自由」を獲得する「ために」練習を行うと書かれるとき、「内面の自由」と練習の両者は、いつもすでに「目的のための手段」という図式のなかで捉えられている。素朴な「ために」あるいは「のため」という言葉が、「内面の自由」と練習を目的と手段に分離しており、両者を我田引水の範疇と有用性の尺度に組み込む働きをしている点に注目しよう。このとき、練習者の意図・意識は当然「内面の自由」という目的のほうに向けられており、これに伴って、練習はこの目的に貢献するべき手段として把握されている。練習者の注意は「内面の自由」の獲得に向けられるべきであって、練習されている行為の上達に向けられるべきではないということを、ボルノウは次のように書き留めている。

それゆえ、このように一種の内面の態度の獲得へと向けられた練習は、最高の遂行を目指すトレーニングからは、明確に区別されなければならない。なぜなら後者においては、注意がもっぱら〔練習の〕成果に向けられていて、この成果を実現可能にしている内面の状態には向けられていないからである。〔ibid.: 87〕

こうした箇所において『練習の精神』は、練習に与えられた「本来の目的」は「内面の自由」の獲得であり、練習はこの「内面の自由」の獲得「のために」行われるべきであり、練習者の意図・意識はこの「内面の自由」の獲得に向けられていなければならないということを、繰り返し明確に提唱している。

(3) 目的 - 手段関係を越えた視座の特徴

目的 - 手段関係に回収しえない営みとして練習を捉える視座の特徴は、練習者の「我を忘れた没頭」を練習の核心に置く点にある。練習にとって、練習されるべき行為への「我を忘れた没頭」が重要である、という最初の指摘は、『練習の精神』後半の始めに見られる。

> むしろ練習というのは、練習されるべき行為への、我を忘れた没頭を要求するものだ。すなわち、行為をできるかぎり良くし、繰り返すたびに前回よりも良くしようという意志を。〔ibid.: 55〕

この箇所においては、まだ「内面の自由」に関する議論は始まっておらず、個々の行為の上達のための練習が成功するための条件として、「我を忘れた没頭」が重視されている。このときこの「我を忘れた没頭」は、練習者が「注意散漫」や「不注意」の状態にある場合のほか、「深刻な悲嘆に暮れている場合」や、「将来の出来事への喜ばしい期待に震えている場合」と、対比されている。このようにして導入された「我を忘れた没頭」に関する議論は、後に「無我」の境地に関する検証作業を経ることによって、「内面の自由」に関する議論へと組み入れられることになる。例えば、デュルクハイム (K. G. Dürckheim) の報告に基づいて書かれた、次のような箇所を見てみよう。

とはいえ、たとえ完成された遂行ではなく練習者の内面の態度が、練習本来の目的なのだとしても、逆にこの態度は直接の道程を経てではなく、特定の技芸の練習という迂回路を経てのみ達成されるのだ。〔……〕人間の

成熟は、完璧に遂行されるべき練習への、全き没頭のなかでのみ成功するのだ。〔ibid.: 66〕

練習されるべき行為への「没頭」の要請は、ちょうど子どもが遊びに夢中になるときのように、将来の目的を忘れて現在の行為に集中することを求める。このとき、練習されるべき行為だけが関心事となり、「内面の自由」という目的が一度忘れ去られるため、練習は「迂回路」(der Umweg) だといわれるのだ。これにより、練習と「内面の自由」の両方が、「目的のための手段」という件の図式から離れ落ちて、我田引水の範疇や有用性の尺度から解き放たれることになる。この「迂回路」としての練習の性格について、手仕事や芸術製作との関連から、ボルノウは次のように書いている。

このとき考慮されねばならないのは、人間を変容させる練習の働きは、それ自体として直接に追い求められることなく、いわば行為の背後に生じてくる場合にのみ、生じてくるということだ。このとき〔練習者の〕注意は、完全に外側の目的に、すなわち能力を用いて作られるべき作品に、向けられている。〔ibid.: 92〕

こうした箇所において『練習の精神』は、たとえ練習の「本来の目的」が「内面の自由」の獲得だとしても、練習者の注意は練習されるべき行為に向けられなければならないということを、繰り返し警告している。

(4) 議論の「ねじれ」の所在

このように『練習の精神』の議論には、目的 - 手段関係に基づいて練習を捉える視座と、目的 - 手段関係に回収しえない営みとして練習を捉える視座が混在している。これら二つの異なる視座は、ちょうど表裏反対の関係にあって相容れないため、この表裏が反転するときには、奇妙な「ねじれ」が生じることになる。この「ねじれ」は『練習の精神』の議論全体を通して緩やかに反復されているが、ときに極短い一節のなかにも表裏の反転が見られることがある。例えば、前節に引いた「練習は練習の外に設定された目的を持ってはおらず」の後に続けて、コンマを挟んでボルノウは次のように書いている。

練習は練習の外に設定された目的を持ってはおらず、日々の成り行きのなかで滑り落ちてしまう内面の調和の状態を、再び獲得するために、常に新たに繰り返されなければならない。〔ibid.: 65〕

この箇所の前半は、練習と分離されて練習の外に立てられた目的を否定することによって、目的 - 手段関係を越えた視座から練習を捉えようとしている。ところが後半になると、練習は「内面の調和の状態」を獲得する「ために」役に立つ手段として、目的から分離された手段として捉え返され、目的 - 手段の二項対立に絡め取られている。ここでは、目的 - 手段関係を越えた視座が目的 - 手段関係に基づく視座に回収されてしまうような格好で、裏表を返すように両者が接続されているのを見て取ることができる。このように、前者が後者に回収されてしまう急激な「ねじれ」は、練習と「真剣な責任を伴う生活連関」の関係が強調される箇所において、最も顕著に現れてくることになる。

自己を忘れ去った練習のなかで体験される、深い幸せをもたらす高揚のことを考えれば、ひとがこの高揚のなかに生の最高の充実を見て取り、この高揚自体のためにこれを追求し、なるべく長くこのなかに留まることは、容易に推測できる。けれども、このとき誤解されているのは、練習が、本質に従っていうなら自己目的ではなく、そのために練習が行われるような真剣な生活に関連しているということだ。それゆえ、人間が練習のなかで正しい内面の状態、内面の自由、放下を見つけた後には、責任を持って彼の課題を果たすために、色々な取り扱いをする生活に立ち返ることが重要なのだ。この課題は、彼が練習のなかに身を引くより前からあったのと同じものだが、彼はいまやこれを新しい、内的に自由な、放下した仕方で、——だからこそまさに、以前にできたより上手く——果たすことができるのだ。〔ibid.: 97f.〕

この箇所の前半は、自己を忘れ去った練習のなかで体験される幸福感・高揚感が、私たちを惹きつける魅力を持つことに言及している。ここでは、練習そのものが「すでに喜びをもたらす」営みとして捉えられており、「正しく練習を行うこと」と「内面の自由の獲得」は、相互に織りあわされた一つの課題として把握されている。しかし後半になると、この放下した「内面の自由」を日常生活へと持ち帰り、種々の課題に取り組むべきことが説かれている。このとき「内面の自由」は練習から分離された目的として捉えられており、種々の課題を「より上手く」遂行するための基礎として、我田引水の範疇と有用性の尺度のなかに捕捉されている。丁寧に読み返してみると、「この高揚自体のために……」という前半の一節が、「正しく練習を行うこと」と「内面の自由の獲得」を一つの課題として捉えているように見えながら、両者のあいだに手段と目的という区別を与えて、後の「ねじれ」を準備していることがわかる。

これらの箇所を何の違和感も抱かずに読むことができるとすれば、それは読者が「目的のための手段」という図式に慣れ親しんでおり、個々の現象を目的‐手段関係に基づいて把握することに抵抗を覚えなくなっている場合だろう。しかしながら、この「目的のための手段」という図式が、「内面の自由」への道程を立て塞いでしまうことが明らかにされた以上、これらの箇所を典型とする『練習の精神』の議論の「ねじれ」に注目することなく、本書を読み進めることは許されない。このためここに至って、ボルノウの議論を通じて現れてくるこの「ねじれ」を、『練習の精神』の核心を占める「ねじれ」として精確に見定めることが、本稿の重要な課題となる。

第六節　『練習の精神』とメビウスの輪

目的 - 手段関係に基づいて練習を捉える視座と、目的 - 手段関係に回収しえない営みとして練習を捉える視座とは、相矛盾しており相容れないが、どちらか片方が欠けても『練習の精神』の議論は成立しない。第一の視座に立つなら、「内面の自由」という目的のための手段として練習を捉えることができるが、両者を「目的のための手段」という図式に絡め取ってしまうため、「内面の自由」への道程を立て塞いでしまうことになる。第二の視座に立つなら、練習と「内面の自由」を「目的のための手段」という図式から解き放つことができるが、件の「何の役に立つのか」という基準を参照することができないため、練習の果たすべき役割を解明することができなくなる。このため重要なことは、これら二つの視座のどちらが、ボルノウ本来の視座なのかを、決定することではない。本節の課題は、このように二つの異なる視座が交差反転を繰り返すような議論を通して、『練習の精神』は読者に何を伝えようとしているのか、読者をどこへ導こうとしているのかを、丁寧に解き明かすことにある。

(1) 議論の「ねじれ」と問いの誘発

なるほど、前節に検証された二つの視座を比べてみると、確かに両者は互いに相容れない要素を含んでいる。改めて簡単に整理しておくと、①練習を目的 - 手段関係に基づいて捉えるのか、目的 - 手段関係に回収しえない営みとして捉えるのか、②練習者の意図・意識が重要視されるのか、我を忘れた没頭が重要視されるのか、③「内面の自由」という「本来の目的」に注意を向けるべきなのか、練習されている行為のほうに注意を向けるべきなのか、という三つの点において、二つの視座は相互に対立しあっている。しかしながら、この二つの視座の矛盾対立を、ボルノウの議論の欠点として非難するのは軽率である。なぜならこれらの矛盾対立を背景とする議論の「ねじれ」のなかにこそ、練習という営みの理論と実践の双方に関わる、重要な課題が示唆されているからだ。

『練習の精神』を注意深く読み進めていくと、様々な箇所において、前節に見たような議論の「ねじれ」に行き当たることになる。例えば、目的 - 手段関係に基づく議論が続いたため、目的 - 手段関係に基づく視座から読み解いていると、唐突に目的 - 手段関係を越えた視座が導入され、目的 - 手段関係には回収できない議論が始まったりする。また、これを受けて目的 - 手段関係を越えた観点から論旨を追っていると、今度は逆に目的 - 手段関係に基づく議論が再開されて、練習が「何の役に立つのか」が説かれていたりする。このように『練習の精神』の議論は、表を歩いていたかと思うと、いつのまにか裏を歩かされており、裏を辿っていたかと思うと、いつのまにか表に戻っているという、ちょうど「メビウスの輪」のような構造を持っているのだ。

二つの異なる視座を貼り合わせた接点が、さりげなく巧妙に接続されているために、なにげなく読んでいると読み飛ばしてしまいそうになる。しかし、ひとたび議論の表裏が反転している箇所を見留めてしまうと、もはやこれを無視して読み進めることはできなくなる。上掲の①②③の対立点が、練習という営みの核心に関わる問いとして、読者を捕えて離さない。表裏を反転させた輪を歩みながら、議論の「ねじれ」に逢着するたび、読者はこれらの問いを問わざるをえなくなるのである。このように、読者が避けることのできない「問い」を誘発するという点に、『練習の精神』に孕まれている議論の「ねじれ」の特徴がある。したがって、練習の本質に関わる問題に確固たる回答を提供してくれる著作として、『練習の精神』を読み解いたのでは、この著作の最も重要な趣向を取り落としてしまうことになる。『練習の精神』の読者に課せられた課題とは、すなわち、ボルノウの論稿に孕まれている議論の「ねじれ」を目の当たりにして、この「ねじれ」をバネとして打ち開かれる問いを真摯に引き受けることであり、これを練習という営みの核心に関わる問いとして問うことにほかならない。

(2) 理論家の問いと実践者の問い

練習に関わる上掲の三つの問いは、練習の理論を構築しようとする理論家にとっても、実際に練習を行おうとする実践者にとっても、極めて深刻な問題であるといえる。いま仮に両者を区別したうえで、練習に関わる理論家と実践者にとって、上記の問いがどのように立ち現われてくるのかを見てみよう。

練習に関する理論を構築するべく、『練習の精神』を参照しようとする理論家は、ボルノウの議論に孕まれた「ねじれ」を目の当たりにして、当惑することになる。『練習の精神』をなにげなく読み進めれば、ボルノウは練習を目的‐手段関係に基づく視座から捉えて、練習が何の役に立つのかを解き明かしているように見える。しかしながら、核心に迫ろうかという箇所に現れる目的‐手段関係を越えた視座が、練習を目的から区別された手段として捉えることを厳しく戒める。練習は「目的のための手段」であると学んだそばから、この図式を練習に当て嵌めることを禁じられてしまうのだ。二つの異なる視座によって、二つの矛盾した方向へと引き裂かれて、理論家の理解はいわば、「宙吊り」にされてしまうのである。

これと同様の問題が、実際に練習を行おうとする実践者にとっては、なおのこと差し迫った問題として立ち現われてくる。『練習の精神』の議論を読み解いていくと、「内面の自由」の獲得こそ練習本来の目的であり、練習はこのための手段だという記述に、繰り返し出会うことになる。ところが、これに従って練習を「目的のための手段」として把握してしまうと、却って「内面の自由」への道程が立て塞がれてしまう。このためボルノウは、実のところ「内面の自由」という目的に注意を向けてはならないのであって、練習されるべき行為へと没頭することが重要なのだと説く。「内面の自由」こそ練習本来の目的であると学んだそばから、この目的を掲げて練習を営むことを禁じられてしまうのだ。二つの異なる視座によって、二つの矛盾した方向へと引き裂かれて、実践者の理解もまた、「宙吊り」にされてしまうのである。

これら理論家と実践者の問いは、目的‐手段関係に基づく視座から捉えられた練習の意義や、練習本来の目的として掲げられた「内面の自由」を、学び知ったそばから忘れなければならない、という奇妙な課題を含んでいる点で、共通の特徴を有している。このとき、一度は学び知ったことを忘れ去る（verlernen）ことは、「目的のための手段」という図式を離れて、この図式を越えた視座を確保することで、練習と「内面の自由」の両方を、目的‐手段の二項対立から解き放つことを意味している。とはいえ、理論家が練習の意義を解き明かし、実践者が練習に取り組むためには、「目的のための手段」という件の図式を、完全に捨て去ることなどできない。『練習の精神』の読者に求められているのは、ちょうどメビウスの輪の表と裏を辿りながら円を描いて歩みを進めるように、二つの異なる視座を往還しながら練習という営みをめぐる問いを問い続けることなのだ。

このように読者を巻き込む問いの輪は、問い続けるほどに中心が明確になり深さを増してゆく、渦のような性格を持っている。この問いの渦を問い深めることで初めて、目的‐手段関係に基づく視座にも目的‐手段関係を越えた視座にも容易に収まらない、練習の両義性が立ち現われてくる。練習という現象をめぐるメビウスの輪の歩み行きの最中に、二つの異なる観点を同時に確保することを要求するような、両義性に満ちた練習の特徴が、両義性を両義性として開き保たれたまま、輪郭を縁取られることになるのである。

(3)『練習の精神』と「問いへの教育」

ボルノウの思想に慣れ親しんだ読者であれば、ここに至って、『問いへの教育』と題された彼の講演録を思い起こすかもしれない。この著作に収録された講演のなかでボルノウは、「人間とは問う存在である」と説き、「真の対話」を通じて「問うこと」へと導くことこそ、教育者の重要な役割であると唱えた〔EF: 181ff.〕。この講演録の初版は『練習の精神』とおなじ一九七八年である。このような事実を踏まえるなら、『練習の精神』という著作はまさに、練習という営みの核心をめぐる「問い」へと、読者を導き入れることをこそ課題としていた、と考えたとしても、あながち的外れとはいえないだろう。

『問いへの教育』において重要視されているのは、これまで自明視されてきた自己の根拠が問われるような「内省の問い」である。当該の講演のなかでボルノウは、個々の人間自身とこれを取り巻いている秩序の全体が「疑わしい」ものとなる「内省の問い」を耐え抜くことによって、初めて人間は「自己自身」になるのだと説いた。ここでは世界と自己に関する通常の概念把握が問い質されるような、「みずからの生の疑わしさ」が問題となっている〔ibid.: 184ff.〕。『練習の精神』の冒頭に提示された課題もまた、練習という現象の探究を通して、人間の生の本質を問い直そうとするものであった〔GÜ: 18〕。哲学的人間学の方法原理を用いたボルノウの探究は、人間の生に関わる諸現象の特徴を解き明かすことによって、個々の現象のほうから人間の生の本質を捉え返すことを目指している。『練習の精神』におけるボルノウの議論は、練習という個別の現象の探究を通してこの探究の最中に、人間の生の本質をめぐる「内省の問い」へと、読者を導き入れる働きを宿している。こうした点に注目するなら、『練習の精神』という著作自体が、著者ボルノウによる「問いへの教育」の実践にほかならないという推察も、あるていど真実味を帯びてくる。

しかしながら、『練習の精神』の議論が巻き起こしている問いの渦は、「人間とは問う存在である」という定義や、「問うこと」を称揚するような価値判断とは、まったく無縁のものである。なぜなら、読者の理解を宙吊りにしてしまう議論の「ねじれ」は、ボルノウが練習という現象の探究に真摯に取り組むなかで、さしあたり意図されていたか否かとは無関係に、練習という現象からの差し迫りによって避け難く生じてきたものだからである。練習を目的 - 手段関係に基づく視座から捉えようとすると、目的 - 手段の二項対立には収まりきらないような、無視することのできない余剰が浮かび上がってくる。しかしまた、練習を目的 - 手段関係を越えた視座から捉えようとすると、この視座からは見定めることができないような、練習という営みの異なる側面が異議を唱えてくる。練習という現象の特徴を解き明かそうとする探究は、あたかもこの現象元来の両義性によって要請されているかのように、これら異なる二つの視座を絶えず往還することを余儀なくされるのだ。

(4)『練習の精神』と「宙吊りの知」

とはいえ、以上の探究の帰結として、練習が目的‐手段関係に基づく視座にも目的‐手段関係を越えた視座にも捕捉されない両義性を帯びている、という洞察を、証明された命題として声高に説くことは許されない。練習という現象の両義性に満ちた性格は、あくまで、異なる二つの視座を往還することにより生じる問いの渦の最中にあって、この現象をめぐる問いを真摯に問い続けるときにだけ、おぼろげな輪郭を縁取られるにすぎないからである。異なる二つの視座を行き来することで浮かび上がってくる、練習という営みの両義性は、証明された命題のなかに捕捉されるような実体ではない。私たちがメビウスの輪の中心に見留めることができるのは、問いを問い進めるほどに深まりゆく、練習という現象の計り知れない「奥行き」にほかならない。

目的‐手段関係に基づく視座も、目的‐手段関係を越えた視座も、どちらか片方だけでは、練習という現象の十全な特徴を捉えることはできない。片方の視座に基づいて導かれた答えは、他方の視座によって否認されてしまうため、いずれか片方に安住することを許されない読者は、両方の視座のあいだで足場を奪われて宙吊りにされてしまう。この終着点のないメビウスの輪の歩み行きのなかで初めて、目的‐手段関係に基づく視座にも目的‐手段関係を越えた視座にも回収することのできない、両義性に満ちた練習の特徴が浮かび上がってくることになる。ところが、問いの渦の中心として輪郭を縁取られた、練習という現象のこの両義性もまた、問うことを止めた途端に消え去ってしまうため、証明された命題のなかに固定することができない。問いの渦に巻き込まれた読者に許されているのは、異なる二つの視座のあいだで宙吊りにされながら、練習という営みをめぐる問いを問い続けることによって、この現象の捉え所のない両義性を両義性として開き保っておくことだけである。

このように、目的‐手段関係に基づく視座と目的‐手段関係を越えた視座の「ねじれ」をバネとして、単純な命題として学び知られ／教え伝えられることを拒み去るような、「宙吊りの知」の生い立つ現場が打ち開かれる。問いの渦の最中にあってのみ立ち現れてくるこの「宙吊りの知」は、命題として固定することも証明することも許されない、練習という営みの計り知れない「奥行き」を黙示するものである。さらに、練習という現象に関するボルノウの探究が、この現象に照らして人間の生の本質を問うたものであるかぎりにおいて、この「宙吊りの知」は同時に私たち人間の生の「奥行き」をも予感させるだろう。練習という営みをめぐる問いの渦の最中にあって、『練習の精神』の読者は、矛盾のない証明や破綻のない説明によっては捉えることができない、両義性に満ちた人間の生の「奥行き」に触れることになるのだ。

ボルノウの著作を読み解こうとする従来の研究には、ボルノウの理論の内容を精査したものは多く見られるが、管見によれば、ボルノウの議論の構造にまで目を向けたものはなかった。これに対して本稿は、『練習の精神』に孕まれている議論の「ねじれ」を注視することにより、練習という営みに関するボルノウの論考が、読者を問いの渦へと導き入れるような、ダイナミズムを宿したものであることを明らかにした。これによりボルノウの他の諸論稿に関しても、各々の議論の構造を注視しながら読み解くことによって、新たな意義が与え返されるのではないかという期待が生まれる。数多あるボルノウの著作は、単に個々の現象の本質に関する問題に「答え」を与えた論稿にすぎなかったのか、あるいは『練習の精神』のほかにも、個々の現象をめぐる「問い」を喚起するような、独特の構造を孕んだ論稿があるのか。『練習の精神』の議論の「ねじれ」を主題としたこの論稿の探究は、「宙吊りの知」という観点からボルノウの教育理論を改めて読み解こうとする冒険の、最初の一歩を記すものである。

あとがき

「受苦せしものは学びたり」——なんと甘美にして残酷な言葉だろうか。人間は痛みや苦しみを通して学ぶものであり、耐えがたい危機を潜り抜けることで成熟するのだとは。古代ギリシャより伝わるこの格言をめぐる、眩暈にも似た陶酔感と違和感が、筆者が人間の生と教育に関わる探究を歩むことになる発端だった。もちろん、苦難に満ちた経験を抱えて生きる人のなかには、この格言によって救われる人も多くあることだろう。しかし、例えば不治の病を背負う若者にとって、あるいは子どもを亡くした母親にとって、親から虐待を受けた子どもにとって、この言葉は慰めよりもむしろ痛みをもたらすのではないか。

この眩暈を発端とする人間の生と教育をめぐる探究を、当初より支え導いてくれたのがほかならぬボルノウの著作だった。危機、希望、被護性といった諸現象に関するボルノウの論稿を読み進めることは、筆者にとって、私たちが日々生きているという謎めいた魅力にあふれる事実や、人が人を教え育てるという悩ましくも尊い営みが、力強い学問の言葉のなかでいっそうの尊厳と輝きを与え返されて、改めて立ち現われてくる現場を目の当たりにすることだった。個々の現象に向きあうボルノウの真摯な態度はまた、筆者が抱えていた冒頭の格言に対する陶酔感と違和感の正体を突き止めて、これを人間の生と教育に関わる諸現象をめぐる問いとして鍛えなおすことを要求していた。みずからの問いの所在もわからない初学者を、探究の道程へと導くことが師の役割であるとすれば、僭越との非難は承知のうえで、ボルノウを師と呼ぶことに筆者は何の躊躇いも覚えない。

ボルノウの教育理論との対話を通して筆者は、種々の現象に関するボルノウの理論を含めた旧来の教育理論が、冒頭の格言と同様の眩暈をもたらすものであるという事実に行き当たった。この眩暈が、「何の役に立つのか」「良いか悪いか」といった、有用性の尺度と価値判断の基準に起因していることを示唆してくださったのは、ほかでもない、学位論文の主査を務めていただいた矢野智司先生だった。矢野先生には、筆者の学部時代から大学院時代を経て現在に至るまで、十年以上の長きに渡って丁寧なご指導と厚いご配慮をいただいてきた。ボルノウの著作を始めとする人間学に基づく教育理論との向きあい方や、有用性と価値に絡め取られた従来の教育学の枠組みを突破していくための指針、子どもの生成変容を描いた文学作品を読み解くさいの作法など、先生からご教示いただいたことを挙げていけば限りがない。矢野先生の直接のご指導や数々の著作を通したご示唆を抜きにして、本書の成立はありえなかっただろう。この場を借りて深く御礼申し上げたい。

思えば現在に至るまでの筆者の歩みは、いつも多くの先生方・先輩方との出会いと多大な学恩に支えられていた。筆者が初めてボルノウの著作に触れたのは、学部時代、皇紀夫先生が担当なさっていた講読演習でのことだった。受講者の一人が自作のレジュメに基づいてボルノウ教育学の方法原理を概説し終えたところで、皇先生は「この方法原理の長所はどこにあるのですか?」と静かに尋ねられた。躊躇いながら「人間に関するどんな事柄でも対象にできること」と答えた受講者に対して、「そうですか」と頷かれた先生の、肯定とも否定とも取れるような厳しい笑顔が印象に残っている。何か問題に行き詰まるたび、筆者はこの演習の場面を思い起こす —— 問いの核心は是と否の「あいだ」にあるのかもしれないと。皇先生にはその後も、先生が主催されている研究会などを通して、引き続き大変お世話になっている。

さらに、筆者が研究者の道を歩むことになったきっかけの一つとして、田中毎実先生の御恩を忘れることはできない。卒業論文の執筆にあたり、筆者は「受苦せしものは学びたり」への違和感を押し殺して、危機に関するボルノウの理論を後追いするような議論を構想していた。これに対して、当時矢野先生と共に卒論演習を担当しておられた田中先生は、筆者が抱えていた煮えきらない思いを見通されたかのように、的確なご批判と行き届いたアドバイスを与えてくださった。このとき筆者は、自身の問題意識を問い深めることを認めていただいたような思いがして、深い喜びと感謝の念を覚えたものである。このときから現在に至るまで、田中先生は折に触れて筆者の関心に耳を傾けてくださり、率直なご批判と温かい叱咤激励のお言葉によって、初学者の未熟な歩みを支え続けてくださっている。現在の職場である武庫川女子大学において、田中先生のもとでお仕事をさせていただいていることを、筆者は大変嬉しくまた光栄に思っている。

この卒論演習を契機として、筆者は、危機、希望、被護性などの現象に関するボルノウの諸理論を問い直すべく、ボルノウが参照しているハイデガーの情態論を経由しながら、ギリシャ語の「パトス」という概念に関する論考に取り組み始めた。受苦、情念、受動性などの意味をあわせ持ったパトス概念にまで遡ることによって、筆者の探究は、ボルノウ教育学をはじめとする従来の教育学の論理によっては捕捉することのできない、諸現象の不思議さ／無気味さに逢着することになった。こうして、ハイデガー哲学におけるパトス概念の消息を追った卒論・修論を経て、筆者は、「何の役に立つのか」や「良いか悪いか」には還元することのできない、人間の生と教育に関わる諸現象の「奥行き」に触れることができる探究方法に関心を抱くようになった。

とはいえ、これまで多くの先達が鍛えあげてきた教育学の探究方法を問い直そうというこの課題は、学問の世界を歩み始めたばかりの大学院生が一朝一夕に成し遂げることのできるものではなかった。博士後期課程に進んだ筆者は、ハイデガーによる存在論の思想を導きとして、危機、希望、被護性などの諸現象に関するボルノウの理論の再考に取り組みながら、みずからの問いを洗練するべく試行錯誤を重ねていた。存在者一般の「存在」をめぐるハイデガーの思想は、厳格な論理を積みあげていくことで却って、この論理が機能不全を起こす地点にまで読者を導き、これによって、世界が世界として人間が人間として「存在する」ということの、言葉には尽くし難い不思議さ／無気味さを浮かびあがらせてゆく。このように従来の形而上学とは趣を異にするハイデガー哲学の探究方法に示唆を得ながら、有用性や価値には絡め取ることのできない人間の生と教育の「奥行き」を開き保つことのできる、教育／教育学の両義性に満ちた局面を打ち開くことが、大学院時代から助教時代にかけての筆者の課題であった。

博士論文を含めた今後の探究の方向性が決まるこの時期、筆者にとって幸運なことに、齋藤直子先生や、西平直先生、山名淳先生が、順を追って京都大学に着任された。未熟な大学院生が呈する訥々とした議論や疑問を、先生方はいつも温かく受け止めて導いてくださった。また、齋藤先生のお招きで来日されたロンドン大学のポール・スタンディッシュ先生との出会いも、本書の理論形成に欠くことのできない貴重な御縁であった。何より、西平先生と山名先生には博士論文の副査を務めていただいた。拙い論稿に的確なご指導・ご批判をいただいたことを深く感謝している。

講座の枠を越えて温かいご指導をくださった鈴木晶子先生、河合俊雄先生、皆藤章先生の御恩も忘れることはできない。鈴木先生からは学問の道を歩むことの、河合先生と皆藤先生からは生身の「臨床」を生きることの、表裏一体となった厳しさと喜びを教えていただいた。鈴木先生が担当されていた講読演習でハイデガーの講義録を読ませていただいたこと、河合先生が「大学教師としてのハイデガー」に関する筆者の議論を「面白い」と後押ししてくださったこと、皆藤先生の演習のなかで様々な子どもの事例を検討させていただいたこと、いずれも現在の筆者を支える貴重な財産となっている。

学部時代に基礎演習を受講させていただいて以来、折に触れて貴重なご助言・ご激励をいただいている、辻本雅史先生にも感謝の言葉を申し上げたい。このたび学位論文を著書として上梓するに当たっても、先生から力強い励ましのお言葉をいただいた。辻本先生に背中を押していただかなければ、本書がこうして日の目を見ることもなかっただろう。

まだまだ御恩のある方のお名前を挙げていけばきりがない。学会や研究会の席において常に筆者を励まし導いてくださる先生方、生意気な後輩の議論に辛抱強く付き合ってくださる先輩方、若手に貴重なチャンスを与えてくださる現在の職場の先生方、どなたの御恩を欠いても現在の筆者はなかっただろう。筆者がこれまでに恵まれてきた御縁と学恩の深さを思うとき、どのような言葉をもってしてもこの感謝の想いを言い尽くすことはかなわない。

加えて、本書の出版に当たっては、京都大学学術出版会の國方栄二さまに、一方ならぬご配慮とご助言をいただいた。編集・出版のイロハも知らない筆者を、國方さまは丁寧にご指導くださり、遅々として進まない推敲作業を、忍耐強く温かく見守ってくださった。この場を借りて厚く感謝申し上げる。

最後に、父亡き後、筆者を含めた一男二女を育てあげ、悲しきを悲しみ、喜ばしきを喜び、生きることを教えてくれた母に、感謝を込めてこの本を捧げたい。いまこうして筆者があるのは、右に述べた学恩のみならず、母や二人の妹、祖母、そして妻の千英を始め、いつも筆者を温かく見守ってくれる、貰い家族があってのことである。いまの私が、このように多くの御恩に支えられてあることの証として、本書を送りたい。

本書は二〇一一年三月に京都大学大学院教育学研究科より博士（教育学）の学位を授与された学位論文「存在論と「宙吊り」の教育学 ―― ボルノウ教育学の再考を軸に」を基に、大幅な加筆・修正を施したものである。本書の刊行に当たっては、京都大学の平成二十四年度総長裁量経費　若手研究者に係る出版助成事業による助成を受けた。このように貴重な機会をいただいたことを深く感謝申し上げる。

二〇一三年陽春

井谷信彦

索　引

◆人名索引

[ア行]

[カ行]

[サ行]

[タ行]

[ナ行]

[ハ行]

347, 348, 351, 360, 364, 370, 431
ボス（M. Boss） 432
ボーフレ（J. Beaufret） 259–262, 367, 433
ボルノウ（O. F. Bollnow） *passim*

［マ行］

マイヤー＝ドラーヴェ（K. Meyer-Drawe）
208, 282, 319
マルセル（G. Marcel） 128, 129

［ヤ行］

ヤスパース（K. Jaspers） 55, 89, 90, 110

吉村文男 181–185, 187, 287

［ラ行］

リルケ（R. M. Rilke） 123, 148
レーヴィット（K. Löwith） 431, 432

［ワ行］

和田修二 208, 209, 282, 283, 292, 302–304, 307, 371, 374

◆事項索引

［ア行］

新しい始まり（der neue Anfang） 52–54, 56–58, 60–62, 64, 68, 71, 72, 90, 111, 113, 195, 417
集め - 立て（das Ge-stell） 233, 234, 243, 245–249, 272, 285–287, 290, 295, 296, 300
ありうべきもの（das Mögliche） 84, 123, 266, 272, 278, 323–334, 366, 374, 399, 412–414, 418–421, 459
或るもののため（für etwas） 76, 78, 84, 86, 94, 120, 156, 170, 172, 174, 180, 181, 184–188, 191, 227, 291, 299, 305, 320, 348, 404, 418
行きつ戻りつ 377, 378, 429, 430, 432, 434, 442, 449, 454, 455, 459, 463, 464
エートス（ἦθος） 209, 250, 262, 264–266, 277
奥行き 18, 141, 142, 171, 176, 180, 181, 184, 188, 267, 320, 321, 324, 334, 366–368, 370, 371, 373, 401, 407, 409, 414, 416, 419–423, 425, 426, 464, 466, 503, 504
オルガノンの原理（das Organon-Prinzip） 22, 24, 25, 36, 203
恩寵（die Gnade） 64, 112–114, 147, 150, 151, 163, 168, 169, 183

［カ行］

解釈学（die Hermeneutik） 4, 29, 226
科学技術 219, 233, 243, 244, 246, 285
覚悟性（die Entschlossenheit） 82, 86, 88, 89, 127–130, 134, 135, 228, 331, 348, 476
覚醒（die Erweckung） 2, 3, 46, 47, 51, 66–74, 91–94, 111, 255, 264, 302, 304, 309, 315
形ばかりの告示（die formale Anzeige） 213, 322–335, 353, 366, 373–376, 379, 386–388, 396, 461
価値 *passim*
関心（die Sorge） 77–79, 84, 85, 96, 105, 108, 120, 122, 221, 222, 228, 336, 348, 350, 482
危機（die Krise） 2–5, 11, 14, 18, 23, 32, 42,

43, 45–49, 51–54, 56–74, 89–95, 97, 100–102, 109–117, 121, 122, 134, 138, 143, 170, 187, 189, 193–195, 201, 255, 256, 264, 287, 291, 416–419, 423, 424, 457, 458, 475, 476
帰郷（Heimkunft） 149, 336–339, 341, 343–345, 348, 350, 351, 361
技術（die Technik） 42, 55, 209, 243, 244, 246–250, 272, 285–288, 298, 299, 417, 432, 435, 454, 455, 474
希望（die Hoffnung） 2–5, 11, 14, 18, 23, 32, 42, 43, 99–118, 120, 124–126, 130–139, 141, 143, 147, 166, 170, 181, 187, 189, 193, 194, 201, 291, 424, 457, 458
窮迫（die Not） 154, 155, 273, 274, 317, 346, 356, 357, 360, 368, 370, 395, 405–407, 410–412, 414, 417, 418, 425, 456
　窮迫性（die Notwendigkeit） 273, 274, 317, 346, 357, 359, 370, 395
教育学における人間学的な考察方法（eine anthropologische Betrachtungsweise in der Pädagogik） 18, 21, 22, 30, 31, 34, 38, 44
驚嘆（θαυμάζειν） 182, 183, 212, 276, 344, 356, 392–396, 407
議論の「ねじれ」 469–471, 489, 494, 496, 498, 499, 502, 504
近代技術 233, 234, 243–247, 249, 272, 285, 287, 290, 295, 299, 317, 377
経験（die Erfahrung） 37, 58, 59, 60, 63, 64, 70, 72, 76, 94, 95, 107, 143, 147, 159–161, 164, 168, 169, 187, 199, 200, 202, 210, 223, 236, 237, 247, 275, 283, 284, 296, 300, 358, 387, 400, 417, 452, 486
　経験の豊かさ 52, 58, 60–62, 71, 72, 94, 417
形而上学（die Metaphysik） *passim*
決断（eine Entscheidung） 52, 53, 55, 69, 127–129, 146, 301, 315
現象学（die Phänomenologie） 5, 29, 73, 74, 224, 226, 296, 325, 328, 329
現存在（現 - 存在）（das Dasein, das Da-sein） *passim*
故郷（die Heimat） 151, 157, 159, 162, 185, 336–340, 345, 347, 348, 350, 351, 361, 433
個々の現象の人間学的な解釈の原理（das Prinzip der anthropologischen Interpretation der Einzelphänomene） 22, 24, 26, 29, 34, 35, 36, 376, 377, 402
根源的倫理学（die ursprüngliche Ethik） 7, 262

［サ行］

詩歌（das Gedicht） 123, 149, 197, 198, 202–204, 267–269, 323, 335–337, 343–347, 349–353, 359–362, 364–368, 370–372, 396–399, 421, 422, 463
思索（das Denken） 152, 173, 215, 217, 222, 238, 241, 248, 250, 256, 262, 270–276, 284, 301, 307–309, 317, 343, 351, 352, 354, 363, 364, 366, 367, 369–372, 391, 392, 400, 414, 415, 427–429, 431, 432, 434, 435, 437–447, 449, 451–453, 455, 459, 463
　思索者（der Denker） 37, 271, 272, 275, 317, 323–335, 351, 354, 360, 362–368, 370, 371, 373, 374, 396, 398–400, 406, 407, 421–423, 425, 428, 430, 442–449, 451, 462, 463
詩作（die Dichtung） 197, 202, 204, 268, 269–271, 273–276, 317, 339, 345–352, 354–359, 361–364, 371, 372, 396, 397–400, 406, 407, 418, 422, 431
　詩作者（der Dichter） 37, 148, 202, 203, 212, 252, 268, 271, 272, 275, 322, 323, 335, 336, 339–341, 343–368, 370, 371, 396–400, 406, 407, 418, 421, 422, 425,

430, 431, 444, 462, 463
事実性（die Faktizität） 218, 221, 223, 225, 306, 326–328
実際の生（das faktische Leben） 138, 218, 220–225, 227, 322, 325–328
実存（die Existenz） 3, 13, 46, 47, 57, 64, 68, 69, 72–74, 77, 83, 85, 87–92, 94, 101, 110, 111, 114, 115, 117, 119, 122–124, 143, 144, 159, 169, 173, 187, 226, 258, 261, 300, 303, 304, 309, 324, 331
実存主義（der Existenzialismus） 11, 81, 82, 97, 99, 104, 109, 110, 115, 137, 146, 149, 151, 156, 159, 176, 258
実存哲学（die Existenzphilosophie） 3, 4, 11–14, 29, 45, 46, 50, 71, 73, 93, 99, 101, 110, 115, 117–119, 122, 126–128, 131, 143, 146, 148, 149, 151, 152, 156, 158, 162, 167, 185, 224, 232, 258, 305, 475
自由（die Freiheit） 65, 67, 101, 106, 107, 114–116, 118, 119, 122–125, 129, 132, 133, 146, 153, 161, 173, 178, 181, 185, 247, 249, 286, 295–297, 301, 315, 320, 346, 406, 413, 474–476, 480–488, 490–494, 496–498, 500
主体（主体性）（das Subjekt, die Subjektivität） *passim*
主体性の形而上学 218, 219, 233, 234, 238, 241–243, 249, 260, 305, 307, 335, 364, 391
浄化（eine Reinigung） 52, 53, 61, 492
生と教育の非連続的な形式 18, 45, 47, 49, 63, 66, 70–72, 74, 75, 90, 92, 93, 96
自立した判断（das selbständige Urteil） 52, 54–58, 60–63, 65, 71, 72, 80, 94, 417
人材 246, 285, 288, 291, 483
信頼（das Vertrauen） 2, 3, 33, 107, 108, 110, 111, 114, 116, 131, 133, 134, 146–148, 161–169, 178, 196, 272, 291, 439, 482
真理（die Wahrheit） *passim*
随意性（die Verfügbarkeit） 128, 129, 135
成熟（die Reife） 18, 42, 45–49, 52, 60–64, 70–74, 91–95, 97, 256, 417, 418, 423, 494
生の哲学（die Lebensphilosophie） 2, 3, 29, 224, 225
世界（die Welt） *passim*
世界内存在（世界 - 内 - 存在）（In-der-Welt-Sein） 76, 77, 86, 88, 90, 92, 121, 146, 172, 208, 211, 228, 284, 407, 409, 411, 459
世間（das Man） 44, 78, 79, 80, 83, 84, 86, 89, 122, 160, 315
存在（das Sein） *passim*
　存在の意味 218, 219, 220, 222–224, 226–229, 231–234, 274, 316, 321, 323, 325, 327, 328, 334, 335, 353, 376, 389, 390, 392, 396
　存在の自己隠蔽 219, 252–256, 258, 345, 362, 368, 384, 390, 391, 394, 400, 406, 425
　存在の真理 6, 215, 217–219, 233, 241, 250–257, 260–266, 268, 269, 271, 272, 274–277, 279–281, 292, 295–298, 302–304, 313, 314, 316, 317, 319–321, 323, 324, 334–336, 338–341, 344–347, 349–351, 353–355, 359–364, 367–374, 376, 379, 384, 390–392, 394–397, 399, 400, 403, 406–408, 411, 413, 415, 418, 420, 431, 436, 437, 441, 442, 446, 453, 456, 462
　存在の真理への教育 281, 295, 304
　存在の問い 208, 215, 217, 218, 220, 221, 223, 226, 228, 231, 232, 250, 254–256, 259, 280–282, 313, 314, 316, 318, 319, 321–323, 356, 357, 359, 363, 364, 368, 382, 390, 398, 402, 403, 461
存在者（das Seiende） *passim*
　存在者の非隠蔽性 219, 241, 244, 252–255, 261, 270, 293, 298, 345, 349, 359, 362, 384, 390–392, 394, 400, 425
存在論（die Ontologie） *passim*

[タ行]

脱存（脱 - 存）(die Ek-sistenz)　261–266, 271, 272, 274, 302, 341, 361, 367
近み（die Nähe）　264, 265, 336, 339–353, 355, 359, 362, 363, 366, 368–371, 373, 396, 398, 407, 422, 430, 443, 452, 453, 456
知の宙吊り　215, 321, 322, 324, 334, 353, 366, 373, 375–378, 401, 402, 410, 414–416, 419, 423, 426, 427, 433, 437, 453, 455–458, 461–464, 466–468
宙吊りの教育学　215, 280, 314, 320, 321, 374–378, 401–403, 409–416, 418, 419, 456–459, 461, 462, 466–469
宙吊りの知　325, 333, 354, 366, 373–375, 377, 378, 400–402, 407, 416, 448, 458, 459, 461–463, 467–469, 503, 504
直観（die Anschauung）　54, 195–198, 202, 482
沈黙（das Schweigen）　88, 348–352, 359, 369, 370, 372
出会い（die Begegnung）　2, 3, 46, 47, 51, 66–74, 91–94, 111, 255, 264, 286
出来事（das Ereignis）　250–257, 261, 263–265, 274–277, 281, 307, 313, 314, 316, 317, 319, 338, 345, 346, 349, 355, 356, 359, 368, 369, 371, 373, 374, 384, 392, 394, 395, 398, 407–410, 412, 413, 415, 418, 425, 431, 446, 456
転回（die Kehre）　215, 217, 250, 256–259, 268, 271, 275, 277, 283, 284, 298, 302, 303, 349, 355, 357
問いの渦　451, 501–504
問いの螺旋　377, 378, 426, 427, 430, 431, 433, 434, 437, 448, 449, 451, 454–456, 459, 463, 464
問いへの教育（die Erziehung zur Frage）　377, 402, 419, 423, 424, 501, 502
洞窟の比喩　234–238, 290, 292–295, 302, 314, 315, 319, 368, 392
陶冶（die Bildung）　49, 50, 62, 68–71, 111, 119, 283, 284, 286, 301
として - 構造（die als-Struktur）　379, 382, 383, 385–387
途上（unterwegs）　427–430, 444, 446, 456, 463
徒歩旅行（das Wandern）　199, 200

[ナ行]

ナチズム　208, 258, 281, 315–318
二重性　171, 177–182, 184, 185, 187, 189, 267, 272, 303, 307, 334, 336, 337, 340, 342, 345, 351, 361–363, 365, 366, 407, 409, 411, 412, 413, 416, 417
二重世界　171, 176–180, 182, 340, 342, 345, 351, 361–363, 365
ニヒリズム（der Nihilismus）　6, 233, 234, 238, 240–244, 246, 247, 253, 256, 260, 265, 271, 280–284, 290–295, 300, 302–304, 308, 313, 314, 318, 319, 356, 369, 391, 392, 399, 401
人間学（die Anthropologie）　14–16, 18, 22, 24–38, 43, 51, 74, 116, 126, 160, 190, 198, 199, 201, 204, 224, 225, 471, 502
人間学的な還元の原理（das Prinzip der anthropologischen Reduktion）　22, 24, 25, 35
人間中心主義　6, 7, 224, 233, 238, 243, 246, 260, 283, 284, 300, 348, 350, 483

[ハ行]

パトス（πάθος）　250, 264, 273, 277
バランス（das Gleichgewicht）　145, 160, 169, 170, 181, 185–187, 308
非隠蔽性（die Unverborgenheit）　235–237, 241, 244–246, 269, 270, 293, 294, 392, 394, 396, 411, 412, 415, 422
被護性（die Geborgenheit）　2–5, 11, 14, 19, 23, 32, 42, 43, 81, 99, 101, 103, 105,

127, 139, 141–145, 147, 148, 150–155, 158–160, 162–170, 173, 176, 178, 181, 182, 184–190, 193, 194, 201, 291, 424, 457, 458
備蓄品（der Bestand） 245, 246, 285, 287, 288, 297, 316, 317
被投性（die Geworfenheit） 87, 88, 143–146, 149, 158, 159, 167–169, 173, 176, 185–188, 229, 230, 232, 233, 274, 275, 277, 346, 389
非本来性（die Uneigentlichkeit） 12, 46, 47, 48, 62, 66, 71, 73–76, 78, 80, 81, 89–91, 96, 130, 208, 211, 315, 331
秘密（ein Geheimnis） 79, 251, 333, 337, 340–347, 350–352, 359, 362, 363, 366, 369–372, 396, 397, 399, 407, 418, 419, 422, 456
ヒューマニズム（der Humanismus） 224, 232, 233, 238, 243, 246, 259–262, 276, 293, 300, 312, 348, 365, 399
開かれた問いの原理（das Prinzip der offenen Frage） 22, 27–29, 33–35, 37, 38, 190, 377, 402, 414–416
非連続性（die Unstetigkeit） 52, 72, 73, 89–93, 96, 97, 133, 135
非連続的（unstetig） 47, 50, 68, 70, 91–93
不安（die Angst） 3, 12, 18, 26, 86–90, 92, 99–102, 105, 108–110, 115, 117–127, 129–137, 143, 146, 149, 151, 176, 181, 253, 291
無気味さ（die Unheimlichkeit） 87, 89, 92–94, 121, 125, 129, 131–134, 169, 338
放下（die Gelassenheit） 110, 195–197, 209, 272, 273, 299, 300, 304, 307–312, 377, 426, 433–436, 439, 440, 444–456, 470, 471, 474–476, 481–484, 496
方便 461, 462, 464–466
本質（das Wesen） *passim*
本質承認（das Wesen） 249, 251, 254, 257, 394, 407, 409, 411, 459
本来性（die Eigentlichkeit） 12, 46, 47, 62, 66, 71, 73–76, 78, 82, 89–91, 96, 122–124, 130, 208, 211, 228, 315–317, 331, 348
本来の自己 49, 60–62, 73, 74, 79, 80, 82, 89, 90, 94, 96, 111, 116, 129

［マ行］

全き疑わしさ 6, 219, 254–256, 259, 263, 271, 276, 313, 314, 317, 338, 359, 368, 397, 398, 425
学んだことを忘れる（verlernen） 371, 372, 449
無（Nichts） 122, 123
無規定性 96, 100, 119, 121, 122, 125, 129, 131–137, 139
黙示（der Wink） 8, 174, 322–347, 351–360, 362, 363–368, 370–379, 396–402, 407, 413–416, 418, 419, 422, 423, 425, 426, 430, 431, 434, 448, 449, 452, 453, 456–459, 461–464, 468, 504
目的 - 手段関係 76, 200, 311, 313, 320, 348, 350, 464, 470, 485–487, 489–491, 493–504

［ヤ行］

有意義性（die Bedeutsamkeit） 76–79, 82–87, 90, 92, 94, 96, 117, 120–122, 124, 132, 136, 171, 172, 174–181, 184–188, 191, 221, 222, 227, 228, 264, 267, 291, 299, 307, 318, 320, 334, 338, 345, 348–365, 367, 370, 374, 399, 404, 409
　有意義性の連関による包摂 142, 186, 189, 190, 193, 194, 215, 217, 220, 291, 292, 312, 457
有意義性の連関による再包摂 281, 313
有用性 *passim*
有用性と価値の教育 211, 212, 214, 215, 279–282, 290–292, 304, 305, 309, 312, 313, 317–319, 362, 378, 395, 401,

457–459, 462, 467
用立て（das Bestellen） 245, 246, 249, 285, 317
予感（die Ahnung） 8, 322–324, 335, 336, 341, 343–347, 351–357, 359, 360, 363–365, 366, 367, 368, 370–379, 394, 396–402, 407, 413–416, 418–423, 425, 426, 430, 431, 434, 448, 449, 452, 453, 455–459, 461–464, 468, 504
四方の関係領域（das Geviert） 171, 173, 175, 176, 179–181, 186, 188, 338, 350, 365, 399

［ラ行］

螺旋（eine Spirale） 428–430, 454
両義性 1, 8, 11, 109, 166, 201, 207, 212, 214, 254, 272, 319, 342, 343, 346, 347, 351, 352, 353, 374, 388, 436, 444, 459, 465–468, 470, 501–504
練習（die Übung） 310, 469–504
ロゴス（λόγος） 250, 264, 268–271, 277, 298, 359, 380, 382–384, 387, 388

文献一覧

○邦語・著者五十音順

・井谷信彦 (2005)「教育との連関における気分の哲学的『発見』：M・ハイデガー『存在と時間』以前のパトス解釈」『教育哲学研究』第 91 号
・井谷信彦 (2006)「希望，この無気味なるもの：O・F・ボルノウ『希望の哲学』再考」『教育哲学研究』第 94 号
・井谷信彦 (2007)「受苦的な経験における生の可能性：O・F・ボルノウ『非連続的な生の形式』再考」『京都大学大学院教育学研究科紀要』第 53 号
・井谷信彦 (2008)「『住まうこと』と世界の奥行き：O・F・ボルノウ『新しい庇護性』再考」『教育哲学研究』第 98 号
・井谷信彦 (2009a)「存在論に立脚した教育理論の展開：『有用化としての教育』に対する問いかけを軸に」『京都大学大学院教育学研究科紀要』第 55 号
・井谷信彦 (2009b)「図書紹介：Ch. ヴルフ編著・藤川信夫監訳『歴史的人間学事典』」『教育哲学研究』第 99 号
・今井康雄 (2004)『メディアの教育学：「教育」の再定義のために』東京大学出版会
・上田閑照 (2002)『上田閑照集　第九巻：虚空／世界』岩波書店
・大谷尚 (2006)「教育と情報テクノロジーに関する検討：ハイデッガーの『技術への問い』を手がかりにして」『教育学研究』第 73 巻，第 2 号
・岡本英明 (1972)『ボルノウの教育人間学：その哲学と方法論』サイマル出版
・生越達 (2006)「ハイデガー技術論についてのスケッチ」『茨城大学教育学部紀要（教育科学）』第 55 号
・小野真 (2002)『ハイデッガー研究：死と言葉の思索』京都大学学術出版会
・加藤清 (1983)『新しい教育哲学：存在からのアプローチ』勁草書房
・加藤敏 (2002)『創造性の精神分析：ルソー・ヘルダーリン・ハイデガー』新曜社
・川村覚昭 (1994)「ハイデッガーの教育哲学の地平」『京都産業大学論集』第 24 巻，第 1 号，人文科学系列第 21 号
・川村覚昭 (2002)『教育の根源的論理の探究：教育学研究序説』晃洋書房
・川森康喜 (1991)『ボルノウ教育学の研究』ミネルヴァ書房
・木田元編著 (2000)『ハイデガー：「存在と時間」の構築』岩波書店
・桐田清秀 (1985)「練習と稽古 ── ボルノウの『練習の精神について』によせて」『花園大学研究紀要』第 16 号

・古東哲明 (2002)『ハイデガー＝存在神秘の哲学』講談社
・笹田博通 (1988)「ハイデガーと教育学の転回：バラウフの仮説について」『教育哲学研究』第 57 号
・親鸞著・梶山雄一訳 (1987)『親鸞』中央公論社
・皇紀夫 (1996)「『臨床教育学』とは」和田修二・皇紀夫編 (1996)『臨床教育学』アカデミア出版
・高橋勝 (2002)『文化変容のなかの子ども：経験・他者・関係性』東信堂
・田中智志 (2009)『教育思想のフーコー：教育を支える関係性』勁草書房
・中野優子 (2010)「図書紹介 O・F・ボルノウ著 岡本英明監訳『練習の精神 ―― 教授法の基本的経験への再考』」『教育哲学研究』第 101 号
・中村元 (2001)『広説佛教語大辞典』東京書籍
・中村雄二郎 (1992)『臨床の知とは何か』岩波書店
・日本国語大辞典第二版編集委員会編 (2000–2002)『日本国語大辞典』小学館
・広岡義之 (1998)『ボルノー教育学研究：二十一世紀の教育へ向けての提言　上・下』創言社
・広岡義之 (2010)「ボルノーにおける「練習の精神」の教育学的一考察」『兵庫大学論集』第 15 号
・プラトン著，藤沢令夫訳 (1979)『国家　上・下』岩波書店
・細川亮一 (1992)『意味・真理・場所：ハイデガーの思惟の道』創文社
・細川亮一 (2000)『ハイデガー哲学の射程』創文社
・O・F・ボルノウ著，森田孝・大塚恵一訳編 (1978)『問いへの教育：「都市と緑と人間と」ほか 10 篇』増補版 (1988) 川島書店
・矢野智司 (2006)『意味が躍動する生とは何か：遊ぶ子どもの人間学』世織書房
・矢野智司 (2008)『贈与と交換の教育学：漱石，賢治と純粋贈与のレッスン』東京大学出版会
・吉村文男 (2006)『学び住むものとしての人間：「故郷喪失」と「学びのニヒリズム」を超えて』春風社
・和田修二 (1959)「ニヒリズムと思考の転回：教育的世界の存在論的考察への序説」『京都大学教育学部紀要』第 5 号
・和田修二 (1961)「実存における真理と自由：教育的世界の存在論的考察 2」『京都大学教育学部紀要』第 7 号
・和田修二 (1962)「教育における魔的なるもの：教育的世界の存在論的考察 3」『京都大学教育学部紀要』第 8 号
・和田修二 (1982)『子どもの人間学』第一法規出版
・和田修二 (1995)『教育する勇気』玉川大学出版部

○邦語以外・著者アルファベット順

・Adorno, Th. W. (1964) *Jargon der Eigentlichkeit: zur deutschen Ideologie* (Frankfurt a. M.: Suhrkamp).（笠原賢介訳（1992）『本来性という隠語：ドイツ的なイデオロギーについて』未来社）

・Ballauff, Th. (1962) *Systematische Pädagogik: eine Grundlegung* (Heidelberg: Quelle & Meyer), 2. umgearb. Aufl. (1966).

・Ballauff, Th. (1966) *Philosophische Begründungen der Pädagogik: die Frage nach Ursprung und Mass der Bildung* (Berlin: Duncker).

・Bollnow, O. F. (1933) Über Heideggers Verhältnis zu Kant, in: *Neue Jahrbücher für Wissenschaft und Jugendbildung*, 9. Jg., S. 222–231.

・Bollnow, O. F. (1941) *Das Wesen der Stimmungen* (Frankfurt a. M.: Klostermann), 8. Aufl., 1995.（藤縄千艸訳（1973）『気分の本質』筑摩書房）

・Bollnow, O. F. (1943) *Existenzphilosophie* (Stuttgart: Kohlhammer), 4. erw. Aufl., 1955.（塚越敏・金子正昭訳（1963）『実存哲学概説』理想社）

・Bollnow, O. F. (1947) *Einfache Sittlichkeit: kleine philosophische Aufsätze* (Göttingen: Vandenhoeck & Ruprecht), 3. Aufl., 1962.（岡本英明訳（1978）『道徳の人間学的エッセイ』玉川大学出版部）

・Bollnow, O. F. (1955) *Neue Geborgenheit: das Problem einer Überwindung des Existentialismus* (Stuttgart: Kohlhammer), 3. überarb. Aufl., 1972.（須田秀幸訳（1969）『実存主義克服の問題：新しい被護性』未来社）

・Bollnow, O. F. (1959) *Existenzphilosophie und Pädagogik: Versuch über unstetige Formen der Erziehung* (Stuttgart: Kohlhammer).（峰島旭雄訳（1966）『実存哲学と教育学』理想社）

・Bollnow, O. F. (1963) *Mensch und Raum* (Stuttgart: Kohlhammer).（大塚惠一ほか訳（1978）『人間と空間』せりか書房）

・Bollnow, O. F. (1964a) Ein neuer Ansatz zur systematischen Pädagogik, in: *Zeitschrift für Pädagogik*, 10. Jg., S. 564–576.

・Bollnow, O. F. (1964b) *Die pädagogische Atmosphäre: Untersuchungen über die gefühlsmäßigen zwischenmenschlichen Voraussetzungen der Erziehung* (Heidelberg: Quelle & Meyer).（森昭・岡田渥美訳（1969）『教育を支えるもの』新装版（2006）黎明書房）

・Bollnow, O. F. (1965) *Die anthropologische Betrachtungsweise in der Pädagogik* (Essen: Neue Deutsche Schule Verlagsgesellschaft).（岡本英明訳（1977）『教育学における人間学的見方』玉川大学出版部）

・Bollnow, O. F. (1966) *Krise und neuer Anfang. Beiträge zur Pädagogischen Anthropologie* (Heidelberg: Quelle & Meyer).（西村皓・鈴木謙三訳（1968）『危機

と新しい始まり：教育学的人間学論集』理想社）

・Bollnow, O. F. (1968) Der Erfahrungsbegriff in der Pädagogik in: *Zeitschrift für Pädagogik*, 14. Jg., Nr. 3., S. 221–252.（浜田正秀訳（1969）「教育学における経験の概念」in 浜田正秀訳『人間学的に見た教育学』改定第二版（1971）玉川大学出版部）

・Bollnow, O. F. (1971) *Pädagogik in anthropologischer Sicht* (Tokyo: Tamagawa University Press), Rev. ed. as: *Anthropologische Pädagogik*, 1973.（浜田正秀訳（1969）『人間学的に見た教育学』改定第二版（1971）玉川大学出版部）

・Bollnow, O. F. (1973) Die Dichtung als Organ der Welterfassung, in: *Forschungsberichte zur Germanistik* XIV. S. 1–20. (http://www.otto-friedrich-bollnow.de/index.html).

・Bollnow, O. F. (1975) *Das Doppelgesicht der Wahrheit: Philosophie der Erkenntnis*. Zweiter Teil (Stuttgart: Kohlhammer).（西村皓・森田孝訳（1978）『真理の二重の顔』理想社）

・Bollnow, O. F. (1977) Die Frage und das Gespräch in philosophischer Sicht, in: *Universitas*, 32 Jg., S. 1055–1063, (http://www.otto-friedrich-bollnow.de/index.html).

・Bollnow, O. F. (1978) *Vom Geist des Übens: Eine Rückbesinnung auf elementare didaktische Erfahrung* (Herder: Freiburg), 2. durchgesehene und erweiterte Aufl. 1987 (Oberwil: Kugler).（岡本英明監訳（2009）『練習の精神：教授法上の基本経験への再考』北樹出版）

・Bräuer, G. (1997) Überlegungen zum "Prinzip der offenen Frage", in: Kümmel, F. (hrsg.) (1997) *O. F. Bollnow: Hermeneutische Philosophie und Pädagogik* (Freiburg: Alber).

・Dudenredaktion (hrsg.) (2006) *Duden Deutsches Universal Wörterbuch*, 6. überarb. u. erw. Aufl., (Mannheim: Dudenverlag).

・Gethmann-Siefert, A. u. Pöggeler, O. (hrsg.) (1988) *Heidegger und die praktische Philosophie* (Frankfurt a. M.: Suhrkamp).

・Heidegger, M. (1959) *Gelassenheit* (Neske: Pfullingen).（辻村公一訳（1963）『ハイデッガー選集 15　放下』理想社）

・Heidegger, M. (1975–) *Gesamtausgabe* (Frankfurt a. M.: Klostermann).

Bd. 1: *Frühe Schriften* (1978).（岡村信孝ほか訳（1996）『初期論文集』）

Bd. 2: *Sein und Zeit* (1977).（辻村公一，ハルトムート・ブフナー訳（1997）『有と時』）

Bd. 4: *Erläuterungen zu Hölderlins Dichtung* (1981).（濱田恂子，イーリス・ブフハイム訳（1997）『ヘルダーリンの詩作の解明』）

Bd. 5: *Holzwege* (1977).（茅野良男，ハンス・ブロッカルト訳（1988）『杣経』）

Bd. 6–1: *Nietzsche I*(1996).（圓増治之，セヴェリン・ミュラー訳（2000）『ニーチェI』）

Bd. 6–2: *Nietzsche II*(1997).（圓増治之，セヴェリン・ミュラー訳（2004）『ニーチェII』）
Bd. 7: *Vorträge und Aufsätze* (2000).
Bd. 8: *Was heißt Denken?* (2002).（四日谷敬子，ハルトムート・ブフナー訳（2006）『思惟とは何の謂いか？』）
Bd. 9: *Wegmarken* (1976).（辻村公一，ハルトムート・ブフナー訳（1985）『道標』）
Bd. 12: *Unterwegs zur Sprache* (1985).（亀山健吉，ヘルムート・グロス訳（1996）『言葉への途上』）
Bd. 13: *Aus der Erfahrung des Denkens, 1910–1976* (1983).（東専一郎ほか訳（1994）『思惟の経験から』）
Bd. 15: *Seminare* (1986).
Bd. 24: *Die Grundprobleme der Phänomenologie* (1975).（溝口兢一ほか訳（2001）『現象学の根本問題』）
Bd. 26: *Metaphysische Anfangsgründe der Logik im Ausgang von Leibniz* (1978).（酒井潔，ヴィル・クルンカー訳（2002）『論理学の形而上学的な始元諸根拠：ライプニッツから出発して』）
Bd. 29/30: *Die Grundbegriffe der Metaphysik: Welt, Endlichkeit, Einsamkeit* (1983).（川原栄峰，セヴェリン・ミュラー訳（1998）『形而上学の根本諸概念：世界・有限性・孤独』）
Bd. 34: *Vom Wesen der Wahrheit: zu Platons Höhlengleichnis und Theätet* (1988).（細川亮一，イーリス・ブフハイム訳（1995）『真理の本質について：プラトンの洞窟の比喩と「テアイテトス」』）
Bd. 39: *Hölderlins Hymnen "Germanien" und "Der Rhein"* (1980).（木下康光，ハインリヒ・トレチアック訳（1986）『ヘルダーリンの讃歌「ゲルマーニエン」と「ライン」』）
Bd. 41: *Die Frage nach dem Ding: zu Kants Lehre von den transzendentalen Grundsätzen.* (1984).（高山守，クラウス・オピリーク訳（1989）『物への問い：カントの超越論的原則論に向けて』）
Bd. 44: *Nietzsches metaphysische Grundstellung im abendländischen Denken: die ewige Wiederkehr des Gleichen* (1986).（菊地惠善，アルフレード・グッツオーニ訳（2007）『西洋的思考におけるニーチェの形而上学的な根本の立場：等しいものの永遠回帰』）
Bd. 45: *Grundfragen der Philosophie: ausgewählte "Probleme" der "Logik"* (1984).（山本幾生ほか訳（1990）『哲学の根本的問い：「論理学」精選「諸問題」』）
Bd. 52: *Hölderlins Hymne "Andenken"* (1982).（三木正之，ハインリッヒ・トレチアック訳（1989）『ヘルダーリンの讃歌「回想」』）
Bd. 60: *Phänomenologie des religiösen Lebens* (1995).

Bd. 61: *Phänomenologische Interpretationen zu Aristoteles: Einführung in die phänomenologische Forschung* (1985).（門脇俊介，コンラート・バルドゥリアン訳（2009）『アリストテレスの現象学的解釈：現象学的研究入門』）

Bd. 65: *Beiträge zur Philosophie: vom Ereignis* (1989).（大橋良介ほか訳（2005）『哲学への寄与論稿：性起から〔性起について〕』）

・Heidegger, M., Boss, M. (hrsg.) (1987) *Zollikoner Seminare: Protokolle, Zwiegespräche, Briefe* (Frankfurt a. M.: Klosterman), 2. Aufl., 1994.（木村敏・村本詔司訳（1991）『ツォリコーン・ゼミナール』みすず書房）

・Hölderlin (1951) *Sämtliche Werke*, Bd. 2. (Stuttgart: Kohlhammer).

・Kato, M. (2006) The Matrix and the Cave: Reconsidering the Ontological Dimension of Education, in: *Educational Studies in Japan: International Yearbook*, No. 1, pp. 15–24.

・Koerrenz, R. (2004) *Otto Friedrich Bollnow: Ein pädagogisches Porträt* (Weinheim: Beltz).

・Krockow, Ch. G. (1958) *Die Entscheidung: eine Untersuchung über Ernst Jünger, Carl Schmitt, Martin Heidegger* (Stuttgart: Enke).（高田珠樹訳（1999）『決断：ユンガー，シュミット，ハイデガー』柏書房）

・Kümmel, F. (hrsg.) (1997) *O. F. Bollnow: Hermeneutische Philosophie und Pädagogik* (Freiburg: Alber).

・Löwith, K. (1953) *Heidegger: Denker in dürftiger Zeit* (Frankfurt a. M.: Fischer).（杉田泰一・岡崎英輔訳（1968）『ハイデッガー：乏しき時代の思索者』未来社）

・Löwith, K. (1986) *Mein Leben in Deutschland vor und nach 1933: ein Bericht* (Stuttgart: Metzler).（秋間実訳（1990）『ナチズムと私の生活：仙台からの出発』法政大学出版局）

・Meyer-Drawe, K. (1988) Aneignung-Ablehnung-Anregung. Pädagogische Orientierungen an Heidegger, in: Gethmann-Siefert, A. u. Pöggeler, O. (hrsg.) (1988) *Heidegger und die praktische Philosophie* (Frankfurt a. M.: Suhrkamp).

・Meyer-Drawe, K. (2005) Anfänge des Lernens. Erziehung-Bildung-Negativität, in: *Zeitschrift für Pädagogik*, 51. Jg., 49. Beiheft., S. 24–37.

・Nießeler, A. (1995) *Vom Ethos der Gelassenheit: zu Heideggers Bedeutung für die Pädagogik* (Würzburg: Königshausen und Neumann).

・Nietzsche, F. (1964) *Der Wille zur Macht: Versuch einer Umwertung aller Werte* (Stuttgart: Kröner).（原佑訳（1993）『ニーチェ全集 12　力への意志　上』『ニーチェ全集 13　力への意志　下』筑摩書房）

・Peters, M. A. (ed.) (2002) *Heidegger, education, and modernity* (Lanham: Rowman & Littlefield Publishers).

・Petzet, H. W. (1983) *Auf einen Stern zugehen: Begegnungen und Gespräche mit Martin*

Heidegger, 1929–1976 (Frankfurt a. M.: Societäts).

・Rorty, R. (1979) *Philosophy and the mirror of nature* (Princeton: Princeton University Press).（野家啓一監訳（1993）『哲学と自然の鏡』産業図書）

・Safranski, R. (1994) *Ein Meister aus Deutschland: Heidegger und seine Zeit* (München: Carl Hanser).（山本尤訳（1996）『ハイデガー：ドイツの生んだ巨匠とその時代』法政大学出版局）

・Standish, P. (1992) *Beyond the self: Wittgenstein, Heidegger, and the limits of language* (Aldershot: Avebury).

・Standish, P. (1997) Heidegger and the Technology of Further Education, in: *Journal of Philosophy of Education*, Vol. 31–3, pp. 439–459.

・Thomson, I. D. (2005) *Heidegger On Ontotheology: Technology And The Politics Of Education* (New York: Cambridge University Press).

・Wehner, U. (2002) *Pädagogik im Kontext von Existenzphilosophie: eine systematische Untersuchung im Anschluss an Eberhard Grisebach, Otto Friedrich Bollnow und Theodor Ballauff* (Würzburg: Konigshausen & Neumann).

・Wulf, Ch. (hrsg.) (1994) *Einführung in die pädagogische Anthropologie* (Weinheim: Beltz).（高橋勝監訳（2001）『教育人間学入門』玉川大学出版部）

・Wulf, Ch. (hrsg.) (1997) *Vom Menschen. Handbuch Historische Anthropologie* (Weinheim: Beltz).（藤川信夫監訳（2005–2008）『歴史的人間学事典』勉誠出版）

著者紹介

井谷　信彦（いたに　のぶひこ）

武庫川女子大学文学部教育学科講師。博士（教育学）。2011年京都大学大学院教育学研究科博士後期課程（臨床教育学講座）研究指導認定退学。同研究科助教などを経て現職。

主な著訳書
『臨床の知：臨床心理学と教育人間学からの問い』（共著，矢野智司・桑原知子編，2010），「O.F. ボルノウ『練習の精神』とメビウスの輪」『教育学研究論集』第7号 2012，「存在論に立脚した教育理論の展開：「有用化としての教育」に対する問いかけを軸に」『京都大学大学院教育学研究科紀要』第55号 2009。

（プリミエ・コレクション　29）
存在論と宙吊りの教育学
――ボルノウ教育学再考

2013年3月31日　初版第一刷発行

著　者　　井谷信彦
発行人　　檜山爲次郎
発行所　　京都大学学術出版会
京都市左京区吉田近衛町69番地
京都大学吉田南構内（〒606-8315）
電　話（075）761-6182
FAX（075）761-6190
URL　http://www.kyoto-up.or.jp
振　替　01000-8-64677

ISBN978-4-87698-265-3
Printed in Japan

印刷・製本　㈱クイックス
定価はカバーに表示してあります